児玉秀雄関係文書 I

明治・大正期

尚友倶楽部児玉秀雄関係文書編集委員会 編

児玉秀雄

寺内総督・山県政務総監臨席記念撮影
（於：齋洞韓相龍邸　大正２年10月17日）
前列右から２人目が児玉秀雄、２人おいて李完用、寺内正毅、山県伊三郎

寺内・児玉家の人々

後藤新平を迎えて
（関東庁官舎）

後藤新平（右）と児玉秀雄（左）

遠來の佳賓を迎へて 長官々邸の晩餐會

主人伯生誕の賀辰に來り會し
胸襟を開いて歡談するを喜ぶ
その夜の張雨亭將軍

滿洲の諸星集まる

歡びの張氏

張將軍滿鐵を訪ふ

十二臺の自動車を走らせ
砥の如き旅大の坦道に
長汀曲浦の風光を賞して往時を偲ぶ

シャンペンの
杯を擧げて滿鐵樓上に
互に健康を祝す

家打寛ぎ星ヶ浦海上の
風光を賞して午餐を共にす

張作霖の旅順・大連訪問関連
新聞記事　大正15年７月
上：軍司令部将校集会所での記念撮影
右：集会所食堂午餐会「歓びの張氏」
左：満鉄訪問
児玉秀雄「新聞切り抜き帳」より

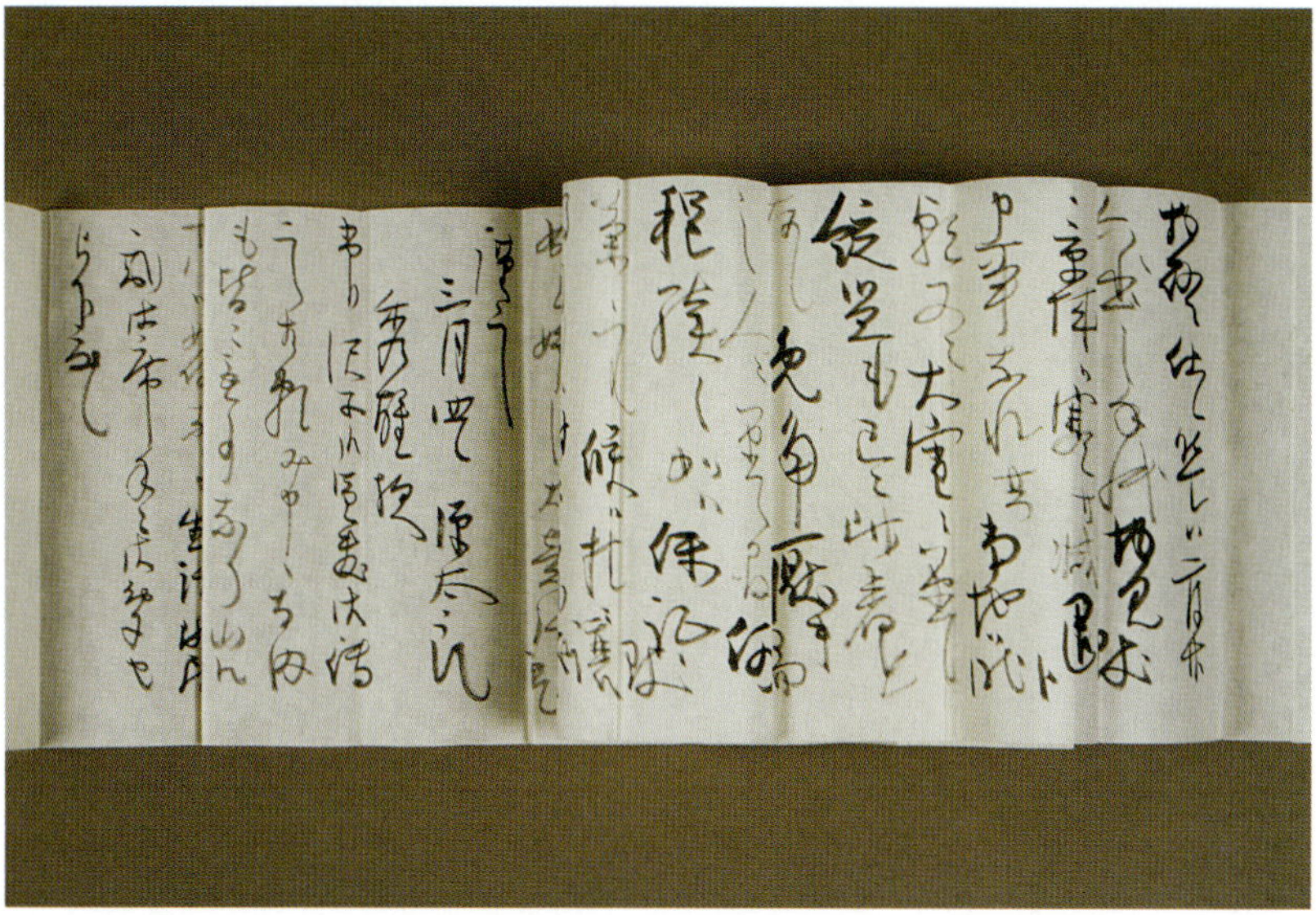

明治39年３月４日 児玉源太郎書簡（児玉秀雄宛）

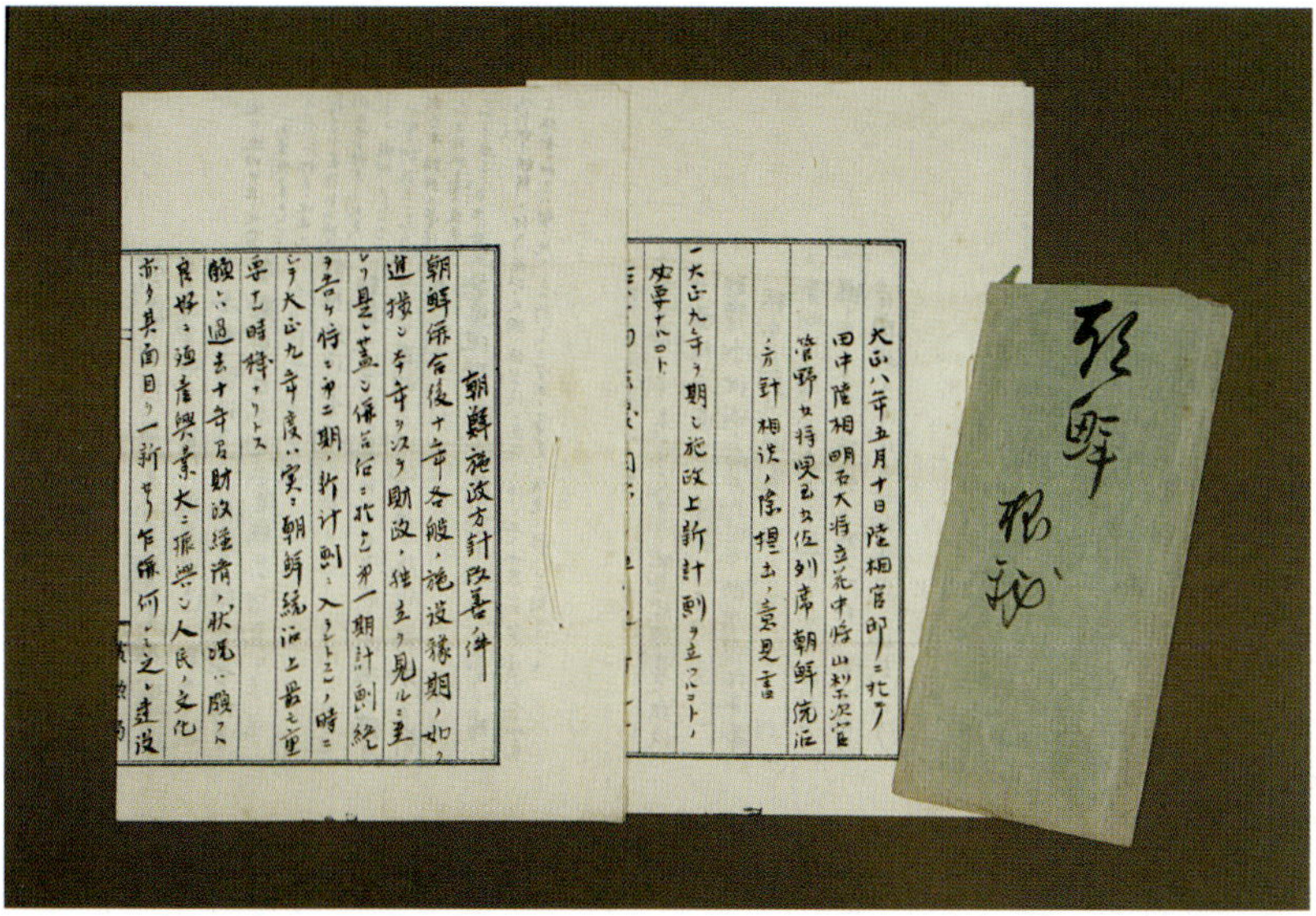

大正８年 朝鮮統治関係書類

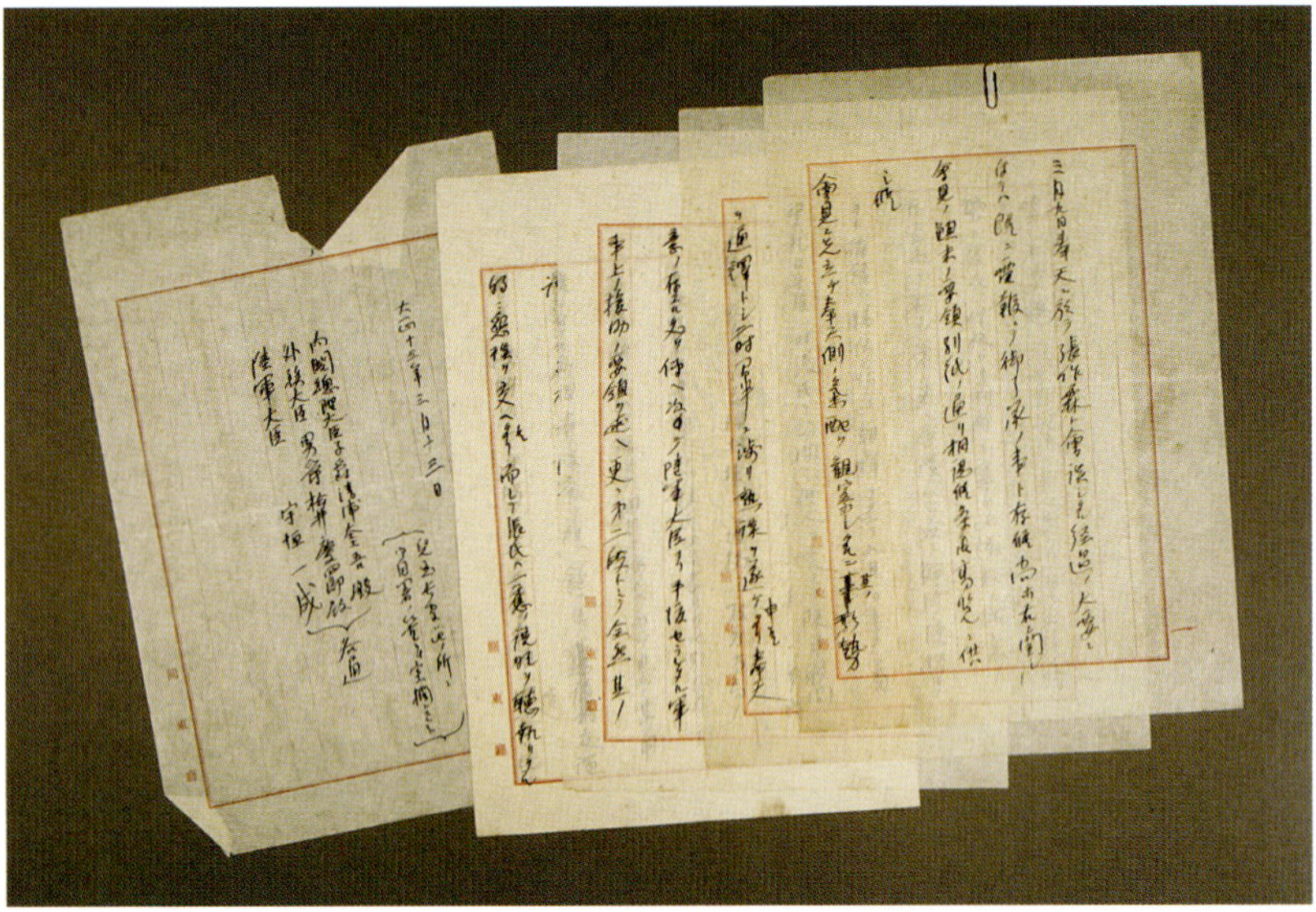

大正13年 3 月13日 児玉秀雄書簡（清浦圭吾・松井慶四郎・宇垣一成宛）

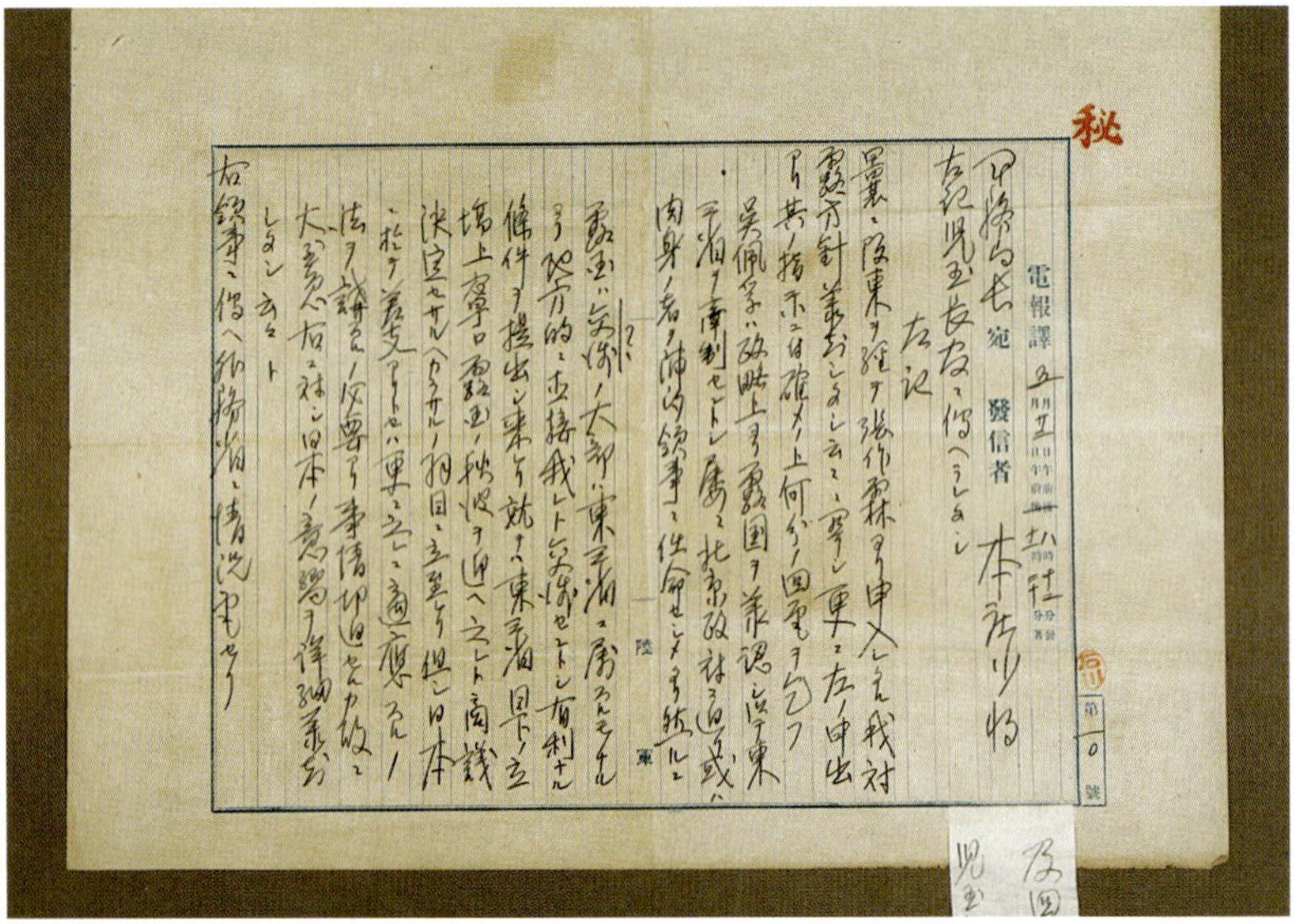

大正13年 5 月22日 本庄繁電報（畑英太郎宛）

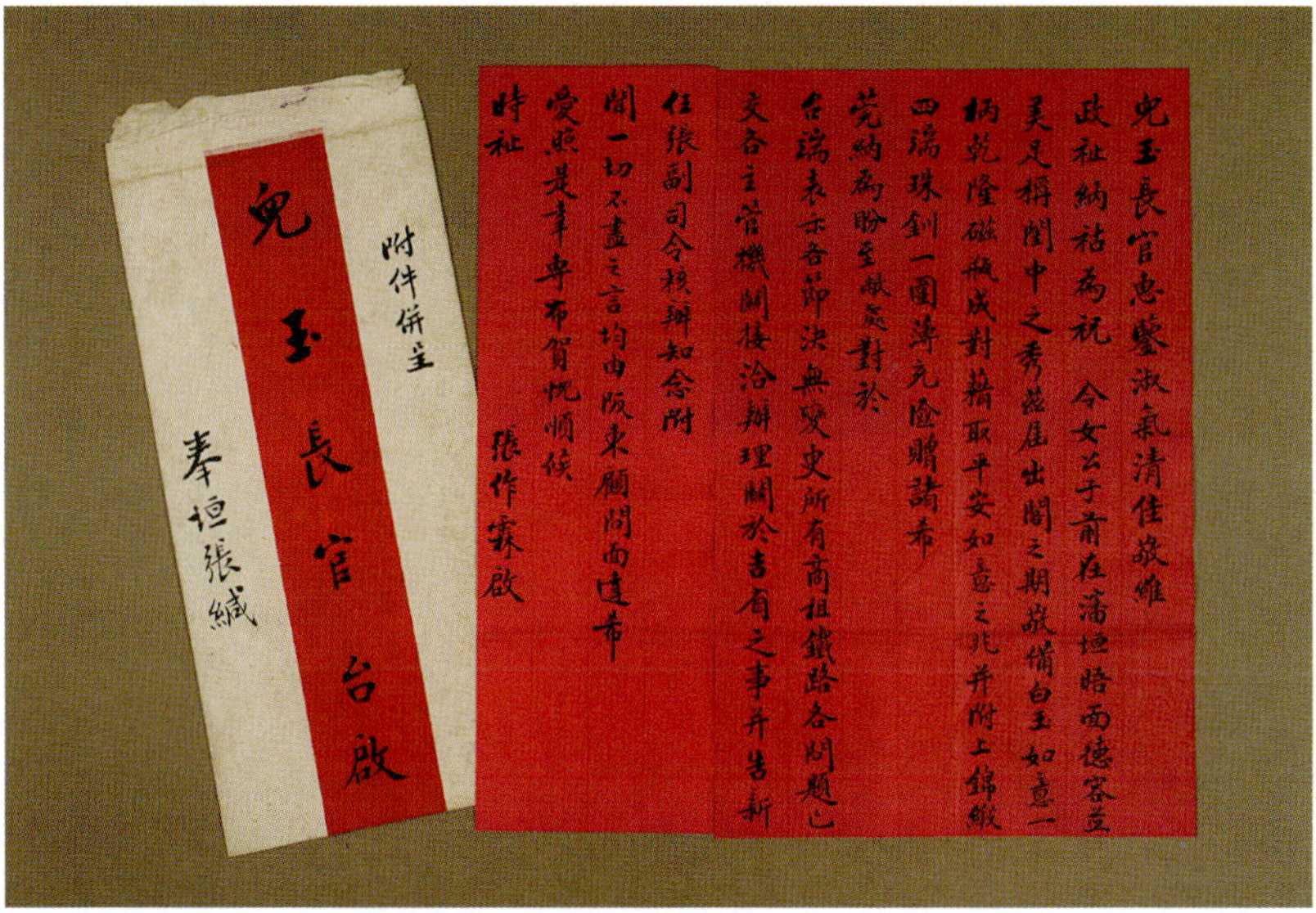
兒玉長官台啟
附件併呈
奉垣張緘

兒玉長官惠鑒淑氣清佳敬維
政祉納祜為祝　今女公子前在滿垣賠而德容並
美足稱閨中之秀茲屆出閣之期敬備白玉如意一
柄乾隆磁瓶成對藉取平安如意之兆并附上錦緞
四端珠釧一圓薄充匲贈諸希
莞納為盼至敝處對於
台端表示各節決無變更所有商租鐵路各問題已
交各主管機關接洽辦理關於吉有之事并告新
任張副司令根辦知念附
聞一切不盡之言均由阪東顧問面達布
愛照是幸專布賀悃順候
時祉
張作霖啓

大正13年 9 月 張作霖書簡（児玉秀雄宛）

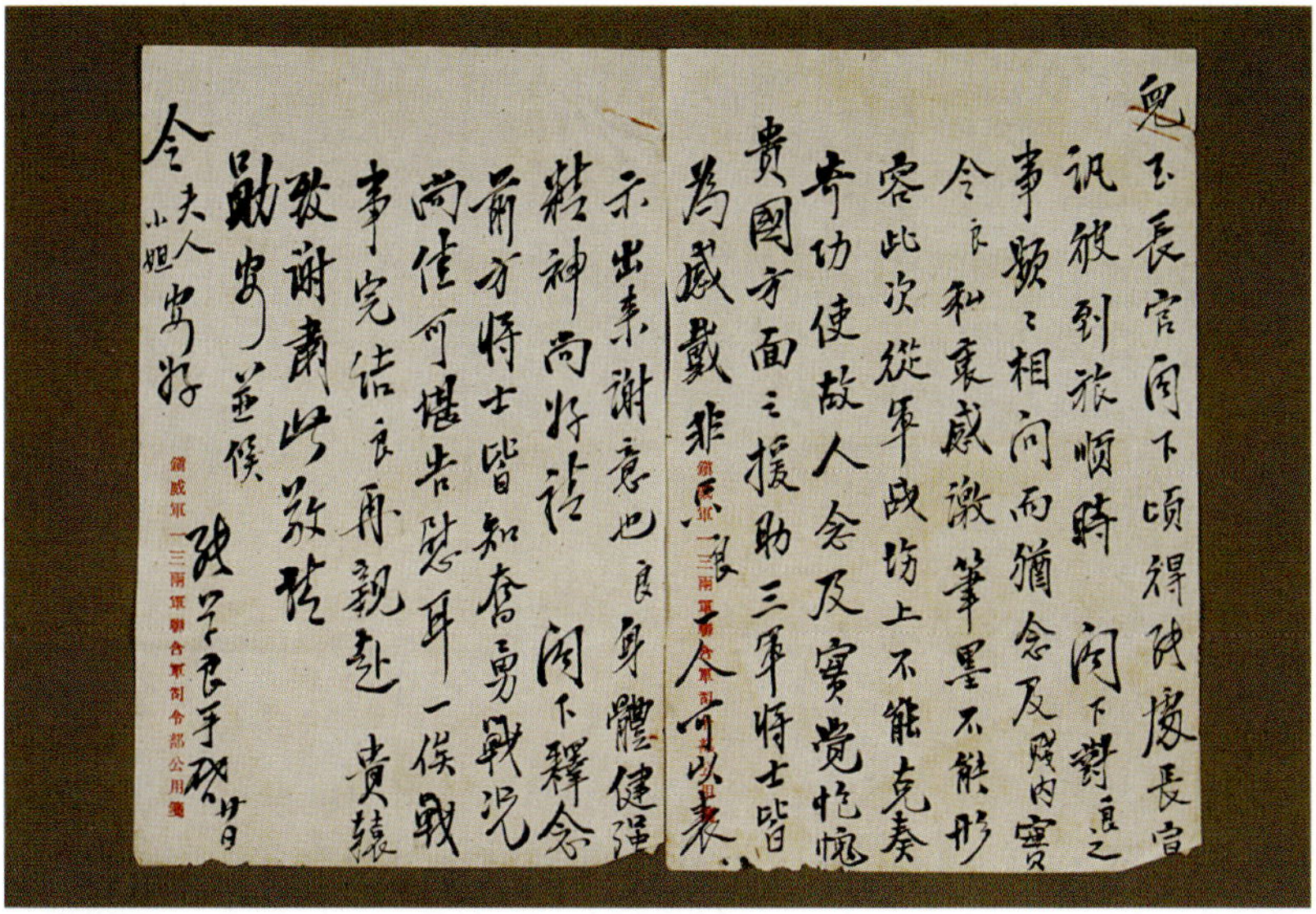
兒玉長官閣下頃得敗慶長官
訊報到旅順時閣下對良之
事頗之相向而猶念及賤內寶
令良和衷感激筆墨不能形
容此次從軍政坊上不能克奏
奇功使敌人念及實覺忸怩
貴國方面之援助三軍將士皆
為感戴非良一人可以表
示出來謝意也良身體健強
精神尚好請閣下釋念
前方將士皆知奮勇戰況
尚佳可堪告慰耳一俟戰
事完結良再親赴貴國
致謝肅此敬請
勛安並候
令夫人小姐安好
張學良手啓廿日

大正13年10月20日 張学良書簡（児玉秀雄宛）

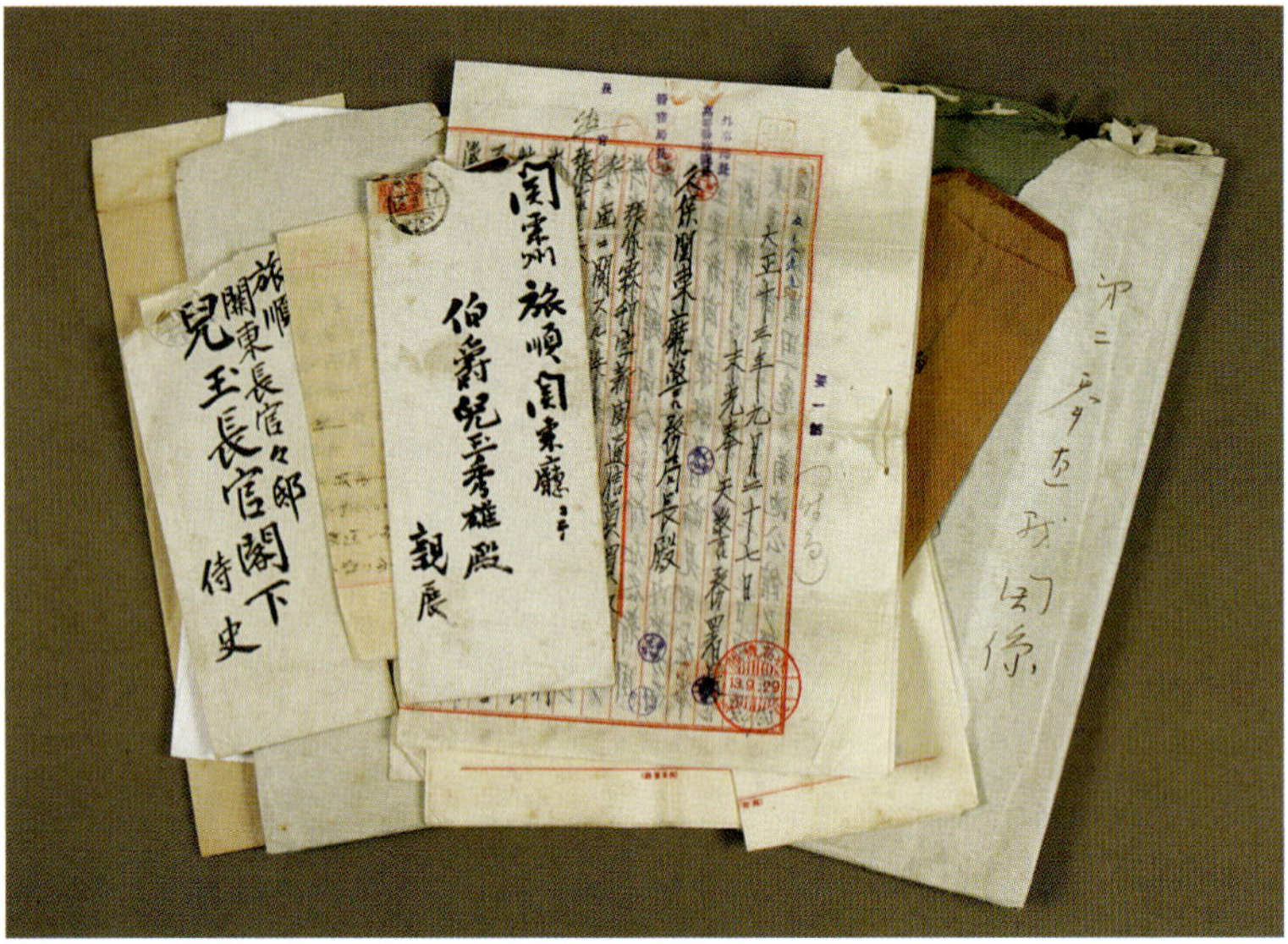

大正13年９月27日 末光源蔵報告（久保豊四郎宛）
第二次奉直戦争関係電報綴など

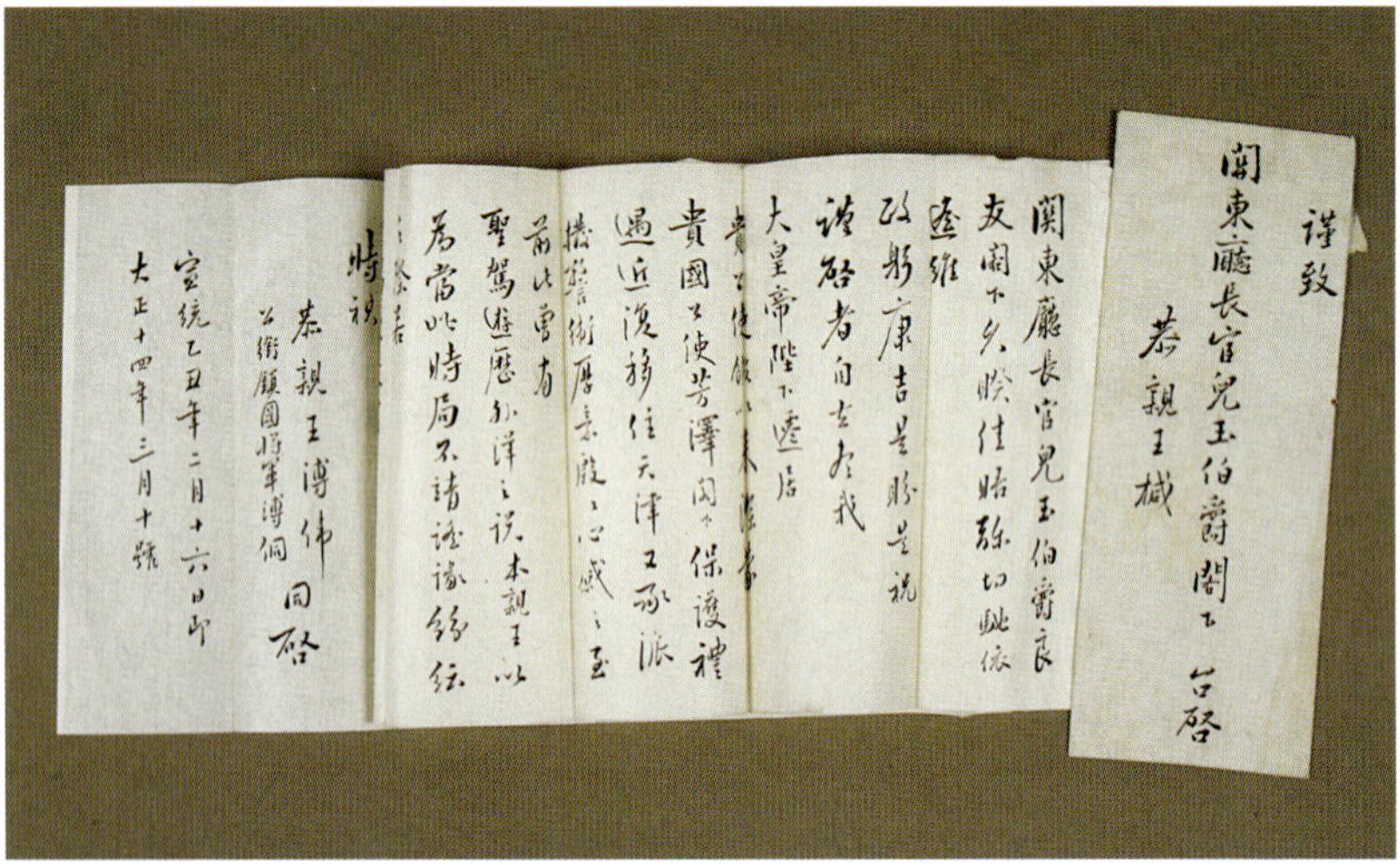

大正14年３月10日 恭親王溥偉・溥侗書簡（児玉秀雄宛）

写真提供：児玉家
撮影：サン・ポイント

刊行にあたって

この度、『児玉秀雄関係文書』を刊行する運びとなった。

児玉秀雄伯爵は日露戦争で満州軍総参謀長として偉功をたてた子爵児玉源太郎陸軍大将の長男として明治九年に誕生し、明治三九年襲爵、翌明治四〇年に父源太郎大将の功績により伯爵に陞爵している。

秀雄伯は明治三三年に大蔵省に入省し、日露戦争勃発後の明治三八年二月には大本営御用掛を兼務、その後、遼東守備軍司令部付、満州軍総司令部付となる。明治三八年一二月には明治四三年の韓国併合の前哨とも言える組織としての統監府書記官となり、韓国併合の後には朝鮮総督府の会計局長、総務局長を歴任する。

大正五年内閣書記官長（足掛け三年）、その後、賞勲局総裁を経て大正一二年関東長官（足掛け四年）となる（註：中国では万里の長城の城外東方を関東と呼ぶ。即ち関東とは満州地方を指す。日露戦争の勝利により我が国は遼東半島の一部と満州鉄道及びその沿線地域に於いてロシヤが所有していた権益を取得した。その権益と在留邦人の保護の為にあった我が国の関東都督府が大正八年改組され関東庁と関東軍に分離した)。

昭和四年には朝鮮総督府政務総監(足掛け三年)となり、昭和一〇年拓務大臣を拝命、その後、逓信大臣、内務大臣などを歴任し、太平洋戦争が終戦(敗戦)した昭和二〇年二月~四月は文部大臣であった。なおこの間に二度にわたり長期間、貴族院の伯爵議員でもあった。

以上の経歴は、明治六年に征韓論に敗れて西郷隆盛らが下野してから、日清戦争、日露戦争、韓国併合、シベリヤ出兵、満州国建国、日支事変(戦争)、太平洋戦争その敗戦、と続く我が国の朝鮮半島、満州地域への権益の拡大と、その終焉までの歴史と歩調を合わせたごとき要職を進んだものである。

文書は内閣書記官長時代と関東長官時代が特に多く、当然、文書の性格上受けとったものが多いが、中には報告書の写しもあり、未公開だった史料として当時の研究に資するところが多いと思われる。

文書の整理出版を了承されたご遺族児玉紀氏、当倶楽部に手配くださった児玉秀雄伯の甥にあたられる故木戸孝彦氏、並びに文書の扱いを指導くださった伊藤隆東京大学名誉教授、季武嘉也創価大学教授、広瀬順晧駿河台大学教授、上田和子会員、当倶楽部の調査室担当の方々に深く感謝申し上げる。

平成二十二年一月十五日

社団法人 尚友倶楽部
理事長　戸澤 奎三郎

目次

大正8年…………197

大正9年…………206

大正13年…………245

凡　例

一　本書は、児玉家所蔵の「児玉秀雄関係文書」および国立国会図書館憲政資料室所蔵の「憲政資料室収集文書」の中から、児玉秀雄宛書簡・電報を採録、編集したものである。ただし、「憲政資料室収集文書」の書簡にはタイトルに「＊」を付した。

二　書簡・電報は年月日順に配列し、児玉秀雄宛の書簡・電報のタイトルについては、差出人名のみを記した。書簡・電報には、来簡・来電と写・控・案があるが、タイトルには記していない。内容が私事に係わるもののみの書簡は、採録していないものもある。また、一連の電報としてもともと整理されていたものは、一つの電報綴として取り扱った。

三　推定年代には（　）を付した。

四　書簡の表記法は、漢字・平仮名を原則とし、漢字は新字体、仮名遣は原文のままとした。

五　漢字・カタカナ交じりの電報には、カタカナだけの電文を書き取ったものおよび電報案のものがあるが、本書では単に電報として取り扱った。

六　中国語書簡で訳文のないものは、編集に際して大意を付した。

七　明白な誤字・脱字は〔　〕に入れて右脇に示した。誤用・慣用が通用しているものについては傍注を付さなかった場合がある。各書簡・電報の末尾に、封筒表記等を〔註〕にして付したが、綴られていた電報等については、【註】にして示した。

八　闕字・平出については原則としてこれを再現しなかった。

九　句読点は適宜付した。

児玉秀雄関係文書　I　明治・大正期

明治30年

1　明治（30）年3月10日　児玉源太郎書簡

余寒難去御坐候処愈御清栄御勉強恭賀此事に御坐候。新聞紙にて又々学校之紛擾を承知致遺憾千万に御坐候。如何に校長之失態とは乍申、延て累を全校に及ほす如き働作之事には、全校之為めに惜む所に御坐候。何卒個人と国家との分画を明瞭にして之れを学理に照し、御推理相成候事尤も肝要と奉存候。小生は校長之失策は失策として之を糾すも可なり、何ぞ生徒同盟して同一の働作をなす如きは断して為す不可事と判決致候。足下は如此働作は無之と存候へ共尚為念申入候間篤と御注意相成度。為其。草々頓首

三月十日　　　　　　　　　　　　　　　　　　　児玉源太郎

児玉秀雄殿

尚々、近況至急御一報有之度候也。

〔註〕封筒表「仙台市北園町八十六番地藤方　児玉秀雄様　至急親展」、封筒裏「東京市谷薬王寺前町三十番地　児玉源太郎」。

2　明治30年3月12日　国分兵吉・児玉秀雄書簡（第二高等学校大学予科生徒宛）

拝啓　陳は学校長排斥事件に付正義と確信する廉有之、諸君と共同運動罷在候処只今処、信の非なるを晤了致し候へは、誓約の儀は断然御取消し被下度候。然し従来之校長の下に安んするは生等の本意に無之、且つ諸君に対し友誼を欠き候段面目無之、再ひ本校に於て諸君に面晤、此段生等の意志御知らせ申候。先は御詫申上候也。猶不文の段は幾重にも御容赦被下度候。早々頓首

明治三十年三月十二日夕刻

国分兵吉　印

児玉秀雄　印

第二高等学校大学予科生徒諸君御中

〔註〕明治30年1番書簡に同封。

明治31年

1　明治（31）年12月16日　児玉源太郎書簡

拝復仕候。然れは細々御注意之段深く相歓ひ申候。要する第二案として結局歳入増加と申外無之、其細節に至ては人之見る所を異し之れに議論断案を下すは勿論之事と存候。已に自分を以て総督たらしむる間は我か断案所信を貫くことは無論にして、他人之論談は単に高み之見物同様之事に可有之候。目下新聞に批難する当府雇佐賀人山口五郎太（変名王雲渓）を解雇したる者之所為に有之、其他非免職之者も多少同情を表し居候事と存候へ共、これ等を相手致し議論を試むるは大人けなき事に付沈黙を守り居申候。新聞買収之事も策としては可なりと雖もこれは政治家之所為に属すべし。自分は可成政事海より超脱し事業を成功致度存念に付批難攻撃は只た柳に受け流し他日大舞台に於ての運動を自在致置度、尤も台湾之事業も目的之半に達したる以上には時として政事の一面に立、運動可致哉も難計候へ共、先つ此一両年は力めて沈黙を守り候方得策と存候。兎角人間は運動之場所を拡く致置くこと必要なり。大隈、板垣等之失敗も皆な場所狭少なる結果と存候。其他若手政事家も此点に心付かす無目的にやつきに相成り候には困り申候。併し何れの方面より観察も人物之払底なるには驚き申候。将来之仕事場は沢山の余地有之候間必死勉強肝要と奉存候。在京中之青年者にて己之党派を喜ひ居候者不少、是れは自から自からを束縛致物に付此辺之御注意肝要と存候。さなきたに一身之始末は随分六ケ敷者なり。已に尚如斯関係を有し居候而は不利益千万に御坐候。御一考相頼候也。

当地も昨今霜を見申候。松村実三は此度土木課にて四十円の嘱託に相成候。

北山之管大獅も遂に反蹟を顕し候間討伐を加へ申候。其他は先つ無事也。

十二月十六日　　源太郎

秀雄様

尚々、遂に暮休に相成、婦□母上之お世話かと存候。皆々風之入ぬ様用心肝要に御坐候也。

〔註〕封筒表「東京市ケ谷薬王寺前町三十番地　児玉秀雄様　親展」、封筒裏「台北　児玉源太郎」。

明治34年

1　明治（34）年2月4日　児玉源太郎書簡（石黒忠悳宛）＊

拝啓仕候。然れは昨夕は態々御手紙被下難有奉拝読候。是非共貴家え御願申上度、一家一同之希望に御坐候。御承引之程奉願上候。就而は明五日朝八時頃に秀雄差出候間此段御承知被成下度。謹言

二月四日　　源太郎

石黒大兄侍史下

〔註〕封筒表「男爵石黒閣下侍史下令執事下」、封筒裏「児玉源太郎　市谷薬王寺前町三十番地」。

2　明治（34）年3月8日　寺内正毅書簡（石黒忠悳宛）＊

芳翰拝読。先以御清福被為渉重上奉慶賀候。陳は今回児玉男爵御夫婦より令息児玉秀雄君夫人として小子長女左和御貰受相成度に而、閣下御夫婦に於て御媒酌之労を御執被下云々御照会之旨委曲拝承仕候。幸に御媒酌を以、御縁談之円満に成就致候は本人并に小子等夫婦は勿論親族共にも

希望致処に御坐候間、右様御了承被下度但万事に就き愚娘之教育不行届に御坐候義は深恥候処に御坐候。右不取敢拝復迄如斯に御坐候。為其。頓首

三月八日　　寺内正毅

男爵石黒忠悳殿閣下

別紙左和の戸籍面は写しを国元へ取りに遣候間、着早々相呈し可申候間左様御了承願上候。毎々御厚志難有奉存候。追日快方に御坐候間、此分なれは平井も大満足に可有之と存申候。其様子に依候得は十一日頃には帰京仕度存申候。何も拝鳳に相譲り申候。正毅又白す。

〔註〕封筒表「東京市牛込区揚場町十七番地　男爵石黒忠悳殿　親展」、封筒裏「相州大磯寺内正毅」。封筒表に「児玉、寺内縁談の手紙」と書き込みあり。

3　明治34年6月13日　杉山茂丸書簡（ジヨン・ヂー・マコツク宛）

予輩等はローヤルス倶楽部に於て屢々合衆国と日本国の間に密切なる商業上幷財政上の関係を付くることの問題に就き談論せり。此件に関したる貴下の意見は才識を示し又能く弘く行渡り居るなり。予輩等は自由に談論せしにより互ひに得たる所の利益の多きことは疑を容れさるなり。然し予は一つの疑を抱き居るなり。而してもし此疑か今直ちに解けざるときは、奈何程予輩等は労力を費やし時間を費やすと雖とも、二国間に予想し居るか如き親密なる関係を付くること能はさるへし。予か疑とは何そや。即ち現時合衆国は東洋に対して執りつゝある所の政略なり。貴国は第十九世紀間の商工業に於て世界に比類なき大進歩をなせりとは何人も疑はさる所なり。而して

万国市場に於て過去に於て得たるより遥か大なる権力を得んか為め、一大企望を抱きて進行しつゝあるなり。此事を欧州の重なる国々は明瞭に知り居るなり。否な夫のみならす。此等の諸国は自分等の利益を保護せんか為め又近き中に彼等の強力なる競争者に倒されんことを恐れ、合衆国の一挙一動を一心不乱になりて注目して自営自護し居るか故将来欧州に於て米国の貨物は多く捌けざるべし。故に今後米国の貨物は世界中一の東洋へ向け送り出すの外なし。而して此の東洋こそは米国の為に今日より尤も重大なる唯一の市場なりと思ふ。然し現今何れの国に於ても東洋市場に商業の全権を得たるものなし。過去数年間英、独、仏幷合衆国は各自此全権を得んか為め競争し来れり。然し悲む可き事は何れの国も一の要用なる問題を度外視し来れる事なり。其事は何かと言へは東洋に於て平和を維持することは、東洋の商業権を得且つ是を保つに当り第一着に取るへき尤も緊要なる手段なり。然し如何にして平和を維持すへきかとは、世界に於て有力なる政治家等も今に尚ほ充分答ふること能はさる問題なり。魯国は今日東洋に於ける商権を握らんとする競争者の一人なり。干戈に訴へても猶ほ己れの目的を達せんとは魯国の決心なり。而して是か為め既に巨万の金を抛てり。

然し予か公平に考ふる所に依れは、合衆国こそは東洋の商権を握るへき国なり。此は是非斯くあるへき筈なり。何となれは将来米国か剰りたる貨物を送り出す市場は、世界中一の亜細亜のみなれはなり。然し此商権を合衆国か得んと欲せは、東洋の先進国たる日本を助けて亜細亜の平和を保ち、彼の日魯戦争等の悪兆を一掃せさる可からす。此は予輩等か心に留置くへき尤も緊要なることにして、此の如き戦争はもし一旦日本国と合衆国の間に親密なる商業上幷財政上の関係を付くるときには、其の利害結合の勢力によりて停止するを得へし。而して東洋の商権は合衆国と日本国の二ケ国の手に落つ可し。然し合衆国に向つて此の如き要用なる関係を有する日本国の位置は、今に猶ほ貴国の人々の中に誤解され居るなり。予は未た此事に就て貴国人中に正確なる説を有する人を見さりき。今予か判断に頗る苦み居るは、血を流しても尚ほ東洋の権利を得んものと慾望しつゝある所の魯国に対する米国の待度の過狭なる事是なり。千九百年の始め以来米国は已に三千万弗以上の巨金を魯国に貸したることを予は或人より確聞せり。奈何なる理由によりて合衆国と魯国は、斯く短かき間に又不意に此の如く親密になりたるや。予は是を解すること能はさるなり。此の如き親密なる関係は、貴国の政治界に於て尤も公大なる勢力を有する人の尽力に依るに非されは出来得る理由なしと考ふ。然らは則ち予は米国は、将来東洋に於ける米国の商業地を攪乱し却て是に妨害を加へんとする国即ち魯西亜を補助しつゝあると言ふことを、真誠の事実として確信して宜しきや。若し此を真なりとせは今予輩等か着手せんとする所の事、即ち日米間に親密なる商業上幷財政上の関係を付くることは、如何に時間と労力を費やして骨折るも無益に帰す可し。貴下か予を紹介せし銀行家か予輩等に開談せし事実も、米国の魯国に対する待度の一部分丈は示し居るなり。予輩等は実際仕事に着手する前に、米国の魯国に対する待度に就て予か抱き居る疑を解き得るに足る返答を貴下は予に送られんことを祈る。

杉山茂丸

千九百〇一年六月十三日

ジヨン・ヂー・マコツク殿

〔註〕「契約翻訳書入り」と書かれた封筒に封入。

4　明治34年6月20日　杉山茂丸書簡（チヤールス・エ・ロツク宛）

吾曹か数日間該問題に付き互ひに談論したる結果として、又予輩は此事件に関し日本に於て出来得る丈け研究し亦渡来後更に深く学びし所の結果として、予輩の深く信し居る事は、今日は合衆国人民と日本人民の間に是迄よりは一層親密なる又一層弘大なる財政上及商業上の関係を付くるに都合宜しき時なりと思ふ。

日本の湊港を世界の商業の為めに開放したる事に向つて日本は大ひに合衆国に負ふ所あり。此頃支那に騒動ありしとき、日本の兵士と米国の兵士は供に供に働き又両国の政略は等しく且つ同情的でありし。是等の事実は第二十世紀の文明が要求する所の進取的段階をとる事に依りて、二国民は相互の利益を得ると云ふ事を憑証する者なり。

予輩は此国に於て探究したる財政上の有様に依れば、当時工業、農業及商業の非常に旺盛なるを知る。夫れ故、合衆国は自国の仕事を成すに必要なる凡ての資本を積立つる事を得、又欧州の輔助を受けずして鉄道を設置し、其他の公共事業を興し又天然の富源を発達する事を得つゝあるなり。予輩は又過去数年間に於て欧州の勢力ある国々は公債を募らんと欲して合衆国へ訴へたるとき、欧州にて得らるゝより一層好き条件の下に此の如き願望を達し得たる事を注目し居る。独乙及魯国政府サキソニー及スウヰーデンの二王国は合衆国に於て公債を募れり。而して是よりも更に驚くべき事は、近頃英国政府にて出したる二個の公債の大部分は此国に於て募集されたる事なり。

事情此の如なるが故、紐育市場は又東洋政府の必要をも満し得ると思ふ。是迄日本は外国に於て公債を募るとき唯倫敦市場にのみ頼り居れり。然し若し紐育に於て此の如き取引か出来るならば、唯に公債上日本政府と紐育に於ける種々の財政会社との間に関係付くのみならず、日米間に於ける一般の商業并貿易上の関係を弘大ならしむる事を得ると予輩は深く信ずる所なり。奈何にして今日若くは近き将来に於て、此の如き関係を付け得べきか貴下の返答を乞ふ。

千九百〇一年六月二十日　杉山

チヤールス・エ・ロック殿

〔註〕明治34年3番書簡に同封。

5　明治34年6月22日　ジヨン・ヂ・マコツク　チヤールス・ロツク書簡（杉山茂丸宛）

昨日貴下か認めたる非常に興味ある書翰を確かに請取れり。書翰の件々は予輩は数年間綿密に考へ居りたること、即ち日本と合衆国の間に是迄よりも一層親密にして、又弘大なる財政并商業上の関係を付くることに就き、予輩の運動上直接に勇気を与へたり。

貴翰の趣きは、貴下か此国の財政に関して研究したる所は唯に精密なるのみならす、亦識見あることを示し且弘く行き渡り居るなり。過去数年間に於ける此国の輸出は非常に大なるものにして、毎年其価格は八億弗より十億弗に至る。若し此の如き多額なる金を受取る権利ある所の人々は、現金にて輸出高を支払ふことを要求したるときは、欧州にて貯へ置く所の金貨を殆んと尽し為めに欧州の金融市場に莫大なる財政上の変動否な困却を生するに至らしむるなり。夫故欧州の金融中心に於ける財政家等は、もし米国か欧州諸国に要求する所のものを紐育に於て公債を以て支払ふことか出来るならは、是に依りて大なる安心を得ると云ふことを考へたりき。然るときは支払ふへき高の大部分は、金貨を送らすして抵当を渡すことに依りて済むなり。

貴下の言の通り独乙及魯国政府は此市場より多額の金を借り入れたり。又大英国は米国市場に南阿戦争のありたる為め、募集の必要を生したる公債の金額を引受くるの準備あることを見出せり。又此前に出せる「コンソル」をも引受くることを発見せり。然し英国人の高慢と彼等か敏達なる商業上のインスチンク（天性）とは、是等の公債の半分丈を合衆国に於て募集せしむることとせり。是れ蓋し英国か合衆国より多額の金子を借ることは、世界に向つて財政力の倫敦より紐育へ還りたる姿を忌むを以てなり。

是等政府公債の外に欧州に於ける多くの重立たる都府は、此市場より金子を借りたり。而して将来に於て猶一層多額の金子を借るの模様あり。

是等の事実は合衆国の繁栄と其財政力のあることを示すのみならす、又其結果として是非とも商業取引所の再定と移転を来さすには非す。吾等は此の如き変遷を速かに見ること出来さるやも計られす。然し其変遷の来ることは避く可からさるなり。何となれは是等の公債を募りたる為め、今度倫敦に於て交換《エクスチヤンジ》の証書幷手形を取るより、紐育に於て取る方多くなるへけれはなり。是迄紐育市場に於て東洋の公債を募集したることあらさる故、貴国の政府と米国の財政家と初めて取引するに当り、最初より貴国公債の成功するか如き好き条件を作り出さゝる可らす。最初の取引をするに将来の事を心に留置さる可からす。もし最初に成功するときは、唯に久しき年月の間行政の為め、又公共事業を興さんか為め、日本政府の要する凡ての求めに応することを得るのみならす、後に至りて是迄倫敦に於て募集したる所の公債をも米国市場にて取扱ふこと出来得へしと思ふ。此の如くして若し万国市場に於ける財政上の景況を研究するに怠ることなくんは、日本国の抵当は益々其価値を高むるに至るへし。是れ予輩の日米両国将来の為めに深く成功せんことを望む所のものなり。マコツク氏は貴下を紹介したる所の有力なる銀行家等は非常に此事に賛成し居るなり。而してもし条件の宜しき折には、貴下は貴国の政府より直接談判するの全権を得るや否や、其事を成さんと用意しあるなり。

吾等の相談にマコツク氏も預かりたる為め大なる利益を得たり。氏は貴下の知り居る通り米国に於て尤も有力なる生命保険会社、信用会社又其他の要用なる財政、工業会社、法律顧問又頭取として世に弘く知られたる人なり。予輩か今此処に貴下に向つて申出さんとすることはマコツク氏の賛成を得たる所のものなり。吾等は左の計画を遂ん為めに氏は吾等に協力することは予輩の確信する所なり。

吾等はマコツク氏の協力を得て出来得る丈け此事に注意し又力を尽すへし。杉山氏は日本に於て運動しロツク氏は紐育に於て運動すへき事。

第一、此組合は日本政府の公債を米国市場に於て募り、以て合衆国と日本国の間に一層親密なる関係を付くることを以て目的とす。

第二、是迄倫敦に於て取扱ひたる日本公債を漸次米国市場に遷さんか為め、其方法を研究し又定むる事。此目的を達せん為め倫敦の銀行家と約条を結ふこと。然し此の如き事は両国市場の景況を能く研究したる後にて始むへき事。

第三、日本政府と交渉し米国市場に於て日本政府貯蓄金を利用するの道を開き、又合衆国に於て夫か為め事務を取扱ふ所の道を開く事。

第四、凡て米国市場に関したる事はマコック幷ロックの両氏か引受け、日本政府との交渉等の事は杉山氏の引受くること。

第五、此事に関したる凡ての取引は杉山、ロック二氏か双方通信、承諾の上定むる事。

第六、前に言ふたる政府公債の外に確実なる抵当ある会社公債を取扱はんか為め充分其事に付き研究し又機会を求むる事。

千九百〇一年六月廿二日

チヤールス・ロック

杉山茂丸殿

予輩は右の書翰中に概略を挙けたる事を成すことに賛成し又喜んて協力すへし。

ジヨン・ヂ・マコック

〔註〕明治34年3番書簡に同封。

明治37年

1　明治（37）年8月26日　児玉源太郎書簡

拝啓仕候。然は廿三日蓋平出発廿五日海城に着致し、着早々白の布片包之送り物落手致し、必ず好きものと楽み開封致候処、三谷のゴム枕と沓墨には失望仕候。満坐のものも同様失望に御坐候。北海道シヤケの鑵詰之如き柔き魚之鑵詰共御坐候はゝ、御送り被下度食物之外更に不自由は無之候。先は無事のみ如此候。

八月廿六日　　源太郎

秀雄様

尚々、友雄とも不遠中に出遇ひ候事と奉存候。

〔註〕封筒表「東京市ケ谷薬王寺前町三十番地　児玉秀雄様　親展」、封筒裏「八月廿六日　児玉源太郎」。

明治38年

1　明治（38）年（12）月25日　児玉源太郎書簡（児玉澤子宛）

浜松長谷川未亡人被相願候揮毫物其儘にして出発候。就而は別封にて松川少将依頼致候に付、未亡人より注文之如く書付けを添へ松川君え御送り被下候而、出来次第浜松え御届け被下度、此周施に而は堀内中佐え御頼相成而も可然と奉存候。右用事のみ如此候。

廿五日　　　　源太郎

澤子さま

〔註〕封筒表「東京市ケ谷薬王寺三十番地　児玉澤子様」、封筒裏「京都　児玉源太郎」。消印38・12・24

〔同封〕長谷川千勢子書簡（児玉澤子宛）

おひ〳〵御寒さにむかひ候も御地御一家様御機嫌よふいらせられ候哉。此程は御父上様には御機嫌よろしく、御勇ましき御凱旋遊誠に御めて度限りに存上候。当地一同にも御祝申上候。扨此地御通過の砌は失礼にも御気車中へ御願物差候段、いつれもかへり見ず誠に恐入申候。文は御多忙中の御事御めんとふなる御染筆にはこれなく、唯々御筆一字にて御名を御書下され候へば有かたき事と存候に、文は折本弐通り差上候も、内小なる方へ大将様の御染筆を御願申度との申出に御座候。大なる地かみの方は御一行の将官方に御一筆願上度と申出に御座候。実に御めんどふなる儀恐入候得ども、当婦人会の願出に付失礼も存ながら願出候儀、御父上様へよろしく御わび願上候。先はみき願度。草々かしこ

長谷川千勢子

児玉澤子様御許に

明治39年

1　明治(39)年3月4日　児玉源太郎書簡

拝啓仕候。然れは二月廿六日出之手紙拝見致候。京城は寒さ減退と申事なれ共当地は昨朝又々大雪に御坐候。統監も已に到着と存候。兎角厭き易之人に御坐候間何程続くかは保証致兼候へ共、候《〔ママ〕》は桂に譲る事は時に口外致候へ共、桂は受く様子もなし。桂は寧ろ今一度今後之内閣を引受け度き様子に御坐候。幕賓云々は格別之事は有之間敷、要するに遊ひ友達と申方適当と奉存候。候《〔ママ〕》之長短両所共已に充分相授け置候間、可成誤りなき様輔佐肝要に御坐候。併し候《〔ママ〕》之出発懸けは少し勇気減退之気味御坐候に付、此後失意之傾向無之様充分御注意可被成候。留守中皆々壮健、殊に貞子は一度も風せ引さぬと姉之大意張に御坐候。謹言

三月四日　　源太郎

秀雄様

尚々、澤子御宜敷御伝言相頼み申候。寺内も皆々無事なり。山口十八は如何なる生活致居哉。御序手に御聞せ被下度候。

2　明治(39)年4月1日　伊藤博文書簡（伊藤梅子宛）

斎藤帰朝委細此地之事情御聞取被下候由、其後も相替り候事無之只日々忙敷公務に従事致居候間御安心可被下候。末松及公園〔ママ〕も無事の由大に安心の事に候。韓城も昨今大に暖気に相成凌き克く候得共、桜の花は咲き不申凡て草花類は至て稀有に候。尤も官舎附属の小暖室有之植木職のものも一人雇入有之候故テーブルに多少の花は有之候。三月二十八日の園遊会には二千人余の案内状を発し候故、賑々敷外国人等の悦ひ不一方候。其節電報にて御知らせ申候処相違候哉否。此度児玉秀雄夫婦公用を以為致帰朝候故、必ず大磯へも立寄可申候間御面会可被下候。児玉は台湾総督の嫡子にて其夫人は陸軍大臣寺内の娘に候故、夫婦共至て心易く毎々官舎に来り万事世話致くれ仕合申候間、御面会の節には宜敷御礼御申入可被下候。尚委細の事は児玉より御聞取可被下候。喜便一書早々可祝。

四月一日　　博文

候〔ママ〕爵夫人どのへ

〔註〕「○伊藤公六十六歳の時（明治三十九年）韓国統監時代に京城より大磯の夫人に送られし書簡（滄浪遺稿抄）」との書き込みあり。

3　明治(39)年5月15日　児玉源太郎書簡

爾来至極健全に相暮し居候間御安心被下度扨は是に一珍事出来致候。甚敷之不整理なる事は覚悟之前に御坐候へ共暑くなるに従ひ洗濯物は沢山あるし、ヘスト流行中故へ外に出す事は禁せられ候に付、日々賀田より女中参り手伝呉候へ共余り気之毒に御坐候間、下婢程宜き者雇入度周旋相頼候処、無端一条之風評流浮邸内の大騒動と相成申候。兼々甚敷之不始末は局長已下皆々心配致居候ものと相見候へ共、今日迄は憚りて誰壱人も云出すもの無之候へ共、両三日前草葉頼造を以て種々申込聞に堪へ難き悪風有之、此儘には難捨置此度之悪評も全く不取締りより有生候事と相見申候。風評之要領は百鬼夜行と云ふ標題にて、夫故下婢を雇ふも之に応するなきと云ふ由頗困難を極め、昨日は局長已下両三の輩より手強き忠告を受け不得已在京朝田時を呼寄せ候事に致候。福田は誠に正直に相勤め候へ共何分未た田舎者之上に多年巡査を勤め未た書生風抜け不申、夫れに此大世帯を彼れ一人にて引受る事は素り六ケ敷次第に御坐候。

堀内氏え非常之心配を懸け是にて一落着可致候。堀内氏も両三日臥病矢張一寸マラリヤの気味に御坐候。

陸軍省より可受取三百余円之金は広島辺迄之賞金に御坐候。是は往懸け広島に於て直接に受取り申候。

前条之事情宜敷御洞察御自分のみ御承知置可被下候。為其。拝具

五月十五日　　源太郎

秀雄様

尚々、尾□氏も此舟便にて帰り候由、思敷用事も無之気之毒之至に御坐候。

ケンチユウは此品に宜敷候哉。余り悪敷はなきや。

後付　黒絽之羽織新調可被下単物は猶当地之物新調致候間当分入用無之候。

〔註〕封筒表「京城南山町三丁目　児玉秀雄様　親展」、封筒裏「東京市谷薬王寺前町三十番地　児玉源太郎」。

4　明治(39)年6月1日　後藤新平書簡（児玉源太郎宛）

過日名古屋よりはかき難有拝読五千哩祝賀頗る盛大なる事と奉拝察候。当地新総督着後格別なる事も無之小生就職留任之期は何日迄なるかなと之噂有之哉に候へとも、先民心も安定之方に御坐候。昨今各局長毎日一人つゝ午前に報告会相開既往将来に関する事務梗概を稟申中に御坐候。在京中は内申致置候台湾日々新報之始末別誌之通に付御覧に入れ置候。赤石より来翰従来難問も解決致し候由、本人より篤く閣下の厚庇を謝し来候。富籤も改題にて漸く閣議通過御裁可も昨日相済候旨電報に接し候。多年の難問是亦解決致候。畢竟閣下の余威によること勿論に御坐候へとも達磨面壁同様九年にして成功とは何にとなく長き心地致候。佐久間大将も本月発記念祭後南方巡視之筈に御坐候。此度は台南迄小生陪従可致かと存居候。先は右申上候。草々不尽

六月一日　　後藤新平

児玉大将閣下御執事

〔別紙〕台湾日々新報株券に関する覚書

別誌

一、金六千八百弐拾八円弐拾銭三厘

台湾日々新報株券配当金利益之内仕払残
一、金参千七百五拾円
台湾日々新報株券利益金配当本年三月迄之分
計金一万五百七拾八円弐拾銭参厘
此内
金九千円
東京にて御手許へ差出候分
金一千五百七拾八円弐拾銭参厘
台北貯蓄銀行へ預り分
新平調
〔註〕封筒表「東京　児玉参謀総長閣下　必御親展」、封筒裏「台北　後藤新平」。

5　明治(39)年7月7日　児玉源太郎書簡*

拝啓　然は御無事着之由安心仕候。扨て芳子之事も過る四日外村君之宅にて見合ひと相成候処、両人共異論なき事と相成先つ々々一段落に御坐候。縫子之方も四日結納相済、愈十日之結婚と申事に日々仕度中に御坐候。国雄も今朝より出発横浜より船にて京城え釜山鉄道にて参り候由、御世話に可相成候。京城之方向は未定なれとも満州え参いらぬ由。大連え参り候節は関屋へも一筆御添書奉願上候。貞子も至極無事。謹言

七月七日朝　　　　　　　　　　源太郎

秀雄様

尚々、年男も弐百人之中にて六十番位の卒業之由なり。今日卒業式有之、来九日より神戸に参り候筈なり。

6　明治(39)年7月13日　児玉源太郎書簡

拝啓　当地は梅雨未た霽さる事にて雨多く困り申候。十日山口子之結婚も無事相済、十四日華族会館にて披露にて一先結落に御坐候。又た立花之方愈廿六日結納にて結婚は来春と申事に御坐候。右御知せ致置度候也。

七月十三日　　　　　　　　　　源太郎

秀雄殿

7　明治(39)年8月2日　後藤新平書簡

拝啓　陳は台湾に於て故大将之御遺物を保存し永く記念と致し度旨を以て別紙写し通申越有之、至極適当之事と存候間、何卒御許容相仰度此段得貴意候。匆々拝具

八月二日　　　　　　　　　　後藤新平

児玉秀雄殿

〔別紙1〕 児玉大将遺物保存に関する後藤新平宛電報

後藤民政長官宛電報訳

児玉大将ノ遺物ヲ当地ニ保存シ置キタシ。就テハ大将日露戦役中又ハ台湾在勤中ニ使用セラレタル軍服、帽子、剣、靴、手套等一切取揃ヘ貰ヒ受ケ之ヲ台湾神社ニ献納シ置ケバ確実ニ後世ニ伝フコトヲ得ベシト存ス。御高見如何。又古亭庄ノ南菜園モ可然キ維持ノ方法ヲ講シテ保存シタシ。何卒御高慮ヲ請フ。

〔別紙2〕 預金残高

小口当座預金参口元金五千百八拾七円五拾九銭利息九拾六円四拾壱銭合計金五千弐百八拾四円也。

鹿子木長官代理

〔註〕封筒表「牛込区薬王寺前町　児玉秀雄殿　要用煩御返事」、封筒裏「麻布内田山　後藤新平」。

8　明治(39)年8月31日　寺内正毅書簡＊

拝啓　御両所は益御清福に被為入候義と奉賀候。陳児玉文庫増築其地の件御相談之次第承知仕候。募集金額は最初より限定し置候必要も可無之と存候得共、如此事業に多大之金額を募集し得るは随分困難事と被存申候。故に金額は公告書に預定せす、弘く県下のみならす天下に広告せは多少増加するなるへしと存申候。

募集者は児玉家にあらずして連名諸子の発起に可有之と存候間、諸子の随意に任せ候方可然きと存申候。尚近日宇賀氏出京の節は卑見申通し可申候。右御答旁如此に御坐候。草々拝具

八月三十一日　　正毅

秀雄殿

追て、本文に対しては在郷諸君の厚意に任せ、余り児玉家より異存のなき方可然乎と存申候。

〔註〕封筒表「韓国京城総監府　児玉秀雄殿　内事親展」、封筒裏「東京麹町区永田町一ノ一寺内正毅」。消印39・9・6

9　明治(39)年9月22日　寺内正毅書簡*

拝啓　其後は御両所共御無事御勤務之義と奉賀候。当方も留守宅を始我等方一同無事に相暮申候間御安心可被下候。過般は英国艦隊来訪、彼是御多事と御察申上候。

陳先般も申越相成候徳山児玉文庫之維持方法に就き、大野其他より御相談之件に付小子処存申遣置候処其後徳山より杉山、宇賀等来京相尋候処、小子之誤解致居候点も有之、聊不明了之御答を申遣候様被相考候間、更に卑見左に開陳致候間、可相成は早速東、徳山、大野氏等に向け何分御回答相成度希望仕候。

却て児玉文庫維持費を大方に醵出の事を募るは大野其他発起者へ一任せられ差支勿るへし。同氏等の意中を聞くに、金員の募集は広く各地にある故、大般の知己又は同県人を発起者の中に加ふる心算の由なり。

過日の書面にある金額一万余は二、三千円を以て文庫の倉庫又は展覧処を作り、他の費用は文庫の維持に充る見込なりと云ふ。右は父上の存生中多少維持費に就き御談候事を根元として案出したるもの丶由なり。右の次第に付兄よりは文庫維持費募集の事は全く異存無之に付、宜く御取計相成度云々回答あらは差支勿るへしと相考候。右申進候。其中時下御用心専要に御坐候。

九月廿二日　　正毅

秀雄殿

尚々、伊藤侯へ宜く御致声願上候。貞子も先日来滞留致し日々幼稚園へ通ひ元気に御坐候。一昨二十日前沢の母の十七回忌相営候。序に御申聞被下度候。

〔註〕封筒表「韓国京城総監府書記官　児玉秀雄殿　内事必親展」、封筒裏「永田町官舎　寺内正毅」。消印39・9・26

10　明治(39)年12月1日　寺内正毅書簡＊

拝復　去る二十三日之貴翰拝見御両所共に御壮健に御暮被成候由、重□奉賀候。当方御内母様方皆々幷に拙家にても一同無事に消光罷在申候間、御安神被下度相願候。寿一も漸く大学校へ入学致し今日より授業開始候由に御坐候。弟にも昇級被仰付却て恐入候次第に御坐候。先日は文太郎君貴地へ被参、例の開墾事業に付御周施被下候由、本事業は随分金を喰ふ仕事故、文君の仕事には注意すへきものと被存候。

在徳山児玉文庫維持費の事は、於当地二、三知人へ相談致し近日之中相纏め可申心算に御坐候。

十八も入校相叶一同大に喜居申候。貞子も壮健日々幼稚園へ通ひ申候。

寒気日増候時節折角御自愛専要に御坐候。草々拝具

十二月一日夜　　正毅

秀雄殿

〔註〕封筒表「韓国京城総監府書記官　児玉秀雄殿　内啓必親展」、封筒裏「東京永田町一　寺内正毅」。

明治41年

1　明治（41）年7月8日　後藤新平書簡

謹啓　益御清穆被為在奉遥賀候。扨只今統監閣下には来る十四、五日頃馬関御着到之御予定之趣御電示相蒙り敬承仕候。従来之関係として対清国方針は勿論対露方針に付ても種々申上度儀も有之、随て御垂教可相仰必要もらし候に付、月初帰任之節は御地に相伺ひ候事に仕居候所、去る四日内謁見被仰付候事と相成候に付一と先は発足を相延し寧ろ馬関にて拝柴〔ママ〕を得候方便と存し候次第は、西園寺内閣之小生之予想に反し処々崩壊之状を呈せると此の如き際に御地に相伺ひ候事は何となく、人目を惹き候ことにより蟄居今日に相暨ひし処、又々小生の予想に違え、副統監之御入城と同時之御東上之途に就かせられ候はんと存上候。統監閣下には案外後に御発軔らしく被察候に付、彼是御手数相見居候事御坐候。何卒此事情閣下より統監閣下へ可然御致声奉願上候。先は御礼旁右之趣奉得貴意候。頓首

外出時間差迫候之為め乱筆御諒恕被遊度候。

七月八日午後　　　　後藤新平

児玉伯爵閣下

〔註〕封筒表「韓国京城統監府　児玉伯爵閣下　七月十二日前六時二十五分　親展」、封筒裏「東京市麻布区狸穴町四番地　南満州鉄道株式会社東京支社　後藤新平」。消印41・7・11

2　明治(41)年(9)月(1)日　後藤新平書簡

拝啓　其後益御清康奉敬賀候。小生賤痾も追々快方一両日中には帰京服務之心算に御坐候。先日来当地静養中の木内重四郎君と両三度緩談相試み候際、統監に及ひ候。同君の説にも統監は愈韓国に帰任服務の決心なるよし。前日は話の都合にては統監在職中は御帰朝六ケ敷かとも拝察致候。小生帰京の上は第一に統監を訪問し、高教に接し度日夜趨想罷在候。当時小生より御身上に付申出候件は余り好位置にも無之、且地方官御希望御内意至極面白く現在の興味に止まらす将来有望なりと奉存候ゆへ、鄙見は取消置度、書外は万縷帰京拝話にゆつり候。草々拝具

新平

児玉伯爵閣下侍者

追啓
御母上様へ極めて御無沙汰申上多罪御寛恕被成下候様御取成奉願上候。御令閨様へもよろしく。

〔註〕封筒表「東京牛込区薬王寺前町　児玉秀雄殿　御親展」、封筒裏「塩原満寿屋　後藤新平」。消印41・9・1

明治42年

1　明治42年3月22日　田中光顕書簡

来二十四日午前十時三十分拝謁被仰付、天杯下賜相成候条、通常礼服着用右時刻三十分前参内可有之候也。

明治四十二年三月二十二日　　宮内大臣伯爵　田中光顕

正五位伯爵　児玉秀雄殿

〔註〕封筒表「市ケ谷薬王寺前町三十　正五位伯爵児玉秀雄殿　至急　廿四日拝謁の件」、封筒裏「宮内省　宮内省角印」。

2　明治（42）年7月22日　寺内正毅書簡

拝復　両度之芳書拝見仕候。昨今は雨期にて御困却之由一層御自愛専要に奉存候。当方皆々無事に御座候。寿一も百合子同伴明日より帰国致候筈に御坐候。青年真の夫婦連れ帰国なりとは随分のんき気之沙汰と古物には被相考申候。

伊公も一昨日無異入京相成至極壮健に被見受申候。其後緩々御話も可承候。何れ近日拝眉之上委曲承り可申被存申候。

曾称統監も病気之由困りものと存申候。昨今は少々快方に御坐候や。精々御注意希望に不堪候。菊池軍医総監も急に出張致候由。多少は用に立可申乎。陸軍側軍医連申合精々療養に手を尽し呉候様御注意肝要に御坐候。

軍部廃止取換はせ文書も大体異存無之、二三文字上の修正申遣置候。但し是は先方との交渉上面倒なれは強て首長も不致候得共、体面上及将来都合上改め置候方可然と存申候。尤改めたとて士官学校に入れぬ杯と申義には決て無之、此辺は留心相成度候。右之趣病気上差支無之候得は、曾称君え見舞と共に被申入被下度相願候。此節は梨本宮御来京中諸事御用多と存申候。折角御自愛肝要に御坐候。早々頓首

七月廿二日　　正毅

秀雄殿

此序に大久保将軍へも宜く御噂被下度候。

〔註〕封筒表「児玉秀雄殿　正毅　必親展」。

明治44年

1　明治(44)年12月11日　寺内正毅書簡

再度之芳翰拝読。愈御清栄御勉務之義奉賀候。小生も出京已来矢張何かと多忙を極め閉口罷在申候。児玉家其他皆々一同無事。お末も大膨張、顔付も入隊後今日迄は異状無之大に安心仕候。寿一も来月当り墺国へ向け出発可致由に御坐候。強而小言を謂ふも益なき事と相諦め申居候。追て事務上之気付も為置仕候。秋山数美死去に而今日迄研究を怠り居申候処、本日より調査を初致居申候。予算上に差支を不生限り便宜を計り置可申とは相考候得共、一考可要義と存居申候。入江も時々来り事務を助け居申候。時に小言を以て教導致居申候。自分も来十七日頃出発、大坂に十八日、京都を十九日之両度に実業家様を招き朝鮮を紹介致置可申、夫より釜山と鎮海湾を巡視致候。二十四日頃着京可仕と存居申候。先は御返事旁近況御報迄。草々拝具

十二月十一日　　正毅

秀雄様

〔註〕封筒表「朝鮮京城総督府官舎　伯爵児玉秀雄殿　親展」、封筒裏「東京市麻布笄町　寺

内正毅」。消印44・12・11

明治45年・大正1年

1　明治(45)年2月3日　桂太郎書簡

去月三十一日御認の貴翰本日相達し拝見仕候。愈御清栄遠賀此事に候。扨寺内総督過日来病気之由之処其後如何之様子に候哉心配仕居申候。「パラチフス」とのこと診断に候得は兎角当分之事にも有之間敷、元より御疎も無之事に候へ共充分御看護之程希望仕候。

寺内伯爵夫人にも渡鮮相成候由、着京相成候上は看護も充分行届候とは拝察仕候へ共、精々御注意肝要之段御伝言頼上候。総督へは別に書翰不相出候付、御都合之折を得て御伝言且つ医師之注意に従ひ保養専一なる義御伝言可被下候。先は為其。敬具

二月三日　　太郎

児玉伯爵様

〔註〕封筒表「京城　伯爵児玉秀雄殿　親展」、封筒裏「東京芝区三田一の四一　桂太郎　二月三日」。消印45・2・6

2　大正(1)年11月5日　今村幸男書簡

拝啓　新天一碧誠に爽快なる折柄に御坐候処、貴兄始め御奥様には変無之被為入候事と欣喜罷在候。本日新聞紙上に依れば貴兄此度高等官二等に陞叙被遊候由、我々仲間にて勅任官の先駆は貴兄と謹て御祝詞申述候。

御奥様にも宜敷御伝被下度候。拝具

十一月五日　　　幸男

児玉兄坐下

〔註〕封筒表「朝鮮京城　伯爵児玉秀雄様」、封筒裏「京都　今村幸男」。消印1・11・7

明治期

1　明治（　）年1月10日　寺内正毅書簡＊

本日午后四時過渡辺千冬氏来訪、委細懇談仕置候間左様御承知被下度、尤彼れ自ら進て此忠告を父に為すは聊躊躇の気味には無之乎と被存申候。然し小生の企図せし主旨は充分了解したること と相信申候。尚若し宮内省側之意向不分明の事も有之候はゝ、自分よりの注意なりとして宮相へ直接面会不明の廉聞紏し候も可然旨申聞置候。右概要貴聞に達し置候。然し極秘の事。拝具

一月十日　　正毅

秀雄殿

〔註〕封筒表「児玉秀雄殿　極必親展」、封筒裏「寺内正毅」。

2　明治（　）年3月6日　児玉源太郎書簡（児玉澤子宛）＊

拝啓　然は鎌倉も追々御客様御坐候由。自分之欧行は出来ても六月出発に可相成と存候に付、娘等を大阪に連れ参り候には差支無之、四月中旬に参り度存居申候間、鶴子も其時連帰り候而却而途娘可思候。都合宜敷かと存候。来る十八日之便船にて上京之事に内定致候間、廿三、四日頃に

は着京可致と奉存候。其由御承知置被下候。謹言

三月六日　源太郎

澤子どの

大正2年

1　大正(2)年3月1日　寺内正毅書簡

口演
一、別冊計算書一見致し即通知致候間御収置相成度候。
一、拓殖会社条例の改正は当分政府側へ提出見合せ可申候間、会社と細部（過日宇佐川総裁提出の両三件）の打合相整して其儘仕舞置相成度、小官帰任の後処理可致、夫迄は何等言明の要無之候。尤本件は今日宇佐川総裁来訪委細相談相遂け置候間、其御含にて何等言明せさるを希望致し申候。
一、貴下出京之事は山県総監へ申置候間、都合次第本月中旬頃より来月道長官会議前、帰任之様に取行相成度しと存申候。
一、猶拓殖会社条例の件幷に麻生の始末の事は藤原氏へ委曲相談致置可申候間、彼れ帰任の上御聞取被下度候。尚又精々御加養早速御回癒禱り申候。草々不一

三月一日夜認　　正毅

秀雄殿

〔註〕以下の封筒に入っていた。封筒表「韓国京城統監府　統監府書記官児玉秀雄殿　要旨必親展」、封筒裏「東京陸軍省　寺内正毅」。消印42・7・22

2　大正(2)年8月12日　寺内正毅書簡

拝啓　炎熱甚敷御坐候処愈御清祥御鞅掌候義奉賀候。頃日は毅雄の罷出候世話候事と存申候。当方皆々無事、児玉母上も一昨日鎌倉より国雄同伴帰京相成申候。然し心経〔ママ〕痛は格別之事に無之候間、御安意被下度候。館西歩〔ママ〕高田願出の意ある金鉱は同人は頗る有望に申候て、先願者は示談相付見込と御坐候故、出願せは許可を得度旨申出候。就ては先つ出来得れは農商工部に於て鉱床調査の概況を詳知致度と申出候。由て差支無之候は丶村田へ御相談申上調査の概況御一報被下度希上候。尚又政府側にては多少総督府に向ひ改正を希望しあるか如く相見候間、何れ其辺の事情分明次第帰任の事に可致候間、少々遅れ可申此辺御含置被下度希旨山県君へ御申入置被下度、其中御用心専要御坐候。頓首拝具

八月十二日　正毅

児玉秀雄殿

〔註〕封筒表「朝鮮京城南山官舎　伯爵児玉秀雄殿　必親展」、封筒裏「東京市麻布笄町　寺内正毅」。消印2・8・15

大正3年

1　大正(3)年1月15日　寺内正毅書簡

今朝貴書拝見。官制の事承知。大分来る二十四、五日頃迄は何とも相運兼ぬること、存申候。其間尚雲行展望か宜かと存申候。小生は二十二、三日頃帰り提出可致と心算致居候。

此一両日中に秋山の書類を送り呉候様希望仕候。

別紙之通杉山より申来候。外の分にても機密費の中より、出来得れは五千円丈け同人へ極密々に御渡被下度希望仕候。

右内聞旁至急如斯御坐候。敬具

一月十五日朝　　正毅

児玉殿

追て、来る十八日には沼津へ参候之筈に御坐候。八時半新橋発汽車にて国府津に訪問可申候。

〔註〕封筒表「児玉秀雄殿　要旨必親展」、封筒裏「大磯駅　寺内正毅」。

〔別紙〕　大正（3）年1月15日　杉山茂丸書簡（寺内正毅宛）

謹啓　先般は失礼仕候。

陳は甚唐突に奉存候得共、若し小生等へ御請之無御差支金子御坐候は丶、幾干にても御下賜を辱ふし度、当地段々面白く相成来予期の如く薩政の潰離は弥曙光を見るに可至奉存候。

小生昨冬来刀を典しての渡世、今より支持の道無之無正申上試申候。何分御回示を辱ふして爽然の至に奉存上候。右至急申上試度如此御坐候。恐々頓首

一月十五日　　茂丸

寺内閣下侍史

〔註〕封筒表「神奈川県大磯駅　和田維四郎殿別荘　伯爵寺内正毅殿　必親展」。封筒裏「東京築地三ノ一五　台華社　杉山茂丸」。消印3・1・15

2　大正（3）年7月15日　後藤新平書簡

其後益御清壮奉賀候。陳は此回巽来次郎儀に付、総督閣下御始賢台不容易御厄介筆舌難尽奉感謝候。前日総督へ呈書之節も別に巽の件くだ〳〵しく御礼申上候事は態と略し置候。其後本人経過好良の方と申事幸甚之至、畢竟直に篤き御手当を蒙り候為と小生並に此方の知友一同感佩罷在候。実に当初総督の御電報に接し候際は此方にても当惑致し、巽の家族何処に居候哉不相分、知友間そこ丶と聞合、漸く相分り、総督閣下の御電報の儘廻報通牒仕候次第に御坐候。本人は袁総頭〔ママ〕側に唯一の人物にて外に代るへきもの無之、同人の関係神戸鈴木商店にて金子壱人心得居候

て、他に同人を知り且同人何事支那にて致位候哉も承知し居るものなしといふ事情に有之。小生も前日来箱根湯本に壱週間許静養中にて、巽の看護人へ重要書類其他携帯品交付の可否電報御問合の折、京地に在らす、旁御返事も相後れ御申訳無之候。四五日前帰京昨日箱根蘆の湯に再遊いたし、巽の病症次第に快方の由に付本人十分醒覚候迄、所有書類其儘御預置被下度、若入院経費等の事は小生引受処理可為致候間、看護人等は各自弁為致候事当然と奉存候。右の範囲内に候はゝ、賢台乍御迷惑御指揮被成下度奉仰上候。右まて乍遅延御礼旁得貴意候。草々不尽

蘆の湯　七月十五日　　新平

児玉伯爵閣下侍曹

追而、御令閨様へもよろしく。御出立前御内話致置候寺内伯へ対する嫉妬的中傷徒の源も近日御承知之通閉息の姿に御坐候。山之内万寿治自殺未遂後は元兇輩も殊の外狼狽の気味に承り及ひ候。併千万捲土重来を企図致居候。牒報今日尚相絶し不申候。且政友会側は一般に寺内伯へ対する感情変化致し来候。是は種々原因も可有之候得共主なるものは、山本伯再挙の働、山之内自殺以前より漸く微弱と相成候為かと推察いたし居候。中央政府も大計大略内外に対し確固たるものなく、唯一日暮しとは察候。何にも後郵述出度不申上候。文略仕候。

〔註〕封筒表「朝鮮　児玉伯爵閣下　必親展」、封筒裏「箱根蘆の湯　後藤新平」。

大正5年

1　大正（5）年2月16日　寺内正毅書簡＊

拝啓　日々政務御多忙拝察仕候。先般山県総監出京東拓按に付御相談も有之候趣、其節来電も有之承知仕候。然処其已後按之風向も余り面白無之心痛罷在申候に付、本日一書を政務総監迄申遣置候間、御談合之上無御油断御尽力希望に不堪候。荒井君□□前御申通被下度同氏は自分とは多少意見を異する点も可有之存候得共、今日之場合は内相申合、政府按を与党をして押通さしめるより外致方無之と存候間其決心を以て相進候様致度存候。阿部鶴氏より数回来電有之、今朝之分には昨日方り大隈首相は片岡総務を説き何か申付られ候由なり。果して然らは此辺大に利用すへき動機やと存申候。

議会中又は大蔵省側には修正意見も有之乎に被存候得共是は同意難致、只内相の謂はるゝ一旦法按通過の後は総裁を交迭しても整理の実を挙けしむ心算なり。此は稍自分の抱懐する所合一致し、此辺之意旨は夫れとなくほのめかすも亦不悪と存申候。又野田を総裁と為すか如きは夢想にも無之事なり。願くは曲りたる議論を止め、将来満蒙発展の実を挙くる為め、情報改革か緊要なることを知らしめ度ものに御坐候。可成内相を押立て通過を勉むることに協力奮励一番を希望に不堪候。

議会も余日少く候故、万一通過困難之見据相付候上は本議按を否決せしめす流会と為すか、撤回するか、何れか其一途を採ることは為将来必要と存候間、万一之場合無手落様御心掛相成度切に希望仕候。是には老兄之御含迄に申入置候。

右要件迄得貴意申候。荒井君、秋山兄へ宜御致声願上候。草々拝具

二月十六日　　正毅

児玉秀雄殿

乍序、御内輪其他へ宜く願上候。寿一も過日帰京致候。其前当地に於て面晤之節同人之嫁事も申談置候間御閑之節御談合被下度候。

〔註〕封筒表「児玉秀雄殿　内啓親展」、封筒裏「寺内正毅」。

2　大正(5)年(5)月6日　田中義一書簡＊

拝復　過日は御芳書を辱ふし難有御礼申上候。益御勇健之段奉賀候。降て小生儀も依旧鞅掌罷在候間、乍憚御放心被下度候。為替益正に受領仕候。総督よりの御書面にて委細分明致候間御安心被下度候。

別に御申越の一条は小生も種々苦慮致し居り候得共、何分山県元帥病気の為め総て頓挫の模様に御座候。大隈伯の考へも最早大抵相分り候得ば、元帥の帰京さへ相叶へば直に解決致する事と相信じ居り候。乍去今日の処にては元帥は果して何日頃御帰京相叶ふや一切見込は相附不申、又元

帥は其事を非常に心配せられ、是非共解決せねば不相成と気を揉まるゝ程病勢を重からしむると云ふ次第にて困却致し居り候。又元帥は小生に向ひ、此事に関し別に相談相手を指定せられ候得共、其人も目下東京に在らず彼是不勝手千万の時節に御座候。尤も十五、六日頃には其人も帰京可致被存候間、其節は何とか相談致す積りに御座候。大隈伯の方も却て解決を急ぎ居ると云ふ有様に御座候。然るに是に先て何とか致さねば不相成儀は、寺内伯を元帥にすると仕組〔ママ〕に御座候（是れは伯へは内分に願ひ候）。此問題を先決せねば将来邦家の前途を不安定にならしむる懸念も有之、其辺も目下考究中に御座候。右の次第に御座候得ば伯の直に帰京相成候事は時機にあらず、今少し事柄は進捗したる後の方却て好都合と存候間、是御含み置被下度候。又伯としては御注意相願度儀は世間往々伯の言動を口実として内閣を牽制し、乃至は大隈伯引き止材料に供する者も有之候間其辺は御勘考を要することゝ被存候。又浪人等の申す事は往々にして真相を知らず乃至は自分の感情に走りて申す事も可有之、亦是に応して伯の意中を誤伝し又は利用する等種々彼等運動の種子に使ふことも可有之と存候間、其辺にも相当御配意を要する事も可有之と被存候。寿一の家内に少々心当りの者有之候へは追て可申進候。今度は少し考へ替て御相談致す積りに御座候。何れ其内更に御文通可申上候。

乍筆末御令閨様に宜敷御伝声奉祈候。

六日　義一

児玉様

〔註〕封筒表「朝鮮京城総督府　児玉秀雄殿　必親展」、封筒裏「田中義一」。消印5・5・

3　大正〔5〕年〔11〕月14日　郡山智書簡

拝啓　長途之御旅行御疲労之御事と奉案上候。本朝御命令之宇佐美長官へ御渡之覚書写し御送附申上候間、御査収願上候。他の部分は後より御送可仕候。

十四日午後　　　　郡山智

児玉伯爵閣下侍史

〔別紙1〕　新聞整理に関する取極書　明治43年10月1日

参照　新聞整理に関する取極書

一、朝鮮日報を廃刊し、京城日報及び毎日申報の監督を徳富猪一郎に委嘱すること。但し京城日報には当分の内専任社長兼主筆を置き、毎日申報は特別会計とし、別に主管者を置くこと。

一、原則としては京城龍山に於ては日本字及朝鮮字新聞各一個と為すを目的とす。

一、右新聞は総督及総督府を本位とし、其の施政の目的を達せむことを努むること。

一、監督者は当局者に対し一切の責任を負担すること。

一、当局者は其の必要と認むる場合には、監督者並社長以下社員を変更することあるへし。但し社長以下社員の新任者の選定は、監督者に一任すること。

一、当局者は監督者か其の責任を尽す限り、濫に之を変更せさること。若当局者の都合に依り、万一之を変更する場合には監督者に対し、相当の報酬を与ふることある可し。
一、新聞に関する一切の会計は、総務部長官の監督を承け定時報告し、且何時たりとも金庫及原簿の検査を受くること。
一、監督者に対しては年額五千円以内の旅費、手当、交際費を支給すること。
一、京城日報に対し当分内月額千五百円、毎日申報に対し月額六百円の補助を与ふること。
但し其の必要を認めさるときは之を減額することある可し。
一、監督者は内地より論説其の他時事報導〔ママ〕を為すこと。
一、京城日報の紙幅は追て八頁と為すこと。
一、売捌所を整理拡張すること。
一、引札及無代拡張紙を随時頒布すること。
一、京城日報社と有力なる内地新聞社との間には相互重要なる事件を電報にて通信すること。其の費用として両社に月額弐百円宛の電報料を交付すること。
一、監督者は時々京城に出張し社務を監視すること。其の度数は少くとも年二回以上たるへきこと。
一、東京、名古屋、大阪等に於ける通信、広告、販売其の他の庶務は有力なる内地新聞社及其の支社に於て処弁すること。
一、朝鮮其の他に於て支局若は出張所通信員の必要ある場合には漸次之を設置すること。

一、京城日報整理資金として此の際四万円を限とし支出すること。
内訳概左の如し
一京城日報債務　約五千円
二、輪転機　約弐万円
輪転機　一万弐五百円
据付運搬費　二千円
写真機械費　二千円
建築費　三千五百円
三、活字新調　約三千円
四、電気動力機械　約千円
五、ステロ版機械　約千円
六、社員整理費　約五千円
七、臨時拡張費　約五千円
一、毎日申報は当分の内従来の機械活字等を使用し、此の際臨時拡張費として五千円以内を漸次支給すること。
右之通り契約す。
明治四十三年十月一日　寺内正毅　花押

〔別紙2〕　合資会社京城日報社設立に関する契約書　大正2年11月8日

合資会社京城日報社設立に関する契約書

伯爵寺内正毅を甲とし徳富猪一郎を乙とし契約を結ぶこと左の如し。

第一条　乙は吉野太左衛門をして甲の代表者黒田甲子郎（丙）と共に出版業、印刷業及代理販売業を営む為め合資会社京城日報社を設立す。

第二条　乙は合資会社京城日報社の無限責任社員となり、甲の代表者黒田甲子郎を有限責任社員となす。

第三条　合資会社京城日報社の資本金額は金七万円とし、其の中金壱万円を乙の出資とし、金六万円を黒田甲子郎の出資となす。

乙の出資に充つへき財産は甲の負担に属す。

第四条　乙は吉野太左衛門をして合資会社京城日報社の業務執行社員代表者となし第壱条の目的を達する為め京城日報及毎日申報を発刊す。

第五条　乙は甲の選定したるものを以て合資会社京城日報社の顧問となすへし。

第六条　乙は合資会社京城日報社の業務を執行するに当り左記事項に付ては前条顧問の同意を得へし。

一、合資会社京城日報社の定款を変更せんとする時

二、一件の金額参百円以上の会社財産の取得及処分

三、毎年度収支予算及決算

四、利益金の処分
五、支配人の任免
六、編輯人、発行人、印刷人、記者其他重なる社員の採用及解傭
七、重要なる新聞記事の掲載
八、其他甲に於て必要と認めたる事項
第七条　甲は乙を以て合資会社京城日報社監督とす。
甲は乙をして合資会社京城日報社に関する一切の経営の責に当らしむ。
第八条　乙は毎月会社の営業に関し、左の事項を顧問に報告すへし。
一、新聞の毎日印刷高及発売部数
一、収支月計表
第九条　乙は甲の必要に依り何時にても丙の持分の一部又は全部を他人に譲渡することを承諾す。
第十条　甲は必要に応し何時にても本契約を解除することを得、但此の場合に於ては三週間前に予告することとす。
前項の場合に於て乙は其の持分を無償にて甲の指定する者に譲渡すへきものとす。
本契約書は壱通を作り甲之を保管し、甲其写を乙に交付すへし。
大正弐年十一月八日
伯爵寺内正毅代理
児玉秀雄
徳富猪一郎代理

吉野太左衛門

〔別紙3〕　大正2年12月9日　児玉秀雄書簡（徳富猪一郎宛）

拝啓　京城日報社組織変更の義は将来に対し該事業の一層確実ならんことを期したる次第に有之、従て先に閣下と契約したる京城日報経営に関する件は、従前の通り効力を有するものと御了承相成度此段申進候也。敬具

大正二年十二月九日　　児玉秀雄

徳富閣下

〔別紙4〕　京城日報に関する覚書　大正5年11月13日

写　覚書

一、総督府と京城日報社との関係は一切現状維持たること。

一、明治四十三年十月一日新聞整理に関する取極書、大正二年十一月八日合資会社京城日報社設立に関する契約書。

一、大正二年十二月九日伯爵児玉秀雄覚書其他社規及一切現行の職制等総てを、従前の通りたる可き事。

一、社長阿部充家、主幹阿部鶴之輔従前の通りたる可き事。

一、顧問には宇佐美勝夫新任の事。

右後日の為め覚書二通を作製し、交換し置くもの也。

大正五年十一月十三日

〔別紙5〕 財産目録

財産目録

一、吉野太左衛門の出資

金 壱万円也　　建物

一、黒田甲子郎の出資

金 六万円也

内訳

金 弐万四千六百六拾四円参拾弐銭　　土地

金 参万五千参百参拾五円六拾八銭　　輪転機

〔別紙6〕 覚書補足

覚書補足

引継後に於ける総督府と京城日報社との関係は総て現状維持とし、左の方針に依ること。

一、京城日報社の経営方針は大正四年三月整理案に準拠し、万事を進行すること。

一、一般会計は独立自営の方針を以て経営せしむること。

一、取引銀行を朝鮮銀行、商業銀行の二件に限定すること。

〔註〕封筒表「東京市麹町区永田町内閣書記官長官舎　伯爵児玉秀雄殿　親展」、封筒裏「朝鮮総督府　郡山智」。消印5・11・14

4　大正(5)年11月21日　河上謹一書簡（三浦梧楼宛）

拝呈　其後は益御健安可被為在奉恭賀候。小生事先月末上京仕候。付而は早速拝謦声咳に接し度奉存候処、当時熱海に御静養中に被為在其後御帰京之趣伝承仕候。付而は是非参趨仕度奉存候。扨宿痾再発爾来旅寓に平臥療養罷在候得共、容易に平愈に到兼候得は乗車に無差支迄に相成候はゞ西帰之心組に御坐候。来春は又々上京之積りに候得は必す高教に接し度夫のみ相楽居申候。実は例之三政党首之会合は大人之御斡旋を待て始而決行出来たる仕第に而、乍蔭雀躍罷在候処、更に之に一動力を加るに非れは或は一場之夢と可化之恐も有之候得は、此処三人共首肯する之外無之、一致点を見出すこと最も肝要には無之哉。此一致点さへ見出され候はヽ、会合も始而十分之効果を産み出すへき事と奉存候次第に御坐候。此点に付而は甚た嗚呼ケ間敷仕第に有之候得共、聊か愚見之仕第も有之候得は開陳之上高教をも仰き度奉存候得共、今回は其機を不得遺憾此事に奉存候。此等之点に関し始終御考慮を被為費居候事は何も疎に候得共、小生之微衷御推察被下候はヽ幸甚々々。先は御見舞申上候。草々頓首

十一月廿一日　　河上謹一拝

観樹将軍揚下

〔註〕封筒表「市内小石川区中冨坂町十八　子爵三浦梧楼殿　親展」、封筒裏「河上謹一　東京市日本橋数寄屋町二番地　本局八五四－一二九四〇　島屋平野いと方」。消印5・11・21

5　大正（5）年11月25日　河上謹一書簡（三浦梧楼宛）

拝呈　過日は御枉駕被成下恐縮之外無之奉感謝候。小生事未た全愈には至り不申候得共、当地に而は十分之加養不相叶候付明後日出発西帰之心組に御坐候。其前拝趨万謝可申陳筈之処、心底に不任欠礼之段御海容可被成下候。扨昨夕加藤氏来訪に付、彼の三党首之会合を無意味に了らしむるの不可なることを懇々説明し尚三人に於而真に誠意有之以上は、一致点は必す発見せらるへき次第をも申陳候処、同氏に於而も多少会心致したること、被存申候。兎に角九州へ出張之前に於而時間の繰り合せさへ相付き候は丶御訪問可致、否又繰り合せの付かさる場合には帰京之上必す相伺ひ高教に可接との事に有之候間、其節は可然御取合せ之上此上之御骨折に好果を生し候様被成下乍〔ママ〕蔭奉祈上候。小生も来春は又々東上之心組に有之候間、其際は拝趨万謝可申陳候。草々頓首

十一月念五　　河上謹一

観樹将軍榻下

〔註〕封筒表「市内小石川区中冨坂町十八　子爵三浦梧楼殿　親展」、封筒裏「日本橋区数寄屋町二　島屋旅館　河上謹一」。

6　大正(5)年12月14日　石塚英蔵書簡

拝啓　時下愈御多祥奉慶賀候。偖東拓会社法改正案之内談に付而は、調査之結果朝鮮外に於而業務経営之場合に対する一、二之規定挿入を希望する廉有之、只今卑見起案中に有之、我か総督府に於而は先般既に同案提出後なるを以而同府之意見として修正提出する訳に不参、内閣に於而審議中意見提出（非公式）採択を乞ふの外可無之旨秋山参事官申呉候。如御承知同案之提出は前内閣時代に係り今日とは大に其事情を異にし、随而法之実施上会社新当局之便利と相考候廉々は、政府に於而支障なき限り御採用被下候様相願度、尤も右は主義之変更にあらす条文之補足に止まる次第に付、何卒前以御含置被下、御採納相成候様特に御尽力奉希望候。右は不日脱稿之上御手元へ御送付可申上候。又株主議決権之件は帰途大阪にて重立之株主に内々交渉相試候処、改正案と違ひ全然無制限（一株一箇）となすものとせは、多分定款改正成立之見込有之哉に推定し得る実情に有之候。是亦併せて及御内報候。

前陳之次第何卒首相閣下之御聴にも御達置被下候様希望仕候。草々不尽

十二月十四日　　英蔵

児玉老兄侍史

〔註〕封筒表「東京永田町官舎　児玉書記官長殿　必親展」、封筒裏「京城　石塚英蔵」。消印5・12・14

7　大正（5）年12月27日　石塚英蔵書簡

拝啓　時下倍々御健勝奉慶賀候。議会も目睫之間に迫り嘸々御多用之御事と拝察罷在候。先般一寸得貴意候東拓法改正案に対し会社之希望事項別紙に相認御手元に差出申候。御一考之上首相閣下へ御上陳被下、適当之方法を以而法案中へ挿入方可然御配意相煩度、荒井長官、秋山参事官へは其当地出発前内話可致心得に御坐候。法制局長官には何等不申送心得に有之候間可然貴兄より御話置奉願上候。内務省へは何れ本月中旬小生出京之上貴兄へ御打合之上機を見而相話可申心得に御坐候。其外は一切秘密に致置候心得に御坐候。

取急右御願用迄。草々不尽

十二月廿七日　　英拝

児玉老兄侍史

〔別紙〕　会社法改正案に対する希望事項

秘

会社法改正案に対する希望事項

一、満蒙進展に関すること

満蒙拓殖の第一着手に土地の開拓と農業者の移殖を最先とせさるへからす。会社か自ら土地を取得すると共に土地に対する金融其の他農業土木を経営するの傍ら、土地信託の業を営み自己の取得土地の管理と併せ一般土地取得者の為に之か管理を受託するは、内地資本家をして安して満蒙の土地に放資せしむるを得へく、開拓の業益々促進せらるへきなり。故に案中左の意味を追加せられたし。

第一条第二項に依り政府の認可を受けたる地域に於ては更に左の事業を営むことを得。

一、土地信託の業務

二、拓殖の為必要なる事業の経営

三、拓殖の為必要なる資金の供給

二、海外移民会社に資金供給の途を開くこと

海外移民の仲介を目的とする移民会社又は移民仲介業者にして著実に其の事業を営む者に対し、移民渡航費其の他の資金を供給するは移民仲介業を著実に導き、延て移民を保護する所以にして海外発展の必要に応すると共に、又移民事業を経営せる本会社か之を兼営するは最も適当なると認むるを以て、左の意味を案中に挿入せられたきこと。

会社は政府の認可を受け、附帯事業として海外移民に資金の供給をなすことを得。

三、株主議決権のこと

若し改正案の如く議決権を制限せむか、民間所有株は之を十株以下に分割するを得るに反し、政府持株は之を分割するを得す。従て事実改正の目的を達する能はさると共に、徒に一般株主（十一株以上五千株以下）の反感を買ふに過きさるに因る。

若し夫れ改正の要ありとせは一株一個とするを最も公正なりと認む。然れとも右は定款の改正に依るを穏当と思料するを以て兎に角案中より此一項を削除せらるゝことは改正案全体の

議会通過上好都合なるへしと考ふ。

〔註〕株主議決権数新旧対照表（大正五年五月一日現在）が同封されているが省略。

大正6年

1　大正(6)年1月11日　山県伊三郎書簡

拝啓　不相変御繁忙御察申上候。陳は小宮氏身上に付旧臘御配慮を煩し、其結果御来電の通り相運ひ、宮相に於ても錦鶏并に嘱託の義は異議無之由に付、目下詮議中に御座候。然るに最初嘱託給弐千円と申上候は少々早計にして、其後熟考するに同人現在の位置に対しても、参千円位ひが穏当歟と被存候に付更に総督にも相談致候処別に異存無之との事に候間、宮相へは三千円となし上申致置候条右様御含み置相願度候。小生も何つれ月末迄には出京可致に付、余は其節と申縮候。草々不備

一月十一日　　伊三郎

児玉兄

〔註〕封筒表「東京麹町区永田町　内閣書記官長官舎　児玉伯爵閣下　必親展」、封筒裏「京城　山県伊三郎」。消印6・1・14

2　大正(6)年1月14日　三浦梧楼電報

一月十四日夜

児玉宛　来電　　三浦

三人一処ニシテコソ趣キ、趣意アル処、左ナクテハ効力少ナキノミナラス、党首ト世人トニ疑惑ノ念ヲ懐カシムル不利益アリ。今更及ハス遺憾至極。

〔別紙〕　大正(6)年1月15日　寺内正毅電報

一月十五日　午後六時

三党首領会合ノ時日及方法ニ付テハ御不満足ノ点モアリシナラムモ、事情已ムヲ得サルモノアリタルニ付御了察ヲ乞フ。加藤ハ大体ニ於テ従来ノ方針ト変更シタル処ナキニアラスヤ。少ナクトモ自分ハ其方針ヲ執リ来タレリトノ事ニ付昨年四月以来ハ異ナリタル方針ニ出テタルヲ以テ、此際一転スルヲ要スル旨ヲ答ヘ置キタリ。原、犬養ハ大体方針トシテハ異存ナシ。唯タ実行上ノ事柄ニ付テハ自ラ其時ニ応シテ決定ヲ要スヘキ次第ナル旨申出タリ。右御了承ヲ乞フ。寺内

3　大正(6)年1月25日　三浦梧楼書簡

電報到着愈御勇健に御焦慮奉察候。形勢予期之如くは予定之応戦無論之事にて今更可驚様も無之、昨一書総理に寄送いたし置候。憲政会中急に軟党動き出し、此中に片岡直温も含み居るよし電報にて老人帰東を促し候。返電せす故、昨夜一人参り今朝帰東す。救助を乞来候。然し何も今更物

に成る程之力も無之謝絶し返し申候。右為御答。不悉

一月廿五日

観樹老

児玉君虎皮下

〔註〕封筒表「東京永田町総理大臣官舎　伯爵児玉秀雄殿　親展」、封筒裏「一月廿五日　伊豆熱海　三浦梧楼」。消印6・1・25

4　大正（6）年1月25日　明石元二郎書簡

拝啓　益御健勝奉賀候。国務御多忙之処議会も昨今八釜敷様にて御奮闘奉拝察候。陳は小生遠親の者にて元佐賀県知事不破彦麿と申す者、前内閣の時馘首と相成五十の骸骨を提けまだ娑婆に未練を残し、復職運動の為上京致候趣にて、草深き阿蘇山下に向て迄後援を求むる急也。同人は内務省の水野君とは懇意の由、小生は水野君を知るもこんな事を唐突に手紙にて申込も変なり。貴兄もしとこかで同君にでも御出逢の節あるか何か適当の機会有之候は丶、御記臆被下度奉願候。御繁務中を煩はし。恐惶頓首

一月廿五日

肥後人吉出張中　明石元二郎

児玉伯閣下

右不破は朝鮮の桑原君と同窓明治26、27、28年頃の出身かと存候。

〔註〕封筒表「東京麹区永田　内閣書記官長官邸　伯爵児玉秀雄閣下　親展」、封筒裏「熊本第六師団司令部　明石元二郎」。消印6・1・25

5　大正（6）年2月2日　菊池武夫電報（長尾恒吉宛）

電報訳　　二月二日午後八時一分発　　午後十時三十五分著

陸軍省秘書官長尾中佐宛　　発信者　菊池中佐

本電報翻訳ノ上児玉内閣書記官長ニ手渡ヲ願フ。

昨夕西原宛ノ電報ハ見ラレタルナラン。然ルニ張作霖ハ諸官皆退庁後再ヒ小官ヲ呼ヒ付ケテ曰ク、予ハ一省ノ督軍省長タル位置ニアリテ身分重シ、随テ若シ日本ニ行クモ寺内大臣ノ真実希望ニアラズシテ日本ノ為効ナキノミナラス、支那ニ於テモ面目ヲ失スルニ於テハ甚タ遺憾ナリ、段祺瑞ノ意図モ亦茲ニ在リ、故ニ寺内大臣ノ意図ヲ電報ヲ以テ慥メヨ、果シテ慥シカナラハ必ス行クベシトテ特ニ電報ヲ以テスルコトヲ進メタリ。

按スルニ段祺瑞総長ハ張作霖ノ希望ニ対シ、寺内大臣ニシテ果シテ希望セラルルナラハ行クモ差支ナシト楊参謀長ニ答ヒタルモ、張作霖カ単独ニ行イテ何ヲシデカスヤラ其ノ心配モアリ、陸宗輿モ昨一日思ヒ止マル方良カラントノ意ヲ表シタル結果、先ツ楊参謀長ヲシテ見合ノ意図ヲ告ケシメ置キ後、密カニ小官ヨリ寺内大臣ノ真意ヲ陸宗輿ノ着京前ニ慥シカメ、段祺瑞総長ノ言質ヲ以テ断然宿望ヲ達セント欲スルモノナルコト、一昨三十一日夜半依頼ノ決心ノ変化ニテ明カナリ。此ノ際張作霖ノ日本ニ来ル事ハ寺内大臣ノ希望セラルル旨ノ反電ヲ賜マハルヲ得ハ、張作霖ヲ日本ニ赴ムカシメルヤ明カナリ。御意図如何ガ。

〔別紙〕 返電案

張作霖ニ関スル貴電拝承。張カ日本ニ観光旁々来ラル、ナラハ寺内伯ニ於テモ喜テ歓迎スヘキモ、寺内伯ヨリ張作霖日本ニ来ルコトヲ意見スル旨返電スルコト能ハサルヲ遺憾トス。

〔註〕欄外右「首相閣下　正毅〔花押〕二月二日　児玉」、欄外上「西原宛ノ電報トハ「張作霖日本行キ見合セタリ」トノコトナリ。児玉」と書き込みあり。封筒表「児玉書記官長殿　極秘親展」、封筒裏「長尾秘書官　陸軍省」。封筒表に「首相閣下」と書き込みあり。別紙は児玉の字。

6　大正(6)年2月6日　菊池武夫電報（長尾恒吉宛）

電報訳　二月六日午後三時五十分発　午後十時五十分著

長尾中佐宛　発信者　菊池中佐

児玉書記官長へ頼ム

御返電ノ意ヲ通シタルニ、張作霖ハ行キタキコトハ山々ナルモ少シク物足ラサル顔付ニテ明日決スルト云ヘリ。今朝張作霖ヲ訪ヒシニ今夜決スルト云ヒ、干〔于〕沖漢ヲ訪ヒシニホウキケイ不日来奉スルヲ以テ相談ノ上決スルト云ヘリ。案スルニホウキケイハ今夜来ルナラン。楊参謀長ノ言ニ依リ案スルニ、曩ニ陸宗輿ハ世論ノ恐ルヘキヲ説キ、為ニ張作霖モ困リツ、アリ。

7　大正(6)年2月6日　中村覚書簡

拝啓　益御壮栄奉賀候。陳は今回部下の軍隊並に警察官等に対し別紙の内訓を与へ候に付、寺内閣下の御一覧に供し度御序に可然御取計御願申上候也。右御依頼迄。草々不備

二月六日　　中村都督

児玉書記官長閣下

追て、外務大臣其他関係の向へは夫々通報仕候也。

〔同封〕　大正(6)年2月6日　中村覚書簡

平生は御無沙汰致奉謝候。

先般節子義早産いたし残念に奉存候。幸に母体に異条なく恢復せしは仕合に奉存候。右早産に付皆々様の御配慮を煩し御礼申上候也。

国雄様旧臘御昇級且つ御栄転、近日官舎へ御移転之趣奉賀候也。

議会も解散と相成万事御多用候事と御察し申上候。

時下御健康を祈り申し候。頓首

二月六日　　中村覚

児玉秀雄閣下

〔註〕封筒表「東京麹町永田町　書記官長官舎　児玉秀雄殿　親展」、封筒裏「二月六日　満

州旅順　中村都督　関東都督府民政部」。

8　大正(6)年3月5日　大屋権平書簡

貴秘翰拝誦仕候。満鮮鉄道統一は小生年来の素論に有之、其方法は高等政策に属するを以小生の論議せざる処に候。依而委任経理と決定されたる訳なれば、如何にして円満に且有利に委任するかを研究するか小生の職分かと存申候。永年朝鮮鉄道に在る小生としては多数の従事員を無事に引継くことが当座の責務と相心得申候。是等之点に付ては爾後追々と御高配に与ること可有之、其辺予め御依頼申置度不取敢貴酬迄如此御坐候。敬白

三月五日　　大屋権平

児玉伯爵閣下

〔註〕封筒表「伯爵児玉秀雄閣下　秘親展　拝復」、封筒裏「大屋権平　朝鮮総督府鉄道局」。

9　大正6年3月23日　和田駿書簡

謹啓　朝鮮鉄道貸下に関する一件書類過日御送付申上候処、大屋長官御意見に依り別紙の通修正仕候間御高覧奉願候。敬具

（○印訂正の廉）

大正六年三月廿三日　　和田駿拝

児玉伯爵閣下

〔別紙1〕　朝鮮鉄道貸下に関する件

朝鮮鉄道貸下に関する件

一、朝鮮鉄道の財産一切を南満州鉄道に貸下け朝鮮総督の指揮の下に朝鮮に於ける鉄道の経営を為さしむ。

二、政府に於て将来朝鮮に於ける鉄道の建設を必要とするときは政府の出資に依り南満州鉄道をして工事を施行せしめ竣工後之か経営を為さしむ。

〇三、朝鮮鉄道に関する公債借入金の利子は政府の負担とし南満州鉄道は当該年度の益金に相当する金額を政府に納入す。但益金の額特別会計以後の公債借入金の利子年額及公債借入金以外の投資額の年五分に相当する金額の合計額（将来の投資額に付ても亦同し）を超過するときは超過額に付ては其半額に相当する金額を以て納入額とす。

四、総督官房に鉄道局を置き朝鮮、満州に於ける鉄道及朝鮮に於ける軽便鉄道軌道の監督竝線路調査に関する事項を掌らしむ。

五、満州鉄道の副総裁を二人となし朝鮮に監理部を置き副総裁の内一人をして監理部長を兼ねしむ。

六、鉄道局員は現給を以て南満州鉄道に引継くものとす。但其俸給額は本俸を標準とし本加俸合して従前の額に達せさる者は之を同額と為す。

七、鉄道営業法は現在の儘とし運輸規程及運賃表（府令）は南満州鉄道の規定に基き之を改正し大正七年一月一日より施行す。

八、前項以外の諸規定は鉄道局廃止と同時に消滅するも特に定むるものの外当分の内従前の諸規定に準し取扱を為す。

〔別紙2〕　朝鮮鉄道貸下契約書　大正6年

朝鮮総督長谷川好道（以下甲と称す）は南満州鉄道株式会社総裁中村雄次郎（以下乙と称す）に対し朝鮮鉄道の貸下に付契約する条項左の如し。

第一条　本契約に於て朝鮮鉄道と称するは朝鮮に於ける国有鉄道の既成全線路、車輌、各種建造物、土地竝一切の所属物件を包括す。

第二条　甲は本契約実施の初に於て朝鮮鉄道の運輸営業に差支なき状態に於て之を乙に引渡すへし。

前項の設備の名称、台数竝状態は別表及附属図面の通とす。

第三条　貸下鉄道の修理、保存は乙に於て之を負担すへし。

第四条　営業上必要なる補充、改良工事は乙に於て乙の費用を以て之を施行すへし。

第五条　前条の場合及乙に於て線路、建造物若は車輌の原形を変更せむとするときは甲の承認を受くへし。

第六条　乙は橋梁、隧道、軌条、道床、枕木、用地、機関車、客車、貨車、電線路及各種建造物の台帳を備付け之を整理すへし。

前項の台帳は本契約実施の初に於て甲の作成したる原本に依り謄本を作成し甲之を乙に交

付すへし。

○第七条　乙は其当該年度の益金に相当する金額を次年度の初に於て毎年甲に納付すへし。但益金の額、朝鮮総督府特別会計設置以后の朝鮮鉄道に関する公債竝借入金の利子年額及公債竝借入金以外の投資額の年五分に相当する金額の合計額を超過するときは超過額に付ては其半額に相当する金額を以て納付額とす。

第八条　乙は営業上必要に応し甲より借受たる土地、建物其他の物件を他人に貸渡すことを得。

第九条　将来甲に於て朝鮮に於ける鉄道の建設を必要とするときは甲の出資に依り乙に於て工事を施工し竣工後は本契約の条項に依り乙に貸下くるものとす。

第十条　本契約の終に於て乙は貸下物件を別表及附属図面に照合し甲に返還すへし。若亡失毀損あるときは乙之を修理補塡するものとす。

甲は第四条に依り乙の費したる金額に対し本契約の終に於て現実に存する増加価格を乙に弁償すへし。

第十一条　本契約は大正六年　月　日より大正二十六年　月　日迄有効とす。

本契約を証する為証書二通を作り署名捺印の上各一通を保有す。

大正六年　月　日

朝鮮総督　伯爵　長谷川好道

南満州鉄道株式会社総裁男爵　中村雄次郎

〔別紙3〕　貸下に伴ひ制定改廃を要すへき法令

貸下に伴ひ制定改廃を要すへき法令

勅令

朝鮮総督府官制中左の通改正す。

第一条第二項を左の如く改む。

総督は朝鮮を管轄し南満州鉄道株式会社に関する事項を統理す。

第十条中「総務局」の次に「鉄道局」を加ふ。

○第十一条中「局長三人」を「局長四人」に「三十六人（事務官）」を「三十八人」に「二十七人（技師）」を「三十一人」に「内二人（勅任）」を「内三人」に「三百八十七人（属技手）」を「三百九十七人」に改む。

附則

朝鮮総督府鉄道局官制は之を廃止す。

本令は大正六年　月　日より之を施行す。

勅令

鉄道院官制中左の通改正す。

第一条　鉄道院は内閣総理大臣に隷し帝国鉄道及附帯の業務を管理し私設鉄道軽便鉄道及軌道を監督す。

附則
本令は大正六年　月　日より之を施行す。

勅令
南満州鉄道株式会社に関する事項は朝鮮総督の管理に属せしむ。
附則
明治四十一年勅令第百七十九号は之を廃止す。
本令は大正六年　月　日より之を施行す。

勅令
関東都督府官制中左の通改正す。
第二条中第三項を削る。
附則
本令は大正六年　月　日より之を施行す。

勅令
高等官官等俸給令中左の通改正す。
第八条中「朝鮮総督府鉄道局長官」及「朝鮮総督府鉄道局理事」を削る。

第十四条中「朝鮮総督府鉄道局参事」を削る。

第十六条中「朝鮮総督府鉄道局副参事」を削る。

第二十条中「朝鮮総督府鉄道局参事補」を削る。

第二十一条中「朝鮮総督府鉄道局通訳官」を削る。

別表第一表朝鮮総督府の部鉄道局長官の項中「鉄道局長官」二等の欄「同上」及鉄道局理事の項を削る。

附則

本令は大正六年　月　日より之を施行す。

朝鮮総督府令第　号

朝鮮総督府事務分掌規程中左の通改正す。

第三条の二　総督官房鉄道局に監督課及技術課を置く。

監督は課に於ては左の事務を掌る。
一、軽便鉄道専用鉄道及軌道の許可認可及諸般の命令に関する事項。
二、軽便鉄道の補助に関する事項。
三、軽便鉄道専用鉄道及軌道の台帳及統計に関する事項。
四、南満州鉄道株式会社の監督に関する事項。
○五、線路調査に関する事項。

技術課に於ては左の事務を掌る。
一、前項第一号、第二号、第四号及第五号中技術に関する事項。
二、軽便鉄道専用鉄道及軌道の竣功監査。
三、軽便鉄道専用鉄道及軌道の技術台帳に関する事項。
四、図表類の整理に関する事項。

附則

本令は大正六年　月　日より之を施行す。

法律

朝鮮鉄道用品資金会計は大正　年度限り之を廃止す。

朝鮮鉄道用品資金会計に属する現金は朝鮮総督府特別会計の歳入に繰入れ其の収入支出の未満額は之を国特別会計に移すへし。（本法は貸下実行後廃止すれは可なり）

10　大正（6）年3月26日　山県伊三郎書簡

拝啓　其後御無沙汰に打過候処議員選挙も段々と差迫り御繁忙御察申上候。扨昨今萩よりの報知に依れは滝口氏も愈候補として選挙競争に決心致候由、歳甲斐もなき老爺なんとも致方無之、山根氏は定めし当惑致居候半と被存候。乍併滝口氏今回の処置に対しては孰れも憤慨致居候に付、さしたる事も無之歟と存候。賀田氏も来月十日頃までには帰萩いたし山根氏の応援可致ことに相談致置候間、同人帰京の節は是非山根の為尽力致候様御勧め置被下度候。同件に付ては委細大城戸氏まで申遣し置候に付、既に御承知と被存候。総督は目下南方巡視中に有之、来る一日帰城一両日休息の上早々北方へ出掛けられ候ことに相成居候。右御無沙汰の御詫旁近状御報迄。御序の節首相閣下へ宜敷御伝言の程相願度候。草々不一

三月廿六日　　素空

児玉尊台

御覧済の上は火中へ御投し被下度候。

〔註〕封筒表「東京麹町区永田町官舎　伯爵児玉秀雄殿　親展」、封筒裏「京城　山県伊三郎」。消印6・3・26

11　大正(6)年4月11日　原田有恒書簡

上啓　爾来兵馬倥偬方外之御無礼に打過申候。益々御健勝被遊御座為邦家慶賀之至に存候。先程東京鈴木様書面留守宅へ到来、昨日広島にて船越男との拝顔、本日臼井氏よりの書状に依り小生の目下の戦況に対し御憂慮被下候事を承知致候。勿論仝一系統又は仝一調査機関に依る事と存候得共、為に多大の御配慮を供へ〔ママ〕候事は恐縮之外無之候。左に詳細申述候。原因は小生の作戦が微細を極め且つ全然秘密主義を執り候結果と被存候。三十日間の苦心到らざる隈もなく鉄条網を施し、愈本日より一斉蜂起に付筈に致候事は予定の行動に有之、今後の九日間之形勢異動を御注視願上度候。恐らく警察部其他の想像意外の地に於て得票あるべく、左に只今迄に調査し得たる又

は見込ある票数を記載し加減は有之べく候得共、開票後の御参考に供し候。

加茂郡荘野、豊田郡南方上北方、田万里善入寺、小谷村	百五十票
豊田郡木谷、吉名	百三十票
仝　瀬戸田島四ケ村	百五票又は百十七票
御調郡全部	三百票
世羅郡	三百五十票
神石郡	弐百票
甲奴郡	百票
双三郡	百五十票
佐伯郡内留崎40地30	七十票
アキ郡全部	百票
高田郡	六十票
比婆郡	五十票
豊田郡の内前掲村を除き	七十票
加茂郡、沿海部（荘野村を除く）	八百五十票
加茂郡中部北部	四百票
沼隈、蘆品に散在せる	三十票
呉市	五十票

計　約三千弐百票弱

以上は総て各地各村に雌伏せる親戚友人運動依頼者の今日まで請負居れる概数に有之、端数に於ては四捨五入致居候得共可成確実数に有之、此数に今一度相当歩合を乗じ（歩合は地方に依りて同じからず一様票数に歩合を乗ずるは杜選《〔ママ〕》なり）、其減額丈けは最後の二日間に於て誓つて取返し御目に懸け可申上、走れる運動と何れか確実なるかは不遠判明可致、本月十七日夜の確定数と十八日及十九日夜の確定数は当日左の暗号にて御報可致候。

一二三四五六七八九〇

カナラヅトウセンスル（暗号）

一例「ラナルル」は三二〇〇の如し。

先つ略義愚見及御報のみ如此に御座候。

多忙中走筆多罪。

四月十一日午前十時　　　　原田有恒

児玉伯爵閣下

〔註〕封筒表「東京市麹町区永田町　児玉伯爵閣下」、封筒裏「広島県　原田有恒　四月十一日」。

12　大正(6)年4月11日　原田有恒書簡（鈴木宗言宛）

啓上　再度之御懇書忝拝見致候。御好意感泣之外無之候。昨朝船越男とも面会、同様之御注意有

之、益々緊褌一番必勝を期し申候。右悲報の伝はりたるは、小生の作戦方法の他に異なると、新聞紙へ投書等を怠り、且つ予期程に掲載呉れざるもの致す所と被存候。併し小生には相当の確信有之、断じて御知遇に背かざる考に有之、船男には作戦の一部を御話致置候。何と申すも茲十日の後には小生の信不信も判明可致、左様なる下手の角力を取る場合は二度と御目にかゝらず、御安神可申上候。

軍資之件余り豊富には無之候得共、当時御拝顔之際申上候よりは以上に都合を得申候。然るに敵方又相当手ごたへ有之、必勝を期し候為には或は此以上三千位は必要と存じ、昨日船男にも話置候。場合に依りては十三回日頃に融通受け度、当選せざる場合は返却可致様申置候。身薄資なれ共落選の場合と雖も夫丈けの事は何とか五六ケ月中には調達之目途有之候に付、小生の心事御了知置被下度、尚此儀船男へも御通置願度候。何分以外〔ママ〕の激戦にて、予想外之出費を要し閉口致居候。斯様に願ひ、得票に於て小生の努力か一見せらるゝ場合の外、右増額に就ては責任と可申候。先は略義要のみ。

四月十一日　　原田有恒

鈴木様閣下

〔註〕封筒表「松室大臣閣下　必御親展」、封筒裏「四月十四日朝　鈴木宗言」。内封筒表「東京市小石川区雑司ケ谷九八　鈴木宗言閣下」、内封筒裏「広島県加茂郡早田原村　原田有恒　四月十一日朝」。

13　大正(6)年4月12日　児玉右二書簡

謹啓　前略御高免被下度候。取急き左の通り要項のみ申上候間宜敷御取計被下度候。

一、当市内の形勢は漸次良好に向ひつゝあり、佐藤正将軍、渡辺章将軍其他とも談合の上、在郷軍人方面にも手を伸ばし相当効果を収め居り候。されど濫りに楽観を許さゞる景況に候。

二、広島瓦斯会社専務取締役松浦泰次郎氏は相当有力者に付、同氏が串本を援助する方法を講ずる必要あり。就ては前記松浦氏は当地三井銀行支店長永田氏と別懇の間柄の由に候間、三井銀行筋の有力者を煩はし永田支店長をして松浦氏を説かしめ串本を援助する様至急電報にて御取計被下度御願申上候。

三、日本銀行広島支店長たる野田氏は関係方面に相当有力者少からざる由に候間、此際東京日本銀行有力者を煩はし野田支店長をして串本を応援せしむる様御取計被下度御願申上候。

四、此際政友会応援演説会開催の必要あり。就ては床次氏又は山本氏等有力者の派遣方に付、串本とも相談の上水野次官宛直接電報にて申込み置き候間御含み置被下度候。尤も右演説会期日は十五、六日頃を最も適当と存じ候。

五、宮本源之助氏賀茂、豊田両郡沿岸汽船遊説の件は既に永田局長と交渉済の由に付許可致し置候。多少の費用は後日請求のこと、相成るべく候に付予め御含み置被下度候。

六、森田氏立候補に就ては六千円支出の筈にて内五千円は既に送付し来りし由に候間、残金壱千円至急当方宛御送付方御取計被下度御願申上候。

七、広島新聞は小生来広以前より宮本の手に於て使用し御用を勤め見るべきもの大に有之候間、其主筆に多少の報酬を遣はす必要可有之、宮本よりも請願致し来り事情認可すべきものと認め小生に於て承諾致し置候間、是亦御含み置被下度候。

八、中国新聞は山本社長旅行不在中論説等に面白からざる記事有之候故、厳談の上責任者解雇の手段を採りたるが、其後悔悟謝罪し来りしを以て将来を戒め今回だけ穏和に処置致し候へば最早心配のことは可無之候。其後の論調等は別便御送付申上候新聞に就て御覧被下度候。小生も着匆々より引続き選挙当日まで憲政会攻撃の談話を掲載せしめ居り候間、同新聞にて御覧被下度候。

九、郡部は頗る悲観のやうに候間、種々考慮の結果中立派候補者に対しては相互妥協の上当選の望みなきものは此際断念せしめ斯て成るべく有望の者に投票を集中し、以て当選を期するは極めて時宜に適したる良策と存じ、知事、警察部長亦同意見なれど県当局は職務上厳正中立を標榜せる今日なれば、当局として新に郡部候補者と関係を開き交渉かましきことを為すは不可能なるべく、従て此方面を煩はすことは至難の次第に候。故に此際強いて前記の妥協を行はしめんには喰はすに利を以てする外策なきも、現在当県中立候補者は孰れも名誉心強く、小生面談の結果は利益（金）の為に立候補を断念するか如き意嚮の者無之様確認致し候。過般御依頼の残余糧食は未だ小生手許に保管致し置候へば、之を交付せざる時は自発的に投票の集中行はるゝ様覚え候も、斯くては政府の信用にも関し又反噬の虞も有之、決して得策にあらざる様に候へば之亦実行不可能と存候。而して最後に執るべきは聊か投機的にて危道を踏むが如くに候も、多少見込あるものだけに糧食を増加し之を鞭撻するに有之候。左すれば或は意外の勝利なしとも限らず。就ては右の次第特に御認諾の上最早余日も無之候間、九千円丈（森田氏前記壱千円を含む）至急御送付被下度御願申上候。若し今後の形勢如何に依り其必要なきに至りたるもの、又は糧食を増加するも到底当選の見込なきこと判明致し候者等に就ては、県当局とも内議の上小生に於て之を取捨し、又今後の形勢如何に依り前記の妥協合併出来得る場合相生じ候節は之を断行し、従て選挙違犯とならざる範囲に於て涙金等使用し、残金は帰京の際御返還可申上候間、右御許諾被下候はゞ小生手配の含迄に至急御電報被下度候。

右要旨のみ得貴意候。日夜奔走の為閑暇無之乱筆の段御高恕之祈候。敬具

四月十二日　　児玉

児玉伯閣下

14　大正(6)年4月13日　勝田主計書簡（寺内正毅宛）

拝啓　陳は今般小官の経由致候地方選挙の感想を極めて無遠慮に申上れは、名古市〔ママ〕の如き、岐阜県の壱部の如き明かに政府の統一を欠き、小官の如き門外漢には誰人に勢援を与ふるを可とすへきやを判断するに苦むの情態に有之。又知事始めの不徹底なる驚くへく、例へは京都の如きは知事は態と公然反対党に味方せるか如き措置有之、斯の如き有様にては少くとも、小官の経過致候地方に於ては悲観を禁し能はさる次第に御坐候。此後は閣下に於て一層閣員を鞭韃致され候事必要と存、乍略杞憂の余り卑見開陳申上候。頓首

四月十三日夕　　主計

寺内首相閣下

御覧後御焼却奉願上候。

〔註〕封筒表「東京麹町区永田町　寺内総理大臣閣下　必親展」、封筒裏「大阪に於て　勝田主計」。消印6・4・13

15　大正(6)年4月13日　船越光之丞電報

〔受信人〕コダマヒデヲ

〔発局〕ヒロシマ局　一時五五分　〔着局〕葵町　6・4・13　五字　分

一八ヒオウサカアサヒヒロシマノセンボ〔キ〕ヨカンセウキジチウセウセイガミヤモトボウノキセンニテエンカイブニ、ユウゼイセルゴトクシルシアルモ、ジジツムコンニテツネニコノチニアリテカイソウノヨウムヲベンジオレリ二〇ヒコロホウヨウスムマデハコノチヲハナルルアタハズゴサンコウマデ二〇フナ

16　大正(6)年(4)月15日　石塚英蔵書簡（有松英義宛）

拝啓　爾来倍々御健勝被為渉奉慶賀候。昨今如何計敷御用多之御事と拝察罷在候。小生過日在郷愚老父死去之報に接し帰省昨夜出京仕候。若松市之選挙戦中々烈しく併し白井之方明かに優勢に相見候。郡部は八田宗吉は当選無疑、憲政之鈴木寅彦は無覚束相見、其に就き例之中野寅吉も

中々勢宜しく多分は見込ある哉に被見受候。就而は此上多少之御助勢相仰度申居候。本人は朝鮮に金山を所有致居候故、戦後多少之融通は相付可申旨相語居候。本人に御用之節は若松市桂林寺町小林武八と相願度、尚差出人は東京市外高田村近藤勝造と相願度申居候。当人之言ふが儘達御内聞候。本人は従来も貴兄之御援助相受居候哉に申居候次第にも有候。其儘申進候。御諒察之程奉願上候。草々不尽

十五日　　　　　　　　　　石塚生

有松老兄侍史

〔註〕封筒表「麻布区本村町二十七番地　有松英義殿　親展」、封筒裏「日本橋数寄屋町島屋旅館　石塚英蔵」。消印□・4・15

17　大正(6)年(4)月(15)日　差出人不明書簡

愈切迫本夕の現在予想表御目に懸け申候。墨字は小生、朱字は柴田氏の訂正に候。右により最後の大体打合を為申候。攻防の方面を御決定になり明十六日に三田尻幹部会に望まれ候。同氏と今日迄の消息は極秘を願置候。暗号を読む危険の者の中に候ゆへ慎重を要し候。柴田氏なれはこそ今日迄何等歴然たる暴露なく経過致候。今日に相成候ては二三日中に之は申上けます。例へは宮野事件の如き実にあぶない事件てした。中〇氏の隣家〔ママ〕を中心として七十余戸違反あり、投書一つにて所謂御生地より天下之問題を出す処てした。柴田氏の如き人ありて初めて問題となる恐なく揉消しました。外の人ならあぶなくて謀られませぬ。諸事御推察の上御安神乞ふ。実は

過日之御電報により這般の消息御案内なきかと察し候へとも、御存知なき位は秘密之成功と存し態と欠礼罷在、御心配相懸け御免被下度、此辺の事情御面会の節委曲可申上候。其内柴田氏よりも御報告可有之と存候。唯た不肖にして手を取りて屋上に押上ける様な訳には参らす、此点御宥しを乞候。

此状着は十七日か十八日と存候が万端の結果を其内確定致候。今晩には大体上の事は最後の打合と申合せ候。披票近きに在り結果御心配の儀心外に存居候。此書は御覧後直に火中を乞候。

〔別紙〕 衆議院議員候補者得票見込表

表は次ページに掲載。

〔註〕封筒表「児玉伯閣下」。

18　大正（6）年4月16日　甲斐健一電報

〔受信人〕ナイカクシヨキカンチヤウカンシヤ　コダマヒデオ　〔発信人〕カイ

〔発局〕ノベオカ局　四月十六日　十一時〇分　〔着局〕葵町　6・4・17　セ二時

デンミタカンシヤニタヱズフントウドリヨクチカツテソウコウオキスイニマカセラレタシ」サモナクバ　チウオウワコイニサカミヲシチニオトスコトニナル」ヘンマツ〇オオドミコミタシカナルモナホホジヨノヨウアリイサイフミ

衆議院議員候補者得票見込表　四月十五日現在

候補者／郡市	大嶋郡	玖珂郡	熊毛郡	都濃郡	佐波郡	吉敷郡	厚狭郡	豊浦郡	美禰郡	大津郡	阿武郡	計	順位	下関市
有権者数	六六八	三、〇五八	二、〇六三	一、八八〇	二、三五九	四、一五〇	三、一六七	三、七九九	一、七九〇	一、四三二	二、八三四	二七、二〇〇		一、〇八〇
大岡	一二	六八	三七四（二五〇）	一五四	三七三	六二六（三五〇）	八二	二、〇七三	一四七	三七四	六五	四、三四七（三、九六九）	1（一）	林 七二〇
山根	一〇	三三	四四	五二	八〇一	一二四	四	二三	八六	二〇九	一、六一七（一、四六七）	三、〇〇二（二、八五二）	2（三）	久富 七〇
渡辺	一			四二三	六	三八三	一、六一四	六	五四〇			二、九七二	3（二）	徳永 二五
飯田	九	一、六五〇（一、四〇〇）	三六九（四五〇）	五〇（一〇〇）	九	二四	一〇			三		二、二二四（二、〇〇五）	4（四）	
滝口	三	六〇	二一	一九〇	九	四四		二三	一五	一七八	七五一（九〇一）	一、四八四（一、六三三）	7（九）	
三隅			一	四		五九	一、〇一九	一五九（四〇〇）	四八〇	一六		一、七三八（一、九七九）	5（五）	
美禰			五	九	四	一、一七九（一、四〇〇）			一一八（二〇〇）		三六	一、三五一（一、七五四）	8（七）	
佐々木	六	二九	二五	五六	七六	一五四	七六	三一三	七四	一一五	五	九二九	10	
永田	八	九三七（一、二〇〇）	四九	四五	一七六（二五〇）	四四（二五〇）						一、二五九（一、七五〇）	9（八）	
近藤	四〇三	四七	四五九（六〇〇）	五七六（六五〇）	二四（八〇）							一、五〇九（一、八〇九）	6（六）	
坂上	七	二〇	一二四	五六	三〇一	二二五	二七		九四	四	二〇	八七八	11	
小嶋		七	二	七	二	四九七（七〇〇）	五	一四一（三〇〇）	九	八〇	四〇	七九〇（一、一五二）	12（一〇）	
磯部	二	三				一一	一七六	七二	一二五			三八九		
浮川				二三	七	三〇		二二六	二三	七一		三七九		
溝部											一	一		

墨は原案　朱字は訂正

〔註〕朱字は（　）で表記。

19　大正6年4月16日　坂上電報（寺内正毅宛）

来電　大正六年四月十六日夜

寺内伯　　三田尻　坂上

各郡ニ於ケル政権発表ヲ終へ唯今本部へ引上グ。児玉伯、柴田氏等ハ予ノ献策ヲ容レズ、県下ノ逐鹿界ハ今ヤ混乱ノ状ヲ呈シ味方同志討ノ醜態ヲ遺憾ナク暴露シツ、アリ。滝口、永田、佐々木ハ既ニ当選圏ニ入リ、中立候補形勢甚ダ宜シカラズ。予ハ逐鹿戦二度敗レ今ヤ三度タナイヨ悲壮ナル政戦ヲ試ミル所以ノモノハ単ニ自己ノ当選ヲ期スルノミニアラズ、此ノ機会ニ於テ閣下多年ノ恩顧ニ酬ユル所アラムトスルモノナリ。而モ柴田氏等ハ予ヲ阻害シ種々ナル手段ヲ用ヒテ予ノ当選ヲ妨ケントスルモノアリ。予敢テ不平ヲ閣下ニ訴フルニアラザルモ、斯クテハ徒ラニ敵ヲシテ漁夫ノ利ヲ得セシムルノ憂アリ。敵ヲ全滅スルニアラザレバ仮令味方ノ勝利ニ帰スルモ閣下ノ御面目ヲ保ツ能ハズ、予ハ敵味方ノ圧迫ヲ受クルモ正義ハ最後ノ勝利者タルヲ確信シ飽クマテ奮闘ヲ継続ス。閣下願ハクバ県下ノ政戦ヲシテ味方ノ勝利ニ帰スル様柴田氏等へ御督励セラレンコトヲ望ム。

〔註〕欄外に「至急処分の票あるべし」「四月十七日午前九時四十分」と赤字で書き込みあり。

20　大正（6）年4月16日　西原亀三書簡

拝呈　益々御清適奉賀候。神倉君推挙情況は刻々健闘先つ当選圏内に進みたりとは存候も、尚ほ一層の奮闘切要に御座候。両丹地方は朝日、毎日両新聞は養成により官僚は面を向くる能はざるの状、従て神谷は厳正中立を標榜して遂に現状に進みしものに御座候。然るに往々田男又は閣下より種々なる書信に接し、援助者より官僚の疑団を成し共に困却しつゝあるの趣きに候。故に同君の推挙には夫々処理して余す処無之候間、恁る通信は御無用に被成下度旨申越し候。従て特に必要なる用件の場合は小生宛御来示相成度候。

御電示の推薦状の件は目下取寄中に候。本日又は明朝九茂部長に面し談し可申候。

小生宿所　丹波福地山町加寿儀楼《カスギロウ》

先は当用迄。匆々

四月十六日　　西原亀三

児玉伯爵閣下

追て、政府側の推挙作戦は頭尾を握むことを忘れ中心を結束せんとして遂に能はざるの状には無之候哉。

〔註〕封筒表「東京麹町区永田町　伯爵児玉秀雄様　親展」、封筒裏「於京都　西原亀三　花押」。消印6・4・17

21　大正(6)年4月16日　清野長太郎書簡（後藤新平宛）

前略　松本之気勢昨今増大之事実慥に御坐候。御承知之川西清兵衛之勢力に属し候部分に相当之投票数有之、金子君と只今相談致候処、川西之人物は面従は唯々と致候も仲々実行不致人物之事故、寺内伯を煩し被服廠長より内談為致候へば必ず相当尽力可致と之事に御坐候。右御高慮奉願

候。不一

四月十六日　　　清野長太郎

後藤大臣閣下

〔註〕封筒表「後藤男爵殿　必親展」、封筒裏「四月十六日　清野長太郎」。

22　大正(6)年4月17日　大野三郎書簡

拝復　昨日匹田氏援助致す可く御電命に接し候。寺内閣下並に貴閣下には不一方御高恩を頂き居り候小生の事にて、殊に近来の憲政会の態度面白からざる思を為し居る折柄にて、一騒動を目論見候も先代か先九回此の郡より推れ有力級一致援ける受〔ママ〕たるに、今其連中より一致して推たる候補者を向に転して戦ふは、却て同情を敵によせしむるのみにて効果無之と親戚のものも諫止候間、其れも尤と存、先回坂口の時には殆一人にて計画致し候も、今度は友人より先代と郡との関係を論し切に注告を為し呉れ候も、一切感する処ありとて憲政会の候補者（先代の第一幕下にて武藤と申し今県の領袖に有之候）も助ず罷在候。或は卑怯なりとの誇ある可くと思ひ候も、総ての訪客に対して反武藤の気勢を注き候為め、外観は最優勢と見れ称〔ママ〕れ候同人が落撰の外無之迄に立至り申候。其の後余程の奮闘を致したるものと見へ少し立直したるの観あり候。小生の犠牲は敢て惜むに足ず候が、小生の反憲政会の事は反感を増し効無之候間、御高嘱に対しては公々然の運動を見合親戚のもの丈投票せしむる事に仕る可く候。常に御高恩を戴き候小生閣下等の為め奮闘致す可きは当然の義務なれども、前記の如き事情に制せられ自由の行動も値無之候間、北海道根室郡部か従十勝の向背により勝敗の分点と相成り、其処には岐阜県人多く、先代世にある時は総て其の指揮を受け居り候間、此よりとも活動せしめ御高恩の万一を報せんと山根先生を経て彼等を何人に属せしむれば御都合宜敷伺出候も、計策本部へは先生に対しても何等の返答無く日は段々迫り彼等の内には憲政会の幹事三名程もあり、支部にて公認の中間に入らざる以前に退党も為し態度を公明ならしめねば働く上に於てにぶり生す可きと存、一名殊に上京御指揮を待ち候も何等の御返答も無之、山根先生と協議して帰国せしめ候。其の屢々彼等より所属の指定を要求し来り候も中央の御都合計り兼、矢張り山根氏に申上自由の行動を取る可き様通知致し候。何派に属して活動を為し居るや、先代没後は安達謙蔵氏の指揮を受る場合往々あり候間、又小池氏にあらさるかと心配致し居り候。要之今度は巧妙に効果ある御用を勤むる考へが総て失敗の因を為し何とも申訳無之候。御多忙中余り長文に相成り失礼仕り候。只此の上は御成功を祈り奉り候。敬具

四月十七日　　大野三郎

児玉閣下

〔註〕封筒表「内閣書記官長室　児玉秀雄閣下　御親展」、封筒裏「岐阜県稲葉郡岩村岩滝大野三郎」。消印6・4・17

23　大正6年4月17日　水野錬太郎書簡

選挙有権職員之数報告

愛知県名古屋市　一六二三人

郡部　七一八人

大正六年四月十七日

水野内務次官

児玉内閣書記官長殿

〔註〕封筒表「児玉内閣書記官長殿　親展」、封筒裏「水野内務次官」。

24　大正(6)年4月17日　力石雄一郎書簡

御電報の件拝承、ベストを試む可く候。

暗号更に左の通り定む御承知ありたし。

(一)重野は○

(二)小山田は「一」

(三)太田は「二」

(四)政友候補は(イ)

(五)憲政候補は(ロ)

(六)選挙違反(ハ)

(七)々(濁り点)は○を代用す

以上

十七夜

水戸生

児玉学兄案下

〔註〕封筒表「東京市糀町区永田町官舎　児玉秀雄殿　急親展」、封筒裏「茨城県水戸市　力石雄一郎　茨城県用〔角印〕」。消印6・4・17

25　大正(6)年4月17日　松家徳二電報

〔受信人〕ナガタマチ　コタマヒデヲ　〔発信人〕マツカ
〔発局〕タカマツ　シヲヤマチ局　午セ九時三〇分　〔着局〕葵町　6・4・17　午セ十時〇五分

デンポウノケンシキユタノム

26　大正(6)年4月17日　タチカワ電報

〔受信人〕コオジマチク　イガタテウクワンシヤ　コダマヒデオ
〔発局〕ツボイ局　八時五十分　〔着局〕葵町　6・4・17　九時三十分

サクヒツイタ、ホンニンニアフタ、ケイセイフカナラズ　アトフミ〇タチカワ

27　大正(6)年4月17日　カトウ電報

〔受信人〕コタマハク　〔発信人〕カトウ
〔発局〕ケフト　ギヲン局　セ八時五十分　〔着局〕葵町　6・4・17　セ九時十五分

オカヤマニオウエンエンゼツノタメマツナミカタレカハケンアリタシ

28 大正(6)年4月17日 カトウ電報

〔受信人〕ナカタテウ　カンテイ　コダマハクシヤク　〔発信人〕カトウ
〔発局〕ケフト　ギヲン局　八時三十分　〔着局〕葵町　6・4・17　九時五十分
サカミハハキヨクリヨクシラカワヲトクニソウイナシ」ソウトメサキ□ノイズレヲタスクルモシラカワノニン

29 大正(6)年4月17日 アヲキ電報

〔受信人〕ナイカクシヨキカンチヨウカンテイ　コタマカツカ　〔発信人〕アヲキ
〔発局〕ミノトキツ局　コ九時卅分　〔着局〕葵町　6・4・17　コ十時二五分
コヲホジタイノヤムナキニイタルゴコウイシンシヤス

30 大正(6)年4月18日 本郷房太郎書簡（寺内正毅宛）

拝啓　過日仰に従ひ松本氏に応援を依頼せし数氏之別紙答書御参考迄に御内覧に供し候。予想之通り郷里は政府反対新聞大阪朝日、毎日之勢力範囲たると他之候補者か既に地盤を固めたる後にて、選挙期日切迫之今日勧誘之時機後れたると本尊たる候補者松本か余り人望無之ため当選は不安心に候得共、依頼せし諸氏之同情に依り多少票数を増し候事は確信有之候。松本には態と小生よりは何も申遣さす没交渉に候間、御承知置被下度、此際最後之五分間に十分奮励候様電報にても御督励あらは可然歟と奉存候。

両三日栃木県下を旅行せし模様と一般之形勢とに察すれは、政府にても御楽観なく解散之御目的御達成之ため政府賛成候補者に断乎たる御応援あらまほしき感を起し申候。右可得貴意如此に御坐候。敬具

四月十八日　房太郎拝

寺内閣下侍史

尚々、別紙は御一覧後御返し被下度候。他より之返事もこの数葉と大同小異に有之候。

〔註〕封筒表「書記官長　本郷中将より大臣宛書簡昨夜御送付申上候」。

31　大正(6)年4月18日　市丸寿一書簡

拝啓　立花陸軍省参事官よりの申越により別紙御手許まで差上候間御査収願上候。匆々

四月十八日　市丸寿一

児玉伯爵閣下侍史

〔別紙〕　選挙有権者

選挙有権者

小石川区白山前町一　渡部平治郎

赤阪区青山南町五丁目五一　佐藤銀吾

赤坂区新町五丁目三一　橋爪亀次郎

麻布区飯倉片町二七　宮崎喜佐次
赤坂区青山南町高樹町一二第八号　祖山貫一
赤坂区青山南町六丁目一〇八　中瀬覚次郎
小石川区林町七七　舟橋富三
牛込区白銀町二九第四二号　井出哲
赤坂区表町二丁目一一　水原勝之助（選挙当日出張不在）
赤坂区青山南町六丁目三九　岸本雄二
赤坂区氷川町四〇　大木操

〔註〕封筒表「永田町官邸　児玉内閣書記官長殿　至急御親展」、封筒裏「馬政局　市丸寿一」。

32　大正（6）年4月18日　差出人不明電報

〔受信人〕ナカタテウ　カンシヤ　コダマヒデヲ　〔発信人〕ホ
〔発局〕マツサカ局　セ一時□□分　〔着局〕葵町　6・4・18　□時三十分

アボウヨリノデンニツキイソギヘンヲコウ

33　大正（6）年4月18日　カトウ電報

〔受信人〕ナカタテウ　コダマハクシヤク　〔発信人〕カトウ

〔発局〕ケフト　ギヲン局　□一時三五分　〔着局〕葵町　6・4・18　□三時七分
コンヤキケイノハヅノトコロイマ（オホドアヤウシスクキタレ）トライデンニツキオカヤマニユク」　ゼンデンソウキンハヤメヤマヨリダデンスルマデミアワセラレヨ。

34　大正（6）年4月19日　船越光之丞書簡

拝啓　貴県下も競争愈白熱点に達し郡部は激烈なる混戦中に有之候。元来憲政会の地盤なる処へ同派の候補者は海千山千の強者揃ひ、之に反し与党側は新参者多く従て随分悪戦苦闘の有様にて、警察部調査の得票数は常に与党側憲政派に劣るの有様に候へば、警察部及び各方面の報告を参酌し刻々作戦を指導激励し、又警察部と連絡を執り極力憲政派の違犯事件を検挙せしむる策を取り、而して滝口派の違犯事件検挙さるゝや直に富島及び森田をして其虚に乗せしめ、又有田派の違犯事件発覚し運動員検挙の噂あるや森本、原田をして其地盤を突撃せしめし為、与党側は大に形勢を挽回し来り申候。勿論開票の結果を見ざれば的確なること判明致さず候へば、当選の予想等は申上兼候へども相当成績は挙げ得らるゝことゝ信じ居り候。或は当初の予想よりは好結果を得らるべきかとも思はれ申候。市部早速対串本の対戦も官憲始め各方面奮起応援の結果串本派漸く有利となり、今日にては反て早速派苦戦の立場となり申候。今後何等かの異変無之以上極めて僅少の差にて串本の勝利に帰すべしと信じ居り候。楽観は絶対に禁物に付時間の許す迄は奮闘を継続する様激励致居り候。
次に過般申上候通り与党側候補者中には富島、原田等隠れたる勢力有り。極力運動当選を期する必要有之候へば、御送付被下候金九千円は原田に三千円、富島に二千円、森田には予約相成候六千円の残金壱千円、而して森本は各方面の情報を総合するに形勢漸く良好にて、日一日当選圏に近づき候に依り更に軍資を増加し、極力鞭撻して是非共当選せしめん為金弐千円、又桑原は当落危ぶまれ候も敵党牽制策及び地盤維持を為し敵党をして虚に乗ずる能はざる必要有之、壱千円を交付致し置き候。

吉田は過般五千円の軍資増加を申出でし由。同人は其後の形勢絶対に当選の見込なき様にも無之候間、今日より連絡を取り当選の暁に処する必要ありと存じ、愈当選せば曩に閣下に申込み候四千円丈交付すべき旨条件付承認を与へ、小生責任を以て保証致し置候。森田も亦各方面の情報に依れば期日の切迫と同時に漸く有力と相成り当選の見込なきにしもあらず、且つ敵党牽制策上運動を緩むることの極めて不得策なるを思ひ、追加請求に依り当方にて一時調達金弐千円を交付致し置候。又過般政友会宛串本より御願申上候金弐千円も不取敢当方にて調達交付済に御座候。終りに当地広島新聞は常に与党側に有利の記事を掲載し反憲政会熱を煽るに力め、殊に滝口派の違犯事件には号外まで出し大に与党の為尽力致し候に付、社長池田に謝礼の意味にて金三百円を贈与致し置候。

事情右の如くに候間、以上御追認の上前記森田の分金弐千円、広島新聞の分金参百円、合計弐千三百円及び政友会より串本宛の分弐千円、総計四千三百円御送付仰度御願申上候。

県下総選挙の結果も二十三、四日頃には判明致すべく又同日頃迄には当方の後始末をも終り出発帰京の途に就き度と存候に付、其頃迄に到着する様乍御手数御取計被下度御願申上候。先は不取敢右要件のみ如斯御坐候。
尚重複には候へども軍資金処分左表の通りに有之候。

入
　金九千円也　（御送付の分）
出
　金参千円也　原田へ
　金弐千円也　富島へ
　金弐千円也　森本へ
　金壱千円也　森田へ
　金壱千円也　桑原へ
合計　金九千円也
差引なし
入
　金四千参百円也　（一時借入金）
出
　金弐千円也　森田へ
　金弐千円也　串本へ
　金参百円也　広島新聞社長へ

合計　金四千参百円也
差引なし
備考　之は小生出発迄に到着する様御送付被下度御願申上候。
一金四千円也　条件附承諾の分
備考　之は小生帰京の上にて吉田の当選確実なる場合は送付の手続をとりてよろしきこと丶存候。
四月十九日　光之丞
児玉伯爵閣下
〔註〕封筒表「東京麹町区永田町　内閣総理大臣官舎　児玉秀雄閣下　大至急親展」、封筒裏「広島市天神町　煙谷方　船越光之丞　四月十九日」。

35　大正(6)年4月21日　岡田治衛武書簡

舌代
予而懇願之件鉄道院の方も夫れ〻相運ひ居り、其内
一、減資許可の事　大急御決裁を乞
一、定款改正の事
右二ケ条は既に鉄道院の方認可手続相済書類は今日内閣へ廻し候処、右認可に付首相閣下の御決

裁は遅くも明廿二日の日付にて御運ひ相蒙らされは株主総会の召集等諸般の手筈相滞り、七日の説法無になるの恐れ有之、院の各係りも小生も誠に苦心罷在候。就而は此上甚た恐縮之至に御坐候得共、明日午前の内に御決裁相済候様特別之御取計偏に願上候。御下僚へも此事御内命置被下候は丶、幸甚之至り、万々宜敷希上候。頓首

四月廿一日午前　　認め置　岡田治衛武

児玉翰長殿

別事

全国選挙之精結果良好之趣窃かに喜悦仕候。呵々々々

〔註〕封筒表「廿一日午前認め置　大急　児玉翰長殿　岡田治衛武」。

36　大正(6)年(4)月25日　田尻稲次郎書簡

戦に勝て兜の緒を締めよ是処誠に大事なり。澆末の世此尽にては国家の前途真に憂慮に堪へさるものあり。依て小生にも十分に覚悟する所ありて大に活動せんとし私かに決意致し居候。依て予て御勤め申し置候此回の臨時会に提出すへき予備行為は、如何なる程度まて御進に相成へき御予定に候哉、予め御内報に預りたし。其次第ては其通過には全力を尽し御協力可申上候覚悟に有之候。何れ其内総理にも親しく御目に罹り委敷意中可申述候得共、先つ以て尊台まで前触れとして右申述候。別に異志あるに非す豈に他あらん哉。急く事には無之も御序の節役所へ御立寄被下儀相計候は丶、多幸の至りに候。

二十五日　　　　　　　　　　　　　　　　　田尻稲次郎

児玉秀雄殿

〔註〕封筒表「麹町区永田町二丁目十四番地官舎　首相閣下児玉秀雄殿　親展」。消印6・4・25

37　大正（6）年5月26日　伊東巳代治書簡（後藤新平宛）

拝啓　首相之訓示案に付ては昨夜深更御送附之尊書薫読之後更に各相之附箋をも参酌細心推敲を加へ最後之訂正を試み、午前三時就床、今朝起床早々黒田を呼寄修正之理由詳密説明を与へ首相手許へ差出置候処、全然採用唯今印刷に被廻候由之報に接し申候。

委員組織一条も積日の高配之結果漸く相現れ候様に相成為邦家所賀に候。尚推行之手続等に付ては乍此上御配慮を不煩ては多少行違を不生哉も難計、老婆心之余一、二要点を左に列記し奉供尊覧候。

○　臨時外交調査委員任命手続

一、委員の任命は親任式に依り内大臣、侍従長参列し辞令書を親授せらるゝ事

二、内閣総理大臣は総裁の辞令書を拝戴して後直に参列席に就き親任式全部終了まて側近に扈従すへき事

三、委員に任せらるへき国務大臣へは席次に依り辞令書を親授せらるゝ事

四、国務大臣以外の拝任者は其の在官者たると否を問はす宮中席次に依り辞令書を親授せらるゝ

事

五、国務大臣の拝戴すへき辞令書には官名を掲くへきも国務大臣以外の拝任者への辞令書には其在外者たると否とを問す爵位勲等に止め其現任の官公職に関係なく一個の資格を以て拝任するの事実を明にすへき事

六、国務大臣以外の拝任者へは特に思召を以て国務大臣の待遇を賜ふの副辞令書を親授せらる事

七、当日之拝任者は制服あるものを除くの外は小礼服着用の事

八、親任式終了を待ち即時官報号外を以て発表せらるへき事

其他、原、犬飼〔ママ〕へ開談之口調等に付ても腹案なきに非るも拝青之折に譲り申候。是より又々宮中之会議に取懸九時半頃帰宅之積に候。艸々不悉

五月念六日　　晨亭再拝

楼霞内相貴爵老閣

38　大正6年5月29日　山県伊三郎電報（和田駿宛）

大正六年五月廿九日朝着

和田参事　　山県

協定事項ハ大体ニ於テ異議無キモ左ノ二点ニ付更ニ交渉セラルヘシ。

一、投資額ヲ総督府会計設置以後ノ金額ニ限ルトキハ京釜及京義線等ノ経費ヲ包含セサルノミナラス、右投資額ニ対シテハ今日ニ於テ既ニ六分ニ近キ収入アルカ故、委託後会社ヲシテ本線ノ利

益ヲ挙ケシムル為ニモ少クトモ統監府以後ノ投資ヲ計上スルコト。
一、本年度ノ経理ハ歳入歳出共引継ノ日マテニ於ケル現金ノ収入支出ヲ以テ打切計算スルコト。

和田

〔別紙〕　和田駿電報（山県伊三郎宛）

山県政務総監宛

協定事項ニ関シ御下命ノ件貴電敬承。投資額ニ関スル前電ノ説明不十分ナル為、意味不明瞭ナリシ様存ゼラルルニ付、満鉄ニ交渉前今一応計算ノ基礎トシタル概略ノ数字ニ付重ネテ左ニ申上ク。今回ノ鉄道統一ハ経営ヲ委託スルニ過キサルヲ以テ、総督府自ラ経営ヲ為ス場合ニ比較シテ政府ニ於テ損失ナキ程度ヲ標準トシ、且委託契約書ニ定メラレタル主旨ニ基キ算定スルニ、総督府ニ於テ現ニ直接間接利息ノ支払ヲ負担シツツアリト認ムヘキ投資額、即チ総督府会計設置以後本年度迄ノ公債、借入金合計五千六百余万円及災害費、補充費合計三百余万円ヲ合算スルトキハ総計約六千万円ニシテ、之ニ対スル六分ノ利息ハ三百六十万円ナリ。而シテ鮮鉄益金ハ五年度ニ於テ約二百七十万円ニシテ今後両三年ノ後ニハ右六分ノ金額ニ達スル見込アルモ、其ノ頃マテニハ咸鏡線ノ建設ニ着手ヲ要スルヲ以テ新ニ三千万円以上ノ投資額ヲ増加スヘク、続テ本線ノ復線又ハ中央線ノ敷設及国境線ノ新設等ヲ要シ投資額ヲ倍加スルニ至ルヘク、仮ニ資本額一億五千万円ニ増加スルモノトセハ其ノ六分ニ相当スル金額ハ九百万円ニシテ、右ニ相当スル益金ヲ得ルハ大正二十五年度ナルヲ以テ（経営方法ノ如何ニ依リテハ当益金ヲ増加シ得ル見込アリトスルモ、現ニ鉄道局ニ於テ予想セル金額ニ依ル）、結局今後二十箇年ニシテ漸ク利息ニ相当スル益金ヲ挙クル結果トナルヘク、右期間内ニ於テ再ヒ国有ニ統一セラルコトナシトスルモ、此以上ニ投資額ヲ計上スルノ必要ナカルヘキヲ以テ、前電総督府設置以後ノ投資額ヲ計上致セシ次第ナリ。要之鉄道売渡ノ場合ニ於テハ厳格ニ投資額ノ算出ヲ要スルモ本件ハ経営ヲ委託スルモノニシテ、鉄道ハ依然政府ニ属スルモノナルヲ以テ真ノ投資額ノ幾何ナルヤヲ問ハス、単ニ両当事者ノ利益関係ヲ算出スルヲ目的トシテ計算シタルモノニシテ、投資額ナル文字ヲ用フルハ語弊アリト存セラルモ、当初ヨリ投資額ナル文字ヲ用ヒ来リシ関係上同一文字ヲ用ヰタル次第ナリ。若シ何等カノ理由ニ依リ真ノ投資額算定ノ必要アリトセハ、全投資額約一億五千万円ヲ計上スルカ、然ラサレハ益金ヲ還元シタル額ニ依ルノ外ナカルヘシ（本年度ノ益金ヲ六分ニ還元スルモ五千万円ニ達セス）。又御来示ノ通、統監府以後ノ計算トスルトキハ、京釜、京義線投資額ノ一部分其他ヲ含ムコトトナリ政府ニ利益ナル様考ヘラルモ前記ノ計算ニ依ルトキハ総督府以後ノ計算ニテ足ルカ故、寧ロ投資額ヲ標準トセス現在及将来ノ収支効定ヲ標準トシテ計算シ、総督府会計設置以後ノ金額トセラレテハ如何ナルヘキカ。又本年度ノ収入支出ヲ按分トスルトキハ、年度末ニ至リ政府ノ支出ニ過剰アルトキハ受入レヲ為シ、支出過少ナルトキハ予備金支出ヲ要スル等ノ煩アルモ、引継期日前及引継期日后ノ支出額ノ如何ニ依リ万一欠損ヲ生シ、又ハ投資額六分以上ニ達スル如キ不都合ヲ生セムコトヲ慮リ按分ヲ適当ト思考セシ次第ナルモ、右ハ実際ニ徴シ杞憂ニ過キサルモノトシテ計算ノ手続ヲ簡易ニスル為、現金打切計算ト為スヘキ御電命ノ主旨ト解シ交渉差支ナキヤ。又児玉書記官長ヨリ新設鉄道局予算ハ或ハ不用ニ帰スルヤモ難計モ、仮ニ追加予算ヲ要スルモノトシテ不取敢斯現在提出中ノ追加予算撤回ト共ニ新予算ヲ計上サレルヘシトノ依頼アリシニ付、河内山事務官トモ協議ノ上庁費、俸給等ハ通常ノ例ニ従ヒ（雇員ハ三十人分）旅費ハ事務官（雇員ヲ含ム）百日、技術官（雇員ヲ含ム）百五十日出張ヲ要スルモノトシ会議参列費ト共ニ計上致シ置キタシ。右ニテ支ナキヤ併テ御指揮ヲ仰キタシ。

〔註〕暗号電報本文あり。用箋「統監府鉄道管理局」。

39　大正(6)年6月1日～5日　山県伊三郎・大屋権平・和田駿間電報綴

1　6月1日　和田駿電報（山県伊三郎・大屋権平宛）

六月一日

山県政務総監　大屋長官宛　和田

引継ニ少ナクモ一月位ヲ要スル趣貴電敬承、右ニ付テハ如何ナル理由ニテ一月ヲ要スルヤ詳細具体的ニ説明致シ度ト存スルニ付折返シ御示シ願タシ。

2　6月1日　山県伊三郎電報（和田駿宛）

六月一日

和田参事宛　山県

鉄道ノ引継、引受ニハ少クトモ一月位ハ必要カト思料ス。然ルニ十日発表直ニ引渡スコトトセハ実際ニ於テ差支ヲ出スルコトナキヤ。其ノ辺充分ニ打合セヲ遂ケ帰任セラルヘシ。

3　6月2日　山県伊三郎電報（和田駿宛）

六月二日

和田参事宛　　山県

鉄道引継ニ関シテハ現ニ京釜鉄道ノ引継準備ニ、三月ヲ要シ、京義線ニスラ二月ヲ要シタリ。当府ノ準備トシテハ最小限度一月ヲ要スル見込ナルモ、経験上引渡ヲ為ス側ヨリ引受ヲ為ス側ニ長キ準備期間ヲ要スルモノニシテ、ニヨ〔ママ〕ニ各職員ニ就キ満鉄へ入社ノ意思ヲ確カムルコトノミニ相当日数ヲ必要トス。満鉄ハ幾日間ニテ引受準備ヲ為シ得ル成算ナリヤ、其辺充分御確メノ上発表期日ヲ定メラレタキ希望ニテ、前電ヲ発シタル次第ナリ。

4　6月5日　山県伊三郎電報（和田駿宛）

六月五日

和田参事宛　　山県

統一実施期日延期ニ関シ数度電報シタル次第ハ延期ノ必要カ主トシテ本府ノ都合ニ依ルノ意味ニアラズシテ、寧ロ引受クヘキ満鉄側ノ都合ヲ考慮シタルニ依ル。従テ満鉄カ都合克クハ其主張スル期日ニテ実施スルコト強テ異議ナシ。貴官ハ此意味ニテ内閣及満鉄側ニ交渉セラルヘシ。為念。

5　6月5日　大屋権平電報（和田駿宛）

六月五日

和田参事宛　大屋

引継事務ノ内ニハ事后ニ手続ヲ為シテ支ナキモノアルモ、例之職員ノ如キハ引継?〔ママ〕ト同時ニ廃官解雇トナリ現金会計ニ関スル事務ハ引継ノ日ヲ以テ打切リ、帳簿ハ即日引上クルヲ要スルガ故、予メ之等ノ帳簿類ヲ配給シ、引継后会社ニ入ルヘキ職員ヲ定メ置カサレハ差当リ支障ヲ生ス。而モ之等ハ会社ノ事務ニシテ局ノ与ルヘキ処ニアラス。然ルニ会社ニ於テハ何等準備ナク即日引受ヲ為シ得ルト言フモ、若此儘進行シテ廃庁〔ママ〕ト同時ニ運転中止ヲ見ルカ如キコトアラバ満鉄ハ重大ナル責任ヲ負担スルモノニシテ此（以下電文不明）

【註】封筒表「児玉書記官長閣下　和田参事　托坂本書記」に封入されていた。

40　大正(6)年(6)月1日　三浦梧楼書簡

支那之前途測る可らざる今日、山口行も心苦しき次第に付暫らく延期いたし度、此事に関し首相之同県人多数御召集も無論御延期可然と愚考いたし候。右に付御手筈も可有之、御含迄申述置候。他は拝眉。早々不悉

一日　観樹老人

児玉君虎皮下

〔註〕封筒表「麹町区永田町官舎　伯爵児玉秀雄殿　御親剪」、封筒裏「一日　小石川　三浦梧楼」。消印6・6・1

41　大正(6)年6月2日　中村雄次郎書簡（和田駿宛）

謹啓　愈御清勝敬賀之至に奉存候。然は朝鮮鉄道之御引継相受候には少くとも二、三箇月位之用意期間を要し候事は当然に候得共、今回之場合は全然普通受授之意義に出候哉にも無之と愚考致候に付、不取敢現在之儘仮之御引継相受候事に致候は丶、一週間乃至十日間位之準備を以て一応受授之手続を相済ませ候儀は別に難事にも有之間布歟と存候。而して後十分之取調を遂け記録を以て正式之引継を結了致候様仕度奉存候。右寸楮を以て奉得貴意度如此に御坐候。敬具

六月二日　　中村雄次郎

和田参事殿尊下

〔註〕封筒表「朝鮮鉄道局　参事和田駿殿尊下　親展」、封筒裏「南満州鉄道株式会社　総裁男爵中村雄次郎」。

42　大正6年6月9日　長野範亮・林川長兵衛書簡（児玉秀雄・上山満之進宛）

謹啓　爾来益々御清勝可被為在大賀之至に奉存候。陳は防長統一機関設立之義は其後着々歩を進め候処、各郡有力者に於ては何れも熱心に賛同を表し居候。先つ各郡市に於ける発起者選定に着手し、既に大島郡にては近藤慶一に面会協議之上、同人より両三名選定之都合に御坐候。玖珂郡は岩国町松井八郎に面会、同人之賛同を得て是亦同人より両三名選抜之筈に御坐候。就中壱名は三戸熊太の弟に而森村宇野英助に略決定致候へ共、外に同郡内に於ける有力者伊諠村河田正輔を当方より直接交渉之都合に御坐候。熊毛郡は難波作之進に依頼し両三名選定之筈に御坐候。都濃

郡は徳山町宇賀厚七郎に交渉、同人より矢島専平、道源権治、県会議員石沢太助の三人に交渉之都合にして、佐波郡は我々両名と兄郎なるも別に県会議員外壱名は是非加入せしむるの心算に御坐候。吉敷郡は小郡町大林新治に面会同人に依頼致置候。美禰、大津、阿武の三郡は中村正路に一任致置候。豊浦郡は清末村内田、護小串村磯部国四郎（県会議員）の両人に面会承諾を得候。今一人は彦島村県会議員富田恒祐、内田より交渉之筈に有之候。厚狭郡は宇部村藤田豊快諾、同人より両三名選定せしむるの心算に御座候。下ノ関市は目下交渉中にして以上各郡市を通して約四拾名内外は明十日中に確定し、同十三日午後広島市多理町溝口旅館に会合し、組織上の大体を協議決定之予定に御坐候。右会合場所を広島市に選定せしは本県内に於て会合をなすべきは秘密漏洩の虞有之候に付、殊更他県に避けたる次第に御座候。先は本日迄之概況御報申上候。敬具

大正六年六月九日

長野範亮

林川長兵衛

児玉秀雄殿

上山満之進殿

追て、柴田君は明日大阪に於て林川面会之筈に付、諸般に渉り充分協議を遂くる手筈に有之候間、同君御帰京上は詳細御聞取被下度候。別紙山口会合筋書にも有之候通、創立委員長は同地の人にて選定する必要を感し先般意見申上候。古谷安民氏は尤適任の人物と存候処同氏は容易に承諾仕間敷に付、御同感に候はゝ此際寺内伯閣下より電報を以て御依頼被下度、然して其模様当方へも御通報相願度、御一報次第長野出山熟議可仕候。又広島会合に於ては三浦子爵来山の節出席すへ

き人員選定并に別紙筋書を提出之協議する積に有之候。又柴田君より御通報に依れば、過る七日柴田君が三浦子爵に面会せられたるとき、同子爵の御意見は山口県に統一団体を作る意見にあらす単に県下の人心を出来る丈け調和すると言ふにありとの事に候へ共、右は過日三元老御協定書面に継続的団体を組織することに相成居候に付、生等は該協定書に依り着々秘密に歩を進め居候間、右様御了知被下度候。岡十郎儀は過日来病気之処頃日快復に付、来る十一日帰県の上滝口、八木を説得する手筈に有之候。右申添候。

〔別紙〕　**三浦子爵来県の節協議事項筋書**

三浦子爵来県の節協議事項筋書

一、三浦子爵県下統一に関する談話。

二、右談話に対する協議の為め集会人中より座長壱名を選定すること。

三、座長は三浦子爵の談話に対し賛否を決定すること。

四、三浦子爵の談話に対する多数の賛成を得たる節は各郡市に於ける創立委員を各郡市別に凡そ県会議員の数に準し互選せしむること。但し創立委員より委員長一名を互選すること。

五、互選されたる創立委員は本団仮規則を草定し各郡市に帰り若干日を期し賛成者を勧誘し其人名を委員長たる人に報告すること。

六、委員長は総会を開き仮規則を提出し協議決定し役員其他の選定をなすこと。

〔註〕封筒表「東京市麹町区永田町内閣書記官長官舎　伯爵児玉秀雄殿　必親展」、封筒裏

「山口県三田尻　林川長兵衛」。消印6・6・9

43　大正(6)年6月16日　長野範亮・林川長兵衛書簡（柴田家門・児玉秀雄・上山満之進宛）

謹啓　広島会合之模様は委細中村致堂氏より御聞取之事と存候。其後御承知之通、当県新聞は勿論大阪両新聞に於ても種々想像説を掲載致候。右は全く知事帰県せさるを以て予め会合の模様を話し置かさる為め、本県警察が萩に於て本計画の大略を漏し聞きたるより其真相を知らんが為め広島警察に通牒し、厳密探偵を依頼し、其結果遂に漏洩したることに有之候。右は本画〔ママ〕に対しては甚た遺憾之次第に有之候へ共、広島会合は既に中上置候通単に三浦子爵来県の節之準備に止まり深く立入り候事には無之候間、将来本計画に対して差したる影響は有之間敷歟と存候。乍併一旦如此事新聞紙上に掲載したる以上は此後も種々なる想像説を続々登載するかも難計、随而同士の勇気を沮喪せしむるの懸念も有之候に付、一日も速く三浦子爵の来県を希望すると同時に予て御願中上置候機関新聞之御計画迅速を要する次第に有之候間、議会開会前御多忙の御事とは存候へ共、県の為め可成速に御実行被成下候様希望之至に御坐候。且つ山口地方に於て中心人物選択に付ては予て中上置候次第も有之候処、柴田君の御意見も有之多苦慮罷在候処、昨日岡氏より電報致候通防長新聞を機関新聞にせらるゝ事となれば其主筆を充分御選択之上、該人を以て其衝に当しむる事に相成候はゝ好都合に可有之かと愚考仕候。御賢慮被成下度願上候。先は右御依頼迄。匆々敬白

六月十六日　　長野範亮

林川長兵衛

上山満之進殿
児玉秀雄殿
柴田家門殿

44　大正（6）年7月24日　山県伊三郎書簡

拝啓　時下酷暑之候愈御清穆奉大賀候。先般は議会も無事終了、右は全く今春来御骨折の結果と相存御成効慶賀の至に存上候。却説自由通信小久保喜七及大東通信村松恒一郎の両氏より、過日来度々小生に対し通信料支払の義請求致来候処、機密費に関しては総督交迭の当時尊台より承り候趣旨とは全然反対にて、仮令一厘一文と雖も理由を附し総督の承諾を得て支出することに相成候事故、小生も中々繁雑に不堪。依て近来は神田を経て一切総督に為相伺決裁を受ること丶致候得は、右両君の請求も直々東京へ廻し至急両人へ下附相成候様電報を以て相迫り置候得共、理屈多き総督の事故今以承諾無之ものと相見申候。右の次第に付前記両名へは尊台より可然御断り置被下度、多分支出相成候事とは被存候得共、総督の所謂理屈に適合候迄は今少々時日を要し候事歟と存候。小生不相変の木偶に候得共意見だけは必らす相述べ候ことにいたし居候処、其意見に〔ママ〕して御採用不相成ざれは致し方無之、只外部より見ていかにも木偶なりとの評は此場合是亦いたし方無之歟。御一笑々々。

満鮮統一案も愈実行、明朝国沢氏来城の由、諸事遺洩なく引き継ぎ度きものなりと相考申候。其

他申上度事沢山之有候得共、余は後便に相譲り申候。炎熱の折柄折角御自愛奉専祈候。草々不備

七月廿四日　素空

児玉尊台

二白　乍憚総理へ宜敷御致声の程希上候。

〔註〕封筒表「児玉伯殿　必親展」、封筒裏「山県伊三郎」。

45　大正(6)年8月7日　有松英義書簡

拝啓　愈御清適被為渡奉賀候。陳は内務大臣より請議相成候支那人労働者解禁之件は、首相閣下の御配慮に依り久原氏に於て支那人を雇傭せすして事業を遂行する事に諒解致呉候趣拝承、為国家大慶奉存候処、昨日首相閣下に拝顔之節本件は内務大臣より知事を経て出願人へ指令するか為閣議に提出相成候ものに有之、閣議の決定を内務大臣に通牒するは不得已儀と相心得可申旨御示を蒙り、因て通牒之文意に付篤と御考慮願上度申上置候次第は、尊台に御話申上置候通に御座候。然処更に熟考候処、支那人労働者の内地に入ることは大体に於て之を禁するの訓令存在し、条件を付して出願人へ解禁の指令に及ふことは、先以各府県に対し現行訓令改正の手続を履みたる後に於てすへきも可にして、随て明治三十二年内務省令案に理由を具して之を上聞に達したる精神に稽へ訓令之更改も亦上聞に達せられさるを得さる儀に有之、事体頗重大と奉存候。抑内務大臣請議の山口県下に於ける船渠土工には最早支那人を雇傭せさることに相成候。以上は今に於て強て解禁の議を決するの必要毫も可無之、予て拝承候御意見之通此儘被留置可然愚考仕候。去三日

閣議の際は支那人を雇傭する外労働者を得るの途なき観念に基き、各大臣も已むを得さるの事実なりと認められたる儀に有之、且未た形式上の決定には相成不居申、乃今根本の事実に変更を生したるに付ては、暫時書類を其儘に被成置候歟、又は内務大臣に於て一先撤回相成候こと寧当然と存候。其辺は内務大臣も事理に於て異存無之筈と存候。此際必要に迫られすして廟議解禁を予決せらるゝことは是非共御見合相成候様致度、今一応情を尽して首相閣下へ御申上可被下候。敬具

八月七日　　有松英義

伯爵児玉翰長閣下

〔註〕封筒表「伯爵児玉書記官長閣下　必親展」、封筒裏「有松英義」。

46　大正(6)年8月8日　有松英義書簡

拝啓　陳は支那人労働者問題は御起案之如く閣議決定之指令を他日に譲ることに相成候は、余程安心致候得共、猶愚見の在る所を具し首相閣下之御一閲を相煩度別紙差上候。若し内務大臣之主旨は府県知事の許否権を取上、主各大臣の認可となすに在りとせは、省令の改正を要し省令の改正は其の事項を閣議に付し上裁を仰くへき筋に有之候。多分其主意にはあらさるへく存候得共、為念御注意可被下候。本日は他に開陳可仕候事件無之候に付法制局に出勤罷在候。御用之節は電話を賜はり度願上候。敬具

八月八日　　英義

児玉伯閣下

追て、別紙万一御採用を蒙らさる節は附箋として書類に御一括置可被下候。

〔同封〕　**有松英義覚書**

明日閣議に上るへき国立感化院令其他は内務省と協議済に有之、随て説明之必要無之候に付、小生は御用有之候迄法制局に於て執務罷在可申、御含置可被下候。花押

47　大正(6)年(8)月(16)日　伊東巳代治電報（原敬宛）

原敬　　　　伊東子爵

暗号

寺内伯ヨリ近日外交調査会ヲ開キ支那問題ノ近況並ニ欧州戦争ノ実況ニ付御報告致シタキ件アリ。去リナガラ左迄重要ノ問題ニモアラサルニ、特ニ閣下ノ御上京ヲ乞フハ恐縮ノ次第ナガラ御繰合ノ上御出席ヲ得ハ幸ナリ。時日八月廿四日金曜日午前九時半首相官邸ト一応定メタルモ、御都合ニ依リ多少延期スルモ差支ナシ。右寺内伯ヨリ閣下ノ御都合次第ニテ決定シタキニ付、電報ニテ照会セラレタキ旨懇談アリタリ。御都合如何至急御返電ヲ仰ク。

〔註〕「八月十六日正午発」（児玉筆）との鉛筆の書き込みあり。

48　大正(6)年(8)月(24)日　伊東巳代治電報（原敬宛）

原敬　　暗号　　伊東子爵

本日午前九時半外交調査委員会ヲ首相官邸ニ開キ、本野外相ヨリ羅馬法王平和提議ニ関スル経過ヲ報告シ、提案ニ付各委員ノ考慮ヲ望ム旨ヲ陳べ、次ニ参戦後ノ支那ノ政況ニ付報告アリタル後、稲垣少将ヨリ欧州西方戦況、中嶋少将ヨリ東方戦場ノ現況ノ講話アリ。午餐ヲ共ニシ退散セリ。委細書面ニ譲ル。○御病気ノ由御摂養ヲ祈ル。

49　大正(6)年8月28日　山県伊三郎書簡

拝啓　今回は種々御配慮の結果愈出京候こと丶相なり誠に難有御礼申候。実は昨夜上京すべき旨総督より通知有之候に付直に出発すべき筈に候得共、小生今回の出萩は老父より依頼の用向有之、今五、六日を経るに非らざれは出発出来兼候事情に付、其辺可然御含置相願度候。而して萩の用向と申すは別儀に非らず、是迄目白邸園に設置有之候老父の銅像を今回其誕生地へ移転候ことにいたし、近日来其着落を日々相待居候に昨朝に至り漸く着萩、依て直に建設工事に着手為致候得共到底来月二、三日ならでは竣工不致との事に候。就而は小生当地出発は三、四日の内と御承知被下度候。尤も当地を出れは東京直行に付五、六日迄には必らす着京可仕候。右為其、書外拝眉の節と申縮候。首相閣下へ宜敷御伝言の程願上候。草々

八月二十八日　　伊三郎

児玉老台

〔註〕封筒表「東京麹町区永田町官舎　首相閣下親展」、封筒裏「山口県萩川嶋　山県伊三郎」。消印6・8・28

50　大正(6)年9月5日　原敬書簡　(水野錬太郎宛)

拝啓　益御壮健奉賀候。昨日榊田氏来訪、今回新聞再興に付県治上にも必要之事故其筋之心配も得可致に付、老台に篤と御依頼致置候趣にて小生よりも御依頼致たし候様内談有之、同地之情況は老台飽まで御承知之通に付、是非御心配被下候様繰々も御依頼致候。取急き右申置候。書外小生不遠帰京可致万其刻に譲候。匆々頓首

九月五日　　　　　　　　　　　　　敬

水野老台侍史

〔註〕封筒表「東京芝区白金猿町六十一番地　水野錬太郎様　親展」、封筒裏「盛岡市古川端　原敬」。消印6・9・5

51　大正(6)年9月7日　目賀田種太郎書簡　(勝田主計宛)

拝啓　愈御清勝奉賀候。陳は今朝串田氏へ面会首尾能く通じ置候。早速問議返答可致との事に有之、但し是迄其当該関係の人より直接総理又は内閣書記官長に聞き合はせ候事も有之候に付、三菱へ託したる事は差向き書記官長には御通じ置被下可然か、尚若し総理に於て目下接客せられ候はゞ是又御内報可然かと存候。為念申上置候。

尚、農商務大臣へ面晤例之件承諾に有之候。但し上奏前今一応御答へ可然被存候。

右不取敢申上置候。敬具

九月七日

目賀田

勝田閣下

〔註〕封筒表「麹町区永田町官舎　勝田大蔵大臣閣下」、封筒裏「小石川原町二七　目賀田親展」。消印6・9・7

52　大正（6）年9月8日　蒲穆書簡

拝啓　先刻立花閣下より御話有之に付、別冊山東制度案一括差上候間御査収被下度、又民生部条例中「支部」なる名称は或は「民政署」に変更可致やも難計候間御含被下度候。

本案の制度に関しては馬場法制局参事官は個人として御同意に有之候旨閣下へ伝言可致様電話せられ候に付申添候。

実は参上御話可申上考に有之候処、唯今より他出可致用向有之乍遺憾寸楮如此に御座候。拝具

九月八日

蒲少佐

児玉閣下

〔註〕「青島守備軍司令部条例案」「軍令案」「勅令案」（四部）が、書簡と共にこよりで一括されているが、省略。

53　大正(6)年9月23日　犬養毅書簡

敬啓　総理に相談致度、是は少々鄙見もあり、又高見を聞置度事もあり、成るへく御多忙ならざる時に願度、尤も一時間もあれは十分と奉存候。総理に御問合の上電話にて御答可被下。早々不一

九月二十三日　　犬養毅

児玉殿梧右

〔同封〕　犬養毅書簡

明日の賢所参拝は、昨日来歯痛療治中に付不参致候。是は特に御届にも及はす義と心得居候。若し違式に候は丶、可然御計被下候は丶、幸甚奉存候。　毅

〔註〕封筒表「麹町区永田町官舎　児玉書記官長殿　恵啓」、封筒裏「東京市牛込区馬場下町犬養毅」。消印6・9・23

54　大正(6)年10月30日　秋山雅之介書簡

拝啓　爾後御無音仕候処時下益御清康に被為渉奉慶賀候。寺内伯爵夫人之御病気は爾後如何被有之候哉。過般関谷副官之御書翰には一進一退とありて未た御全治に到らさる様相見候。如何の経過乎と常に御察申上居り、何卒首相閣下に宜敷御見舞御伝被下度奉願候。

民政署問題も支那一流之形式的抗議を林公使に出したる乎之様に新聞紙にて相見申候。之は固よ

り驚く事には無之、我政府之意の在る処を丁寧に申述へ候は、夫れにて相叶可申、仮令相叶不申と報にて申候は、我は誠意の在る処を繰返す迄に御坐候。兎角我国人は政府の方針として適当に一決せられたる事を自分で彼是と言ひて内輪にて問題を惹起し、之か為に敵に乗せらる、気味有之候。張台民政署問題も実は林領事か年少なる故に、小生に面会之節小生の申す大局は頭脳明晰にて会後にも素と外務省に申出てたる自己の意見に変更を来すを自己の不面目の様に相考へ、之か為めに如何なる事乎外務省に申立て理窟を付けて沿線一帯は領事の実権の下に置かんとする下心より、民政部事務官として坊子民政署長を兼勤せんとし、旁々支那政府より林公使に対し前述の如き形式的の申出もありし。林公使も其性質上の妙な処にリキム癖あり。林領事も其性質上又年の行かぬ処より右等の申立を為し、彼是以て軽微なる行懸を生したる次第乎と存候。又支那政府の形式的抗議の火元は坊子附近の知事も中央政府の意を迎へ、民政施行の機会に於て坊子鉱山を日本人来りて採掘し、傍若無人なと中央政府に訴へたる様相見え候得共、同鉱山は独逸時代に於て採掘し居たるものにて今に始りたるに非らす。支那人の癖にして中央の意を違へるには全然無根の事も申立てたる儀に有之候。加ふるに済南の一部支那人なと済南に民政を施くと誤解して飛声鶴吟に驚き、民政反対なと途方もなき事を申立て、張督軍も之を中央政府に伝へたるより、中央政府も形式的抗議を為したる次第なると、同地に在る岸大佐より其誤解を弁したる処、張督軍も左様にありしかと誤解も相分りたる由。又同督軍府附なる渡瀬二郎及済南之塩務使附なる田辺氏共、数日前当地に来り司令官及小生に面会し、機会を以て小生は済南之官憲及民間の意向を問ひたるに、別に反対之意向も無き由。民政施行に付ては全く飛馬牛なりとの事に候。右に依り全班を御洞察被下度、日本の外交は何時もなから自分で自分を打壊さんとする傾向あるには嘆息之次第に御坐候。斯の如き事故常に独逸とか英米に先鞭を付けらるる次第に御坐候。夫れに内地に居る人も、大体に於て適当なる事にも兎角市町村制の法文などを田舎の県会に於て論するか如き調子にて、外交の事なとを論し国際法とか国際関係などを半知半解にて林領事の如き理窟を言ひたがる癖あり。先日も政友会の古谷氏も右様之理窟を小生に吐出し申候。即ち租借地内には民政宜敷も沿線は無理なりとかの説を吐き候。何を申すの乎。日本軍隊之占領地に民政を施行せられたるものにて、占領区域に付租借地と否とは何の国際法の道理に依りて之を区分する必要ありや。同一方陸軍の下に租借地は民政にて沿線の軍政なと道理にも合せす統一も付かぬ事なと考へ居り、之を得意に申立つものに至りては日本政治家も低級かと被存候。然し之に対しては小生も弁し置申候。

民政施行漸を以て整頓に向ひ居り万事都合宜敷相運居候間、御安神被下度奉願候。

漆間氏此処の御用を為す積り乎。再三度電報を越し候得共、其電報たる公報にて小生共知得したる事乎。然らされは小生共の知るに必要なき事柄にして何の用にも実は相立不申候。民生部の機密費は少々御坐候得共、之は民政署長など警察を持ち居る為め之等にも分配し、又済南の支那語新聞紙中確かなるものにも其費用を補助する必要もあり候事故、漆間氏に対して補助を為すの余裕も無之、又従来軍政署及陸軍部に於ても同氏等に対し通信電報等の関係も無之候間、甚た恐入候得共同氏に対し通信御断り被下度、小生漆間氏之宿所も事務所も承知不仕候間御願申上候。

右要事のみ申上候。草々拝具

十月三十日
秋山雅之介
児玉伯爵閣下

55　大正（6）年12月9日　犬養毅書簡

敬啓　急に用事出来、来る十二日夜行にて神戸に旅行、十四日に帰京の筈に付此段御含置可被下候。不一
本野検事長には右の旨申し上置候。
十二月九日
犬養毅
児玉翰長殿
〔註〕封筒表「麹町区永田町官舎　児玉書記官長殿」、封筒裏「東京市牛込区馬場下町　犬養毅」。消印6・12・9

56　大正（6）年12月15日　秋山雅之介書簡

尊翰難有拝誦仕候処時下益御清祥奉大賀候。寺内伯爵夫人様も御来示に依れは御病症平静との御事、又荊妻よりの近信には未た御警戒を寛めらるゝ域に不達との事如何哉と存候。此節鶴田医務局長之説を求めたる処斯く長引候而は自分は御全快に向はるゝ事と思はるとの事、何卒斯くあれかしと窺禱居候。充分に此上なから御用心被遊候様奉願上候。

民政問題之儀に付、色々御配慮難有、右問題に対して支那側の抗議に対する返答も外務省に於而

は起案致居られ候故、実際回答を発せらるゝ前又は起案前に於而は当方の意見を陸軍省よりも徴せらるゝ事と存居候得共、未た何等の問合をも無之に付ては定めし小生の上京を待ちて愚見を徴せらるゝ事と実に難有存居候。尊翰に依れは首相閣下に於て幸にも小生より事情を聴かれたる上にて処理さるも遅からすとの思召の由、誠に首相之御態度乍毎度御感服申上る次第に御坐候。何も国際問題として国家発表の上多少なりとも影響あるへき問題を日本人之潔癖なる右より左に即座に決せらるゝ事を必要とせす、欧洲各国間にも国際問題は数年又は数十年に亘りて懸案とし存在する事も尠からさりし実例も有之、今回の如き問題は善く申せは誤解を支那か致したるに起因し、又其真象を探求せる新斉響時報社長王黙軒の如き元国民党有力の代議士にして袁世凱の為め帝位の問題時に買収せられ之か為め朝野の人望を失し居る者か主脳となり、北京に出懸け自分を当路に紹介するの具に供し、北京に於ても取合ふもの無之、泣々父老に訴へるなとゝ、各地の新聞に打電し之に日本人の宜敷なき者か、済南及北京等に而は其灯提を持ちて虚構の通信又は電報を各地に発し、日本人の例之神経にて之を新聞電報に掲載して彼等の術策に乗せられ居る実況、民政問題は当地及沿線は勿論済南に於ても毫寸人の歯牙に懸け居る儀には無之、ボーイコットと申すも済南の商人共は王黙軒等の運動の仲間入を避け居る実情に有之候。兎角日本人の癖として日本政府の仕事を自分に毀すの通弊に而慨嘆之至に御坐候。後出発上京仕り陸相及外相にも親敷実情を申入又首相閣下にも開陳可仕相考居申候。沿線及済南に於ても何れも人の念頭に置かさる空の問題を以て左も大袈裟に内地新聞紙なり又は日本の紳士、政治家なとか考へ居り候は、国際関係に不慣なる人民とは申なから不可解なる事に申候。何時も斯の如き事にて支那人中自ら為にせんとする者の術中に陥るは遺憾之極に御坐候。小生の上京は民政問題の如き愚なる問題の為には無御坐、今少し実質的の計画立案を致し、之を中央政府に問合せの為に御坐候得共、此序を以て右の問題に付ても開陳可致考申候。右拝答申度、余は拝芝に相譲申候。敬具

十二月十五日　　　　　　　　雅之介

児玉伯爵閣下

〔註〕封筒表「東京市麹町区永田町官舎　伯爵児玉秀雄閣下　親展　軍事郵便　公用」、封筒裏「青島民生部　秋山雅之介」。消印6・12・20

57　大正(6)年(　)月16日　田中義一書簡

拝啓　其後益御勇健の段奉賀候。降て小生儀も当地に参り候以来至極順調に恢復致し最早殆んど本復致候に付き、来る廿二、三日頃には帰京可致と存候間幸に御安心被下度候。扨本日児玉右二氏来訪、其節の話に小郡の古林は政友会に入り又三田尻の林川も政友会に傾き其々競争する哉の模様なりとの事に有之、実以て意外に被存候。全体に於て山根正二氏にては不得要領にて、迚も彼等を説破致すことは六ケ敷き様に被存候。同時に熊毛の国光に中立たらしむることも如何哉と被存候。何れは貴兄一応御奮発相成候て下向不相成候ては叶ふ間敷き様に考へられ候。如何のものに候哉。又佐波郡にて林川の去就次第にて児玉右二を出す方得策かと被存候。若し古林、林川政友会より出馬すれば思ひ切て小嶋、児玉を助けて之と極力競争せしむるの外有之間敷、又林川出でざれば尚ほ更に児玉を佐波より出す方有利なるべくと存候。児玉に関する佐波の状況は直接

本人より御聞き取り可然と存候。得富太郎は佐波の者なれば之れは局地的に利用出来可申と存候（但し援助者として）。
先は前記両名の去就に付聞き込み之儘不取敢要件のみ申進候。何れ帰京の上万可申述候得共御配慮切望に堪へず候。草々敬具

十六日　　義一

児玉老兄

〔註〕封筒表「児玉秀雄様　児玉君に托す」、封筒裏「田中義一」。

〔添付〕　児玉右二名刺

中立の権威を発揮すべく御努力の矢さき、林川、古林各政友会に入るとの説あり。愛兄閣下の御骨折奉切望候。尚小弟佐波出陣の事も奉願候。

児玉先生閣下

〔註〕名刺表「児玉右二　号篁南」、名刺裏「東京麹町有楽町　電本　一六〇一　一四八」。
本文は名刺表に書き込まれたもの。

大正7年

1　大正（7）年1月23日　伊東巳代治書簡＊

別紙英国政府之来電御垂示被下鳴謝不啻候。珍田大使之報告に対照して英国政府答弁之趣旨は一概に排斥すへからさる処あり。当初応接之際用意周到ならさる処、慥に其原因と存候在外我使臣之折衝巧拙を鑑別するの好資料として、御序之折首相閣下に御上申被下置度候。草々不尽

一月廿三日　　晨亭再拝

児玉翰長爵兄

〔註〕封筒表「児玉翰長爵兄　晨亭」、封筒裏「東京市麹町区永田町一丁目十七番地　子爵伊東巳代治」。

2　大正（7）年2月20日　三浦梧楼書簡（寺内正毅宛）

拝啓　余寒料峭之候に候。過日来御出勤之御様子乍蔭歓喜罷在申候。然し強而御勉励之然らしむる事と遥察仕候。扨議会も予想通りに纏り先つ〳〵此辺か時勢適当之方法かと存候。只三人之手負大臣を出せし事此上之恨事と存候。蔵相劈頭に妥協安売是には内閣、政友倶に余りに表面見透

され如何にも初よりの狂言らしく被受取殺風景此上もなし。同一の品物も其の納るる器物次第に依つて高くも安くも昇低可致、畢竟是等之言は一発千金の価を含み候重大の言葉にして、内閣総理の云ふ可きは無論にして、隷属者の軽々しく口にすべき言に無之候。誠に大山蟻垤に崩れ候気味不尠残念此事に御坐候。陸相の事決心薄弱、一も軍人らしき誠実無之、大拡張の軍事当局者として内外の信用を絶望に帰せしめ候。農相鉄鋼払下問題何れの辺より見候ても職責不軽の過失は難逃、是等三大臣不適任の誹謗よりして内閣鼎の軽重に影響し、議会后の問題と可相成、如此内部病弱の為全体を殺し候愚も致され間敷痛心致し候。対戦局問題も種々突飛論を排し内閣持重の結果、極北に彼れより禍乱挑発の模様も今日迄一切無之、国論一時閉塞の様なれども今日迄の経過に徴すれは、与国の戦況不利毎に日本の負担を益々重らしむる意向次第に濃厚に趣き候。不日春期西部の戦況如何に少量に察しても権衡は六分以上独逸に傾き候事、世界識者の見当不誤事と存候。若し不幸如此に時期に接し候得は、必然前轍を踏み熱度の出兵内外同時に発動可致今より想像不誤と存候。終始一貫自国本位論に胆を据へ、出兵以外国力の為し能ふ援助に尽力可致は無論に御座候。同時に出兵の事名実供に不可能の現在、国の位置、国情、開戦の主眼等、内外に徹底為致度企望致し候。対支問題の事は追付への字成に妥協に落附可申、是れ真実日本の不関渉にて支那南北自身相応の協和に出候事実なり。此故に日本としては最初の主意を判然せしむる要可有之、最も大切の事機と存候。如此一転機に乗し彼れの政府を信用すてふ是れ亦た最初の主意二事倶に判然説明可致、此の中間主意不徹底の為内外の疑惑を来し候嫌有之、今幸に此の疑惑を一掃せしめ得る時節到来を蔭に歓喜致し候。然し妥協と変乱と相互に操り返され候。此後も最限なく振舞候事今より見透され候間、への字成りも出来たを幸に政府を信用てふ主義を以て今度は今一段力を入れ援助致し度、過去の偏段抔と謗られ候とは大分相違致し候。□□なれは正直に云は偏北偏段偏一己人に非らすして南北妥協彼等自身の発動に在之候へなり。如此相成り候へは武器売べし、金貸すべしじや。只用心は外交官等の小刀細工と利己的多数の日本人也。支那を治る易し。日本人を治る難し。根本に此の見地なけれは支那の事百年河清一般に御坐候。前三条と併して御熟慮被降度、老生之婆心黙視に不忍縷々如此に御座候。御病人様其後の御経過如何、追日御全快と奉存候。

二月廿日　於伊豆熱海別墅　　三浦梧楼拝具

寺内正毅伯閣下

〔註〕封筒表「東京永田町総理大臣官館内　伯爵児玉秀雄殿　親展」、封筒裏「二月廿日　伊豆熱海　三浦梧楼」。内封筒表「寺内正毅伯閣下　親剪」、内封筒裏「二月廿日　於伊豆熱海　三浦梧楼」。消印7・2・21

3　大正(7)年3月16日・18日・19日　差出人不明電報綴（中村雄次郎宛）

[1]　3月16日　差出人不明電報（中村雄次郎宛）

秘　都督へ電報案

三月十六日

秘九五御電報ニ関シテハ浅見上京後資本家捜索中ノ処、田中参謀次長、児玉書記官ニ面会ノ結果政府ニ於テハ此種ノ投資ヲ必要トシ満鉄ヨリ出資セシムルノ要アルモノト為シ、児玉書記官長ハ樺山理事ヲ招致シ満鉄ノ出資ヲ勧誘セラレシモノナリ。御電報ニ依リ小官、総理、内務、大蔵三大臣ニ面会シタルニ、三大臣共満鉄ノ投資ヲ必要トセラレタリ。但シ今回「アレキシーフ」ト事ヲ共ニスルトセハ百万円以上ノ出資ヲ要シ、浅見一人ニ全権ヲ委任スルノ要ナク、鞍山店其他ノ例ニ倣ヒ浅見ト共ニ満鉄ヨリ重ナル社員一人ヲ派遣セラレ、此等ノ名義ニテ投資セシメ、必要ニ依リ政府ヨリ低利資金ヲ支出スルノ途ナキニシモアラサレトモ、満鉄ハ国家トハ特別ノ関係モアルコトナレバ、此際ハ何トカ都合シテ政府ヨリ出資又ハ貸付ヲ受クルコトナクシテ投資セラレタシトノコトナリ。此事ハ未タ閣議ヲ経サル様子ナルモ、総理、内務、大蔵大臣ノ希望モアリ殆ント政府ノ方針トシテ見ルヘク、総理大臣其他ノ希望ハ此際余リ所々ニ持廻ラス、満鉄ヨリ迅速投資シテ利権ヲ得ルニアリ。閣議ニ附セラレサルモ幾分此意味アリト思ハル。要之黒竜江航行ニ満鉄ノ投資スルハ政府ノ希望ニシテ、若シ出来得ヘクンハ之ヲ動機トシ尚更ニ一層他ノ投資ヲ望マル、ニアリ。小官モ此事ハ是非御実行アラセラレンコトヲ希望ス。

[2] 3月18日　差出人不明電報（中村雄次郎宛）

都督へ電報案
三月十八日
第　一
出張中ノ中島少将ヨリ田中参謀次長宛左ノ報告アリ。為念御報ス。

中島少将電報全文

第　二

牧野理事ヨリ樺山理事ニ宛テタル電報ニ関シ、児玉書記官長ヨリ黒竜江汽船買収ノコトハ此際急速機敏ヲ要スルヲ以テ、第一ノ如キ確実ナル方法ヲ取ルコトハ到底不可能ナルヲ以テ、速ニ第二ニ依リ処理セラレタリ。右ハ総理大臣ノ御内意ナル旨ニ付キ至急実行ノ手続ヲ取ラレタシトノコト也。右申上グ。

3　3月19日　差出人不明電報（中村雄次郎宛）

都督へ電報案

三月十九日

田中参謀次長ノ報告ニ依レバ黒竜江汽船問題ハ遅疑スルトキハ米国ニ於テ着手ノ恐アルニ依リ、前電ノ趣旨ニ依リ速ニ着手セラタク〔ママ〕、此コトハ外務大臣モ同意セラレタル旨児玉書記官長ヨリ話アリ。猶浅見モ是非本件ニ参加セシメラレタシトノコトナリ。浅見ハ哈爾賓へ急速直行セシムル筈ナリ。

【註】封筒表「秘・都督電報案」。

4　大正7年3月　川上俊彦他電報綴

1　3月1日　川上俊彦電報（宛先不明）

三月一日午后三時廿分発延着　大正七年三月三日夜着　訂正四日朝着

大連　川上　〈来電〉

「ホルワット」尚四、五日北京滞在ノ旨北京ヨリ来電アリシニ付、今夜立チ北京ニ行ク。

2　3月3日　斎藤季治郎電報（田中義一宛）

次長宛　斎藤少将

三月三日午後〇時二十分発　四日午前八時二〇分着

左ノ電報川上理事ヨリ寺内首相ヘ伝達方閣下ニ依頼アリ、早速御取計相成度、又是ニ関スル返電ハ本職宛御発送ヲ乞フ。夫迄「ホルワット」並川上理事北京ニ滞在ス。（以下川上理事暗号）

〔別紙1〕　川上俊彦電報第一号

第一号

本日露国公使館内ニテ「ホルワト」将軍ト会見シ予テ御内訓ノ次第回答セシニ、同将軍ハ我好意ニ対シ充分感謝シ居レルモ（ケケ）目下ノ場合直ニ兵器ノ代価ヲ支弁スルコト困難ナル旨開陳セリ。依テ小職ハ右代価ニ相当スル金額ヲ東支鉄道ヨリ満鉄ニ対スル借款トシテハ如何ト話セシニ、彼ハ曰ク（ウエテク）借款ハ本社ノ承認ヲ経ザレバ之ガ取極ヲ為スノ権能ヲ有セザルガ故、此際無償ニテ供給ヲ受クルコトハ不可能ナルヤト尋ネタリ。小職ハ之ニ対シ先方財政ノ窮迫シ居ルコトハ充分推察セラル、モ、全然無償ニテ供給スルコトハ到底不可能ナルベシト愚考セラル、ニ付、何等カノ形式ニ拠リ借款スル外別ニ方法モナカルベシト陳述シ置ケリ。就テハ如何スベキヤ至急御指示ヲ待ツ。「ニエフチエンコ」ノ分ハ如何ナル形式ヲ執ラレシヤ参考迄御知ラセ請フ。

〔別紙2〕　川上俊彦電報第二号

第二号

本日「ホ」将軍ト会談ノ際、兵器ハ日本ヨリ供給スルモ軍資金ハ如何ニスベキヤト小職ヨリ質問セシニ西比利亜全体ヲ独立セシメ之ガ安寧秩序ヲ維持セントスルニハ、三箇師団ノ兵ヲ要スベク、又「バイカル」湖以東トスレバ一箇師団ニテ充分ナルベシ、而シテ「ウラル」山迄トスレバ兵力資力共尨大トナリ且統治上種々ノ困難アルベキニ付先以テ「バイカル」ノ以東トスル方得策ナランカト思考セラル、然ルニコレ丈ケニテモ軍資金ハ相当ノ多額トナリ、兵卒一名一箇月約三百留(衣食費ヲ含ム)、一箇師団万〔ママ〕五千人ヲ要スベシ、此等ノ費用ハ聯合与国ノ援助ニ依リ調達アルコト、ナレバ日本ニ対シテモ相当ノ金額借入ヲ申出ヅル筈ナルガ、日本当局ハ(ヲ)各国聯合シテ(ヘテ)調達スルコトヲ希望セラル、ヤ(ンヲ)、或ハ日本単独ニテ右軍資金調達依頼ヲ受クルコトヲ希望セラル、ヤ、其ノ意向確カメ方小職ニ懇請アリ。就テハ如何ニ回答シ然ルベキヤ、至急御電訓ヲ請フ。

3 3月3日 斎藤季治郎電報（田中義一宛）

次長宛　斎藤少将

三月三日午後九時三十分発　四日午前七時十八分着

左ノ電報川上理事ヨリ寺内首相へ伝達方閣下ニ依頼アリ、宜シク御取計ヲ乞フ。以下川上理事暗号

〔別紙1〕 川上俊彦電報第三号

第三号　本文調査中

中国銀行員ニシテ外国借款（シヤカン）通ト称セラル、李（リセイカン）ノ言ニ拠レバ段祺瑞ハ日本ヨリ参戦（サンチン）借款ヲ為スコトニ決意シ、同人経由……日頃（ドウニンケイタカケヒゴロ）実業借款ノ名義ニテ一千万円借入方ヲ三井ニ申込タリト云フ。尚、段祺瑞ハ前記李氏ニ語ツテ曰ク（リシニカタツハイハク）「ホルワツト」将軍ヲ東清鉄道ノ長官ニ残シ置キ、日支協同ニテ出兵シ東西比利亜及東支鉄道（トウシウヨドウ）ヲ（ゲクリウ）セシムル考ニシテ之ニ関スル（ケケツヨウ）ハ日本ヨリ借入ル、予定ナリト。

東支鉄道ハ今日迄ノ所米仏及其他ヨリ借款セシ形跡ナキガ如シ。

〔別紙2〕 川上俊彦電報第四号

第四号　電報

予テ御内訓ノ趣モ有之ニツキ、昨日「ホルワト」将軍ト会見ノ際、近来日本及外国新聞ノ報導スル所ニ依レハ東清鉄道ハ仏国ニ売渡サル、トカ、或ハ米国ヨリ借款ヲ受ケ是ニ其監理権ヲ委任スヘシナゾトノ噂頻繁ナルカ、若シ日本ト最モ密接ノ関係ヲ有スル該鉄道ニシテ万一ニモ露支両国以外ノ外国ニ売却セラレ、若ハ是ニソノ監理権ヲ委任セラル、如キコトアラハ、日本ノ与論ハ決シテ之ヲ容認セサルノミナラス、日本当局モ亦之ニ対シ反抗ノ態度ヲ取ルニ至ルナキヲ保シ難シト愚考スルを以テ、斯ノ如キ事実ノ有無果シテ如何ヤト小職ヨリ質疑セシ所、露都ニ於ケル東清鉄道本社ハ過激派政府ノ財政困難ナル折柄、ソノ強要ニ依リ該鉄道ヲ外国ニ売渡スカ、或ハ之ヲ担保トシテ借款ヲナシ、其ノ監理権ヲ資本国ニ委任スルノ止ムヲ得サルニ至ルヤモ計リ難キニツキ、此際本社重役ノ改選ヲ機会トシ、且ツ支那側ヨリ督弁即チ総裁ヲ新任シタルニ依リ、本来該鉄道ノ資本主タル露亜銀行及支那政府ト協議ノ上、此地ニ於テ新重役ヲ選挙シ、本社ヲ開設シ鉄道会社（シナ）を従的（シユウテキ）ノモノニ改造ノ上、露都ノ本社ヲ認メサルコトニスル積リナリ。尤モ従前ノ重役中「ウエンツエル」氏ハ又総裁ニ残シ置キ、且ツ支那側ヨリ一両名ノ重役ヲ選任スルニ至ルヤモ計リ難シ。然ルニ露亜銀行ハ其資本ノ大部分仏国ノ出資ニ係ル関係上、世上（セザウ）或ハ該鉄道ヲ仏国ニ売渡スヘシトノ風説カ起リタルモノナラン。又「ケレンスキー」等ノ（ナト）政府ハ「ウラル」山以東ノ鉄道即チ西比利亜鉄道（ツ）業務ヲ改全シ、其輸送力ヲ増加スルタメ、米国鉄道委員ノ援助ヲ受クル計画アリシニ依リ、右米国委員ハ昨今当時ノ交通次官ニシテ前記鉄道（テジウ）改良事務ヲ担任セシ「ウストルゴル」氏ト協議ノ結果、既定ノ計画ヲ実行スル目的ニテ、米国鉄道従業員カ滞在地ナル長崎ヨリ哈爾賓経由前記鉄道方面ニ向ヒツ、アレトモ、右従事員中僅々三四十名丈ケ東清鉄道ニ配布セラレ、予定ノ如ク単ニ運転上米国式改良方法ノ伝授ヲ試ムル筈ナレトモ、何等鉄道売渡シ、借款、監理権委任等ト関係アルコトナシ。小職ヨリ質問セシ所ノ新聞記事ハ、全ク前記ノ事実ヲ誤解シタル無根ノ風説ニ過キス云々ト同将軍ハ言明セリ。

4　3月4日　斎藤季治郎電報（田中義一宛）

次長宛　　斎藤少将

三月四日午前九時一分発　　四日午後一時三五分着

左ノ電報川上理事ヨリ寺内首相へ伝達方閣下ニ依頼アリ、宜シク御取計ヲ乞フ。

〔別紙〕　川上俊彦電報第五号

第五号

「ホルワト」将軍ハ昨日会見ノ際小職丈ケエノ内話トシテ曰ク、過日中島少将「ハルピン」ニ来リ面会セシトキ、同少将ハ拙者ガ東西比利亜独立ノ主唱者タル地位ニ立ツヤ否ヤノ質問ヲ受ケシ故、右ニ関シテハ慎重ナル考慮ヲ要スルニ付、コノ次?（コラツギ）露国公使ト相談ノ上確答スヘシト答へ相別レタリト語リ、此ノ事（トカカコラコト）ハ決シテ他言（タケクン）セザル様懇請ヲ受ケタリ。小職ハ之ニ対シ日本ノ朝野ハ閣下アルヲ知リテ「セミヨーラフ」〔ママ〕アルヲ知ラズ。故ニ閣下ガ彼レニ計略ヲ授ケラレ其ノ方針ニ拠リ、彼レガ全然（ゼンセトン）閣下指揮ノ下ニ行動スルモノト見做シ居ルニ依リ、兵器其他ヲ援助スル次第ナレバ小職ハ勿論、日本当局モ亦、閣下ガ独立ノ元首トナラル、コトヲ希望スルハ中島少将ト同様ナリト信ズル旨答タレバ、同将軍ハ更ニ語ヲ続ケテ曰ク、万一「セミヨーラフ〔ママ〕」ニシテ失敗セバ、自分ハ身命ヲ賭シテ最後ニ蹶起セザルヲ得ザルニ至ルヘキハ当然ナレトモ、今日迄自分固有ノ部下及味方ニ立ツヘキ官民ノ意向ヲ確カメザル間ニ軽挙盲動スベカラザルモノアリ。昨今公使ト相談中ナル旨内話アリ。御参考迄。

5　3月4日　斎藤季治郎電報（田中義一宛）

参謀次長宛　　在北京　斎藤少将

三月四日午前十時五十五分発　　四日午後七時三十五分着

左記電報川上理事ヨリ寺内首相ヘ伝達方閣下ヘ依頼アリ。宜敷御取計ヲ乞フ。以下川上暗号

〔別紙〕　川上俊彦電報第六号

第六号

本日「ホルワト」将軍ハ小職ニ内話シテ曰ク、西方「ダウリヤ」駅付近ニ於テ「セミヨーノフ」軍隊ト過激派軍隊ノ間ニ小衝突発生シ、鉄道橋梁等破壊セラレ交通杜絶セリトノコトナリ。過激派ノ兵力ハ約五？千（ラゼン）「セミヨーノフ」軍ハ二千以上（ユセヨ）ナルベシト思フ、而シテ過激派ノ稍完全ナル武器ヲ有スルニ対シ、「セミヨーノフ」軍ハ独リ兵力ニ於テ劣ルノミナラズ、武器モ亦不完全ニシテ砲ヲ有セズ、殊ニ「ダウリヤ」駅ニ於ケル独墺（ドマクセ）捕虜約五

千ハ既ニ武装シテ過激派軍隊ニ参加セシ由ナレバ「セミヨーノフ」軍ハ或ハ「マンチユリー」迄退却スルノ已ムヲ得サルニ至ルヘシ、然レトモ同駅ニハ支那軍隊駐屯シ居ルコト故、之ト協同作戦セバ一時過激派軍ノ進入ヲ防遏スルコトヲ得ヘシト思考スレドモ、今後如何ニ難局（コンキヨク）ヲ収拾シ、東西比利亜ノ安寧秩序ヲ維持スヘキヤトテ、将軍憮然タルコト久シク、更ニ語ヲ続ケテ、若シ万一「セミヨーノフ」軍及支那軍ガ過激派軍ノ進撃ヲ防止スルコト能ハザルトキハ勿論？（モノナ）日本軍ノ援助（サンジヨ）ヲ受クルノ外致方ナシト云ヘルニ付、小職ハ之ニ対シ、斯カル場合ニハ日本ハ応分ノ援助ヲナスコトニ決心躊躇セサルヘシト信スル旨答ヘ置ケリ。（了）

〔註〕欄外に「了三月五日」（寺内正毅の字）と書き込みあり。

6 3月4日 斎藤季治郎電報（田中義一宛）

次長宛　　斎藤少将

三月四日午前十時十分発　　四日午後一時三十分着

左記電報川上理事ヨリ寺内首相へ伝達方閣下へ依頼アリ、宜シク御取計ヲ乞フ。

〔別紙〕 川上俊彦電報第七号

第七号

「ホルワツト」将軍ハ、已ニ当地ニ於ケル用務ヲ済マセタルニ付キ、本日出発帰任ノ予定ナリシ所、拙電（セマデン）第一及第二信兵器代金（ツネキダイキンヂカセキン）及軍資金（グシキン）ノ支出法ニ関シ小職ヨリ回答アルマテ数日間滞在スル考ナリシモ、時局上急速帰任ノ必要ヲ生シ、明日出発スルコトニ取定メタルニ依リ、本日同将軍ト再ヒ会見セシ際、談話アリ。依テ小職ハ明晩マデ東京ヨリ返電ナキ時ハ、更ニ一両日滞在ノ上右落手次第成ルへク速カニ（ノミヤキニ）哈爾賓ニ赴キ親シク同将軍ニ返答シ、話ヲ進行セシムへシト約束シタレハ、将軍ハ当方ノ好意ニ対シ深厚ナル謝意ヲ表シタリ。

7　3月5日　田中義一電報（斎藤季治郎宛）

斎藤少将宛　　次長

大正七年三月五日午后執行　　暗号

第一号

川上理事へ左ノ通リ伝へラレタシ。○（一）数通ノ貴電拝承御尽力ヲ謝ス。貴下ハハルピンニ赴キホルワットニ面会シ左ノ如ク回答セラルへシ。○兵器ハ必要アレハ之ヲ供給スへシ。又兵器代価ハ別ニ考慮スへキニ付強テ御心配ニハ及ハサルへシ。○軍資金ノ事ハ其時ニ於テ改メテ御相談ニ預ルへシ。○貴下ハ更ニ御配慮ヲ煩ハスへキ事情アルニ付満鉄ニ於テハ差支ナクハ暫クハルピンニ滞在セラレタシ。寺内

8 3月5日 斎藤季治郎電報（田中義一宛）

次長宛　　斎藤少将

三月五日午後七時〇分発　　六日午前六時五十分着　　取扱者　山内大尉　幾岡中尉

左ノ電報川上理事ヨリ首相へ伝達方閣下ニ依頼アリ、御取計ヲ乞フ。以下川上理事暗号

〔別紙1〕 川上俊彦電報第八号

第八号

「ホルワット」将軍ハ昨夜出発ニ臨ミ小職ノ努力ニ対シ深厚ナル謝意ヲ表シ、近日「ハルピン」ニ於テ再会ヲ期スル旨述ヘタル後、予テ拙電中ニ申上置タル関係モアリ、此際中島少将トモ哈爾賓ニ於テ面晤スルコトヲ得バ頗ル好都合ニ付、小職ト同時ニ同地ニ？（ムロノチニ）同少将ノ来着（フケイチヤク）ヲ望ム旨ヲ伝ヘ呉ル、様依頼セリ。御差支ナクバ右様取計方参謀本部へ御下命ヲ願フ。小職ハ明晩当地発七日晩奉天？（ウウテヘ）着ノ予定。右期日迄ニ御電訓ニ接セバ同地？（モイツ）ヨリ直ニ哈爾賓へ北行スル考ナリ。（了）

〔註〕冒頭に「都合相付事ナレハ御取扱相成度シ。正毅　三月六日」と書き込みあり。

〔別紙2〕 差出人不明電報（川上俊彦宛）

中嶋ハルピンニ行ク可ノ命令事致候。マンジユリヤノ方ハ斎藤ヲシテ□支那ノ方ニ交渉セシメ置キ候。（別電）

9 3月5日 斎藤季治郎電報（田中義一宛）

三月五日午後五時四十分発　　　五日午後十一時二十分着

次長宛　　斎藤少将

左ノ電報川上理事ヨリ首相ヘ伝達方閣下ニ依頼アリ、御取計ヲ乞フ。

〔別紙〕 川上俊彦電報第九号

第九号

昨日露国公使ト面晤ノ際、近日中当地駐屯外国軍隊ヨリ譲リ受ケタル兵器（仏国ハ大砲四門、機関砲二門、英国ハ大砲二門及其他）ヲ哈爾賓ヘ輸送スル筈ニ付、其ノ節満鉄ニ於テ奉天ヨリ長春迄輸送方然ルベク取計ラヒ呉ル、様小職ヘ依頼アリ。右ハ何等差支ナシト考フルモ関係監督官庁ノ命令ナキ以上、致方ナキニ付、在東京露国大使館経由予メ帝国政府ノ承認ヲ得置カル、様取計ヲ請フ旨返答シ置タリ。（了）

〔註〕冒頭に「本件取運ひ方につき貴見を承知し度し　三月六日　正毅」との書き込みあり。

10 3月5日 斎藤季治郎電報（田中義一宛）

三月五日午後五時四十分発　　　五日午後十一時二十七分着

次長宛　　斎藤少将

左ノ電報川上理事ヨリ首相ヘ伝達方閣下ニ依頼アリ、御取計ヲ乞フ。

〔別紙〕　川上俊彦電報第十号

第十号

昨日露国公使ノ内話ニ拠レバ「ダウリヤ」ハ過激派ノ占有ニ帰シ「マンチユリ」人心恟々タリトノ報道事実ナレバ、一日モ速ニ日本ヨリ兵器ノ供給ヲ受クルノ必要アリ云々。右御参考迄。（了）

〔註〕冒頭に「了、三月六日、正毅」と書き込みあり。

11　**3月6日　電報案（川上俊彦宛）**

奉天満鉄公所気付

三月六日午后四時執行　　第二号　川上理事へ返電案（暗号）

貴電八号承知。中島少将ヲ哈爾賓ニ至ラシムル様其筋ヨリ命セラル、筈。又貴電九号兵器輸送ノ件ハ秘密ニ取扱フヘキモノニツキ、公式ノ手続ヲ経ルコトナク先方ヨリ直接満鉄ニ依頼セシメラレタシ。都督ヘハ別ニ参謀本部ヨリ其旨通知シ置ケリ。昨五日北京宛発送セル往電一号ハ同地ニテ既ニ御落手ノコト、存ズ。

〔註〕冒頭に「正毅三月六日」と書き込みあり。

12　**3月6日　田中義一電報（高山公通宛）**

旅順　高山参謀長宛　　　次長

大正七年三月六日発

英国又ハ仏国等ノ側ヨリ満鉄へ「セミオノフ」支隊援助ニ要スル武器輸送ヲ依頼シ来ルカ如キ場合ニハ之ニ応セラレタシ。併シナカラ二月二十六日附第十九号及三月五日付第二十五号電ノ武器全部ヲ輸送シ終リタル後ニアラサレハ、右英仏側ノ武器ヲ輸送セサルコトニ考ヘ置カレタシ。

⑬ 3月8日　川上俊彦電報

秘書官　　奉天　川上　　〈来電〉

大正七年三月八日午前接受

首相へ御伝へ乞フ。

昨夜北京出発ノ際（スサイ）貴電一号拝受。明（アメ）晩哈爾賓着貴電ノ趣「ホルワト」へ伝達致スベシ。

⑭ 3月9日　坂西利八郎電報（田中義一宛）

参謀次長宛　　在北京　坂西少将　〈極秘〉

三月九日午後七時五分発　　三月十日午前九時十分発〔ママ〕　　坂特電第三十一号

曹汝霖曰ク、日支軍事協同ニ関シ両国ヨリ軍事委員カ篤ト相談スルコトニナリアルモ、一方ニ於テ更ニ章公使ト日本政府トノ間ニ所要ノ協議ヲナシ置クヘキ件ニ付、本日ノ国務会議ニ付シタルニ異議ナク決定セリ。又本件ニ就テハ由来大総統ハ協商各国トノ交渉ノ要アリトノ意見ヲ有シアリシカ、本日ノ会議ニ於テハ単ニ日支ノ間ニ於テ之ヲ協定セハ可ナリト云フコトニ一決シ、陸外交総長ハ本日此旨ヲ馮大総ニ具申シ其指令ヲ仰ク筈ナリト。

15　**3月10日　黒沢準電報（田中義一宛）**

参謀次長宛　在　哈爾賓　黒沢中佐　〈至急　極秘〉

三月十日午前十一時五分発　十日午後八時二十五分着　特号

此電報翻訳セス次長ヘ。○左ノ電報川上理事ヨリ寺内首相ヘ伝達方閣下ヘ依頼アリ。宜敷御取計ヒ願フ。

〔別紙〕　川上俊彦電報第十一号

一二（?）

昨夜到着、本日当地鉄道庁ニ於テ「ホルワツト」将軍ト会見シ貴電第一号ノ趣キ回答セシ所、彼ハ日本ノ好意ニ対シ感謝措ク所ヲ知ラス。何レ兵器ノ種類及数量等取調ヘ小職ヘ通知シ右譲リ受ケノ手続ヲ執ルヘキ旨陳述セリ。

16　**3月10日　黒沢準電報（田中義一宛）**

参謀次長宛　在　哈爾賓　黒沢中佐　〈至急　極秘〉

三月十日午後〇時十分発　十一日午前十一時五十分着　特号

此電報翻訳セス次長ヘ。○左ノ電報川上理事ヨリ大至急寺内首相ヘ伝達方閣下ヘ依頼アリ。宜敷御取計ヒ願フ。

一三

〔別紙〕　川上俊彦電報第十三号

本日「ホルワット」将軍ト会見ノ際目下存在セル諸種ノ機関ニ対シ、日本ヨリ各別ニ援助ヲ与フルコトハ其効果少キヲ以テ、「セメノフ」ナリ擁護会ナリ総テ之ヲ閣下指導ノ下ニ統一セラルルコトトナレハ諸事好都合ナルヘキ旨忠告セシニ、同将軍ハ絶対的ニ暫ク他言セサルコトヲ頼ムト前提シテ曰ク、之レ迄各方面ノ人士ヨリ西比利独立ノ首脳者タルヘシトノ勧告ヲ屢々受ケシモ未タ時機ノ熟セサリシト、且自分ガ首脳者タルヘキ資格ナキヲ自覚シ今日迄逡巡シ居タリシモ、今回北京ニ於テ公使及其他ト会見ヲナシ、内外ノ同情ヲ得居タルコトヲ確認セシヲ以テ大ニ自ラ決スル所アリ。若シ日本ニシテ相当ノ兵力ヲ浦塩方面ヨリ揚陸セシメ吾等ニ援助ヲ与フルニ於テハ、自分ハ主動者トシテ蹶起シ西比利独立ノ宣言ヲナシ且現存セル各機関ヲ統一スルコトニ何等躊躇セサルヘシ、日本ハ露国ニ対シテ宣戦スルノ形式ヲ避ケ西比利ノ独立ヲ擁護スルノ名義ヲ以テシ、而シテ東支鉄道ハ徒ラニ支那ノ反問ヲ買フノ恐レアルニヨリ、暫ク支那兵ノ保護ニ一任シ置キ、独立軍及日本軍ハ専ラ西比利ノ露国領土内ニ於テ協同的軍事行動ヲ執ルコトヲ必要ト認ム。尤モ右ノ場合ニ於テハ日本軍隊ヲ東支鉄道ニヨリ輸送スルコトハ何等差支ナシ。日本ノ出兵ニ関シテハ米国ハ知ラサルモ英、仏ハ何等異議ナカルヘシト信ス。日本軍二万内外独立軍約五千アラハ先ツ極東露領ヲ独立セシムルニ十分ナルヘシ。此場合ニ於テ日本ハ相応ノ文武官ヲ派シ、独立軍ノ行動、軍資金ノ支出等ヲ監督シテ差支ナシ。右ノ次第ニ付至急小職ヨリ日本政局〔ママ〕当局ノ確答ヲ得度旨申出タルニ付、至急何分ノ議御訓示ヲ乞フ。

本件ニ関シ当地佐藤総領事ヘ通告シ差支ナキヤ否ヤトノ質問アリシニ付、小職ハ之ニ対シ同総領事ニ於テモ（シモグン？）ノ行進ニ対シ大ニ賛成スヘキニ付通告何等差支ナキ旨答ヘタルニ、彼ハ明日同総領事ヲ訪問シ窃ニ之ヲ言明スル考ヘナリト言ヘリ。

〔註〕封筒表「ハルビン来電、外弐件極秘電報、了、三月十二日」。

⑰ 3月11日　川上俊彦電報

秘書官宛　　ハルビン　川上　　〈来電〉
大正七年三月十一日午后着

左ノ電首相ヘ御伝ヘ乞フ。
十四号
昨（モヨ）付拙電十三号「ホルワット」将軍ノ談話中、昨今ノ状勢上西比利亜独立ニ関スル計画ハ出来得ル限リ速カニ之ヲ実現セシムルノ必要アルガ故、此際一日遅ルレバ一日丈ケノ損アリト信ズ、而シテ右独立ノ宣言ハ日本軍ガ浦汐方面ニ上陸スルト同時ニ之ヲ発表スル考ナリ。今回自分ハ種々ナル事情ノ為蹶起スヘキ決心ヲ為スニ至リタレドモ、素ト一介（カロン）ノ武弁ニシテ名誉ノ為ニ齷齪スル政治家ニアラザルガ故、西比利亜ガ独立シタル后自分ガ其ノ主脳者タル資格ナキ場合ニハ何時ナリトモ適当ナル人物ニ己レノ地位（シイ）ヲ譲ルニ吝ナラサルヘシト付言セリ。拙電六号中御報告致タル通リ、今ヤ極東露領方面ニ於ケル時局モ漸次切迫シ来タルノ傾向ヲ呈シ、殊ニ「イルクツク」方面ニ於ケル独墺捕虜ノ武装独逸軍団ノ編成計画潜水（艇ノ？）鉄道輸送等ニ関セル（状況、ゼウキウ）ニシテ果シテ事実トセバ帝国政府ハ最早断乎タル処置ヲ執ルヘキ時機ナリト愚〔ママ〕信（グシン）ス。（了）

〔註〕欄外に「十三号未着」と書き込みあり。

18 3月11日　川上俊彦電報

秘書官宛　ハルビン　川上　〈来電〉

大正七年三月十一日午后着

左ノ電首相へ御伝ヲ乞フ。

十五号

昨九日東支鉄道庁ニ於テ、駐露支那公使ヨリ当地道台ニ宛テタル本月七日「ペルム」鉄道「シーリヤ」駅（ペルツト、エカテリンブルグノ間）発ノ電報写ヲ一見（一〇）シタル処、該公使ハ日米大使等ト共ニ特別列車ニ同乗シ一行七十四名（後頭部、キトウブ）ニ在リ、而メ右（一行、タコウ）ハ満州里駅迄ノ乗車券ヲ有シ本月十五日同駅到着ノ予定ナル由記載シアリタリ。鉄道庁員ノ説ニ拠レバ、外国大公使連ハ昨日頃既ニ「ウラル」山ヲ通過シタルナラン。「マンチユリ」駅以西ノ橋梁破壊セラレタルモ其ノ方面ニハ大河流ナキ故、橋梁モ比較的小規模ノモノ、ミナルニ付之ヲ修覆スルニ差シタル困難ナカルベク、既ニ新聞紙ノ報道スル所ニ拠レバ過激派軍ハ前記外国大公使搭乗ノ列車ヲ通過セシムル為、之ガ修繕ニ取掛リ居ルトノコトナレバ、該列車ハ黒竜鉄道ニ依ラズ直チニ満州里駅経由当地ニ到着スルヤモ料リ難ク云々ト申居レリ。右御参考迄。（了）

19 **3月14日　川上俊彦電報**

秘書官宛

大正七年三月十四日発　　三月十五日着　　〈来電〉

左ノ電総理へ御伝願フ。

第十六号

昨十三日小職ハ「ホルワット」ト会見シ、拙電十二号ノ（所要?、ショヨ）兵器ニ関シ尋ネシニ（先般?、セルバン）「ギフチエンコ」経由譲リ受ケシ兵器ノ数量比較的ニ多カリシ故、当分必要ナカルベキカトモ思考セラルルニ付、一応関係者トモ協議ノ上更ニ必要ノ際ハ其ノ数量等御通知致スベシトノコトナリ。（了）

〔註〕欄外に「誤字取調中」と書き込みあり。

20 **3月14日　川上俊彦電報**

秘書官宛

大正七年三月十四日発　　三月十五日着　　〈来電〉

左ノ電総理へ御伝願フ。

第十七号

昨十三日「ホルワツト」ト会見ノ際同氏ノ曰ク、其後モ引続キ彼ノ方面ノ人々ヨリ西比利亜独立ノ主脳者タルベキコトヲ慫慂セラレツ、アリ。現ニ過般「トムスク」ニ於テ独立ヲ宣言セル「ポターニン」政府（セイフ　此処不明「ポターニン」ヲヲイフ「ポターニン」セイフ）（「ポターニン」ハ目下拘禁中）ノ内閣書記官長タリシ「ザハレフ」ハ此程当地ニ来着独立ノ復興ヲ図ル為自分ヲ首領トシテ推戴センコトヲ提議セリ。又「イルクツク」ノ前知事「ラヴノ」？及「ハバロフスク？」（ハデスク）ノ前「コミツサール」「ルサノフ」モ当地ニ滞在中ナリ。其他「ブラコウエシチエンスク」反過激派代表者ヲ始メ西比利亜各都市ヨリノ有力者続々当地ニ来集シツ、アル形勢ナレハ、此等各地方有力者ノ意見ヲ尊重シ仮政府ヲ組織セシメ、自分其ノ主脳者トナリ協商国ノ承認ト援助ヲ得テ西比利亜ノ独立ヲ図ラバ諸事好都合ナルベシト思考ス。尚独立ヲ宣言スルニハ当地ニ於テ為シタキ希望ナリ、併シ之ヲ断行スルニハ過般来屢々内話（ワウ）セシ通、日本軍ノ派遣ナクバ到底此ノ目的ヲ果タスヲ得サルヘシト附言セリ。右談話中小職ヨリ日本軍（ニクンデン）ノ上陸ト共ニ独立ノ宣言ヲ為スベシトノコトナルモ、独立宣言後適当ノ時機ニ（？キトケトソクニ）日本軍ヲ派遣スル方独立援助ノ名目相立ツベキニ付、其方宜シカラント話セシニ、彼レハ之ニ賛成シタリ。而シテ其際彼レハ若シ日本軍ヲ南満州（ナンマンシウ）方面ヨリ輸送スル必要アリトスレバ（ケヤバ）、長春ヨリマンヂュリー？（マンヂ）ボクラニチナヤ？（ラチナヤ）両駅ニ通過輸送スルモ何等支障ナカルベシト内話（ナイモ）セリ。尚此等ノ件ニ関シテハ十四日「ホルワト」ハ其ノ官邸ニ於テ中島少将及小職ト会合シ三人（イグイテウニ）相談スル筈。（了）

21 3月15日 川上俊彦電報

秘書官宛 〈来電〉

大正七年三月十五日着

左ノ電総理へ御伝願フ。

第十八号

擁護会ナルモノハ露国公使（ヘロンコロシ）「アレキサンドロ」及副領事（フラワウジ）「ポポーフ」ヲ首領トシテ組織セラレ、専ラ協商国側ノ承認援助ヲ得ルニ焦心シ居ルモ、「セミヨノフ」ハ勿論「ホルワット」モ亦必ズシモ之ト共同的行動ヲ執ルノ底（テイ）意ナシ。其他「サモイロフ」中将、「ニーネーチン」大佐等ノ別働隊アリ。何レモ其ノ目的ハ同様ナルモ（?ドウタナロハモ）之ヲ遂行スル手段ニ於テ何等ノ統一ナク何等ノ節制ナシ。此ノ如ク確固（ケカコ）ナル聯絡ナキ団体若ハ軍隊（モニクハグンタイ）ニ対シ、各別ニ兵器及軍資金ヲ与フルモ彼等ガ果タシテ有効的ニ之ヲ利用シ得ルヤ否ヤ疑問ナリ。故ニ今後ナルベク速カニ完全ナル臨時政府ヲ樹立シ、之ヲシテ西比利亜ノ独立ヲ宣言セシメ、総テノ団体及軍隊ヲ其ノ指揮ノ下ニ統一セシ（トウタジトウヒシ）ムルコトハ焦眉ノ急務ナリ。左スレバ我国ヲ始メ協商国側ノ援助モ亦大ニ意義ヲ有スルコトトナルヘシ。然ルニ仮リニ「ホルワット」ガ前記臨時政府ノ主脳タルコトヲ承諾シ西比利亜ノ独立ヲ宣言シ（カクキカヘヲ）統一スルトスルモ、其ノ兵力ハ到底五千以上ニ出ツルコト困難ナラルヘク、且之ト同時ニ充分ナル軍資金ナキヲ以テ膨大ナル過激派軍ト対抗（テソコウ）スルコト不可能ナルハ毫モ疑ナシ。現ニ「セメヨーノフ」軍ノ如キ既ニ一敗地ニ塗レ「マンヂュリ」駅ニ退却シタル結果、（ロセルビヤ）兵二箇中隊及アルロフ大佐ハ「セメヨーノフ」ト分離セリトノ報ニ接セリ。ヨシ「セメヨーノフ」ガ支那軍隊ト共同防禦ニ従事スルトスルモ、過激派軍ヲ撃退スルコト恐ラク困難ナラント推測サレッ、アリ、小職ハ日本ガ前記ノ事情ニ鑑ミ□□□（フゼンケカ）即時（ソキジ）其兵力ト資力ニ依リ援助ヲ為スニアラザレバ、西比利亜ノ独立ヲ実現セシムルコト到底不可能ナリト確信ス。最近（サイキチ）ノ報道ニ拠レバ（フブソウシタキ）独墺捕虜ガ過激派軍ニ参加シ居ル事実明確ナルノミナラズ、「ブラゴウエチェンスク」ニ於テハ既ニ我同胞ノ流血ヲ見タルアリ。在留日本民ノ保護、西比利亜独立ノ援助、独墺勢力ノ東漸ノ素志〔ママ〕（ソシ）等我国ガ師ヲ起（シヲヲゴ）スニ足ルヘキ大義名分一（?・タ）ニシテ足ラズ、拙電一四号ニ開陳セシ通、我政府当局ガ一日モ速カニ対西比利亜方針ヲ確立シ断乎タル処置ヲ執ラル、ノ時期既ニ熟セリト愚考ス。右御参考迄。（了）

22　3月17日　川上俊彦電報

秘書官宛　川上

大正七年三月十七　午前長春発　三月十八日午后東京着

左ノ電首相へ御伝請フ。

第二十一号

昨十六日「ホルワット」ト会見ノ際其ノ内話スル所ニ拠レバ、同将軍ガ当地米国領事ニ対シ極東（○ヨクトウ）ニ於テ仮政府成立シ西比利亜ノ独立宣言セラル、ニ至ラバ、日本ハ兵力ノ援助ヲ為スニ至ルベシ云々ト話セシ所、過激派ヲ掃蕩スルニハ（ソウトウスキニハ）他ニ優サルヘキ方法ナキニ依リ頗ル好都合ナルヘキモ、日本ノ領土併合等ノ野心ナキヤ否ヤ疑ナキ能ハズト答ヘタリト云フ。右ハ果タシテ事実ナルヤ、又ハ此ノ如キ問題ヲ仮設シ密カニ我内意（テイイ）ヲ探知セントセシモノナルヤ、諒解ニ苦シムモ、兎ニ角中島少将、佐藤総領事及小職ハ之ニ対シ若シ此ノ如キ場合アリトセバ、是レ日本ハ露国ニ対シ宣戦スルモノニアラズ、単ニ善隣ノ好誼ニ鑑ミ西比利亜ノ独立ニ一意専心的ニ援助ヲ与フルニ過キザル可ク、決シテ前記ノ如キ野心ナキハ勿論ナル旨極力弁明致タリ。右御参考迄。（了）

〔註〕冒頭に「了三月十八日午後閲正毅」と書き込みあり。

23　3月18日　川上俊彦電報

秘書官宛　　川上　〈来電〉

大正七年三月十八日長春経由発　　三月十九日午前東京着

左ノ電首相へ御伝乞フ。

京（?ケヨ）二十二号

昨十六日附拙電第二十号中仮政府組織ノ形式方法ニ関シ「ホルワツト」ノ問ニ対シ第一按ニ賛成セサリシ（ウサリシ）理由ハ、旧（キウ）西比利亜政府ガ不健全ナル社会主義者ノミヨリ成立セシノミナラズ（ノケノズ）、之ヲ復興スル形式ヲ執ルトキハ是非共「トムスク」「ヲムスク」ハ勿論「ウラル」山迄全西比利亜ヲ征服セサルヘカラサル義務ヲ有スルニ至ルヲ恐レタルニアリ。而シテ第二按ヲ採用シテ仮政府ノ名称如何（メイセテイカン）ヲ論議スルニ当タリ、露領極東政府若クハ東西比利亜政府トスレバ其ノ境域狭隘ニ過ギ、一般露国人ノ気受如何（ルキウケイカン）ヲ憂慮シ、西比利亜ト冠（カン）スルヲ得策トシ、且若シ独立遂行後（コイコウゴ）都合好クハ西（ハニシ）西比利亜方面ニ発展シ得ルノ余地ヲ存スルノ必要アルニヨリ、先電ノ決議ヲ見タル次第ナリ。右御参考迄。（了）

24 3月20日　中村雄次郎電報（寺内正毅宛）

大正七年三月二十日午前着

首相　　中村都督

川上満鉄理事ノ使命モ大体相了ハリ候コトカト存ズ。満鉄モ同人任務モ多忙ニ付御用済ノ上ハ速ニ帰任御下命願度。

25 3月23日　児玉秀雄電報（川上俊彦宛）

川上理事　　児玉

暗号　　第三号　　大正七年三月二十三日午後発

過日来ノ貴電ニ対シ御返事遅レタルモ、昨日田中次長ヨリ中嶋少将宛電報シタル処ニ依リ万事御了承ノ事ト存ス。右ニ関スル用向相済ミタル上ハ社務御多忙ノ際トテ一応任地ニ帰ラレ差支ナシ。命ニ依ル。

〔註〕冒頭に「右御発電ヲ乞フ。児玉　池辺殿」と書き込みあり。

26 3月26日　川上俊彦電報

秘書官宛　　川上　〈来電〉

大正七年三月二十六日午後

左ノ通首相へ御伝乞フ。

二十四号

「ホルワット」ハ仮政府組織ニ余念ナク、其ノ第一着手トシテ本月二十一日「フニレシコフ」大将ヲ東支鉄道附属地域（?・イチ）内ニ於ケル陸軍司令官ニ、「フレシチヤテイツスキ」少将ヲ其ノ参謀長ニ任命セリ。是レ「ホルワット」ハ聯合革命政府ノ当時ニ於ケル総司令官ノ名義ヲ以テ陸軍各部隊ノ統一ヲ図リタルモノト認ムルノ外ナシ。然ルニ内外政治上ノ補佐官ハ未ダ之ガ任命ヲ見ルニ至ラズ。是レ一ハ適当ナル候補者ナキト時機尚早ト考ヘタルニ由ルナラン。某露人ノ説ニ拠レバ、「ホルワット」ハ「プチーロフ」氏（露亜銀行頭取兼重役）及「コルチヤーク」中将（有名ナル海軍中将ニシテ現ニ上海ニ在リト云フ）ヲ採用スベシト云フ者アリ。是レト同時ニ他面ニ（タイテキキ）西比利亜政府党員ハ此地（チノチ）ニ会合シ、該政府ノ（カクロ）ヲ計画シ居ルモ、予テ御通告致セシ通リ、該党員ハ社会主義者ナルヲ以テ「ホルワット」始メ当地ニ於ケル穏健分子ハ之ヲ歓迎セサル傾向アリ。又極東各地方ノ立憲民主党員モ亦此地ニ集合シ、会議ヲ開催シテ政府ノ樹立及社会党ノ排斥ヲ図リツ、アルモ、全露ニ於ケル該政党ガ勢力ヲ失シタル今日ナレバ、当分其頭ヲ持上グルコト困難ナラント一般ニ（?:ハンニ）想像サレツ、アリ。前記ニ者ノ外（五カ）全露労兵会ノ分身（?:ブンツケン）タル当市執行委員会モ近頃頻繁ニ開催セラレ、社会主義ノ鼓吹ニ従事シ、「ホルワット」始メ反過激派ニ対シ反抗態度ヲ執リツ、アリシガ、一昨夜該委員会議長ハ刺客ノ為遭難シ負傷シ重態（ケウタイ）ニシテ生死不明ノ状態ニ在リ、是レ反過激派（コレサンガケキ）派ノ行為タル（ソラレバ）或ハ「ホルワット」若ハ「セミヨーノフ」ノ命令ニ依ルヤ否ヤ疑フモノナシトセズ（ナフトセズ）。（クワルニクンシンボウトウヤベタル）陸軍各部隊ハ「プレコフ」大将ニヨリ統一セラルヘキ筈ナルガ、同大将、「サモイロフ」中将、「ニキーコン」「タルローフ」両大佐及「セミヨーノフ」ノ関係ハ未ダ円満ナラザル感アルニ由リ、（シク）「ホルワット」ハ果タシテ統一ノ実ヲ挙ゲ得ルヤ疑問ナリ。之ヲ要スルニ前述ノ如ク当方面ニ於ケル事態頗ル険悪ナレバ、此際帝国政府ガ一日モ速ニ何等カノ処置ヲ執ラザルニ於テハ此地再ビ混乱ノ状態ニ陥イリ「ホルワット」ノ身辺モ危険及バサルナキヲ保シ難タカラント信ズ。（了）

〔註〕冒頭欄外に「誤脱字目下調査中」と書き込みあり。

27 3月27日 川上俊彦電報

秘書官宛　　川上　　〈来電〉

大正七年三月二十七日午后着

児玉書記官長へ御伝乞フ。

貴電三号委細拝承ス。両三日中一応帰社致スベシ。（了）

28 3月27日　川上俊彦電報

秘書官宛　　川上　　〈来電〉

大正七年三月廿七日午后着

左ノ通首相へ御伝乞フ。

第二十五号

本二十六日小職ハ「ホルワット」ヲ官邸ニ訪問シ、更ニ田中次長来電ノ趣旨ヲ反復説明シタル上速ニ新政府ヲ組織スルノ必要ヲ説キタルニ、彼レハ該電文ノ末段ニ「支援」トアルノミニテ兵力ノ援助ト明記シアラズ、且本野外相ヨリ佐藤総領事ニ対シ何等ノ電訓ナキヲ見レバ、日本政府部内ニ意見ノ一致ヲ欠キ居ルニアラズヤトノ疑ナキ能ハズ、若シ自分ガ断然（?フゼン）蹶起セシ后、日本ヨリ兵力ノ援助ナクバ何等成功ノ望ナク、徒ラニ世人ノ嘲笑ヲ招クノミナラズ一身ノ処置ニモ苦シムヘキハ明瞭ナルベシ。現ニ両三日前在北京露国公使ヨリノ電報中、林公使ハ日本ハ出兵セサル旨ヲ内話セリト、記載アリ、又二十四日接手シタル在東京露国大使電報ニ拠レバ、米国ノ承認ナキ以上日本ハ出兵セザルベシトノコトナリト話セシニツキ、小職ハ之ニ対シ「ホルワツト」ノ疑問ハ一理ナキニアラザルモ、田中次長ノ電信ニ徴スレバ最早一点（クテン）ノ疑アルコトナク及ビ（?ナツケヨジ）前述ノ如ク其ノ末段ニ単ニ支援トノミアルモ、中段ニ於テ兵力ノ援助ト明記シアルノミナラズ、今日迄東京ト往復セシ電信ニ依リ明瞭ナル所ナルヲ以テ、之ヲ総テノ援助ト解釈シ、其ノ内ニ兵力ノ援助ハ勿論包含セラル、モノトシテ差支ナシ、又林公使ノ談話及露国大使ノ報道ハ恐ラク皆新聞紙ノ記事ニ基クモノナリト信ズル旨返答シ置タリ。御参考迄。

(了)

29 3月27日 川上俊彦電報

秘書官宛　　川上　　〈来電〉

大正七年三月二十七日午后着

左ノ電首相へ御伝乞フ。

第二十六号

本二十六日「ホルワット」ト会談中、将軍ハ旧西比利亜政府員ガ先日此地エ来(センブコフチエテイ)集シ、其ノ代表者ヲ北京(ペギヤ)ニ派遣セシコトニ付心配シ居ル様ニ見受ケタルニツキ、日露両国公使ハ勿論支那政府ガ該政府ノ復興承認セサルコ(ツロ)トハ毫モ疑ナキ処ナリ、将軍ガ愈々(カロイヨイイヨ)新政府ヲ組織スルニ当リ、若シ万一ニモ彼等ガ妨害ヲ為サバ宜ロシク巡検?(ユンケン)隊又ハ「セミヨーノフ」軍隊ノ一部ヲ以テ之ヲ威圧シ、命令ニ服セザル場合此等不穏健分子ハ悉ク之ヲ鉄道附属地内ヨリ放逐スルノ必要アリ。苟クモ政治ノ一改革ヲ果サントセバ多少兵力ヲ利用スル等果断ノ処置ヲ執ラサル可カラサルハ当然ナリト小職奨励シタル処、将軍ハ之ヲ諒トシ、右様ノ場合寧ロ駐屯支那軍ヲ利用スル方得策ナラント考フル旨ヲ話セリ。将軍ハ兎ニ角北京ニ赴キシ旧西比利亜政府代表者ノ成功如何ヲ見極メタル上、直チニ新政府ヲ組織スルノ準備ヲ為シ、昨今ハ専ラ「プチーロフ」氏ト提携相談シ居リ頻リニ（シキヲロニ）「コルチヤツク」海軍中将ノ来着ヲ待チツ、アルモノ、如シ。右御参考迄。（了）

30　3月28日　川上俊彦電報

大正七年三月廿八日夜着　〈来電〉

左ノ電首相へ御伝ヲ乞フ。

第二十七号

昨二十六日「ホルワツト」ト会見ノ節、将軍ガ愈々新政府ヲ樹立シ公然日本政府ヨリ兵力及其ノ他ノ援助ヲ請フトキハ一ノ条約ヲ締結シ、日本ノ助力ニ対スル報酬ニ関スル規定ヲ設クルコトノ必要アルヘシト思フ、右ノ場合日本当局ハ領土ノ割譲又ハ或ル種利権ノ獲得ナシニ之ガ調印ヲ承諾セザルハ勿論ナルニツキ、新政府ニ対シ如何ナル要求ヲ為スヘキヤトテ内々意見（ナヤイグン）ヲ叩キタリ、依テ小職ハ田中次長ヨリノ最後ノ電信ニ徴シ、日本ガ領土併合ノ野心ナキハ明瞭ナリト考フルモ或ハ多少ノ利権譲渡ヲ要求スルヤ否ヤハ之ヲ保シ難カラン、小職ノ使命ハ前記ノ如キ事項ト関係ナキニツキ（イツギ）何等確答シ兼ヌル旨答ヘタリ。右御参考迄。（了）

31　3月28日　川上俊彦電報

大正七年三月廿八日夜着　〈来電〉

左ノ電首相へ御伝乞フ。

第二十八号
昨二十六日「ホルワット」ト会見ノ節、小職ハ北京ニ於ケル日露公使ハ勿論支那政府ガ旧西比利亜政府代表者ノ請求ニ応ジ、該政府ノ復興ニ対シ承認ヲ与ヘサルヘシト信スルモ、此際米国？（ヘイコク）ガ之ヲ支持スルコトナシトモ限ラレス。貴見如何ト話セシ処、将軍モ此ノ如キ事件発生セサルナキヲ保シ難シト思フ、兎ニ角遅クモ今後一週間ニハ彼等ニ対スル支那政府及両国使臣ノ態度（マタイゴ）明確トナルヘク、且其時マテニハ「マンチユリア」駅（キ）方面ニ赴ムキタル「グラベ」一等書記官来哈スヘキニツキ、ソレ迄新政府成立ノ宣言発表ヲ見合セ置クノ必要アリト考フル旨答タリ。右御参考迄。（了）

32 **3月29日　川上俊彦電報**

秘書官宛　　大連　川上　〈来電〉
大正年三月二十九日午後三時卅分発　　三十日午前十時廿分着
唯今帰社ス。首相へ御伝へ願フ。

33 **3月30日　川上俊彦電報**

秘書官宛　　大連　川上　〈来電〉
大正七年三月三十日午后着
左ノ電首相へ御伝へ乞フ。

第二十九号

昨二十八日哈爾賓出発前「ホルワット」ハ「プチーロフ」同伴中島少将及小職ヲ訪問シ来リ。彼等？（カツロロ）ハ北京ニ於ケル旧西比利亜政府ノ代表者運動ノ結果未ダ判明セザルモ、新政府組織ノ準備ニ余念ナキ旨語レリ。尚政府組織後果タシテ日本ガ出兵スヘキヤ否ヤ其ノ辺多少疑ナキ能ハザル様子ニテ、是非共兵力ノ援助アル様我等ノ努力ヲ懇請セリ。「コルチヤク」海軍中将ハ既ニ数日前新嘉波ヲ出発セシニ付、今後十日内外ニハ来哈スヘシトノコトナリ。又米国鉄道技師「スチブンス」ヨリ彼等ガ聞（キキエ）得タル処ニ拠レバ米国政府ハ目下ノ出兵ニ対シ同意ヲ与フベキヤ否ヤニ付テ今日ニ至ル迄尚躊躇シ逡巡シ居ル旨話シアリタリト云フ。御参考迄。（了）

【註】1～12は「秘来電第一号、大正七年三月五日午前、了、川上の電報は児玉へ渡し一綴と為し置くべし」と書かれた封筒に封入（「了」以下は寺内正毅の字）。13～26は「来電秘第三号、児玉手元へ一綴の事」と書かれた封筒に封入（「児玉」以下は寺内正毅の字）。27～29は「来電秘第四号、本野外相へ、三月廿九日、正毅（花押）」と書かれた封筒に封入。30～33は紙縒りとゼムピンでとめられ「来電秘二通四月一日第五号、了」とかかれた封筒に封入。以上全体が、「極秘　川上往復電報」と書かれた封筒に封入。

5　大正7年3月24日　林権助電報（本野一郎宛）

北京発　　本省着　大正七年三月廿四日後三、三五　　秘

本野外務大臣　　林公使

第四〇九号

在哈爾賓吉見円蔵ヨリ西原ニ宛タル三月十八日附報告大要左ノ通。

三月十三日満州里ニ到着シタル処、早速「セメノフ」来訪、其ノ語リタル大要左ノ如シ。

（一）哈爾賓ニ成立セラレントスル新政府ニ関シ今日迄屢々意見ヲ求メラレタルモ予ハ頗ル不同意ナリ。元来「ホルワット」将軍ハ予ニ好意ヲ有スルモノニアラス。最近北京ヨリ帰来後一面予ニ同情ヲ寄セルガ如キ観アルモ、同将軍ハ固ト意志鞏固ナラズ、権勢ノ在ル処ハ即チ其ノ属従スル処ニシテ到底終始提携シ得ヘキ人物ニ非ス。予ニ対スル同情者トシテハ在哈爾賓露国副領事「ボポーフ」（曩ニ「サモイロフ」将軍ガ予ニ使用ニ堪ヘサル武器ヲ交付シタルニ対シ、今回使用ニ足ルヘキ武器ト取代フルコトヲ得タルガ如キ全ク「ポ」ノ尽力ナリ）ヲ初メトシ、其他二、三ヲ算スルモ何レモ勢力微弱ニシテ称〔ママ〕スルニ足ル者ナキニ反シ、所謂新政府ノ多数ヲ制スルモノハ実ニ「ニキーチン」大佐ノ味方ニシテ、「オルローフ」大佐、「サモイロフ」将軍及「ラフロフ」「モトイフチケン」等何レモ予ニ比シテ官等高キノミナラス弁舌亦巧ミニシテ、且ツ其ノ数ニ於テモ亦実ニ予ノ同情者ニ倍加シ、併カモ彼等ノ行動ハ真ニ憂国ノ念ヲ以テ過激派ニ対スルニアラスシテ、事毎ニ微官ナル予ノ勢力増大スルヲ妨碍セントスルモノノ如シ。現ニ過日予ノ軍隊ガ過激派ト対戦スルヤ「オルローフ」大佐ガ約ニ遅ルル二十四時間ニシテ漸ク来援シ、又曩ニ英国ヨリ壱万磅ヲ給与シタリトノ趣ヲ伝聞シタルモ未タ一「コペック」ノ分配ヲモ受ケタルコトナキノミナラス、今回日本ヨリ供給セラレタル武器ノ如キモ其ノ過半ハ彼等ノ手中ニ帰スルノ虞アリト認メラルルカ如キ、畢竟彼等ガ事毎ニ予ノ成効ヲ嫌悪スルノ証左ナリト謂ハサルベカラス。尤モ予ハ徒ニ彼等ニ反抗セントスルモノニアラス。若シ彼等ニシテ誠心誠意来ツテ予ノ軍ヲ督シ、以テ国家ノ為ニ過激派ヲ撃退セントスルモノナルニ於テハ、予モ亦彼ノ部下タルニ甘ンシ其ノ命令ヲ遵守シテ国家ニ殉スルコトヲ拒ムモノニアラスト雖、如何セン彼等ノ目的ハ畢竟利己ノ為ニシテ真ニ国家ヲ愛スルモノニアラス。是レ予ガ彼等ト事ヲ共ニシ甘ンシテ其ノ部下タルヲ肯ンセサル所以ナリ。

(二) 斯ノ如ク余ハ後方ニハ「ニキーチン」一派ノ強敵ヲ控フルト仝時ニ前方ニハ教育ト実践ノ経験ニ富メル捕虜ヲ中堅トスル一万余ノ過激派軍ト対峙セザルベカラザルノ境遇ニ在リ、余ノ手兵ハ目下僅カニ八百騎ナルモ総テヲ集ムレバ一千騎ヲ超ユベシ。然レトモ敵ノ中堅タル捕虜ノ一団ニ対シテハ遺憾乍ラ余ノ手兵ノミニテハ敵シ難ク、勢是非共外援ヲ俟タザルベカラズト雖、現在約五千ニ達スル支那軍隊ハ到底過激派軍威嚇以上ノ効果ヲ収メ難カルベク、旁余ハ急速日本軍ノ来援ヲ切望スルモノニシテ、或ハ其外形ヲ露西亜風ニ為スモ可ナルベク、其数ハ二千人ヲ希望スルモ或ハ一千人若ハ更ニ已ムヲ得ズンバ五百人ニテ可ナリ。

(三) 軍資ノ件ニ関シテハ英国ヨリ支給スベキ一万磅ニ付テハ既ニ上述ノ如ク余等ハ唯其声ヲ聞クノミニ過キズシテ、目下ノ処漸ク市民其他ノ同情ニ依リテ今日ヲ支フルノ実状ナリ。実ハ最近米国商人ヨリ三百万円位融通方申込ニ接シタルモ、其ノ商議未ダ具体的ニ進捗セズ。且ツ余ハ元来軍資ノ調達ハ之ヲ一途ニ仰ガンコトヲ希望スルモノナルヲ以テ、若シ今貴下等ノ好意ヲ具体的ナラシムルコトヲ得バ直ニ米国トノ交渉ヲ断絶スベシ云々 (以上ハ「セメノフ」ノ談話)

依テ余等（吉見等）ハ右借款談ハ曩ニ東京ニ於テ協定セルモノトハ其手続ヲ一変セザルベカラズ、蓋シ果シテ如上該新政府未ダ成立セズ又縦令早晩成立スルコトアリトスルモ、到底誠意アル協力ヲ期待シ難シトセバ、頗ル考エ物ナルベキ旨ヲ説示シタル上、哈爾賓政府ノ成否如何ニ顧念セズ、寧ロ別ニ満州里政府ノ樹立ヲ計ルモ或ハ一策ナルベキ旨ヲ質問シタルニ、「セ」ハ之レ或ハ左程難事ナラザルベキモ、北京在留者ノ後援ヲ有スル哈爾賓政府ニ対抗シテ別ニ新政府ヲ建設スルガ如キハ、思フニ策ノ得タルモノニアラザルベク、寧ロ更ニ追撃シテ四辺皆同情者ニ立テル「チタ」ニ到達シタル上、全地ニ独立政府ヲ樹立スルコトトスル方容易ニシテ且ツ得策ナルベキ旨ヲ答ヘタリ。依テ不取敢仝人ニ対シテハ、（一）武器ノ件ハ既ニ結了シタル次第ナルガ、唯収得ノ数ヲ減少セザル様哈爾賓ニテ該当局者ニモ伝達ノ上尽力スベシ。（三）〔ママ〕日本軍来援ノ件ハ頗ル重大問題ニシテ此際即答シ難シ。（四）軍資借款ノ件ハ貴軍ノ「チタ」ニ達スル支障ナカラシムル考ナリ。尤モ上述ノ通リ一応手続ヲ改変スル必要アルニ付更ニ何分ノ確答ニ及ブベシ。（五）右借款成立ノ上ハ是ヲ以テ大兵ヲ募集シ「チタ」迄ハ外援ヲ借ラズ独力ヲ以テ進軍スル様考究セラルベシ。

等ノ数項ヲ内諭シ置キタルガ、

仝日夜同人再ビ来訪シタルニ付キ、余等一行ハ明朝出発シ哈爾賓ニ赴キ、「ホルワツト」将軍及副領事「ポポーフ」両人ヲ連結シテ貴下ヲ援助セシムルニ努ムベク、若シ右成ラザルトキハ直様貴下ト相ヒ対ニテ決行スルコトニ尽力スベキ旨ヲ告ゲタル上、愈々実行決定ノ際ハ哈爾賓ニ於テ譲与ノ手続ヲ締結スベキニ付キ、其節ハ全権ヲ委任セル委任状ヲ携帯セル代表者ヲ哈爾賓ニ出張セシメラレタク、且ツ右委任全権トハ曾テ米国ニ対シ譲与承認セントシタルガ如キ東部西比利亜諸鉱山採掘権、又ハ其選択優先権等ヲ承認スルノ権利ヲ指スモノナル旨ヲモ指摘シタル処、「セ」ハ右代表者ノ派遣ヲ諾シ、且ツ重大事件ノ確定ヲ要スル場合ニハ自ラ哈爾賓ニ出張スルヲ辞セザル旨ヲモ約セリ。依テ更ニ宜シク速カニ兵ヲ率ヒテ独力進ンデ「チタ」ニ到ランコトヲ期セラルベキ旨ヲモ反復勧告シタルニ、「セ」ハ之ヲ諾シタル上、右借款還済ノ時期如何ヲ尋ネタルニ付、返済シ得ベキ時ヲ俟タンノミト答ヘタル後、要スルニ日本ハ毫モ侵略的野心ヲ有スルモノニアラズ、唯鞏固ナル隣邦ヲ得テ永ク和親提携ノ実ヲ挙ゲンコトヲ切望スルモノナル旨ヲ篤ト説示シテ会見ヲ終レリ。

尚「セメノフ」自ラノ謂フ所ニ依レバ、仝人ノ母ハ蒙古種貴族ノ出ニシテ幼時蒙古ニ成育セラレタリ。今次ノ欧州戦乱ニ際シ北部戦線ニ従軍中革命ニ遭遇シタルガ、「ケレンスキー」ガ陸海軍大臣トシテ戦線ヲ巡歴中仝氏ノ演説ニ対シ一片ノ意見書ヲ提出シタル処、右意見ハ偶々参謀本部ノ容ルル所トナリ本部ニ招致セラレ更ニ種々意見ヲ吐露シタル結果、蒙古軍編成ノ命令ヲ受ケテ到来セルモノナリ。然ルニ右蒙古軍編成ニ努力中、中央政権ハ終ニ「レニン」一派ノ手中ニ帰シ、在哈爾賓露兵ハ支那兵ノ為メニ一掃セラルルニ至レリ。尚或ル時「ホルワット」将軍ハ命令的ニ「セメノフ」ノ募兵ヲ阻止セントシタルコトアルモ、「セメノフ」ハ参謀本部ノ正当ナル命令書ヲ提示シテ「ホ」ノ意見ヲ撃退セルコトアリト云フ。（終リ）

6　大正7年4月3日〜11日　満鉄・檜崎猪太郎関係書簡・電報綴

1　4月3日　檜崎猪太郎書簡（改野耕三宛）

拝啓　黒竜江汽船貿易会社と西比利亜銀行の件

本件対米国側関係の真想に付予而各方面を経て問合はせ中の処、或は事実なりと謂ひ、或は無根の説なりと謂ひ、一として根底なきもの、みにて今日迄途方に暮れ居候処、偶々黒竜江汽船会社の大株主D.L. Jivotovsky 氏　来哈せられたるを幸ひに本日面会の結果、左に御報告申上候。

　本人所有株　　黒竜江汽船株　　八、六〇八株

　但し一〇〇留株にて此際金弐百円替なれは手放すとのこと。

　仝　　　西比利亜銀行株　一一、〇〇〇株

　但し二五〇留株にて此際露貨一、〇〇〇留替なれは手放すとのこと。

右何れにしても之れを外国人の手に渡すことは此際帝国の為めに不利益の至りに付、出来得るなれは其一方なりとも買入れたしと思考致候得共何分にも百留株弐百円即八百留替とありては余りに高価に過きたる感有之候間、兎に角百円位なれはと思ひ本人に切り出し候得共、到底動く景色無之、本人は更らに言を続けて、自分の持株は如何にしても二百円以下にては相談に応し難し。今爰に一案あり。夫れは自分の持株と外より集めたる株とを合はせ貴我にて一の「シンヂケート」を起すことにて、今自分の手にて外の株を集むるものとすれは所持人間には多くの知人もあり、一株に付金百七拾五円位なれは集め得る見込あり如何。

西比利亜銀行株は以前英国側の人より千留替にて譲受希望の旨申込を受けたることあり。本銀行

の処置に就て大に計画中のこともあり、今此処にて直ちに相談に応し難し。友人たる「チルコフ」氏は多少英国人に譲渡したるやに聞及へり。自分は明日の急行にて東京に到り資本家を訪問し、都合次第にて渡米致度考へなり。若も本件に付希望あらは向ふ一週間内に東京迄御通信あらは外への話は夫れ迄見合はせ置くへし、との事にて当地にては到底纏まるへき話に無之候間当方にても出来得る限り詮議を急き右期間に東京の御宿所迄御返事可申上、或は有力なる方面を介して御相談可申上哉も難計に付此議は特に御含み相成度旨申述へ相別れ申候。
要するに前記両社の側は利益本位の立場より採算すれは到底算盤に合ふへきもの無之候得共、之れを米、英其他の外国に占められたる場合に於ける所謂国家的投資の利権より推せは容易に見捨て難き買物と存候。本件に就ては寧ろ政府に於て考慮せらるへき問題と存候間、東京支社を経て其筋の内迄御聞合はせの上可否何れにしても先方に一応回答可致約束に相成居候間、乍御手数支社より左記本人の宿所に就て御面談相成候様御取計ひ願上候。
　東京築地セントラルホテル　にて　D.L. Jivotovsky
本件に付都督閣下には可然御内申の程願上候。
尚、当地にては個人の資格にて大連楢崎の名を以て面会致置候間、東京支社に於ても之れに「レファー」して御話も相成候様御願申上候。拝具
　大正七年四月三日　於哈爾賓　　楢崎猪太郎
改野理事殿

2 4月4日　楢崎猪太郎書簡（竜居頼三宛）

拝啓　黒竜江汽船貿易会社及西比利亜銀行の件

右利権に関し一大勢力を有する露人昨日の急行にて貴地築地セントラルホテル向け出立致候間当地にて会見したる当時の情報に意見を加へ、別紙写の通り本社に申送り置候間、何卒御一覧の上若し本社の通知暇取り候場合には貴方より御電照の上回答約束期日即本月十二、三日頃迄ニ御方針御取纏めの上、可否如何に拘らす一応当人に御面談相成候様御取計被成下度御願申上候。

当地汽船の買収は着々進行中に有之候。

前記露人の氏名及宿所は左之通りに御坐候。

D.L. Jivotovsky　Central　Hotel　Tsukiji

先は右迄得貴意度如此に御坐候。拝具

大正七年四月四日　於哈爾賓

楢崎猪太郎

東京支社　竜居理事殿

3 4月11日　竜居頼三電報（国沢新兵衛宛）

満鉄理事長　　竜居理事

大正七年四月十一日午後二時五十分発

楢崎氏ヨリ来信ノゼウトースキーノ件一応本人ニ面会シ児玉翰長ニモ諜リ見タルガ、金額モ大キク株買取リ丈ケニテハ見込ミ立タズ先ツ其儘ニシオク旨楢崎氏ヘモ御伝ヘ乞フ。

【註】「永田町官邸　児玉内閣書記官長　竜居頼三」と書かれた封筒に封入。

7　大正(7)年4月9日　三浦梧楼書簡＊

拝啓　老生も愈来十五日出発可致、首相へも最早面談之要件も無之と存候。高等学校問題に付県地之事情も篤と取調致候に付、老生帰京迄は兎に角文部省におゐて即決は暫時見合呉候様御注意被成置度企望いたし候。防府より運動委員体之者等も上京いたし居り存外面倒之事情も含居候故平穏に落着せしめ度、旁に付文部之即決は呉々も見合せ呉候様奉頼候。先は用事。匆々不敬

四月九日　観樹

秀雄様貴座下

〔註〕封筒表「永田町内閣総理大臣宿舎　伯爵児玉秀雄殿　親展」、封筒裏「四月九日　小石川　三浦梧楼」。

8　大正(7)年7月9日　河西建次書簡

花書被投洗手捧読仕候処、飯田之件に付種々御配慮被下候由難有御厚情奉感謝候。尚今後共無御見棄、御高情に沿申度奉懇願候。

先尊大人閣下御薨去之後早既に十三の御回忌とは更に不存居、如命歳月之流るゝ事誠に夢之如きとは驚居申候。只々御家門益御盛栄地下に於て御喜被遊候事は申す迄も無之〔ママ〕、必竟皆様之御力量には頼り可申候も、又先尊大人閣下積善之余慶今日に顕はれ候事と自信仕り居候。従て閣下の御

噂申上候節は人は須らく子孫の為めに余慶を貽すべしと談居申候。

乍末御老母様御始御奥様え宜布奉願上候。草々頓首再拝

七月九日　　建次

児玉伯閣下侍史

遠隔之地故参拝も意に任せす甚恐入候得共、別便些少之御料に由り御香花御供被下度候。

〔註〕封筒表「東京永田町官邸　伯爵児玉秀雄殿」、封筒裏「大連医院　河西建次　七月九日」。消印7・7・15

9　大正7年7月12日　持地六三郎書簡

謹啓　逐日向暑之候益御清穆被為渉奉敬賀候。首相閣下御健康御本復被為在為邦家恭悦至極に奉存候。尚又同令夫人御重患も逐日御快方に向はせられ御平癒被遊候趣、畢竟御遺憾あらせられさる御看護之御誠心神明に通し候御義と乍憚恐察奉祝上候。降而草廬一同頑健罷在候間、乍余事御休神被下度奉希上候。

陳は来る廿四日は故大観院殿には十三回忌辰に相当せられ、追悼奉告之無限御感懐不堪恐察候。蕪辞拝呈仕候。御叱留被下候は丶、本懐之至に奉存候。

小生爾来甚頑健幸に昨夏以来一日之欠勤無之執務相叶近来になき大出来に有之、逓信局に就官以来最早一年に相成、其間多少微力を尽し且事業の前途に付卑見も有之候に付、口述に代へて報告相認め総督閣下、政務総監閣下へ提出高閲に供し置候間、右写一本御手許迄拝呈仕候。右は閣下

当地年来之御関係有之候而已ならす小生之今日に至るまて一に御推輓を辱ふし居候為、進退挙止御報道中上度奉存候次第に有之、御繁劇中恐縮之至に奉存候得共、幸に御一瞥を賜はり且御序首相閣下に宜敷御報謝被下候はゝ光栄之至に奉存候。何分愚鈍之性形勢変化之周囲境遇に迎合適応之資質無之、前途不測も存候得共且最善之努力を尽し最後之奉公を致候而已に有之候。微志御洞察を賜はり度不堪悃願候。

乍筆末令夫人に宜敷敬意を奉表候。

先は暑中御見舞旁前件拝陳仕候。時下折角御愛護専一に奉祈上候。敬具

七月十二日　六三郎拝

児玉伯爵閣下

大星光落十三秋　銀漢茫々天際流　風雨西来又催暗　不看炳燿照東州
文勲武績且休言　髣髴音容今尚存　遺愛甘棠人不伐　炎南朔北緑陰繁

会

藤園児玉将軍十三回忌辰謹賦之以表追悼之微衷

戊午七月　持地六三郎拝書

〔註〕封筒表「東京市麹町区永田町　児玉伯爵閣下　親展」、封筒裏「朝鮮京城大和町官舎　持地六三郎」。消印7・7・12

10　大正7年7月13日　檜垣直右書簡

拝啓　甚暑之時節尊邸被為揃皆様益御清福に被為渉奉賀上候。為老懶不相済欠礼申上候。時局中内外格別御多忙拝察致候。先般は首相公令夫人御快気之御祝品頂戴恐縮致候。殆一年に近き間首相公御始め貴家並柴田家御始め日夜御看護御苦参〔ママ〕之程拝察之限に無之候。尚今後万一御再発等之廉不被為在候様十分なる御静養祈上候。首相公にも御宿痾にて時々御引籠被為在候様も相伺、時々柴田君とも只管為君国御健康に被為渉候様千祈万禱候次第往復致候。先以時下暑中御機嫌伺迄得貴意候。令閨様並に薬王寺御本邸御母堂様へ宜御伝言願上候。随分御愛重奉祈上候。家族一仝より宜加筆申出候。草々頓首

大正七年七月十三日　　檜垣直右

児玉伯閣下

11　大正(7)年7月13日　横沢次郎書簡

拝啓　宝書拝承仕候。御来示之故御家厳閣下紀念像寄贈者御氏名住処別紙之通りに御座候。此委員諸氏か出資して寄贈可被致事に相成居候。貴酬迄如此に御座候。早々

七月十三日　　横沢次郎拝

児玉伯爵閣下御侍史

〔註〕封筒表「麹町区永田町二ー一四　児玉秀雄様」、封筒裏「児玉大将記念像申込取扱所　台湾倶楽部事務所　東京市京橋区釆女町築地精養軒ホテル内　電話新橋　四六二　四六

三　四六四　横沢次郎」。別紙なし。消印7・7・13

12　大正(7)年7月14日　吉弘庚書簡

大暑之折柄玉堂皆々様には御障りも不被為在候哉謹而御見舞申上候。又近来は時局上之問題等にて日夜嘸々御用繁之御事と奉恐察候。当方以御蔭無事罷在居候間、乍他事御放慮被致度希上申候。扨兼而承り候御年忌之御儀は本月二十四日に御施行被遊候御事と存じ、小生も此度は是非参列之栄を蒙り度候に就ては何卒御許容之程御願申上候。尚ほ御多忙中恐縮に御坐候得共、御式典之御次第御定り之上委細御一報被致候様奉願上候。先は時候御伺旁如此に御坐候。恐惶頓首

七月十四日　　　庚

児玉伯爵閣下

尚々、乍恐御一同様へ呉々宜敷御鳳声被玉度愚妻よりも同様申述候。

〔註〕封筒表「東京麹町区永田町官邸　伯爵児玉秀雄閣下侍史」、封筒裏「名古屋市東区橦木町二ー九　吉弘庚」。消印7・7・14

13　大正(7)年7月17日　檜垣直右書簡

拝啓　尊邸被為揃益御清福に被為渉奉賀候。此度幸便に托し当年初沙魚少々佃煮にて懸御眼申上候。何卒変味不致候否御検査之上御試食被成下候はゝ幸栄に存候。時局炎熱併至之折柄、皆様格別御愛重被遊度為君国祈上候。暑中御伺まて得貴意候。匆々拝具

七月十七日

檜垣直右

児玉伯爵閣下

同令夫人

〔註〕封筒表「東京永田町官舎　児玉秀雄伯閣下侍史」、封筒表「千葉県安房北条　檜垣直右」。

14　大正(7)年7月19日　明石元二郎書簡

謹奉御健勝在京中御世話を拝謝致候。

出兵問題は既に第一関門を透過し、彼是の愚論は兎に角此後は既に第一階梯を超へたる事とて自然大勢に共鳴するに至るへき事と存候。

兼て御配慮之件熊本家族共皆々大に其成立を希望致居候。いづれ来月末には東京に移転之筈にて上京之上更らに御指示を仰く筈に候。何卒宜敷奉願上候。

今北斗を負ふて関門を去るに臨み万感謹而御健康を祝す。

七月十九日

元二郎

児玉伯爵賢台

〔註〕封筒表「東京麹町永田町内閣書記官長殿　伯爵児玉秀雄閣下　私信」、封筒裏「馬関信濃丸　明石元二郎　七月十九日」。消印7・7・19

15　大正（7）年7月19日　本郷房太郎書簡

粛啓　炎暑之砌益々御清勝奉恭祈候。先般来賞勲局総裁御兼勤に而、頃は時局多事之際内外別して御繁忙之御事と奉拝察候。小生菲才浅学之身を以て今般不図進級之栄を蒙り候段、故御尊父閣下御生前御眷顧に預りたる御余光之然らしむる所と感謝罷在候。兎鳥転流矢の如く最早来弐四日は御十三回忌辰と相成、追悼之情切に往事を回顧して転而今昔之感に不堪候。過般御紹介被下候吉田領事は精励罷在、去一月外務省と協約之通り民政事務官として張店以西を管轄何之故障も無之候間御休神被下度候。

伝聞に依れは、林公使には執拗にも今に坊子之民政署を撤し、張店周村を商埠地となす事と交換之企望有之候趣、張店周村之如きは林公使之御心配無之とも既に今日自然之商埠地と化し、尚昨秋赴任前御内約之如く乍不及山鉄沿線は勿論、済南其他にも我か勢力を穏健に普及せしむる事に施設経営罷在候付鉄道延長等之大問題と交換なれは兎も角是意当然なる我か主張に対し、今俄かに坊子民政署を撤するか如き事あらは我威信を損するのみにて何之益も無之候間、色眼鏡論者之説を御誤信無之様為念申上置候。過日有松君に御面会之節も一通りは御話仕置候間御承知被下度候。寺内毅雄君へ御伝言被下難有、同君は至極御壮健に而一通り当地を御見物、本朝鈴木大佐と共に済南、曲阜、泰山等へ御出立被成候。御観光上出来得る限り御便宜を与へ可申候間、御母堂様へも御安心被成候様御伝へ被下度候。余は御不沙汰に打過候付出船前取急き時下御伺ひ旁可得貴意如此に御座候。草々頓首

七月十九日　　　　　　　　房太郎拝

児玉秀雄君侍史

尚々、時分柄御惣容様御自愛専要奉祈候。乍筆末寺内首相閣下へも可然御伝声奉願候。

〔註〕封筒表「東京麴町区永田町官邸　伯爵児玉秀雄閣下　親展」、封筒裏「支那青島　本郷房太郎　□月十九日」。消印7・7・19

16　大正(7)年7月21日　藤瀬書簡

拝啓　時下三伏之候倍々御清勝之段奉慶賀候。陳は昨日は御鄭重なる藤園記念画帳並に御茶御贈与に預り奉深謝候。主人事昨今留守中に候得共、御法要の御当日には参拝相成る事と存候。何れ当主御拝眉の上御厚礼申述へられ候得共、右不取敢乍略儀紙面を以て御礼申述候。早々不具

七月廿一日　　藤瀬執事

児玉秀雄殿

〔註〕封筒表「東京市牛込区市谷薬王寺町　児玉秀雄殿」、封筒裏「東京市芝区白金今里町一二一　電話芝一五三八　藤瀬執事　大正七年七月廿一日」。消印7・7・21

17　大正7年7月22日　石黒忠悳書簡

来る二十四日大観院殿十三年忌御法要に付御心にかけさせられ記念帖御章御送被下難有御礼申上候。二十四日には墓参幷に青松寺へ参拝可仕候。尤同日は日本赤十字社へ午餐に瑞国公使已下相招き有之候間、於青松寺は御経半にて退席不得不致候間此段前以て御断申上置候也。

大正七年七月廿二日　　　　　　　　石黒忠悳

児玉伯爵殿侍史

〔註〕封筒表「市中牛込区市ケ谷薬王寺前町　児玉伯爵殿　侍史」、封筒裏「石黒忠悳　東京市牛込区揚場町十七番地」。消印7・7・22

18　大正7年7月22日　宇都宮太郎書簡

拝啓　紀念画帖難有拝受仕候。

先大人御他界より既に十有三星霜とは歳時匆々真に愕くの外無之、画帖の恩容を拝して恍として如夢転た懐旧の情に堪へさる次第に御坐候。

明後廿四日は当官舎に於ても粗酒を供へて遥に英霊を慰度心得に御坐候。

先は御礼まで。敬具

大正七年七月廿二日　於大坂　　　　宇都宮太郎

児玉伯爵閣下侍史

〔註〕封筒表「東京牛込区市ケ谷薬王寺町　伯爵児玉秀雄殿　親展」、封筒裏「大坂東区大手前町　宇都宮太郎」。消印7・7・24

19　大正(7)年7月22日　大庭二郎書簡

謹啓　炎暑之候益御清栄奉賀候。陳は来廿四日青松寺に於て故大将閣下十三回忌御法要御営被成

候に就き御報を辱ふし且記念画帖御恵与に与り御芳情奉深謝候。本日相届早速拝披御在世中之御厚恩を偲申候。追懐景慕之念難禁粗菓一箱鉄道便を以て御送申候間、到着之上は御仏前へ御供被下度奉禱候。先は為其此段得貴意候。敬具

七月廿二日　　大庭二郎

児玉秀雄様侍史

〔註〕封筒表「東京市牛込区市ケ谷薬王寺町　伯爵児玉秀雄様」、封筒裏「名古屋市　大庭二郎」。消印7・7・23

20　大正7年7月22日　渡辺与次郎書簡（児玉家執事宛）

謹啓　時下炎暑の候益々御清穆の段奉賀候。却説今回故児玉大将閣下十三回忌に当り別紙の駄句を認め候間御霊前に御供へ相成度伏て奉懇願候。頓首

追而、伯爵児玉秀雄閣下に宜敷く御伝声偏に願上候也。

大正七年七月二十二日　　渡辺与次郎

伯爵児玉家執事御中

故児玉大将閣下の十三回忌追悼句　　鴨城

虫干は故人の教へ覚えけり

〔註〕封筒表「東京麹町区永田町　伯爵児玉家　執事御中」、封筒裏「山梨県南巨摩郡増穂村百八十五番地　渡辺与次郎」。

21　大正（7）年7月23日　福田彦助書簡

謹啓　来る七月廿四日故大将閣下第十三回忌法要御営之由、就而は親しく参謁之上当事之〔ママ〕御鴻恩拝酬可致義本来に奉候得共、何分遠隔之上公務多端不得其意遺憾奉存候。茲に乍略儀以書中弔意を表し一芹之燈火を備へ報恩之誠意相舒候也。敬具

七月廿三日　　東誓橋　福田彦助

児玉秀雄殿下執事

〔註〕封筒表「東京市牛込区市ケ谷薬王寺町　伯爵児玉秀雄殿」、封筒裏「誓橋村六〇　福田彦助」。消印7・7・22

22　大正7年7月24日　今村電報（勝田主計宛）

大正七年七月廿四日午前六時　哈爾賓発電　午后七時十五分東京着電　秘

勝田へ今村ヨリ第三号

貴電第二号ノ件左ノ通リ

一、哈爾賓及浦塩斯徳ノ朝鮮銀行支店ニ支金庫ヲ設置スルヲ要ス。

二、右支金庫ヨリ野戦金櫃部ニ軍票及朝鮮銀行券ヲ交付ス。

三、右野戦金櫃部ハ大体金櫃部ニ必要ノ軍票及朝鮮銀行券ヲ交付シ事実上ノ支払ヲナサシム。

四、浦塩斯徳及哈爾賓ニ於ケル支払ニ付テハ朝鮮銀行券ノミヲ以テ足ルモノト認ム。

五、北満ニハ朝鮮銀行券西比利亜ニハ軍票又ハ朝鮮銀行券ヲ以テ出来得ル限リ支払ニ充ツル方針

ヲ取ルモ、第一線ノ如キ軍票又ハ朝鮮銀行券ノ受理ヲ拒ム地方ニ於テハ敵地ノ進軍ト異リ、留紙幣ノ使用ヲ免レサル場合ニ於ケル留紙幣使用ニ付テハ

(イ) 軍司令官ノ命令ヲ以テ充分ニ之ヲ制限ス。

(ロ) 金券使用ヲ普及セシムル方法トシテ金対留ニ於テ留不利益ノ換算率(或期間ヲ限リ時々高低変更スルコト)ヲ設ク。

(ハ) 尚留紙幣ヲ成ル可ク使用セシメサルカ為出来得ル限リ売買方法ヲ避ケ、徴発其ノ他ノ方法ニ依リ後日ニ金券ヲ以テ支払ハシム。

(ニ) 小額留紙幣甚タ払底ナルヲ以テ朝鮮銀行其他ヲシテ之ヲ買蒐メシメ置ク必要アルモノト認ム。

(ホ) 差当リ留ノ必要額ニ付テハ浦塩斯徳及哈爾賓ノ朝鮮銀行及横浜正金銀行支店ニ於テ約一千万留ノ融通ヲ為シ得ルモノト認ム。

六、軍票ノ交換資金ハ朝鮮銀行券ヲ以テ之ニ充テ、差当リ浦塩斯徳、哈爾賓ニ置キ軍ノ進出ニ伴ヒ斉々哈爾、満州里、「ハバロフスク」、「ブラゴエチンスク」、「チタ」ニ置クコト。朝鮮銀行券ノ兌換ニ付テハ日本銀行券ヲ以テシ金貨トノ引換ハ内地日本銀行ニ於テ之ヲ為ス。

七、右各地ニハ朝鮮銀行ノ出張所ヲ設ケ、金券ノ流通ヲ円滑ナラシムル為、直ニ預金為替等一部ノ銀行事務ヲ開始セシメ、金勘定ノ預金ニ付テハ特別有利ノ利子ヲ付セシメ、留其他ニ付テハ保管料ヲ徴シ保護預リヲ為スモ利付預金ヲ為サシメサルコト。手形ノ割引及為替ノ取組ニ付テモ又之ニ準ス。

八、朝鮮銀行券普及ノ目的ヲ以テ第五項列記ノ各地以外ニ適当ノ市街地ニ朝鮮銀行券交換ノ出張所ヲ設ク。

九、留ハ出兵ノ風説流布ト共ニ相場騰貴シ、昨日ノ如キハ四百二十迄ニ達シ、今後軍ノ出動迄ハ尚昂騰ヲ見ル可シト雖、軍ノ前進ニ伴ヒ日本貨物ノ進入金券ノ流布ト共ニ漸次相場ノ不安定ハ益々留ノ価値ヲ減殺セシムルヲ以テ、此際日本貨物ノ取引ハ勿論特産物其他ニ対シ金建ヲ慫慂シ、尚上記ノ如キ方針ニ出ルニ於テハ、北満及西比利亜ニ於ケル主ナル市場ヨリ留ヲ駆逐シ金券ヲ普及セシムルコト敢テ困難ナラサルモノト認ム。

〔註〕文頭に「西伯利亜方面の軍費支払方法　本案を以て適当と認む　児玉」とあり。また欄外に「軍票使用ニ関スル件」（朱記）、「調査の事」（青鉛筆）とあり。封筒表「西伯利亜方面の軍費支払の件」。

23　大正（7）年7月24日　関屋貞三郎書簡

謹啓　時下盛暑之砌益多祥奉賀候。陳は本日大観院殿十三回忌に付、持地君等と相談之上当官舎に於て曹洞宗高田老師を請し読経を願ひ心ばかりの法忌相営み申候。来会者別紙之通に御座候。松川軍司令官等も来会之筈なりしが種々差支有之候。回顧すれば御生前分外之御愛顧を蒙り更に奉酬之実なく碌々たる旧阿蒙慚汗不可禁候。高堂御一同様夫れ夫れ御成功被遊世人羨望して惜かさる所、畢竟老兄始め之御孝養により候ものにて御遺徳を発揮せられ候段、故将軍も御満足之事と存候。今や軍国多事英雄を憶ふの情最切なるものあり。追慕哀惜之念更に深からさるを得す候。

茲に十三回忌に当り敝忰之慚愧を表し併而高堂之万福を祈上候。何卒御母堂様、令夫人其他御一統に宜敷願上候。早々頓首

七月二十四日　関屋貞三郎

児玉老兄侍史

留守宅にては来月初旬出生有之候由。自然御無音勝と存候。不悪御諒恕是祈候。

〔註〕封筒表「東京永田町官舎　児玉秀雄様　親展」、封筒裏「参拝人名　持地六三郎　荻田悦造　久芳直介　工藤壮平　遠藤柳作　郡山知　山口喜一郎　賀田金三郎　七月二十四日　京城　関屋貞三郎」。消印7・7・25

24　大正(7)年7月24日　歩兵第二聯隊将校団書簡

拝啓　故大将閣下十三回忌御法要に当り藤園記念画帳御贈与預り御芳情感謝の至りに不堪候。閣下は明治十三年五月当聯隊長として御著任、爾来満五ケ年有余、此間或は教育に或は内務に聯隊の相受候偉大なる御事績と御誘掖とは実に以て聯隊の今日あるを致せし結果にして、其御高恩に団員の常に忘るゝ能はさる処に御座候。

今茲に好箇の記念画帖に接し団員の喜悦之に過ず、永く記念として保存可仕候。

先は右不敢取御礼申述度如斯御座候。敬具

七月二十四日　歩兵第二聯隊将校団

伯爵児玉秀雄殿

〔註〕封筒表「東京市牛込区市ケ谷薬王寺町　伯爵児玉秀雄殿」、封筒裏「歩兵第二聯隊将校団」。消印□・7・26

25　大正(7)年7月25日　野村恒造書簡

謹啓仕候。酷暑之砌に候処益々御多祥奉恭賀候。扨大観院殿様之御年忌本年は拾三回忌に御相当し、明二拾四日御法要を被為営候に付、御丁寧なる貴翰且つ御記念之画帳御名茶を御送賜被成遣御高志難有御厚礼奉申上候。早速御礼状御送呈可仕筈に候処無拠用事に候処御無礼仕度不悪御憫察願上候。誠に軽少之御験にて且つ失礼には候得共、万寿御備物御送呈仕候間、御仏前へ御供へ被成下度願上候。先は右延引御礼申上度旁々奉得貴意候。頓首

七月廿五日　　野村恒造

児玉秀雄殿

〔註〕封筒表「東京牛込区市ケ谷薬王寺町　児玉秀雄殿」、封筒裏「山口県徳山町　野村恒造七月廿六日出之」。消印7・7・26

26　大正(7)年(7)月(26)日　松岡秘書官書簡（寺内正毅宛）

今朝の「東京朝日」にも本「二六」夕刊の記事と同工異曲の記事あり、政府側高官より出てたるもの丶如く報せり。已に本日同趣旨の電報通信支那方面に発せられたり。今日猶然かる記事の顕はる丶は誠に人をして顰蹙せしめ候間、「二六」へは固より内閣側にも一言御注意被遊候ては如

何乎と存候。気付の儘申上候。

松岡秘書官

首相閣下

〔註〕松岡秘書官は外務秘書官松岡洋右と思われる。

〔添付1〕「二六新報」夕刊記事切り抜き　大正7年7月26日

二六評論「提議は即ち通告也」

米国政府に対する帝国政府の通牒が通告の形式に於て為されたる提議なることは今更言ふを要せざる所なれども、政会会及憲政会は形式論に拘泥せし提議なるが故に是非共米国の同意あるを要し、若し米国にして賛同の回答を与へざるに於ては自主的出兵は自然立消えの姿となり、現内閣は外政失敗の責を負ふて総辞職を余儀なくせざる可からざるもの丶如く思惟する者あり。然れども是れ外交の事態を解せざるもの、称して自主的出兵と言へる以上、其の行動は飽まで自主的ならざるべからず、文書の形式が提議なればとて其の性質に於て自主的なれば即ち通告同様にして必ずしも之が回答を要するものにあらず、従つて米国政府にして帝国政府の提議に賛同せずとするも帝国政府は将に憚る所なく為さんと欲する所を為さゞる可からず。否らずんば自主的出兵は無意義にして帝国政府の外政は米国政府の従属たるの奇観を呈せざる可らず。憲政会の総裁加藤子をして外交の衝に当らしめば或は斯の如き奇観を呈すべしと雖も、今の外相は幸にしてランシング氏の猟犬にあらず、米国の外政は米国の外政にして帝国の外政は又帝国の外政たるを知るもの、苟くも自主的出兵を必要とするに於て何の憚る所あらんや。其の通告の形式を採らずして提議の形式を採りたる所以のものは友邦に対する最高の敬意を払ひたるに過ぎず、斯の最高の敬意に対し我が友邦たる米国が如何なる態度に出づるやを知らずと雖も我が要意にして欠くる所なしとすれば、彼の払ふべき敬意は彼に任せざる可からず。斯の見地よりすれば米国政府の回答は必要にあらずして寧ろ不要と謂はざる可からず。況んや之を以て政府の責任を云為するが如き、事理と事態を弁へざるの甚だしきもの、対外交渉の責任なるものは斯る場合に生ずべきに非ず。吾徒の解釈は斯の如し。若し疑を執つて惑ふ者あらば即ち自主的出兵の五字を念ぜよ。

〔添付2〕「報知新聞」夕刊記事切り抜き　大正7年7月26日

「愈以て呆れる」

米国に発したる公文は、提議にあらずして依然通告なること研究の結果発見せられたりとは、此頃によりて政府筋の揚言する所なりと云ふ。是れ蓋し彼等が出兵に関して尚大言壮語しつゝある手品の種なるべく、彼等は此の如き牽強附会の説を以て大出兵可能を出兵論者に衒ひつゝあるに似たり。若し彼等の説く所を真実ならしめば、彼等は外交調査会に於て長評定したる際、果して何物を決定したるかを知らず、夢中に国家の大事を妄断したる事となる。愈以て呆れざるを得ず。然れども寺内伯如何に耄碌（佐藤中将の語を借る）せりとも未だ此の甚しきには至らざるべく、彼等が昨今唱ふる所は、例の如き虚言、一時を瞞するに過ぎざるべし。

27　大正(7)年8月2日　渋沢栄一書簡

炎暑之候益御清適御坐可被成奉賀候。過日は先大人御忌辰に付御遺稿御恵贈被下忝奉存候。爾来寸暇之際拝見致し往事を追懐して感慨不少万々御坐候。

偖乍失敬書中にては曾而大阪方面之富豪より理化学研究等へ之寄附金問題は住友、藤田、久原之三家を先以て決定為致度と種々苦心之処、頃日漸く住友、久原二家は決定仕候。就而は藤田家に於ても同様取極呉候様熱望罷在候に付何卒閣下より篤と御申通し相成、可成早く取込相成候様此上とも御高配被下度候。更に一事拝願之件は東京に於而毛利家之寄附金額は是非とも金三万円と相成候様御勧誘被下度候。島津家にても毛利家之御決定を見て同様申込候筈に御坐候。更に一事申上候は先日総理大臣に拝謁いたし飛行協会に対する寄附金之件に付、二、三友人之申出を具陳し御熟慮相願置候。右は御決定次第閣下を通して御内示被下候筈に相願置候。就而は大臣之御意志御決定に候はゝ御内示被下度候。小生は明日一寸伊香保へ罷越候に付今日にも罷出直接申上度とも相考候も、色々と取込居乍略儀書中奉得貴意候。匆々敬具

八月二日　　渋沢栄一

児玉伯爵閣下侍史

〔註〕封筒表「麹町区永田町二ノ一四　児玉秀雄様　親展　日本橋区兜町弐　渋沢栄一」、封筒裏「八月二日」。消印7・8・3

28　大正7年8月13日　寺内正毅書簡（波多野敬直宛）

今春以降米価騰貴して底止する所を知らす、多数国民は日常の活路に窮して漸く不安の色あり。政府は此の際潜心覃思米価の調節を図り人心を綏安するに努むへしと雖、焦眉の急を拯ふか為に別に救済の方策を講せさるへからす。聖上宵旰民の憂を以て憂とし給ひ慈恩常に深し。仰き願くは細民救助の大御心を以て御内帑金三百万円を下賜し必要なる各府県に頒ち給はは、挙国聖恩に感泣して人心茲に安定の緒に就くを得へく特別の御思召を以て右御沙汰相成候様御執奏方可然御取計相成度候。敬具

大正七年八月十三日　　内閣総理大臣

宮内大臣宛

〔別紙1〕　内帑金御下賜に関する御沙汰

○内帑金御下賜

今春以降米価日々に昂騰して多数国民活路に窮し所存不穏の兆あること早くも九重雲深き大内に聞こえ、畏くも我皇上には御軫憂一方ならす、閣僚侍臣より具に民間疾苦の状況を聞こし召され、今回特に御内帑金三百万円を下し賜ひ、緩急に応し各府県に頒ちて救済の資に充つへき様御沙汰あらせ給ふ。

〔別紙2〕　米価騰貴に対する政府の施設

○米価騰貴に対する政府の施設

諸物価の公定価格の設定は多少考慮を要すへきに付、此の際政府は外国米の廉売を一層普及するに勉むると同時に国内の貯蔵米に対し強制買収の方法を定め、米穀供給の途を滑かにする為め先以て国庫より壱千万円以内の金額を支出せむとす。

〔別紙3〕　米価暴騰についての当局者談

当局者談

本年に於ける米価の暴騰に就ては時局の影響、米穀市場の取引関係、地方蔵穀者の売惜み其の他種々の原因あるへしと雖、国内に於ける在穀未た全く匱乏を訴へさるにも拘らす凶歳以上の変調を来したるは実に希有の現象と謂ふへく、之をしも自然に放任せは前途信に寒心すへきものあらむとす。聖上深く之を御軫念あらせられ特に御内帑金を下賜して救済の資に充てさせ給ふ。聖恩の渥き恐懼の至に任へす。政府は此の大御心を拝戴して倍々、現下の窮状を救済するの緊急なるを認め差当り国庫金壱千万円以内を支出して国内貯蔵の米穀を買収し、以て廉売の方法を取り尚必要に応し強制買収の方法に拠る事に決定せり。之を実行するに方り所在の米穀貯蔵者は進んて政府の買収に応し其の目的を達成せしめさるへからす。而して政府は一方に於て右の救済方法を実行すると同時に、一層外国米の廉売普及を図り更に進んては諸物価の公定価格を設定することあるへしと雖、斯の如き時艱を救済するには独り政府の応急施設に止まらす余財ある都邑有力者は国家の為各自義侠心を奮起して、人心の安定に努力し以て政府の施設を翼助せられむことを望む。

〔註〕封筒表「米価騰貴下賜の件」。

29　大正(7)年(8)月　米暴動に対し戒厳令施行に関する意見書

各地の暴動に対し治安維持の必要上戒厳令を施行するは或は已むを得さるへしと雖、元来今回の暴動の主因は米価の暴騰乃ち経済上の原因に依るものにして未た政治的意味を加味するに至らす。故に陛下は御内帑金を下賜せられ恤救の資に充てられ政府も亦応急の救済手段として強制買収の方法を執らむとす。今之を「ポーツマウス」条約の際に於ける焼打事件か国際的政治問題に基因することに対比せは、仮令暴動の実況は大同小異なりとするも之に対する政府の措置自ら相違なくんはあらす。仮令は新聞紙の如き一面に於て営業政策上暴動の有様を誇大に報道する傾きありと雖、一面に於ては新聞紙亦政府と同一の所見を以て米価低落を希望して已まさることは事実の証明する所なり。之れ其の性質か国民一般に係はる糧食問題にして一党一派の政治的問題にあらされはなり。然るに今俄に戒厳令を施行し言論に拘束を加ふるか如き態度に出つるに於ては、彼等は直に之を政治問題に利用し事態は反て険悪となるの虞なしとせす。又戒厳令を実施するにあらされは地方の治安を維持し能はさるか如き不安の状態を来したりとせは其の責任は内閣之を責はさるへからす。殊に農相、内相は直接責任者とし其の責に任すへきは「ポーツマウス」事件の際内相辞任の例に依るも避くへからさるものと考へらる。果して然らは米価に関する暴民の一挙は遂に内閣の動揺を来すの結果となり政治上容易ならさる悪例を醸すを憂ふるものなり。故に出来得へくんは戒厳令の施行は之を暫く見合せ大体の形勢を看て其の已むを得さるに及んて決行することを適当なりと考ふ。

〔註〕封筒表「極秘　児玉」。

30　大正(7)年9月3日　金子堅太郎書簡（寺内正毅宛）

拝啓　残暑如焼御坐候処益御清栄奉大賀候。陳は昨今新聞紙之伝ふる所に依れは内閣に於ては国民生活品調節会を御設定相成候由、果して然らは誠に為国家慶賀之至に不堪候。御承知之通り枢密院に於て小生が演説せしも独り余一個之意見にては無之、殆んと全院之意見に有之候。而して其会員之選任之如何に依りては折角之御計画も水泡に属し時局を救済する事能はす、就而は其人選は何卒旧来政府に於て為し来りたる方法（即ち貴衆両院議員所属之政党政派に対し按分比例に依らす、国民之信頼するに足るへき経験識見ある人物を御選定相成度、且其人員之如きも十名以内に而十分と被存候。此事件に就而は先年大隈内閣にて今回之戦争を開きたる時、小生等同志之者集合して決議し経済調査会設定之儀を大隈総理に建議し、其人員は十名以内となし、政党政派之按分比例に依らさる様懇々具申候得共、議院操縦之目的を以て終に旧来之弊習に従ひ其人選を誤りたる為に、彼調査会は何事をも為し能はす、世間之物笑と相成候事故、今回は何卒〳〵閣下之御英断を以て国家有数之人物を網羅して調節之大方針を御設定相成候様致度熱望に不堪候。現に米国が今日之如く大兵を欧羅巴に派遣せしめて国民之窮迫を訴へさるは全く諸調節会之人選其宜しきを得たるに有之候。彼の造船運輸監理会之長官に有名なる「シユワーブ」氏を選任し、又食糧品監理委員会之長官に「フーバー」氏を任命せしか如きに起因せり。米国は戦時之委員会は全く其方針にて国家有数之人物を政党之如何に不係任命して政府と協議提携して一致之行働を採りたり。又英国之如きも其方法と同一に有之候。依て今度は政党政派之按分比例論に依らさる御選任を希望致し、其儀に付而は先般同志之惣代として大隈首相に面会せし清浦子爵に就き御聞取被下度奉願候。同子爵は当時之事情御熟知之事に有之候。此等之事は小生之進言を要せす御決定とは存し候へとも、枢密院に於ては其辺迄論及するの暇無之、為に不取敢以書中愚見内申仕候。匆々頓首

九月三日　　　　堅太郎

寺内総理大臣殿閣下

〔註〕封筒表「東京市麹町区永田町　内閣総理大臣官舎　寺内総理大臣殿閣下　急必親展」、封筒裏「相州葉山村　金子堅太郎」。消印7・9・3

31　大正(7)年9月10日　山県伊三郎書簡

拝啓　愈御多詳奉大賀候。陳は御繁務中かゝる事柄に関し貴意を煩し候は甚不本意に候得共、小生の旧友渡辺廉吉より別紙の通り依頼義候。友誼上止むなく尊台迄申出候次第に付、不悪御諒察の上事の成否に拘はらす一応首相の御耳へも相達し候様御取計の程相願度候。実は首相へ直接とも相考候得共政務御多端の折柄如何にも不遠慮の様被存差扣申候。尚別紙御覧の上は何卒御棄却被下度是亦御願申上候。

当地別に相変り候事無之、米騒きは内地の影響を受け一時喧擾を極め候得共、米の廉売等にて昨今は平穏に復し申候。先は右御依頼迄、乍憚首相へ宜敷御致声之程希上候。草々不一

九月十日　　伊三郎

児玉尊台

〔別紙〕大正(7)年8月5日　渡辺廉吉書簡（山県伊三郎宛）

残暑難堪時季に御座候得共、尊台益御清健可被遊御起居奉敬賀候。扨誠に唐突之至に御座候得共、閣下特別之厚情と御援助を仰度事件出来候に付不顧不敬左に懇願仕候。

新紙之報する処に依れは、近々貴族院勅選議員七名之補欠可相成由に御座候処、従来各代内閣に於ける勅選議員之任命は兎角一方に偏し一部之人士に限らるゝ傾向有之候得共先般寺内伯之御選定は国家之全般に渉り各方面に通して人物を網羅し行れ候事、誠に天下之一大美事にて窃に敬服罷在候。就而は今度之御人選も前回同様広く各般之人物に渉り候事と存候に付、此際閣下特別之思召を以て寺内伯へ老生を御推挙被下候はゝ、生之如き無力無生之者にも恩命之波及せんこと有るへきを確信して、爰に勇を鼓して閣下に御援助を願出候義に御座候。御懇知之通り生既に数十年間も在官罷在候得共、何等功績之記すへき事無之、唯僅に大過なく何等譴責処罰等を受くる事無之に不過候。明治十六年以来内閣に法制局に於て憲法、法律及行政制度之制定に参与し多少為国家貢献した事なきに非す。又其後地方官及現職に及ひ常に国家之忠僕として誠心誠意職責を尽し居り候得共、前陳之如く国家に対し何等功労を記すへき事皆無に候は誠に汗面之至に御座候。

元来彼情之義自分より申出候事最も心苦敷次第に御座候得共、従来恩顧を蒙りし先輩伊藤公、井上子又は黒田伯等は故人となられ、今や誰に向て訴ふへき人も無之候処、至幸にも尊台等は数十年間御懇命を辱ふせし縁故あり、又閣下は寺内伯とは特別之御間柄なるを以て不敬を不顧敢て懇願仕候次第に御座候。

何卒事情御洞察被下願意御採用被下度伏而奉祈願候。

右は事情を卒直に申上候までにして文意不尽或は措辞不当之廉可有之候得共、何分事情御賢察被下不敬之罪御宥恕被下候はゝ生之大幸不過之候。草々頓首

八月五日　　渡辺廉吉

山県賢台閣下

〔註〕封筒表「東京麹町区永田町官舎　伯爵児玉秀雄閣下　親展」、封筒裏「京城　山県伊三郎」。消印7・9・10

32　大正(7)年9月17日　西原亀三書簡（寺内正毅宛）

拝呈　国家のため日夜切々たる御高慮感銘に不堪候。偖て賠償金を還附せられ支那の産業を開発し、帝国の最も切要とする棉花羊毛の産額を増進し、地質の調査により無限の鉱産を開拓し、以て帝国工業の発達資料となし日支を一団とせる生活必需品の自給自足を実顕せられんとする根本国策の進行に対し、後藤外相の異議に依て其進行を阻止せられ、現内閣の生命たる日支親主義〔ママ〕を有名無実たらしめらるゝに至らんとする状況を拝承し、邦家の前途に顧み深く遺憾とする処に御

座候。然るに本問題は単に後藤男一己の問題に無之、実に国家の生存と五千万同胞生活の安危の岐るゝ処に有之、既に九大臣は其議を同うせられ更に五千万同胞は渇仰して迎ふる処に御座候。若夫れ賠償金還附問題にして現内閣に依り解決せられずとせば、支那当局は日支親善の根本に鑑み失望落胆し、或は北洋派に大分裂を生するの因たるも知るべからず候。従て現内閣により施設せられたる諸関係諸事業の実行に支障を惹起する而已ならず、製鉄問題は勿論日本軍人を教官として編成せられんとする新軍隊の組織も山東鉄道延長問題も従て共潰れと相成候も難計と存候。要は総ての問題は寺内伯とゆう一己の人格を尊重し、其主唱せらるゝ日支親善主義に共鳴同化し安心して諸問題を接衝せるものに有之、今哉現内閣か退譲せられんとする時に於て本問題を解決せられずとせば支那当局は茲に其将来に対し疑心暗鬼を生し、遂に閣下に共鳴同化せる段祺瑞、曹汝霖一派の頼むべき柱石を失ひ、其結果如何なる事態を発生するも難計き現況と存候。前述の如く日支両国の関係に由々敷結果を発生する恐有之候而已ならず、帝国も亦国民生活の安固を求むる綱を失ふ実情に御座候間、希くは後藤男一人のために日支両国の前途を再ひ暗黒ならしむるが如き事態に帰着不申候様、邦家のため御決断切に祈願仕候。敬具

九月十七日　　西原亀三

寺内首相閣下

〔註〕封筒表「寺内首相閣下　急親展」、封筒裏「西原亀三　花押」。

33　大正(7)年9月17日　山田春三書簡（寺内正毅宛）

拝啓　不相易御栄施に被為渉奉大祝候。却説日支親善之実を挙、彼我両国之利益増進せんとする協約事件、即実に賠款還付、綿花栽培、緬羊繁殖、実業教育、製鉄所設置等、陸宗輿、西原等関係之情勢より推想するに於は一件破約と相成れは勢他も随而破るゝ結果を来し、我国民之世論上将来至大之関係と軍器之独立、否眼前に相迫り居る軍器之補充はいつれ之国に因り之を得る乎。実国家興廃に関するとは即此事柄ならんと相考られ候。然るを頃日路上之風評に因れは閣員はいつれも閣下之御先見之明を謝し之を賛成するにも不関、後藤外相独り異議を唱ふる旨相伝へ、実に愛国之士をして扼腕之慨を起さしむるに至れり。勿論途上之風説に有之候間、真否は不相分候へ共、世上有識之士は外相之常に野心満々たる性質、桂公死後之挙動否心低〔ママ〕よりするも内閣と命数を終始共にすへき人物に而無之に付、閣下内閣之成立当時より寺内内閣衰功するもの否発後之を倒之性質野心を逐ふとするものは同人なりと評せられ居る所より推想するも皆途上の風評は所謂天之を言はしむるものならん乎と相考られ、甚老婆心を起し余り有之候。勿論閣下外交調査会、教育調査会等他の閣員之反対するにも不関、御決行相成たる御勇気よりするも此国家之大事件、殊に閣員両派相分るゝ時は之を裁断決行する物理之重要なる位地を占めらるゝ閣下之御立場に候へは、世上識者之憂慨するか如き、野心家一人の反対の為めに之を抛るゝ哉は毛頭無之事と老生は相信居候へ共、余り有識者等心配激き故、予而之御懇情に甘へ、世上之評する儘を御参考迄に達尊聴する次第に候。不悪御海容の程奉拝祈候。

九月旬七　　春百拝

寺内伯爵閣下

乱筆高許御覧後御火中を仰く。

〔註〕封筒表「寺内伯爵閣下　乞御内覧」、封筒裏「山田春三　特使を以て呈す」。

34　大正(7)年9月20日　神田純一書簡

拝啓　秋冷漸相催候処愈御清栄大慶に奉存上候。御送付の金券正に拝受仕候間、御安神被下度候。時節柄色々御繁忙の御事と察上候。当地に於ても色々と取沙汰有之、結局内閣の更迭と共に総督、政務総監の更迭と可相成など申居、喜憂様々の有様に有之候。近頃軽薄なる属吏の根性慨嘆の至りに候。

最も両閣下とも此際は辞意は不免と存居候得共、其時機等に就而は篤と御考慮致居らるゝ御模様に有之候。

実は総督閣下は近頃世間に於て軍閥又は藩閥などと喧しく申居候に付ては、現内閣と共に進退を決せらるゝ事聊か私心を以て公事に進退するの譏を不免との御考も有之、寧内閣の更迭に先じて辞職相成度御希望にて、既に辞表提出の手筈に迄致居られ候処、御再考の結果此事却て内閣更迭の裏書とも相成、現閣に対する世評の動揺を招くの虞あらむとて一時差控へられたる様の次第に候。右の次第に候得ば此際内閣の更迭と同時に進退を決せらるゝ事は御遠慮可相成大演習も近々に候得ば、其際山県公、寺内伯等に御相談の上、身上の御処置を定めらるゝ事と存せられ候。総督も既に二年に渉る御在勤にて政務にも習熟せられ、官民の評判も概して宜敷方に候得は、引続き御留任相成候はゝ、切角寺内伯多年の御経営になる遺策を完成せらるゝ上に於て甚便宜なるのみならず、時局に際して民心の動揺を防ぐの利ありとも存居候得共、後継内閣の如何に依りては閣下晩年の名誉を保全する為、寧ろ此の時に於て辞職せらるゝを利とせずやとも存居候。何れにするも大演習御上京の機辺は御在職の事は確実なる御意向の様に察せられ候。御含置被下度候。其内御自愛専一に奉存候。草々

九月二十日　　純一

児玉閣下侍史

〔註〕封筒表「東京市麹町区永田町官舎　児玉伯爵閣下　親展」、封筒裏「京城　総督府　神田純一」。消印7・9・23

35　大正7年9月22日　石井菊次郎電報（後藤新平宛）

後藤外務大臣宛　　石井大使　〈秘〉

華府発　　本省着　　大正七年九月廿二日前九、一〇、

第五一九号

貴電第三七七号ニ関シ、内閣総理大臣ニ左ノ通

小官米国赴任前貴族院議員辞任ニ関シ閣下ヨリ何等御内話アリタルコトヲ記憶セス。却テ外務大臣ヨリ送別宴会後小官ニ貴族院議員ヲ辞任シテハ如何ト云ハレタルニ対シ、小官ハ辞任ノ意ナキ旨ヲ明言シ、且先例ノ話モアリタルニ付同席ノ両院議員ニ問合セタルニ、徳川公ハ確カ先例アリ

ト記憶スルモ取調ノ上回答スヘシト云ハレ、（脱）子爵ノ例アリ貴族院規定上毫モ差支ナシト聞カサレタルヲ記憶ス。其ハ兎モ角閣下ニ於テ現使臣ト貴族院議員ト兼ネシムヘ可ラストノ御趣意ナレハ、小官ハ閣下ノ御趣意ニ反シ現職ニ留マルヲ欲セサルカ故ニ、帰朝仰付ケラル、様御取計相成タシ。

36　大正7年9月　帝国国防方針に関する寺内正毅覆奏案

参謀総長及海軍軍令部長より奏請したる国防に関する要件は元帥府に御諮詢の上御親裁あらせられ之か実施を臣正毅に命下し給ふ。恐懼已む莫し。謹て聖旨を奉し各閣僚と慎重審議を重ね財政を按排して之か施設に努め以て国防の須急に応せむことを期す。臣正毅恐惶恐懼謹て覆奏し上る。

大正七年九月　　　　　　　　内閣総理大臣　伯爵　寺内正毅

〔別紙1〕　初稿

臣正毅恐懼頓首謹て覆奏し上る。日前陛下内山侍従武官長をして臣正毅に国防方針補修の内見を允許し給ふの聖旨を伝へらる。光栄曷そ極りあらむ。伏して惟るに輓近世界の戦争は国民一致の力に待たさるは無く、従て国防の方針も亦之に基かさるを得す。今日を以て将来を忖度するに国民一致の団結力は愈々緊要なるを認めすむはあらす。恭しく国防方針補修を拝読するに、陛下宵旰国防を軫念し給ひ鋭意其の完備を企図し給ふ。聖慮深遠想察し奉るに余りあり。抑も軍事上に関する最高顧問としては既に元帥府のあるあり。陛下先つ之を元帥会議に諮りて聖断し給ひ、而して後内閣総理大臣は其の御沙汰を拝受し、各閣僚と審議して之か実行に努め、其の財源を討究して帝国議会の協賛を求め、国民一致宏謨を翼賛し奉るを以て憲政の順序となし、一概に之を高閣に秘すへきにあらす。臣正毅乏を内閣の首班に承けて茲に内見の光栄を荷ひ、尊厳を冒瀆して区々の卑見を具陳す。臣正毅恐懼已む莫し昧死再拝謹て覆奏し奉る。

〔別紙2〕 児玉修正案

日前内山侍従武官長をして臣正毅に国防方針補修の内見を允許し給ふの聖旨を伝へらる。伏して惟るに輓近世界の戦争は国民一致の力に待たさるは無く、従て国防の方針も亦之に基かさるを得す。恭しく国防方針補修を拝読するに陛下宵肝国防を軫念し給ひ鋭意其の完備を企図し給ふ。聖慮深遠想察し奉るに余りあり。抑も軍事上に関する最高顧問としては既に元帥府のあるあり、陛下先つ之を元帥会議に諮詢し、然る後聖断を下させ給ひ、後内閣総理大臣は其の御沙汰を拝受して実行に努むるを順序とす。而して之か実行に際しては各閣僚と反覆審議し、財政に照して按排其の宜しきを制し帝国議会の協賛を経て国民一致宏謨を翼賛し奉らさるへからす。臣正毅乏を内閣の首班に承けて茲に内見の光栄を荷ひ尊厳を冒瀆して区々の卑見を具陳す。臣正毅恐懼已む莫し昧死再拝謹て覆奏し奉る。

〔註〕封筒表「上奏案控　六月二十四日」。別紙2には多くの加筆・挿入・削除あり。

37　大正7年　加藤友三郎進退伺に関する寺内正毅上奏文

軍艦河内爆沈事件に関し海軍大臣加藤友三郎より別紙の通責を引て進退伺を提出せしに依り、茲に卑見を添へて聖断を仰き奉る。同官は大正四年八月任に海軍大臣の重職に就き爾来三年夙夜蹇々として匪躬の節を竭くし皇謨を翼賛して綱紀の振粛に努め軍備の充実を図り未た曾て懈ることなし。不幸在任中曩には筑波の不祥事あり、今復た河内爆沈の惨事を生し恐懼措く所を知らす。其の源因に就ては直に査問に付し目下審究中に在り此事たる固より当該大臣の責任に属すへしと雖、今回の事件に就ては聖明特に恩を加へ寛仮して将来を戒飭するに止め進退伺に対しては却下の御沙汰を賜はり度。

右謹て奏す。

大正七年　月　日

内閣総理大臣　伯爵　寺内正毅

〔別紙〕別案

海軍大臣加藤友三郎より別紙の通、進退伺提出の処同官は大正三年四月任に海軍大臣の重職に就きたる以来茲に四年余、日夜綱紀の振粛に努め軍備の充実を計り一意奉公の誠を効し居る者に有之、河内爆沈の原因に付ては目下審究中に属し未た其の真を知るを得すと雖、同官の其の責を負ふて任を辞すへきなるならさるは固より、推測に難らさるを以て爾後を戒飾〔ママ〕して進退伺却下の御沙汰を賜はり度。

大正8年

1　大正（8）年2月20日　寺内正毅書簡＊

拝啓　益御清祥之義と奉賀候。陳撰挙も無事に相済候由御安心之義と存申候。小生も都合良好に向ひ候得共、何分疲労甚しく且心臓の方も充分折合に不至専心療養罷在申候間、御安意被下度候。昨夜高橋翰長より来る二十二日外交調査会を開くにつき出席すへき旨申来候。此前にも一回申来り都合二回に及候処、到底昨今の自分容体にては出京は難出来候間、其旨を以て相断置申候得共、彼等之方面にては何か事情も無之哉との係念も無之乎と聊心頭に掛候間、乍御面倒御序之節原首相か高橋かに御面会之上、昨今之病況御談之上当分専心療養致度、より他意無之旨御談置被下度、可相成は当分出京之事中止置呉候様御相談置被下度考御坐候。

其他昨日黒田来磯、依頼致置候件有之候間、御序に御聞合被下度候。

右得貴意申候。草々拝具

二月廿日　　正毅

秀雄殿

御老人方に宜敷御致声被下度候。福嶋大将、大山、野津夫人等之死去は真可驚事に御坐候。

〔註〕封筒表「東京市牛込区市ヶ谷薬王寺前町　伯爵児玉秀雄殿　無事親展」、封筒裏「従大磯　寺内正毅」。

2　大正(8)年3月1日　寺内正毅書簡＊

両回之御書翰披見拝承仕候。中村中将之貴族院採用の件は都合能き時に於て提出之事に致度、其中相認置可申候。大磯拙宅へ電話架設之件御配慮多謝。其他要件一、二件関谷中佐へ依嘱致置候間御聞取被下度候。

将又寿一嫁之事其後詮穿方如何相成候や。先日一戸大将立寄られ候に付概要相談致置候。同氏之意見にても至極好事と申居候間猶都合次第お澤より同氏に聞繕呉候はゝ仕合に存申候。

一昨日は木戸後室幷に常雄細君来訪に預り申候。

皆々健在に御坐候。草々拝具

三月一日　　正毅

秀雄殿

〔註〕封筒表「児玉秀雄殿　内事親展」、封筒裏「寺内正毅」。

3　大正8年　朝鮮統治関係書簡・書類綴

1　4月30日　書簡

謹啓　益々御清栄奉大賀候。御面会の上親しく意見申上度存候へ共御多用中反て御迷惑と存し書中を以て申述候。内聞する処によれば長谷川総督は今回の事変に関し進退伺を提出相成候段、右は理に於て至当の義とは存候へ共、今日の場合に於て万一之か勅許せらる、か如き事有之に於ては朝鮮人は夫れこそ大勝利万歳を高唱すへく、朝鮮統治上由々敷大事と考へられ候。速に進退伺を却下し全力を傾注して善後策を講せしむることに相成度切望に堪申さす候。敢て愚見を呈し候。御処理済になる様に御座候へ共、朝鮮の前述を憂、取急き一書奉呈仕候。此難局に臨み一日なりとも総督の地位の安固を欠くか如きは国家の不幸之れより甚しきは無之（以下中断）

四月廿日

〔註〕児玉秀雄書簡控と思われる。

2 朝鮮統治の方針相談の際提出の意見書　大正8年5月10日

大正八年五月十日陸相官邸に於て田中陸相、明石大将、立花中将、山梨次官、管《〔ママ〕》野少将、児玉少佐列席、朝鮮統治の方針相談の際提出の意見書

一、大正九年を期し施政上新計画を立つることの必要なること。

右は今回の騒擾に関係なく植民地に対する世界の大勢は、朝鮮の文化の発達、財政の発展に伴ひ、当然其の必要を認むるを以てなり。

二、大正十六年（七年後）に於て朝鮮に特別地方自治制を施行することとし、成るへく早き時期に於て其主旨を宣明すること。

其準備として来年度より地方行政並に財政上の施設に付、適当なる方針を立つること。

朝鮮人の地位の向上を図り、漸次同化平等の根本方針の徹底を期すること。

三、帝国議会に代表者を選出することは絶対に避くることを要す。朝鮮の地方的施設並に其財政に付関与すへき地方特別議会の開設を以て主義とすること。

四、統治方針は併合の本義に基き、同化を以て根本方針とす。従て将来に於ては、内地と其政治を一にするを理想とすへしと雖も、当分の内尚ほ特別施政区域となし、文武統一の組織を可とすること。

五、台湾に於ては大体前記方針に準拠すること。関東州は別に考慮を加ふるの必要あること。

〔註〕児玉秀雄作成意見書控と思われる。

3 朝鮮施政方針改善の件

朝鮮施政方針改善の件

朝鮮併合後十年、各般の施設予期の如く進捗し本年を以て財政の独立を見るに至れり。是れ蓋し併合后に於ける第一期計画終を告け、特に第二期の新計画に入らんとするの時にして、大正九年度は実に朝鮮統治上最も重要なる時機なりとす。

顧れは過去十年間財政経済の状況頗ふる良好に殖産興業大に振興し、人民の文化亦た其面目を一新せり。乍併、何れも之れ建設創造の時代に属し、未た容易に完成の域に達せす。従て将来一層の進歩発達を期せむと欲せは、各般の施設に一大改善を加へ、上下均しく奮励努力して之に貢献せさるへからす。

況や近時世界の大勢は一大変調を来たし、「ヒリッピン」は独立の地位を得んとし、英領自治植民地も亦た独立して大英帝国の聯邦たらんとするの形勢を馴致するに至れり。我帝国の朝鮮及台湾に対する施政に就ても、変更を加ふるの要あるは自然の勢なりとす。要するに朝鮮に対する施政の大綱は併合後の進歩に伴ひ、且つ世界の大勢に応し、之に必要なる改善を加ふるは勢の然らしむる所にして、今回の事変の有無に係らさる処なりとす。

朝鮮統治の方針

一、朝鮮は帝国の延長なりと看做し、漸次一体をなすを目的とし、同化を以て統治の根本方針とす。

二、乍併、現在の文化の程度に於ては、当分の内特殊の地域として特別の施政を布くより外に途なく、財政及経済上に於ては原則として自給自足を主義とし、一面内地と聯絡を一層密接ならしむる方針を執り、政治上に於ても亦た朝鮮に於ける自治を本旨とし、漸次其発達を促すを要す。

三、朝鮮人と内地人との地位待遇を平等ならしむるを主旨とし、両者の親和融合を一層力を用ゆるを要す。

以上は併合以来夙に帝国政府の執り来たる方針にして、将来に渉り不変の条規なりとす。唯た時勢の進運と朝鮮の発達とに鑑み、自ら其運用を鞏め以て朝鮮の繁栄並に住民の幸福を増進し、併合の目的を達成せむとするに外ならす。

以上の大方針に基き朝鮮の施政にして第二期計画として改善すへき要綱大略次の如し。

一、財政上の改善

財政の計画を分て、国費及地方費の二とす。地方費に重を置き、地方費事業を拡張し、国費中地方費に移し得るものは収支共之を地方費に組入れ、収入不足の地方に対しては国費を以て之を補助すること。地方費収入は成るへく直接税を以て之に充て国費は間接税及公債収入を以て之を支弁す。現に経常収入を以て支弁する事業費にして公債支弁に移し得るものは或る程度迄公債支弁とすること。

国費は帝国議会に地方費は地方議会に提出すること。

関税は朝鮮産業保護の為め、特に課する必要あるもの、外は、移出入税は之を全廃すること。輸出入税率は適当に之を引上け整理すること。

煙草及塩は専売とすること。

二、政治上の改善

朝鮮各道に自治制を布くの目的を以て準備期を五年とし、其趣旨を事変の鎮静を待ち適当の機会に於て宣言すること。各道に地方議会を設け、地方費に関する事項を審議せしむること。議員被選挙資格は一定の納税額の外、内地語の素養あることを要件とすること。

府及面に対しても適当の程度に於て自治を認むること。

中枢院は重要なる施政に関する諮問機関とし大に之を活用すること。

帝国議会に議員を選出することは之を認さること。

官吏の待遇を改め内鮮人同一取扱とすること。

警察制度を改善し治安維持を確保すること。

[4] 6月27日　児玉秀雄書簡（宛先不明）

朝鮮総督府官制の問題に付ては種々の噂あるも、内閣は官制を改正することに決定し、文武官併用の主義を採用し、総督の天皇直隷を改め総理大臣の監督の下に置き、文官の場合には出兵を命するの権限を与へ、武官の場合には委任の範囲内に於て陸海軍を統率するの権限を与ふることに改正することに閣議決定、不日枢密院に附議せらるゝことと察せらる。原と山県公との間に充分の諒解あるものと察せらるるに付、仮令多少の波乱あるも結局枢密院も通過するものと考ふ。後任は斎藤海軍大将を充つることも略内定せるか如し。目下の状況より察するに、総督府官制の改正は迅速に行はるものと想像せらる。右様の形勢に付閣下上京の遅速は大に御考を要する点なるへく、且つ閣下の上京に関り陸相は朝鮮の事情を上奏するに止め騒擾事件と切り放ち、一応帰任の上官制改正に由り処決せらるゝを順序と考へ居らるゝか如し。之れか是非に付ても亦御考慮を要す事と存す。以上は閣下の進退に付重大なる関係ありと思考し御参考迄に御内報申上くる次第に付、何卒秘密に願たし。尚ほ御不審の点あらば御電報願たし。

右は総督の進退上に重大なる関係ありと考へ特に参考のため総督へ打電したる処なるが、尚ほ、閣下に於かせられても参考となるへしと考へ御内報申上くる次第に付何卒秘密に願上たし。

六月廿七日

〔註〕末尾に児玉の字で「総督政務総監」との書き込みあり。当時の朝鮮総督府政務総監は

山県伊三郎。

5　(7)月3日　森宗重書簡

口演

先日宇佐美より政務総監へ辞職勧告の電報に対し遠藤より辞職にあらす進退伺なりとの通電に接したるを以て、当方よりは更に今日の時機悠々たる進退伺の場合に無之、一日も早く断然辞職願総督御手元迄御差出有之可然旨打電致置候（居残の□月未た覚醒せさるが如し）。総督には正式に来四日出発、京都一泊、七日午後八時半着京の通報有之候。尚総督よりは先日の電報に対し児玉伯へ御厚情之程深謝の旨宜敷伝言有之候様申来候。右は先日の電報之意旨を了し断然の処決に躊躇無之候事と存候。左なくては何とか申来候筈と被存候。匆々敬具

三日　　宗重

児玉伯座下

〔註〕封筒表「賞勲局　児玉総裁閣下　必親展」、封筒裏「東京市芝区桜田本郷町十七番地　朝鮮総督府出張員事務所　森宗重」。

6　児玉秀雄書簡（宛先不明）

謹啓　謹而朝鮮総督の件に付一書奉呈仕候。朝鮮の歴史と現状に鑑み文武の権力を統轄する総督をして統治の任に当たらしむるの必要なることは、併合の当時も又今日と雖も毫も異なる処を視

ず。然るに窃に聞く処に依れば、文武併用の制を執らんとするの内議ある由、其の理由とする処は政友会□来の主張する処なること及び貫徹せむとする政治上の理由と今回掻擾事件に関する世評とに基因するもの〔ママ〕如し。

凡そ官制度は統治の実際に適応し之を改廃するは素より之を妨げすと雖も、苟も併合の際朝鮮統治の根本方針として特に詔書を以て文武統一の制度を敷くことを宣伝せられ、之に基き制定せられたる現行の制度を変更せむとするに際しては、必ずや之を断行する積極的の理由あるを要す。然るに徒に政治家の空論と浅薄なる世評に縛はれて之を改正せむとするは不肖の賛同し得さる処なり。仮令制度を改むるとも、朝鮮の現状は尚ほ武官を要すへきに付、後任総督は更に武官を以て充つるとの説の如きは、実に先帝陛下の詔書を無視し徒に世俗をまんちやくせむとする処置にして、小生の同意を能さる処に有之候。万一憲兵制度を改め警察制度となさんとするの希望あれば、全然総督問題と離して別に之を処理する事容易なりとす。要之現在に於ては現行制度を改正するの要なしと認むる次第に御坐候。

【註】1～3は賞勲局用箋に書かれ、「朝鮮　極秘」と書かれた封筒に封入。以上の全体が、「朝鮮」と書かれた封筒に封入。

大正9年

1　大正(9)年2月10日　工藤壮平書簡

拝啓　沍寒の時下愈御情康被為入大慶奉賀候。今日は故元帥閣下の百ケ日に相当仕り辺境の茅屋裡に香を焼て遥拝仕、唯々当年の恩遇を回顧し暗涙禁ぜざるもの有之候。殊に当地方の如き民心日々悪化し今日にては官吏教員は勿論一般賤民迄独立を翹望し、遠からず其の成るべきを予想致居有様にて、先般も申上候通り大圧力に拠るに非ざれば救拯し得ざる事は容易見得べき処かと存候。而も時間を置くを許さゞる状勢かと存候。対岸の鼠賊不遇の隙を覗ひ居候事は周知の事実にして、只兵力に依りて防止致居候事に御坐候。此間に於ける小生の忡々微慮御察被下度候。議会の論題として今日迄多少注意に上りたるものあるべしといへども、十日後に於て聞見するの当地にありて真相は因より穿ち難き次第有之候。然し治鮮大方針の変更せられ故元帥閣下の御遺図幾分にても復活するの見込あるにあらざれば何の楽ありて営々刀筆を事と致すべき。此衷情又々御憐察願入候。先月末日の官報今日到着候によれば小生亦勲五等の昇叙恩典に浴し居、一に御推挙に依る儀万々御礼申述候。故閣下御忌辰に拝見致候事とて万感胸に逼るを覚え候。又是併合当初の余恩に有之候。右御礼旁如此御坐候。尚時下御自重為邦家奉祈上候。敬具

二月十日夜　　　　　　　　　　　　　　　　　　壮平頓首

児玉伯爵閣下

尚々、寺内御奥様には其後愈御快方に被為入候御儀と奉慶賀候。又筆末恐入候へとも御令閨様へ可然御致声奉希候。再拝

〔註〕封筒表「東京牛込区薬王寺町　児玉伯爵閣下」、封筒裏「朝鮮鏡城　工藤壮平　二月十一日」。消印9・2・11

2　大正(9)年2月13日　相原直八郎書簡（横沢次郎宛）

拝啓仕候。先日は参社誠に失礼致候。偖て其節御伺申候玄機庵御移転地の件、帰宅後二日を経て予定地の略図取添へ三十堀会社へ向け御回答申上、尚ほ御見分の日取等迄前以て御通知相願置候処、此度御手紙にて御督促相受け信書の行衛に付意外に存候。

就ては早速更に御回答可申上の処、紀元節祭典準備等にて取込み不図延引申訳無之候。

別紙見取図の通り㈠、㈡、㈢の三ケ所御案内申上度、其内㈠は兼て申上置候井水の良しき場所柄に被存候処にて、田畑合計四百三十五坪、一坪に付売価弐拾弐円、㈡は貸地にて現在は畑地凡そ三百坪、一坪に付借受料一ケ月四銭五厘位、但し最初多少処置は要すべくと存候。㈢は最早別荘地として地拵へ完了相成居、持主目下他行中事故、売価一寸相分り兼、勿論㈠号地より高価には相違無之候。

兎に角至急定見の上御撰定相願候様致度其上篤と交渉可仕候。右不取敢概要申上候に付御見分御

出張の日取り折返し御一報被下度待上候。敬具

二月十三日　　　　　　　　　　　　　　　　　　相原社掌

横沢様

乍末筆児玉神社御通路に当る買収すべき地所、併に家屋に関する件は大島君より御復命有之候事は存候。右御意見拝聴の上交渉に取り掛り申度儀に存居候付、是亦御伺ひ申上候。尚々、社務所設計の内へは禊斎用湯風呂設け必要に候に付御注意の程願上候。

〔註〕封筒表「東京市外平塚村下蛇窪三九一　横沢次郎様」、封筒裏「二月十三日　神奈川県江ノ島　相原直八郎」。内封筒表「玄機庵略図」、内封筒裏「東京市京橋区築地精養軒ホテル台湾倶楽部内　児玉神社造営事務所　電話　新橋四六二　四六三」。「玄機庵略図」は省略。消印9・2・13

3　大正(9)年4月2日　松浦貞固書簡（林文太郎宛）

度々之電報幷に華墨拝読、益々御清穆奉慶賀候。逐鹿所も何分郡内之事情頓と不明にて大に困り候処、一昨夜樋山村長態々来訪詳細之状勢を知る事を得一先安心致候。要は本々之予選大会如何に有之、政友之諒意を求むる為め林川博士を介し渡辺、河北等え交渉を試み候に、案外鼻息荒く已に室津連之彼之加納とか申新学士「何処の馬骨なるか」不明なるものを担き出したる哉之事をほのめかし、一時は少々当惑候も樋山之詳報を得大に意を強く致候。尤も渡辺、河北へは前便にも申上候通り名門に生したる高士、殊に郡内に名望を治め且つ政友会に対しても好意を以て迎へ

つゝある良候補を無視して敵対を試みんとするは、政友会の為めに大に取らざる所のみならず、他日却て害を招くものと被想、寧ろ此際大人らしく大に中立を助け他日之飛躍を求むるは頗る得策ならんと被存候旨、縷々林川を説き、林川も賛成尽力致し呉候結果、漸く二日即ち今日之結果を見たる上の事と迄□□候。実は政友之やり方憤慨に堪ず、渡辺何者ぞ、河北何者か、我熊毛に対し蹂躙を試みつるよ、何れの時か返報すべしと一時切歯を致候様之次第に御坐候。今日之大会果して如何、時宜に依りては岩田君と両兄の帰県を要することゝも可相成、少しも由断は不相成候。昨電第一ミドロノグンシ云々之字意味不明にても、兎も角軍資極りたりとの事にて大に安心致候。是は樋山君宛早速御送呈必要と存候。二〇なれは十分と申居候。現金御引出し緊急と存候。御由断なき様申も疎に候。大島も近藤本気なり。窪田富一も助勢すべく、殊に林郡長あり両郡とも万々気遣は無之、豎子果して何をなさん哉にて活目罷在候。第二電報林川博士中立にて当地より立候補之事は先月中旬本人より直接相談を受候事有之、無論其魂たん最中にても茲に一つ之難儀有之には、前回山根候補之節例之得富太郎なるものと林川直接之口約あり（此度は山根に譲り呉よ、次回は応援すべし云々）、而も右得富は早く名乗り揚げ又相当の児分もあり、弥次馬連多く之が処置は大に考慮を要すべく候。有力なる連中頻りに心配中に有之、最後は必ず手に入り可申も今日之処頗る大切之時機に候。素より推立之積りに御坐候。

我郡之事二朗氏より岩田兄へ政友本部へ諒解を求むる様交渉方相頼候半と存候。是は矢張り必要と存候間御由断なく御懸引可被下候。前便申上候通り防府と立野之間なれとも、県と東京の間にも勝り中々不便、御賢察可被下候。先は風気にて臥床中相認め御推読可被下候。草々頓首

四月二日午後　　　　　　　　　　　　　　　　　　貞拝

□□兄侍史

〔註〕封筒表「東京市京橋区木挽町三丁目佐倉屋旅館　林文太郎殿　至急必親展」、封筒裏「山口県防府　松浦貞固」。消印9・4・2

4　大正(9)年4月3日　松本剛吉書簡

粛呈致候。閣下愈御清穆被為渉奉恭賀候。爾来御左右可相伺処御無沙汰罷在候儀、只管御海容可被下候。陳は小川郷太郎氏、岡山市に於而候補に立候処、同氏より別紙申越之通り市の有力者大戸復三郎氏の援助を得度候に就而は是非とも閣下より大戸氏、小川氏の為め努力すへき様御申遣被成下度、小生より幾重にも奉願上候。何れ拝謁万縷可仕候得共、取急候儘以書中右御願申上度如此御坐候。恐惶謹言

四月三日　　　　　　　　　　　　　　　　　剛吉

児玉伯爵閣下侍史

〔註〕封筒表「牛込薬王寺町　児玉伯爵閣下　御親展」、封筒裏「芝宇田川町十一　松本剛吉」。消印□・4・□

〔別紙〕　**大正(9)年3月31日　小川郷太郎書簡（松本剛吉宛）**

拝啓　益々御清穆奉賀候。陳は小生岡山市に立候補いたすに就ては当市の実業家より応援を得度

大戸復三郎氏（岡山市下田町二）を動かすの必要有之候。然る処同氏は児玉秀雄伯に能く識られ居候由に付き、甚た恐入候へとも尊台より児玉伯に御交渉之上同伯より右大戸氏に小生の応援をなすべきやう推薦方御取計被下度偏に奉願候。尚当市に尊台の知人有之候はゝ可然御推薦下され度奉願候。児玉伯には小生よりも一書差出置候へとも賞勲局宛に致し候間、着否明ならず尊台を煩はしたる次第に候。

右は御依頼迄如斯に御座候。敬具

三月三十一日　　小川郷太郎

松本老台侍史

〔註〕封筒表「東京市芝区宇田川町十一　松本剛吉殿　至急親展」、封筒裏「岡山市西中山下三ノ十五　小川郷太郎」。消印9・4・2

5　大正(9)年4月7日　矢島専平書簡

拝啓　乍唐突昨電の通り先方よりの会見申込の結果、上原推撰ならは全然同意にて大岡も退却可致との事と相成り美事降参致し来申候。然所最近に到り上原老人頓と硬化致し来候。今日の状況にては先つ絶望の様にも相考られ頗心痛の至りに御坐候。

蓋し今一般の執着的努力を以て憲政の中三派聯盟所謂真之挙郡一致を以て最後の勧説を試み必成を期し可申候。先右は報知迄如此に御坐候。草々

四月七日　　専平

児玉伯爵閣下謹言

〔註〕封筒表「牛込区薬王寺町　児玉秀雄様　御直披」、封筒裏「周防下松町　矢島専平」。消印9・4・8

6　大正（9）年4月7日　尾越悌輔書簡

謹啓　心気一転彼之大岡氏は豊浦より本郡よりは上原乙治氏中立（普挙反対）出馬と昨夕より今朝にかけ仮決致候。右御参考迄奉得貴意候。匆々

四月七日　　悌輔

児玉伯閣下

〔註〕封筒表「東京市牛込市ケ谷薬王寺前町　児玉秀雄殿　急親展」、封筒裏「徳山　尾越悌輔」。

7　大正（9）年4月10日　難波作之進書簡

謹啓　春暖之候に御座候処閣下益御清福被遊候段奉敬賀候。扨而今回総選挙に付吾山口県第八区候補者とし而、作之進推薦之栄を蒙り候に付多大之御同情を賜り種々御高慮被仰付候趣き頃日林文二郎より親敷拝承、御厚意之程洵に以て難有感佩之極に有之、謹而奉拝謝仕候。甚だ恐入候へ共将来万事御指導被仰付候様偏に奉懇願候。付ては早々上京親敷御挨拶可申上之処当節非常に匆忙を極め居り候間、不取敢書中御礼申上度如此に御座候。失礼之段は幾重にも不悪御海容被仰付

候様奉願上候。恐々粛白

四月十日

作之進

児玉伯爵閣下執事

〔同封1〕 大正(9)年(4)月 差出人不明電報

小嶋ハ佐波六カシ、吉敷ハ立タヌ、発表ヲ待テ居タ、藤田ハアフグンハ具合宜シキ由、明日スサ辺ニ行ク、都濃郡ハ昨日有志大会開タ、恐ク上原ニ決スルナラン、佐波ハ阪上ナラン

〔同封2〕 大正(9)年4月11日 差出人不明電報

電見タ、先輩ノ得富ハ大岡ニ依リ退隠ヲ勧告スルコトニ相談出来タ、□□ハ大岡ハ阪上ノ為メニ便宜ト心得同意シタルコト、察セラル○依テ得富退隠ニ決セバ其機ニ乗シ林川ヲ立タシムルコトニ計画セラレタシ○万一林川立タザレバ、其ノ善後策ハ長野、乙部、林川ト相談、○決定ノ上電報セラレタシ

四月十一日

〔註〕封筒表「東京市牛込区薬王寺 伯爵児玉秀雄殿執事御中」、封筒裏「山口県熊毛郡周防村 難波作之進」。同封2には暗号電報原稿あり。

8　大正(9)年4月11日　中村芳治書簡

拝啓　昨日は失礼仕候。其節御内意之件は早速田中陸相を訪ひ、太郎を中止せしむべき手段に付懇談相試み候処、東京に於て援助を与へ居候もの相分らず或は政友会にてはあらざるなきやと思はれ、若し大岡等の手にて彼れを立たしめたりとすれは自分より中止のことを申遣すも妙なものなり、自然政友会の内部をして疑惑を生せしめ候ては反て結果の上に害ありて益なし、児玉伯に依頼しては如何やとの事もこれ候得共、伯は近来太郎との関係甚た薄く随て此場合伯をして中止勧告は面白からざるべしと相答候。田中陸相も種々考慮の末政友会が阪上又は尾中等を自派として立たしむるか、若くは阪上が政友会派を自称して立候補を名乗り居れば一両日中には大岡と会見すべきに依り、政友会派に於て太郎に援助を与へ居れるや否を尋ね太郎は到底勝算なかるべきに依り中止せしめ置候間、阪上又は尾中等を立たしめたる方利益なるべしとの話を試み可申さすれば大岡は屹度事実を表白すべしとの事に付、林川は太郎さへ中止せしむれば再起すべし。阪上又は尾中如きは林川奮起の上は顧慮するに足らざるを以て右大岡と陸相と会見の結果を俟つことに致置候。或は時機去るべき掛念これなきにしもあらざれ共今は此地にては他に施すべき手段なきを以て致方無御坐候。右不取敢御報申上置候。匆々不悉

四月十一日朝　　芳拝

児玉伯爵閣下

〔註〕封筒表「牛込区市ケ谷薬王寺町三〇　伯爵児玉秀雄閣下　大急必親を請ふ」、封筒裏「芝区高輪南町二七　中村芳治」。

9　大正(9)年4月11日　中村芳治書簡

拝啓　今朝電話にて御下問に拝答申上け尚ほ愚翰も郵呈仕置候所、只今兄部及松浦より電報到来披見するに太郎は常に陸軍大臣の後援ありと申居候趣、尚ほ山根正次をして種々諫説其他の手段を講せしめたるも太郎は頑として応せず最早此地にては買収の見込なし。果して陸軍大臣が太郎に後援相成居候義なれば懇請して太郎が思ひ止まり候様陸軍大臣より御打電方を尽力致呉れよと申参り候。一昨日閣下が邪推なりとして御内話のことが今更胸に当り申候。昨日小生へ大臣が内話せられたることも全く喰はせられたるにはあらざるなきやとの感も相生し候。芳治はそれとなしに政友会が太郎を利用したるものにあらざることは判明せしものと認むるも意なきが如し。左すれは他に悪影響を及ほし候掛念なかるべきに付、太郎へ電命して今回は思ひ止まり候様御取計を請ひたしと陸軍大臣へ愚翰差出置候。何卒閣下よりも陸軍大臣へ電話にて可然に付同様の御申入を願上度若し、それが出来ねば万事休すと諦むるの外無御坐候。千秋の恨事と存候。匆々不悉

四月十一日午後三時　　　　芳治

児玉伯爵閣下

〔註〕封筒表「牛込区薬王寺町三〇　伯爵児玉秀雄殿　大急請必親展」、封筒裏「芝区高輪南町二七　中村芳治　四月十一日午後三時」。消印9・4・11

10　大正(9)年(4)月11日　飯田精一書簡

前略　陳は小生以来東奔西走為其欠礼に打過申候処、一昨日渡辺祐策氏と小郡石田旅館に会合し、

政友会派より無理に我が玖珂郡より候補を立つることを見合せ呉れと頼込候。結果稍々諒解を得、同氏より大岡氏宛電報にて玖珂郡の立候補問題は立否共自分にまかせ呉れとの電報を発せられたる故、其返電も今明中に来る事と存じ候。都合によれば政友会は立候補を見合はせる事かと存候。然らは無競争かと存候得共、乱を好むの徒多くして無競争にしてはつまらぬとて対立候補の運動も御座候。実にこまつた次第に御坐候。何れ書外更に御通知可申も先不取敢一寸御含まで。早々

十一日　　精

児玉伯閣下侍史

〔註〕封筒表「東京牛込薬王寺町　児玉秀雄殿　御直」、封筒裏「岩国町　飯田精一」。消印□・4・11

11　大正(9)年(4)月(11)日　矢島専平書簡

拝復　五月〔ママ〕六日附芳書正に拝誦仕り有難奉存候。先日上原老父並親族のものに会見仕り候処、前後の状況より推断するに或到底困難には無之やと相考られ候節も相見へ頗痛心之至りに御坐候。蓋し目下全郡下の有志の推奨を収め居候に依り以之最後の大勧説を試み左右相定可申積りに御坐候。万一愈絶望と相成り候節は如何致して可然や当憾之極にして第二案と可致人物無之、三流、四流之所と相成候ては勿ち郡輩蜂起遂に収拾すへからさる混乱状態相成り、将来郡平和の為め誠に困り候ものに御坐候。郡内在住者にして御心当り有之候はは御指命〔ママ〕被成下度、宇賀君ならは兎に角無競争にて推挙出来候事と信し候に付、毛利家との都合如何に御坐候やらむも、右は万一の

場合之用意にして今一応上原に向て突進可仕候。先貴翰の通り貴地先輩各位よりも必勝的極めて猛烈なる御説示切に奉希上候。
田島広吉事兎角丸山一派と常に行動致し稍もすれは反対の位置に相立候やの懸念有之候に付ては、乍御厄介早速御呼寄の上小生等と行動可致様御説示相願度、尤も彼れには相当之御用意を要し候事は已に御承知之通りに御坐候。先右要々迄如此に御坐候。草々

専平拝

児玉伯爵閣下

〔註〕封筒表「東京牛込区薬王寺町　児玉秀雄殿　親展」、封筒裏「山口県下松町　矢島専平」。消印9・4・11

12　大正9年4月12日　伯爵会幹事書簡

天皇陛下葉山より還幸の時機御延引相成居候儀に付、三月末元老等及華族会館長へ宮内大臣より別紙覚書の趣旨を申達せられ候に付、為念御通知申上候。尤も唯御摂生の為め御駐輦被遊候儀に付、此際特に天機奉伺等に参向致候様の事は却て不宜候との旨華族会館長より特に注意有之候間、右御承知相成度候也。

大正九年四月十二日

伯爵会幹事

追て、隠居嫡子孫の方へ本件の旨御通知被下度候也。

〔別紙〕　還幸延引に関する覚書

陛下御践祚以来常に内外多事に渉らせられ、殊に大礼前後は各種の典式等日夜相連り、尋て大戦の参加となり、終始宸襟を労せさせ玉ふこと尠からす。御心神に幾分か御疲労の御模様あらせられ、且一両年前より御尿中に時時糖分を見ること之あり。昨秋以来時時座骨神経痛を発せらる。之か為本春葉山御避寒中は政務を攣はさるる外は専ら玉体の御安養を旨とせられ、毎日御邸内を御散歩あらせられ、又稀には自動車にて近傍の御遊幸を遊はさるる等御慰安を主とし御摂生を勉めさせられ、平年ならは最早還幸被仰出時期なれとも、侍医の意見に因り本年は今暫く御静養の為御駐輦相成ることならむ。

伯爵会幹事

〔註〕封筒裏「東京市麹町区内山下町華族会館内」。

13　大正9年4月12日　山根正次電報

〔受信人〕ヤクオウシマチ　三〇　テシマジュ　　〔発信人〕ヤマネ

〔発局〕ボウフ局　八時　分　　〔着局〕□□　9・4・12　セ□□時□□分

シモセキニユキ（ニマヱ）ニカイス、ヨクカンガエテヲクトノコト、メウニチユウシカイヲヒライテキメル（フイスセヨロ）ヨリ一二二タツ

14　大正9年4月13日　山根正次電報

〔受信人〕ヤクオウジマチ　三〇　ヲシマジュ　〔発信人〕ヤマネ

〔発局〕ボウフ局　セ十時二五分　〔着局〕□□　9・4・13　ゴ〇時五〇分

コンユウハギニユク

15　大正9年4月13日　ナシマ電報

〔受信人〕ウシゴメク　ヤクオウジマチ　コダマヒデオ　〔発信人〕ナシマ

〔発局〕クダマツ局　セ九時三十分　〔着局〕□□　9・4・13　二三時五分

一〇ヒフミタシマノノケンミアワセロソチタゴクヒネガフ

16　大正9年4月17日　松家徳二電報

〔受信人〕ナガタテウ　コダマヒデオ

〔発局〕タカマツ局　セ〇時四十分　〔着局〕葵町　9・4・17　セ二時七分

ヒツシヨミコミツイタ二〇スクデンフタノムマツカトクジ

17　大正(9)年9月28日　工藤十三雄書簡

拝啓仕候。過日は拝堂色々御取扱に相成奉鳴謝候。偖其節御下命の新聞関係御誓約書、以前御手許に差上置候文案により、別紙の如く相認め候間、御倹閲の上御納め被下度く万一不備の点有之候得は改訂可致候間御下命被下度候。

次に御願申上置候岩庭生去る土曜日御役所に参り横田書記官に御面会申上候処、何れ総裁に御上申の上採否決定可致との事に有之候由、何卒御差支なき限り御採用被下度奉願上候。先つは要件のみに御座候。余は拝光の折可申上候。敬具

九月廿八日　　十三雄拝

児玉老台侍史

〔別紙1〕　工藤十三雄誓約書（児玉秀雄宛）　大正9年9月28日

誓約書

拙者儀、日刊新聞陸奥日報を譲受け之が経営をなすに際し右費用の内へ金壱万伍阡円也を御出金被下候処、今般拙者の都合により御承諾を得て其組織を変更し株式組織に改め、更に日刊新聞弘前新聞組合の権利を買収致し候に就ては、爾今拙者が陸奥日報社に対し有する持株竝ひに弘前新聞社組合に対し有する持分の各弐分の一は貴殿の権利に属するものとして拙者に於て保管致し居るものに付、貴殿の御承諾を得す勝手に之か処分をなし間敷〔ママ〕、仍て為後日誓約書一札差入れ置き候也。

大正九年九月廿八日　　工藤十三雄

児玉秀雄殿

〔別紙2〕　桜田清芳念証（工藤十三雄宛）　大正9年9月17日

弘前新聞関係の分

念証（写）

今般拙者に於て工藤道生が弘前新聞組合に対して有する権利並に仝人所有に係る弘前市大字一番町七番地宅地九拾七坪五合、仝九番地宅地九拾五坪弐合八勺、仝上七番、九番宅地上に建てる木造亜鉛葺弐階家壱棟（此建坪五拾弐坪壱合弐勺外弐階参拾壱坪）及附属建物木造亜鉛葺土蔵造平屋壱棟（此建坪六坪）を金壱万参千円也を以て譲受けたるは、貴殿が弘前新聞社を買収の希望に拠り拙者其意を受けて履行せるものなれば貴殿が該土地建物に附属せる債務を引受けの節は何時と雖拙者か弘前新聞社に対して有する権利並に前記地所建物全部を相違なく御引渡可申、仍て為後日念書一札如件。

大正九年九月十七日　　桜田清芳印

工藤十三雄殿

〔註〕封筒表「牛込区薬王寺町　児玉秀雄殿　親展」、封筒裏「東京市本郷区駒込西片町十番地　工藤十三雄　電話小石川三二一七番　□月廿八日」。

大正10年

1　大正（10）年1月12日　宇賀厚蔵書簡

拝呈　先以御清栄奉賀候。新年之御祝詞不送呈誠失敬仕候。主人公の服忌に遠慮仕候為大に失敬仕候。評議を御下命相成候児玉神社の設計書別紙の調製に付御送付致候。又寄付金の儀三万円丈相募り候筈に有之候。其内一万五千円は徳山町内に、一万五千円は郡外に募集の儀に有之候。して又曩に御申上候神社の敷地は設計して見れは百坪にて少し狭々に付、前記の如く百五十坪に相成申候。御許可被下度候。

神社敷地内に設計の如く御同意ならは直に着手可仕候間、御返事は電報にて御申越可被下候。待居候。神社敷地外の御異見は後にて呈度に付御申越有之度候。先は為其。早々拝具

一月十二日　　宇賀厚蔵

児玉秀雄様

〔註〕封筒表「東京牛込区薬王寺町三〇　児玉秀雄様　親展」、封筒裏「山口県徳山　宇賀厚蔵」。同封の図面三通は省略。消印10・1・□

2　大正(10)年3月(　)日　秋田寅之介書簡

謹啓　高堂益々御清穆奉慶賀候。偖馬関毎日新聞義多年深甚なる御後援を蒙り以御庇于茲創刊満三十周年を迎へ社業愈々隆昌を加へ申候段、只管感謝之至に不堪候。就而は此機会に於て更に一層内容之充実、紙面之改良を企図し平素之御愛護に酬ひ度存念に御座候間、不相変御眷顧賜り度奉悃願候。尚今回発展記念号発刊に付従来之御礼を兼ね御挨拶旁不肖代理人相伺はせ申候間、何卒寸時御引見被成下、御心付之点御申聴け被下候はゝ仕合に奉存候。先は御礼旁御依頼申上候。

拝具

三月　日　　馬関毎日新聞社社長　秋田寅之介

児玉伯爵閣下

追白　御多用中甚だ恐縮に存候得共、閣下より藤田組主人藤田男へ弊紙後援方御口添を賜はゞ幸栄に存候。

〔註〕封筒表「東京市牛込区市ケ谷薬王寺町三十　児玉伯爵閣下　親展」、封筒裏「下関市秋田寅之介　三月　日」。同封名刺「馬関毎日新聞社東京支局　赤沢柳三郎　芝公園五号地二番　電話芝四五一〇番」。

大正12年

1　大正12年5月2日　田健治郎書簡

皇太子殿下台湾行啓の儀に関しては既に新聞紙に於て御承知の如く些の御障も無之、各地御巡啓を畢らせられ海陸無恙御還啓の報に接し、島民一般に慶賀に堪へさる所なり。殊に去二十六日御発軔前別紙の通優渥なる御沙汰書を賜ふ。洵に本島の光栄にして島民上下一般に感激措く能はさる所、是れ偏に先大人御在職当時の庶績亦た自から光輝を発したる次第なり。

茲に本島空前の盛事を完ふせしに付、遥に一書を呈し此の光栄を頒たんとす。本官の微衷を諒せらるる有らは幸甚なり。

大正十二年五月二日　　台湾総督　男爵　田健治郎

伯爵児玉秀雄殿

〔同封〕　田健治郎総督就任挨拶

皇上台湾に巡幸せむことを思はせらるるも未た果したまはす。今回予此に来りて誠意ある歓迎を受くるは満足する所なり。予親く斯地の多数官民に接見し、地方の状況を視察して行政、司法、教育、産業、交通、衛生等の成績竝国防の充実昭著なるは、既往官民の和衷協力に出つるもの多きを知り心深く之を喜ふ。将来益々相和協して共に文化の発達民生の安定を図り、遠邇均く康福を享け以て皇上仁愛の盛意に副はむことを望む。

〔註〕封筒表「東京牛込区市ケ谷薬王寺前町三〇　伯爵児玉秀雄殿」、封筒裏「台湾総督男爵田健治郎」。

2　大正12年9月26日　内閣書記官書簡

御用候条本日午後一時五十分赤阪離宮へ参内可有之候也。

大正十二年九月二十六日

内閣書記官

伯爵児玉秀雄殿

追て、服装は燕尾服印綬佩用の事。

〔註〕封筒表「伯爵児玉秀雄殿　特急」、封筒裏「内閣書記官」。

3　大正(12)年10月12日　本庄繁書簡

謹啓　閣下益々御健勝奉大賀候。陳は小子過日一寸任地へ参り数日にして上京を命せられ目下滞京中に有之候。過般其筋より苦情ありし由なるも、閣下の御英断に依り仏飛機全部着奉の由にて、当地にても多くのものは快哉を叫ひ居候処、奉天にては更に大恐悦の事と存候。

又去る八日附閣下の条理整然而も堂々たる電報にて大に当路も刺激せられ、愈々積出す事と相成り申候。此又感謝の至りに不堪候。

山海関の戦闘も最初の電報の如くには好境ならす、直軍尚ほ第一線を保持致居候様子、此攻撃か何となく過早なりしやに被想、爰に奉軍の中堅軍を傷めたるか如き感し致候。如何に哉。但し呉佩孚を引出し其間に馮玉祥を蹶起せしめんとならは此又一策と存候。

兎に角当地よりは真相不相分切に成効を祈居候次第に御坐候。

当地の空気は極小数を除き悉く東三省擁護論にて、閣臣も外務を除く外全部同意見に御座候。而して日一日積極論に傾き、極秘の内に品物交付の英断に決する機会も可有之と存居候。

小子等も此は多くも一ケ月以内、場合によりては半月以内ならさる可らすと勧説致居候。

軍部の権内にて出来ることは極力当事者に於ても努め申居候。

安広社長、田中大将等最も熱心に説明奔走致呉れられ居候。

不取敢御近況相伺旁如此に御座候。早々敬具

十月十二日　　　本庄繁

児玉長官閣下

〔註〕欄外に「勝敗の決は直派内部の攪乱の成否如何に存すと存申候」とあり。封筒表「満州関東州旅順　児玉伯爵閣下」、封筒裏「東京麹町区平河町繁星館　十月十二日　本庄繁」。

4　大正(12)年10月19日　松岡洋右書簡

拝啓　一昨日は失礼仕候。長途非常の際の御旅行殊に御令閨様、御令嬢御疲労の程奉察候。御休養奉祈候。

本日より愈々十三年度予算会議開始益々多忙を極め居候処、機を見計ひ午後三時二十分の列車にでも投乗一寸御伺申上度、其際は以電話予報可申上候。何れ其際当方面の事情申上げ、官庁外の側面観として御参考の一端に供し度存念の処、殖民地の人気等は百も御熟知の事にて釈迦に説法の用なしとは存候得共、兎も角満州の人柄は朝鮮などよりも一層甚だしき廉有之、小生もこの二年来余程人間観を変更致候様の次第、余程の御警戒を要し候。

尚、余計の事ながら都督府時代初代の渉外事務主管たり、又外事総長（外事部長の最初の官名）発案者たりし関係上一言申上候。其は外事部長専任を置かれ候儀は甚だ考へものにて、寧ろ絶対無用と申上度位に御坐候一事に有之候。右は伊集院、田中及高尾氏来任より復活せられ候特別の現象にして、右は再び奉天船津総領事をして兼任せしめらるべきものと存候。唯以前の如く奉天兼任が殆んど有名無実の弊は之を改むるの要有之、今少し船津も腰を入れ関東庁と密接に関係し、旅順にも屢々来庁して有実のものたらしむべきものと致思料候。尤も理論はさる事ながら動もすれば外務省官吏たる奉天駐在の総領事は、兼官を寧ろ厄介物に思ひ何等実を示さゞる嫌有之候処、これは人にも依り候事にて、船津の如きは断じて左様の事無之は小生の保証し得る所に御坐候。過般小生赴奉の際船津君と談話中偶々此一事に触れ候処、兼官しながら以前の如く疎遠なるの不可にして、又関東庁とか外務省とかと申候様なる狭量を排斥する点に於て同氏も全然同感の意を表し候。

船津は元来外務省支那留学生出身中の第一人者にして、小生も霞ケ関時代特に推挽し来りたる程にて、故寺内伯も同人の手腕を特に認められ一時罷官せむとしたる際の如き、小生に同人引留めの事を特に命せられたる事ある程の人物に御坐候。奉天等の関係に於て老台を衷心援助致候事毫も疑無之と信じ申候。

新聞紙上外事部長専任存廃の議散見致候儘、不取敢右卑見供御参考得貴意候。敬具

十月十九日夕　　洋右

児玉仁兄大人侍史

〔註〕封筒表「旅順関東長官々邸　児玉伯爵閣下　必親展」、封筒裏「大連市児玉町五（南満州鉄道株式会社）　松岡洋右　十月十九日」。

5　大正(12)年10月29日　佐藤安之助書簡

拝啓　今回は種々御配慮を蒙り奉謝候。対満問題につき御話申上候趣旨を大連出発前書きつゝあり、本日船津総領事を煩し外務大臣へ打電致候間、其写一部此封内にて差出し申候。何卒御読諒願入候。司令官の方へは貴志少将より送らしむる事に致候。先は御礼旁以上のみ。

尚、小生は一日出発京津方面へ向ひ可申候。折角御自愛是祈申候。草々頓首

十月廿九日　　佐藤安之助

児玉長官閣下侍史

〔同封〕　大正(12)年10月29日　佐藤安之助電報（伊集院彦吉宛）

電報案　　十月二十九日発電済

伊集院外務大臣宛　　佐藤安之助

最近直隷軍第一線ノ諸隊ハ着々奉天方面ヘ前進シ来リ、其一部隊ハ既ニ山海関外ニ進出シ他ノ諸部隊ハ朝陽ヨリ開魯ニ亘ル線ニ達スルニ至リシカ為メ、奉天側ニ於テハ非常ナル恐慌ヲ来シ、之ニ対スル戦備ヲ講シツツアル模様ナルカ、偶々小生ノ来遊ヲ機トシ張作霖及其他ノ大官ヨリ日本ハ此情況ニ対シ如何ナル意見ヲ有シ居ラルルヤ、若シ奉天側ニ対シ何等実力的援助ヲ与ヘ呉レサレハ、奉天側ハ覆滅トナルノ外ナシ、従来我等ノ聞カセラルル所ニ依レハ、日本政府ノ方針ハ奉天側ノ現状支持ニアリトノ事ナルカ、果シテ事実ナラハ此際必要ナル武器弾薬ヲ我等ニ与ヘ以テ其誠意ヲ示サレ度シトノ懇願的談話アリ。之ニ対シ小生ハ日本当局カ張総司令ニ対シ熱烈ナル同情ヲ有スル事ハ事実ナルモ、日本ヨリ武器弾薬ヲ供給スルハ絶対不可能ナリトシテ、其理由タル第一国際関係上不可能ナルコト、第二奉天側ヘ武器ヲ供給スルコトハ却テ戦機ヲ促進スルコトトナリ、真ニ張総司令ヲ助クル所以ニ非ストノ説有力ナルコトヲ説キ、張総司令トシテハ如何ニ直隷側ノ挑戦的態度顕ハレ来ルニセヨ巧ニ其鋭鋒ヲ避ケ、衝突ヲ慎ミ隠忍自重以テ東三省内部ノ結束ト実力ノ培養トニ専心努力セラレヨ、然ルトキハ天下ノ実権自ラ張総司令ノ手ニ帰シ、奉天側ハ戦ハスシテ勝者ノ地位ニ立ツヲ得ヘシ、現在ノ情況タル直隷軍隊ノ移動ハ或ハ奉天軍ノ演習ニ対スル警戒的処置ニハ非サルカ、若シ然ラストスルモ奉天ヲシテ直隷ノ政令ニ服セシムル為ノ威嚇手段ナラスヤトモ考ヘラル、孰レニシテモ直隷側カ大総統就任後、日尚浅キ今日真面目ナル攻勢運動ヲ開始スヘシトハ予ノ容易ニ信シ得サル所、万一此事アラハ日本トシテモ満州ノ治安維持上黙過スヘキコトニ非サル故、恐ラク相当ノ手段ヲ取リ以テ時局ヲ平和ニ導クコトニ尽力セラルヘシト思ハルルニ因リ、此等ノ事情ヲ考慮シテ是非トモ軽挙妄動ヲ避ケラレヨト反覆説明セシニ、彼等ハ十分ニ小生ノ真意ヲ諒解セシ様子ナルモ、彼等ノ説話ニ由テ察スルニ、奉天側トシテ絶対的守勢ノ態度ヲ取リ難キ最大理由ハ他ノ反直隷派ニ対スル情誼上已ミ難キ事情アルト同時ニ、張作霖ニ天下取リノ野心勃々タルモノアルニ帰着スルモノト看取セリ。依リテ武器ノ供給ハ縦シ国際上何等障礙ナシトスルモ、目下ノ形勢上絶対ニ避クヘキコトナルモ、武器弾薬ノ獲得ハ奉天派ノ翹望措ク克〔ママ〕ハサル所ニテ、此願望タニ充タシ呉ルレハ如何ナル利権ニテモ交換的ニ日本へ提供スヘシトノ意気込サヘ示シ居ル程ナルヲ以テ、政府トシテハ張ノ操縦上此ノ間ノ消息ヲ考慮シ置カルルコト必要ナルヘシ。而シテ歴代ノ奉天当局中張ノ如ク日本ヲ諒解シ日本ニ便利ナル人物ハ他ニ其類ヲ見サル所ニテ、将来張ニ代リ他ノ大官任命セラルル場合ニテモ恐ラク之ニ優リタルモノ来リ得サルヘシト考ヘラルルヲ以テ、此人物ノ地位ヲ擁護シ、其勢力ヲ維持伸張セシムルコトハ我対満政策ノ重点タラサル可ラサルカ。将来ノ奉直関係ヲ種々ニ想定シ来ル時ハ、或ハ張ニ対スル日本ノ援助モ何時カハ不徹底トナリ、張ヲシテ段祺瑞及「セミヨノフ」ト同一運命ニ陥ラシメ、世間嗤笑ノ種トナルナキヲ保セサルカ故、政府トシテハ今ニ於テ熟慮討究ノ上、将来ノ方針ヲ確立シ置カルルコト必要ナルヘシ。例之ハ、

一、張ヲシテ現地位ヲ確保セシムル為ニモ、又彼レヲ有利ニ操縦スル為ニモ、彼レノ要望スル武器弾薬ノ一部ヲ内密ニ供給スルコト絶対ニ不可トスヘキヤ否ヤ。

二、直隷側ニ於テ張ニ対シ武力ヲ用ヰントスル場合、之ニ対シ何程ノ干渉ヲ加フヘキヤ。言フ迄モナク干渉ハ之ヲ奉直両派ニ対シ公平ニ行ヒ、又場合ニヨリテハ此干渉ノ事実ヲ天下ニ公表スルヲ得策トスヘキモ、若シ単ナル忠告ニテ両派トモ肯カサル場合、武力干渉ヲ行フヘキヤ否ヤ。之ヲ行フトセハ其程度ハ如何。若シ単ニ之ヲ威嚇ニ止メ、我カ在満軍隊ノ一部ヲ演習等ノ名義ニテ主要地点ヘ出動セシムルトセハ、何レノ地方迄ヲ其行動ノ限界ト做スヘキヤ。

三、直隷側ノ武力使用ハ単ニ張ニ対スル威嚇ニ止マリ、其他ハ専ラ宣伝戦ヲ以テ奉派ノ内外ニ対スル声望ヲ悪化セシメ、堂々大義名分ヲ以テ奉派ノ罪悪ヲ鳴ラシ、且ツ同時ニ奉派内部ノ切崩シト地方ノ擾乱トヲ試ミ、遂ニハ之カ為ニ張ノ運命危殆ニ迫ルコト無シトセス。此想定ノ各時機ニ於テ日本ハ如何ナル態度ヲ取ルヘキヤ。不偏不党ヲ以テ終始傍観ノ態度ニ出ツヘキカ、又ハ内政干渉ノ非難ヲモ顧ミス踏ミ込ンテ積極的ニ張ノ地位ヲ擁護スヘキカ、若クハ居中調停ニ依リ張ヲシテ大勢ニ順応セシムルコトヲ計ルヘキヤ。

等種々ノ設想ニ応スヘキ適確ノ方針ヲ決定シ、以テ時局ノ推移ニ対シ其日暮シノ態度トナラサル様十分ノ御準備最モ必要ナリト愚考ス。

〔註〕封筒表「旅順長官々邸　伯爵児玉秀雄閣下　私親展」、封筒裏「奉天にて　佐藤安之助」。消印12・10・29

6　大正(12)年11月7日　本庄繁書簡

拝啓　過日御地に参り候節には御家族御一同と共に御懇切なる御招待を忝ふし深く感銘罷在候。

爾来張作霖にも長官閣下幷に御地之模様相談し申置候処、切に閣下の御来奉を期待致居候。作霖は故児玉将軍の威名を深く記憶致居候耳ならす、特に故寺内伯には直接拝謁致候事とて一層追憶之情に不堪模様に御座候。右様の次第にて領事御招集会議も相済候上は、可成早く御来奉相煩し、其節是非御令夫人幷に御令嬢御帯同可然候。作霖夫人も目下妊娠中に付先々に相成りては御夫人同志の御会晤にも便ならす、早き方宜敷に被存申し候。

支那の家庭風俗の一端は見聞に相成候事も亦一興かと存上候。当地には作霖夫人との御会見に御案内可申上元気な日本夫人不少、就中町野大佐夫人抔支那語に最も熟し居り常に陪席役にて此等の点に何等の不便と何等の遠慮気兼云々抔無之、其処は西洋人と異なり頗る気楽に御坐候。

先は過日の御礼旁長官閣下の御来奉を待ち、幷せて御令人、御令嬢の御同行を切に御勧め申上度如此御坐候。敬具

十一月七日　　　　奉天　本庄少将

児玉長官閣下

白川閣下も五、六両日作霖始め主なるものに御会晤、先方に於ても非常に満足致居候次第に御坐候。

〔註〕封筒表「旅順　児玉関東長官閣下」、封筒裏「奉天宇治町　本庄繁　十一月七日」。

7　大正(12)年(11)月(16)日　船津辰一郎書簡

謹啓　益御清祥奉賀候。陳は閣下張総司令御訪問に関し其後本庄、町野両顧問に於て支那側の意

向をサウンドしたる結果に基き右両顧問と篤と相談を遂け候処、差当り左記の如き形式を取る外無之哉に被考候。何卒御考量の上可然御決定被遊度願上候。

一、閣下満鉄諸線御巡遊の途次当地にも御立寄被遊、其序を以て張総司令を訪問相成り、張総司令亦閣下を御旅館に答訪し、之にて閣下対張総司令の公式応酬を完結することに致たし、林、伊集院両長官の張作霖会見も略此形式なりしと町野顧問は申居候。

一、閣下御来奉後、可成早き機会に於て張学良氏の父作霖を代表し答礼旁其地遊覧の為出遊御訪問申上ること。

尚ほ、閣下当地御来遊の節は当館にて閣下の為支那側文武大官を招待し晩餐会を催ふし、張総司令の方にても同様閣下を主賓とし晩餐会乃至午餐会を催ふさるる筈に付、左様御含置被下度、随而御来遊の時日御確定の上は至急御一報被下度奉願候。小生は愈明後十八日当地出発京城へ赴き、廿五日頃帰奉の予定に御座候。先は右要事迄。草々

船津辰一郎

児玉伯爵閣下

〔註〕封筒表「旅順市関東庁　児玉秀雄様　私信親展」、封筒裏「在奉天日本帝国総領事館　船津辰一郎」。消印12・11・16

8　大正(12)年(11)月17日　本庄繁書簡

謹啓　別翰張使よりの依嘱に依り敬送仕候。内容は不存候得共御投翰に対する御礼の趣申居候。

閣下張使御訪問後の件に付、船津兄より御話の次第も有之、夫れとなく別懇の間柄なる楊総参謀長と打合候処、学良氏張使を代表し参観旁錦地に罷出て回拝候事仮令支那固陋の慣習とは申せ左して問題たらす、可成年内に実現のことに努力可致申居候。小子も必す実現可致存居候。只閣下御着奉前に作霖に申込み（勿論内々）、万一前例なしとか暇なしとか申出候場合、閣下の彼等を遇せらるゝ上に面白からさる場面を出来候様のことありてはとも被存、閣下御来訪後、楊宇霆及顧問等より自発的に張学良等を派遣する様、作霖を説くことに内々談し合ひ済に御座候。

又閣下此度の御来訪に当り、余り土産物等御送り被下候ては張学良の御地訪問に種々苦心を要し自然出掛け難く相成る哉とも被考候間、此亦御含み願上候。

先は別翰御転送旁如此御座候。敬具

十七日　　奉天　本庄繁

児玉伯爵閣下

〔註〕封筒表「旅順　児玉関東長官閣下」、封筒裏「奉天宇治町　本庄繁」。消印12・11・17

9　大正(12)年11月18日　山県伊三郎書簡

拝啓　其後不相変の御元気慶賀此事に奉存候。小生は先月末より悪性的感冒に襲はれ暫く難儀いたし漸く昨今恢復、為に意外の御無沙汰に打過き誠に申訳け無御坐候。東京も御出発後何等相かわり候こと無之、只日々相増し候ものは商店のバラック建と市中の塵埃、殊に後段の塵埃に至ては東京名物の空ら風に煽られ往来の迷惑この上もなく、孰れも閉口の外無之候。帝都復興の大看板は立派に掲けられ候ても人気は一向にわきたゝす、繁昌するものは僅かに埃り除けの市内電車と省線のみ。これは何時も満員に有之申候。唯々今日の有様にてはいかにも此暮れが思ひ遣られ申候。

此程は御奥様御同伴旅大新道に依り大連へ御越しの由御葉書にて拝承、秋日和湖辺の眺望満々一入と御浦山敷、来春は是非御言葉に副ひ度と存候。

先は御不沙汰の御詫旁御左右御伺迄。乍筆末御奥様へ宜敷御致声の程希上候。草々敬具

十一月十八日　　素空

児玉老兄

〔註〕封筒表「関東州旅順市朝日町官舎　伯爵児玉秀雄閣下　親展」、封筒裏「東京麹町区富士見町六の一四　山県伊三郎」。消印12・11・18

10　大正(12)年11月19日　船津辰一郎書簡

謹啓　益御壮康奉賀候。中川局長へ御托送の芳墨正に拝誦仕候。小生は来る廿五日迄には帰奉の予定に御坐候間、相成るべくは本月下旬迄に御来奉の運に至る様御用意被下度、又御着奉の日取り、御滞在の日数御決定の上至急内山領事迄御電報方御取計被下度、さすれは奉天にては早速支那側と打合歓迎の準備に取懸可申候。

尚ほ、中川局長より承れば張学良旅順訪問後閣下御来奉遊はさる様御話有之候へ共、右は多分同局長の御誤解歟と存候。張氏貴地行は閣下御来奉後なること御承知置被下度為念申添候。先は取

急き右御返事迄。草々頓首

十一月十九日　　新義州にて　船津生

児玉閣下侍史

〔註〕封筒表「満州旅順関東庁　児玉長官閣下　私信親展」、封筒裏「十一月十九日朝　新義州にて　船津辰一郎」。消印12・11・19

11　大正(12)年(11)月25日　北野元峰書簡

襲敬　追日寒気相覚候処尊体益御多勝に被為渉候哉、遠望此事に御坐候。却説先般は当所へ御枉駕被下候趣奉謝候。拙老義は八月三十一日午後八時半に上野駅発車九月一日越後長岡市に滞在中関東地方之大震災に遭遇、夫より諸方面之巡訪了り本月七日に帰京保養罷在候間御安神被下度。偖東京之惨状は真に意外千万言語筆紙之非所尽、市ケ谷之尊邸は格別之御損害も不被為在候趣此頃木戸侯未亡人より承り安意罷在候。書外は其中拝顔に可尽。草々不具

〔ママ〕十月廿五日　　永平　元峰

児玉伯爵閣下

奥様へ宜敷御鶴声願上候。

〔註〕封筒表「関東庁長官　伯爵児玉秀雄殿閣下」、封筒裏「東京麻布笄町　大本山永平寺侍局　元峰　大正十二年十一月廿五日」。消印12・11・25

12　大正（12）年12月2日　張作霖書簡

児玉長官閣下

接展恵章、猥以誓徹討赤主恉。比荷貴国朝野共表同情、並承在遠不遺慇懃慰問、熱心維助、感佩莫名。鄙人戎馬半生、飽経世変、本擬株守三省、休養民生、不問国事。詎意赤焔日熾、貽禍愈酷、淪胥之痛、中外震驚、言念前途不寒而慄。匪特漂揺国本、抑亦危及友邦。鑑袍沢推戴之誠、懍匹夫有責之義。大勢所趨、固辞不獲。比経就任安国軍総司令、責任愈重、挽救愈殷、慷慨誓師、異常憤激。戡定大乱期澈始終、自当以最善方策扶持国本。即未来職責有重於今日者、不辞殫竭担任、以慰国人之属望、而副老友之期許。茲委託町野顧問代表趨訪、並属負責与執事有所商榷、尚希充分援助、開誠相与、俾双方益臻親密。不尽之言、比託町野顧問転達。道遠。神馳、還祝健康

張作霖啓　十二月二日

〔別紙〕訳文

訳文

貴翰拝接。徹底的に赤賊を討伐せむとする鄙人の趣旨に対し近来貴国の朝野を挙け同情を表する趣敬悉仕候。並在遠を遺れす慇懃なる慰問熱心なる維助を賜はり候段、感佩名くるなき次第に御坐候。鄙人は戎馬半生飽まて世変を経、三省を株守し、民生を休養し、国事を問はさる本意に有之候処、意外にも赤焔日に熾に禍を貽すこと愈々酷しく、淪胥の痛は中外の震驚する所となり、

前途を言念するに寒からすして慄す。啻に国本を漂揺するのみならす、亦危きを友邦に及ほすの虞有之、袍沢推戴の誠に鑑み匹夫責あるの義を懍し、大勢の趨く処固辞することを得す、近頃安国軍総司令に就任致候。責任愈重く挽救愈々殷なり。慷慨師に誓ひ異常憤激す。大乱を戡定して終始貫徹を期す。自ら当に最善の方策を以て国本を扶持せさるへからす。即ち未来の職責は今日より重きものあり。殫竭して担任することを辞せす。以て国人の嘱望を慰め老友の期待に副はむとする考に御坐候。茲に町野顧問に託して代表して趨訪せしめ、並責任を以て閣下に御相談致させ候に就ては、充分の御援助、相互の誠意を以て双方益々親密に臻る様希望致候。尚書中尽ささる点は町野顧問をして転達致させ候間、御聴取被下度候。御健康を祝し奉り候。敬具

張作霖拝

十二月二日

児玉長官閣下

〔註〕封筒表「児玉長官勳啓　鎮威上将軍公署緘」。

13　大正(12)年12月22日　佐藤安之助書簡

謹啓　先般御地へ参上の節は種々御配慮を蒙り御馳走に預り且つ御多忙中、中島課長を御貸与被下御厚志感謝の至りに不堪候。天津及北京の政情に関しては定めし同課長より直接御報告ありし事と信じ候が、同課長の御助力によりて十分の研究を遂け得しは小生の満足と感謝とを禁じ得ざる次第に有之、同氏と北京にて別れし以後一時大に寂寥を覚え申候。併し幸に各地友人の同情にて引続き研究をすゝめ、洛陽、漢口、南京を経て上海へ出て、遂に南航して香港、広東を一巡、

再ひ上海へ帰り只今内地へ向け帰航の処に御坐候。此間の時局研究は多端に亘り候が之を要するに

一、支那は当分現在の分裂状態を継続すべし。

二、反直隷派の旗挙頻りに伝へらるゝも多くは策士連の宣伝にて、当分事実化する見込少なし。

三、広東戦局は現在張派に有利なるもこの上発展の見込なし。直隷派が真面目に陳派を助くれば陳派有力となるべく、張派にして関税剰余金獲得又は其他の手段にて資金を得るにあらば陳派を徹底的に駆逐し得るやも知れず、今の処両派の事は全然デッドロックなり。

四、日本としては支那の現分裂を成るべく永く続けしむる事有利ならん。

五、張作霖に対しては彼れをして北京側と雌雄を決せしめざる程度に援助し、其根底を堅めしむる事必要なり。

といふ決論に着し居り候。帰国にのぞみ御挨拶旁以上申出候。折角御幸福なる新年を御迎へのほど奉祈候。草々頓首

十二月二十二日　　佐藤安之助

児玉長官閣下

御序の折軍司令官へ好ろしく御致声奉願候。

〔註〕封筒表「旅順　長官官邸　伯爵児玉秀雄閣下　親展　Port Arthur」。

14　大正(12)年12月24日　張学良との会談電報

秘

張学良ト前後二回会談其ノ要領次ノ如シ。

張学良ハ先ツ東三省ト日本トカ根本的ニ離ルヘカラザルコト、並ニ黄色人種ハ相提携シテ東洋ノ平和ヲ維持スヘク欧米人ノ信スヘカラザルコトヲ陳ヘ、奉直ノ関係ニ就テハ自ラ進テ戦端ヲ啓クノ意思ナキモ、（一）直隷派ハ不純ノ結合ニテ奉天ハ正義ノ団結ナリ、主義トシテ相容レサルコト迫ニ於テハ義ニ於テ傍観スルニ忍サルコト、（二）浙江ノ形勢危機、（三）呉佩孚ハ自分ノ仇敵ニシテ到底之ヲ倒ザレハ休マザルコトヲ理由トシ、今ヤ直隷派カ支那本邦ヲ統一シ将ニ奉天ニ迫マラントスルノ形勢急ナリ。故ニ直隷派ノ計画ノ未タ充分ナラサルニ先チ奉天ヨリ之ヲ攻撃スルコト全勝ヲ得ン上ニ於テ寧ロ得策ニシテ、徒ニ時日ヲ遷延セシムレバ奉天ハ終ニ立ツ能ハサルノ窮境ニ陥ルノ懼アリト主張ス。○右ニ対シ小生ハ支那ノ大局ヲ説キ、日本及聯国ハ和平統一ヲ希望シテ休マサル次第ナルニ、現実ノ形勢ニ於テ支那ノ前途頗フル悲観スヘキモノアリ、如此事態ニ於テ奉天カ必勝ノ策ナクハ、徒ニ浙江ヲ援ケントスルカ如キハ、即チ小義ヲ以テ大義ヲ滅セムトスルモノニ外ナラズ、呉佩孚ニ対スル私エンヲ報復センカ為メニ徒ニ兵ヲ動カスガ如キ、之レ天平〔ママ〕ノ大局ヲ無視スルモノニシテ張司令ノ為絶対ニ執ラサル処ナリ、支那ノ前途ヲ救ヒ四億ノ民衆ヲ済ケントスルモノハ現在ニ於テ最モ其実力充実セル東三省ヲ措テ他ニアラサルヘシ、如此重大ナル責任ヲ有スル張司令ハ宜ク天下ノ大局ニ達観シ、絶対軽挙ヲ慎メ、□徐ニ国力ノ充実兵力整備ヲ計ラサルヘカラズト論シ、満蒙ニ対スル日本ノ立場ヲ説キ、戦争開始ノ絶対非ナル所以ヲ説明シ、奉天側ハ常ニ正義ヲ旗色トシ天下ノ信用ヲ集ムルコトニ務ムヘキ旨ヲ極力痛論シ置ケリ。○之ニ対シ張参謀ハ自分ハ素ヨリ戦ヲ好ムモノニアラズ、国力ノ充実ヲ以テ第一義トナスヘキモノト深ク考ヘ居レリ、従テ小生ノ説ニ全然同感ナリ、自分父ハ御承知ノ通リ感情的ノ性質ニテ、之カ為メ往々失政ヲ招クコトアル次第ナルカ、自分ハ詳ク御話ノ趣ヲ父ニ伝ヘ極力之ヲ説破スルコト努ムヘシ、父ハ自分ヲ弱少ノモノト心得仲々云フコトヲ聴カサルモ、小生ノ誠意アル御話ヲ極論ニ於テハ必ス多少ノ効果アルヘシト信スト陳ヘ、小生ノ説明ニ対シテハ絶対ニ信頼シ同意ノ旨ヲ繰返シ申出タリ。○張参謀ハ僅ニ廿四才ノ壮者ナガラ聡明ニシテ常識ニ富ミ将来有望ナル将校ナリ。奉天ニ於テハ最モ有力ナル地位ニアルハ独リ張司令ノ子息ナル故ノミニアラサルカ如シ。○尚ホ奉直ノ関係ヲ滑ニシ其ノ衝突ヲ避クルニハ一面理ヲ以テ其ノ不利ヲ説明スルト同時ニ、前陳ノ如ク浙江トノ関係カ最モ奉天側ノ神経ヲ脳〔ママ〕マス処ニシテ、張総司令ノ如キ今ニモ立タサルヘカラザルカ如キ考ヲ起スモ、一ニ浙江トノ義理合ヲ重スル為メナリ。依テ浙江ノ地位ヲ安定ニシ且ツダンキズイヲシテ軽挙セサル様適当ナル措置ヲ執ラル、事、時局安定ノ第一義ト考ヘラル。御参考迄ニ併テ申進ム。

〔註〕封筒表「十二月廿四日　張学良ト会談電報　秘」（児玉の字）。

15　大正12年12月27日　本庄繁電報（川田明治宛）

電報　　翻訳者　中村嘱託

大正十二年十二月二十七日午後七時二五分奉天発　　午後八時二五分旅順着

関東軍参謀長宛　　本庄

張学良ヨリ左記密電ヲ児玉長官へ呈送方依頼セリ。司令官ニ内報ノ上長官へ御伝ヘヲ乞フ。

父作霖小銃使用中面部へ徽〔ママ〕傷ヲ負ヒ数日静養ヲ要ス、為ニ御約束ノ件御即答致シ兼ヌ、特ニ御諒察ヲ請フ。

〔註〕別に暗号電報本文あり。

16　大正(12)年(12)月30日　白川義則書簡

昨日差上候電報に不明之点有之、問合の結果別紙の通に付、是にて御承知被下度候。拝具

三十日　　白川

児玉閣下

〔別紙〕大正12年12月30日　本庄繁電報（川田明治宛）

電報　　翻訳者　中村嘱託

大正十二年十二月三十日午前九時四三分奉天発　　午前九時五五分旅順着

関東軍参謀長宛　　本庄少将

張学良ヨリ関東長官ニ左記ノ件伝達方依頼アリ。一応軍司令官ニ申上ケ可然頼ム。

父作霖小銃試射中面部へ負傷シ数日間静養ヲ要ス。先日御話ノ件ノ回答暫ク御猶予ヲ請フ。

〔註〕欄外に「中川大尉」、付箋に「再電請求ノ結果本電ノ通リ。鬼木副官殿　中川大尉」と

あり。別に暗号電報本文あり。

17　大正(12)年(　)月(　)日　児玉秀雄電報（宛先不明）

張作霖ハ昨日坂東氏ヲ使者トシ現下ノ形勢ニ付小官ニ訴ヘテ曰ク、直隷側ノ計画ヲ察スルニ来春雪解ケヲ待チ奉天討伐ノ挙ニ出ツルモノ、如シ、因テ此際直ニ天時ヲ利用シ専ラ騎兵ヲ用ヒ先ツ熱河ヨリ北京方面ヲヲビヤカシ、一先ツ直隷ノ鋭鋒ヲクジキ一時ノ危機ヲ脱シ、除ロニ武力ノ充実ヲ計ルヨリ外ニ策ナシ。○若シ日本ニ於テ此際相当ノ兵器弾薬ノ援助ヲ得ルニ於テハ如何、直隷カ討伐ヲ声明スルトモ安心シテ奉天ヲ保持シ得ヘキニ由リ、専ラ力ヲ保境安民ニ漑キ、黒竜、吉林方面ニ於ケル馬賊ヲソー〔掃〕討シ、東三省一帯ノ治安維持ニ全力ヲ尽スコトヲ得ヘキモ、若シ日本ノ援助ヲ求ムルコトヲ得サルニ於テハ……

張作霖ハ将ニ此二策ノ一ヲ選ブヘキ機会ニ切セリ。因テ本官ノ意見ノ存スル処ヲ示サレタシトノ事ナリ。本官ハ軍司令官ト打合ノ上左ノ通リ回答シ置キタリ。支那現勢ニ照シ張作霖氏ノ立場ニ付テハ満腔ノ同情ヲ表スト雖モ、支那ノ形勢ヲ達観スルニ当分直隷側カ進テ奉天討伐ノ挙ニ出ツヘシトハ考ヘラレズ、従テ此際徒ニ軽挙事ヲ起スコトハ百害アリテ一利ナシ、宜ク大局ニ着眼シ静ニ保境安民実力養成ニ力ヲ注キ、信ヲ天下ニ得ルコトヲ努ムヘキナリト説キ、日本満蒙ニ対スル方針ヲ繰返シ説明シ、坂東ヲシテ帰奉ノ上其旨篤ト伝達セラレ度旨申置キタリ。○直隷方面ヨリノ諜報ニ動サレ張作霖ハ頗ブル神経過敏ニ陥リ、動モスレバ進テ事ヲ起サントスノ傾アルハ疑フヘカラサル事実ニシテ、本官ヲ百方之カ鎮撫謐圧ニ力ヲ致シ居ルモ、何分支那ノ形勢ヲ予想スル材料ニ乏ク頗フル苦痛ニ感スル次第ナリ。将来成ルヘク奉直ニ関係アル情勢ニ付テハ予メ御内報アランコトヲ切望ス。本官十九日頃発上京ノ予定ニ付委細ハ御面談ニ譲ルコト致度不取敢右報告ス。

〔註〕児玉筆。「関東庁用箋」罫紙。

大正13年

1　大正(13)年1月1日　本庄繁書簡

謹賀新年

偖而、旧冬は色々御指導感銘の至りに不堪、尚御叮重なる御手紙を給はり却て恐縮至極に御座候。又学良案内に付ては当然為す可きを勧めたるまでに過きさるに、結構なる贈物を打戴〔ママ〕し申訳無之候。新年も不相変御鞭撻願上候。

暗号の関係上軍司令部経由申上候通り、作霖旧冬「大形拳銃」嬲り中突然撃金逆飛し意外の負傷を致し一時昏倒致候得共、傷案外残り一昨三十日面晤の節には眼剣の傷は癒へ居候得共、頬の傷は尚ほ膏薬を貼り申居り、腫は多少残り居候程度に御坐候。併し閣下の学良御優遇に付ては心底より感謝の意を表し、是非親敷書面を認む心組みなるも、右様馬鹿らしき負傷の為め暫く御猶余を得度旨申居り、決して回答を考慮致居る抔の意味には無之、全く負傷の為め親しく秘書に文意を指示口授するまでの気分になれさる結果に御坐候。

愚妻か学良夫妻帰奉後、作霖夫人及学良夫人を訪問致候際も、学良か一昨年大演習見学の為め東京各地にて盛なる歓迎を蒙りたるも、今回長官御両処より蒙りたるか如き真実親みしの籠りたる心からの優待を受けたることは全く生れて始めてなりと、帰来学良夫妻か人々に語り居る旨、作霖夫人の話なりし由に御坐候。

間話〔ママ〕休題。長官閣下の学良に御話し相成り候詳細の話は学良より逐一作霖に報告致居り、作霖も大様諒解仕り、恐らく閣下御意思の通り万軽挙は致間敷様推察致居り候。

只学良は楊総参謀長等には父作霖に話したる如く奥の奥迄は話し居らさるものと見へ、楊総参謀長は小子に対し左の通り相談し申候。此は予て作霖の脳裏のことにも有之、此か総司令部内幕僚の多くの意見に付御参考迄に御報告申上候。

一、長官閣下及軍司令官の作霖に向ひ自重を勧めらるゝ御厚意は厚く感謝に不堪、奉天側としても断して戦を好む次第には無之も、直隷派か若し浙江を攻撃する場合に奉天側にして之を傍観せんか「義」と言ふ点は之を忍ぶも、南方支那は直隷派の勢力に屈伏することゝなり、其結果は奉天に全力を向け来ること恐らく疑ひなかるへく、其際、日本か奉直両者に戦争反対の抗議を為すへしとするも支那政府より日本政府に支那の国家統一を阻止する勿れと反駁せりと仮定せは、日本は恐らく内政干捗を顧念し傍観の態度に帰らん。是れ奉天側の不安に堪へさる第一なり。

二、奉天独力を以て「南方を討平したる後の直隷派」に対し其攻撃を避くる能はす。開戦の余儀なきに至る場合に於ては、奉天軍は少くも銃数五万を用ゆるものとし、各兵一日二百発（奉直戦に於ては一日四百発も乱射せり。日露戦当時ロ軍は一銃百発に上らす。近来奉天軍は教育不少進歩せるより先つ一日二百発と有利に算せり）とし、十日間を交戦日の数とせは小銃弾一億を要す。然るに目下奉天兵工廠の小銃弾製造能力は七、八万なるも戦時十万より上るものとし一ケ月三百万、一年先つ三千万発と見さる可らす。而るに奉天、吉林、黒竜省の三省に於ける馬賊討伐用、警察用、保衛団用、軍隊教育用等を総計するときは三省に於て約一千万を要す。去すれは一ケ年の準備弾は二千万に過きすして一億の弾丸を得るには約五ケ年を要す。而るに向後五ケ年間奉直戦を防止し得へしとは信し難し。是に奉天側の不安を感する第二なり。

三、長官及軍司令官の懇切なる御話の要旨は克く了解し得たるも、而も現山本内閣存続間は間違なく又現長官、現軍司令官等の現地位に居らるゝ限り安心なるも、昨今の日本内閣は果して前記の如く五ケ年も交代なきを得るか、新内閣成立せりとし果して前記の如き政策を踏襲せらるへきや。是れ不安の第三なり。斯く観し来るときは徒らに時期を経過して支那本部の直隷派に統一せらるゝを待つより、今日の如く南方各地の尚ほ独立自治の時を利用し、直隷派の浙江討伐の如き機会の到達するあらは奉天側も断然蹶起せさる可らす。夫れとも若し日本か此際約五千万発の小銃弾丸を供給せらるゝか如きありとせは、作霖としても何等大総統等の野心あるにあらされは、全く支那本部に念を断ち東三省「モンロー」主義を捧し三省の裁兵の実行及吉黒両省の開発に努力すへしと諭し、結局は不可能なる弾丸供給を要求せんとするものに有之、同時に内閣の更迭を非常に気にせるを示せるものに御坐候。去りとて閣下等の懇切なる御談話を疾く玩味せる作霖、学良等か容易に動くものにあらさるを小官等は確信致居り、尚、閣下の御意図を体し大局に着眼せしむへく忠言を怠らさる学悟〔ママ〕に有之候間、此点御安神相煩し度候。

一昨日作霖も頻りに我内閣の更迭を気に致し、延ひて閣下等の御異動等に影響するなきやを憂慮致居候間、小官は内閣の交迭は仮令之れありとするも、満州に対する我帝国の根本方針に至りては断して変更せらるへきものにあらす。又殊に長官等か内閣と共に進退せらるへきものにあらす。殊に海外の大官は可成永く其地位に止まらるへき方針に推移しつゝある旨をも説明したる次第に御坐候。此は小子等政界の事情抔を全く識らさる勝手の言議には有之候得共、海外発展の上より考慮し是非共長官等か内閣の如何に頓着なく永く三省の為め御尽力を煩はし度切望して止まさる次第に御坐候。

尚ほ乍末筆浙江問題さへ安定なれは奉天側は落付き可申次第に付此点に対し此上なから御配慮相煩し度。閣下より已に外相に御打電被下候結果として、昨日軍司令部より通報に依れは、外務大臣は南京及杭州領事宛、江蘇督軍及浙江督軍に宛て共同管理問題さへ起らんとせる此際、切に戦争防止に努力方勧告すへく訓令ありしとのこと。又天津領事経由段祺瑞に対し自重方勧告ありし旨承知、安神致居り候次第に御坐候。

先は御回答旁状況御報告如此に御坐候。敬具

一月一日　　本庄繁

児玉伯爵閣下

乱筆御海容願上候。

東京に於ける不祥事件は何共痛歎の至りに御坐候。不備

〔註〕封筒表「旅順　児玉伯爵閣下　親展」、封筒裏「奉天宇治町　本庄繁　一月一日」。消印13・1・1

2　大正(13)年2月13日　張作霖電報

電報　　二月十三日
児玉長官宛　　張作霖

御承知ノ如ク作霖本来ノ素志ハ飽ク迄和平ヲ主義トシ、東三省保境安民ヲ目的トシ、専ラ内治ニ努ムルニアリ。然ルニ最近直隷派ハ着々其戦備ヲ整ヘ、其圧迫日ニ加ハリ、此際尚且ツ自重退守ノミヲ事トスル能ハサルニ至ル。故ニ縦令我本旨ニ反スルモ好機ヲ捕ヘ、積極的行動ニ依リ此窮境ヲ脱スルノ外策ナキノ情況ニアルヲ遺憾トス。

最近帰奉セル楊総参議ノ複命〔ママ〕ニ依リ、閣下ノ御幇助啻ナラサルヲ知リ感激措ク能ハサルモノアリ。冀クハ此機ニ際シ速カニ我兵備ノ欠陥ヲ補填シ得ヘキ御援助ヲ給ハリ、叙上ノ如キ我カ欲セサル攻勢的苦策ニ出ツルノ要ナカラシメラレン事ヲ懇願ス。固ヨリ東三省ノ武備ハ三省和平ノ保障ヲ得、其戦乱ヲ未然ニ防止スルニ在リ。決シテ自ラ進テ事ヲ構フルノ為ニ非ス。従テ今貴国政府ヨリ御援助ヲ受クルモ断シテ之ヲ利用シ我ヨリ挑戦スルカ如キコトナキヲ言明ス。何卒胸中ノ苦慮御諒察ノ上、其希望ヲ達成セシメラレ度シ。若シ幸ニシテ之ヲ容レラル丶ニ於テハ直ニ安ンシテ東三省内治ニ専念シ、且所要ノ裁兵ヲ行ヒ、真ニ和平ノ実ヲ挙クルニ努ム可ク、又如斯御好意ニ対シテハ必ス我ヨリ進テ之ニ酬ユルノ途ヲ講スルノ誠意ヲ有ス。

右長官ヨリ清浦総理並ニ松井外相ニ御伝ヘノ上何分ノ御配慮ヲ乞フ。

〔註〕欄外に「極秘」とあり。

3 大正13年2月19日 児玉長官より張作霖への挨拶振

首相官邸に於て清浦首相より交附

大正十三年二月十九日

児玉長官より張作霖への挨拶振

政府当局と屢次会談の結果を綜合するに左の通りなり。

張作霖か専ら東三省内の治安維持に努め益々同地方に於ける根蔕を鞏固にせむことを図るは張自身の為め最も賢明の策にして、我朝野に於ても同情を以て迎ふる処なるのみならす出来得る限りの援助を与ふるに吝ならさるへし。張にして前顕の通り自重の態度に出て平和主義に立脚し益々衆望を収むるの方針を以て進まは、何人と雖も容易に兵を東三省に向て動かすを得さるへく、又万一に濫りに干戈に訴へ同省の治安を攪乱せむとするか如き者ある場合には、該地方に緊切の利害関係を有する日本としては到底晏如たる能はさるへきを以て、機を逸せす、相当の相談に応する覚悟なり。

大正十三年三月九日奉天に於て張作霖に内示

〔註〕封筒表「政府の挨拶原文　希望条件原文　極秘」〔児玉の字〕。

4　大正(13)年3月9日　児玉秀雄電報（清浦奎吾・宇垣一成・松井慶四郎宛）

三月九日

内閣総理大臣・陸軍大臣宛　　児玉

三月九日午後二時ヨリ約二時間半坂東顧問ヲ通訳トシテ張作霖ト会見シ、兼テ総理大臣閣下ヨリ交付セラレタル挨拶振ニ因リ政府ノ意向ヲ伝達シ、次テ満州ニ蓄積スヘキ兵器ニ付説明ヲ与ヘ、最後ニ希望事項トシテ外務省打合セタル要領ニ従ヒ、（一）鉄道敷設ノ件（二）産業奨励ノ件（三）朝鮮人取締ノ件（四）土地問題解決便法ニ関スル件ニ付非公式ニ談話ヲ試ミタル処、張作霖ハ帝国政府ノ好意ニ対シ最モ深甚ナル感謝ノ意ヲ表シ、希望条件ノ全部ニ対シ速ニ之カ実行ヲ期シ、東三省ノ文化ノ向上治安維持ニ全力ヲ尽スヘシト堅ク誓言セリ。依テ張作霖ト為シタル下話ノ全部ヲ奉天総領事ニ引継キタリ。右不取敢報告ス。

外務大臣宛　　児玉

奉天総領事ヨリ閣下宛御報告申上クル筈ナルモ小官ヨリ一応張作霖ト会見顛末内報ス。（以下第一案全文）

〔註〕封筒表「首相ヘノ電」。

〔参考1〕　外務省へ提出したる第一案

外務省へ提出したる第一案

帝国政府は閣下が東三省内の治安維持に努め、益同地方に於ける文化の向上を図られんとするの方針に対し、満腔の敬意を表するものなり。而して此の目的を達成し、且つ日支両国の親善を永遠に鞏固ならしむるの主旨を以て、帝国政府は左記の事項に付閣下の賛同を得むことを希望す。

一、文化の向上は交通機関の完備に待つこと多し。因て左の方法に依り速に鉄道敷設の計画を立てられむことを希望す。貴政府の鉄道としては差当り、洮南、斉々哈爾線及開原吉林間並に吉林、敦化間の敷設を決定せられたし。其の必要なる資金並に技術上の援助に関しては、日本政府に於て充分なる好意を有すること。

一、貴政府に於て東三省の産業奨励の方針を確立し、主として特殊農産物即ち綿花、羊毛、柞蚕及甜菜糖等の発達に付、特に奨励の方法を講すること。仮令ば貴政府に於て産業奨励協会の如き組織を新設し、両国協同して之か開発を図るか如きは蓋し適切なる方法なるへし。

一、治安維持に関しては種々の施設を要するは勿論なるか、差当り東三省内に於ける朝鮮人の生活の安定を図り、不逞鮮人の取締を厳にし、殊に国境一帯に於ける治安に関しては朝鮮に於ける警察、官憲と協同して遺憾なきを期せられたく、其の目的を達する為適当なる措置を執られんことを望む。

一、土地商租の問題は帝国政府に於て条約上の権利として速に解決せんことを希望する次第なるも、現在の貴国の政情に鑑み、帝国政府は暫く之を他日に留保し、此の際一時の便法として、土地租借の方法に依り大体左の要項に準拠し解決せられんことを希望す。

（一）租借の土地に付ては全然貴政府の税権並に警察権を遵守すへきこと。

（二）土地租借の期限は三十箇年とし、其の期限を更新する場合に於ては土地の価格増加を標準とし、貸主に対し租借料を支払ひ又貸主に於て解約せんとするときは、土地価格の増加を標準とし、借主に賠償料を支払ふこと。

右の事項に関し将来北京政府と交渉を要する場合に於ては、貴政府は之か承認方に付遺憾なきを期せられたきこと。

〔註〕封筒表「外務省と交渉案」（児玉筆）。

〔参考2〕　兵器数量に関する児玉秀雄覚書

一、満州ニ集積スヘキ兵器ノ数量左ノ如シ。

三八式小銃　　約弐万挺

同　実包　　約弐千万発

三八式野砲弾　約壱万五千発

二、兵器職工ノ派遣及素材ノ調弁ニ関シテハ十分ノ援助ヲ与フヘシ。

〔註〕欄外「大正十三年二月廿八日　陸首官邸ニ於テ宇垣陸相ヨリ受取」の書き込みあり。「一、本書ハ先方ニ渡サル、コト　二、本数量ハ先方ニ通告スヘキ数量トス」とのメモが本文にはりつけられている。下書きあり。封筒表「極秘　陸軍問題」（児玉筆）。

5　大正(13)年3月10日　児玉秀雄電報（児玉常雄宛）

東京市外代々幡町字富谷二四〇〇　児玉常雄

三月十日　後七時

本朝無事帰任ス。出発前御内話申上置タル件昨日最完全ニ成功セリ。奉天占領ノ当日此報ヲ発シ得ルハ最モ愉快ニ堪エズ。小生ニ代テ青山ノ墓前ニ報告セラレタシ。児玉

6　大正(13)年3月10日　張作霖会談関係電報綴

1　3月10日　児玉秀雄電報（斎藤実宛）

朝鮮総督官邸　斎藤総督　　三月十日午後七時

（内閣暗号）　　児玉

滞在中ノ御厚意ヲ深謝ス。本朝無事帰任ス。昨日奉天ニ於テ張作霖ト約二時間半会見ノ結果交渉案件ハ全部最モ確実ナル形式ニヨリ張作霖ノ同意ヲ得タリ。殊ニ朝鮮人ノ安定、不逞鮮人ノ取締並ニ国境一帯ニ於ケル治安ニ関シ朝鮮警察官憲ト協同シテ遺憾ナキヲ期スル件ニ付テハ、張作霖ハ現ニ其ノ取締ノ厳重ナル為メ朝鮮人ノウラミヲ買ヒ居ル位ナルモ、此後ハ適当ナル方法ヲ立テ更ニ一層効果ヲ挙クルコトニ努ムヘシトノ意見ニ付、小官ハ之ヲ朝鮮総督ニ通報スヘキニヨリ朝鮮総督府ト協議ヲ遂ケ適切ナル方法ヲ立ツルコトニセラレタシト申出タルニ張作霖ハ之ヲ承諾セリ。因テ本件ニ付テハ交渉ヲ開始スル前先ツ交渉ニ当ルヘキ人ヲ旅順ニ派遣セラレタク、万事打合ノ上各方面ニ対シ交渉ノ円満ニ進行スル様努力致スヘシ。右不取敢内報ス。本件ハ極秘ノ御取扱仰ク。為念申添ユ。

[2] 3月10日　児玉秀雄電報（入江海平宛）

入江理事　　三月十日後七時　　児玉

円満解決セリ。御安心ヲ乞フ。

[3] 3月10日　児玉秀雄電報（田中義一宛）

東京青山四丁目　男爵田中義一　　三月十日午後七時発　　児玉

本朝無事帰任ス。出発前御心配掛ケタル件昨日奉天ニ於テ最円満ニ解決セリ。幸ニ御安心ヲ乞フ。

7　大正13年3月13日　児玉秀雄書簡（清浦奎吾・松井慶四郎・宇垣一成宛）

三月九日奉天に於て張作霖と会談したる経過の大要に付ては既に電報にて御了承の事と存候。尚ほ右に関し会見の顛末の要領別紙の通り相認候条御高覧に供し候。

会見に先立ち奉天側の気配を観察したるに、其の形勢必すしも楽観を許ささる状況に有之候も、小官は大体の情勢と張氏の性格とより判断し、寧ろ此際我の誠意の存する処を示し率直に会談するを以て解決の捷径なりと確信し、帰任の帰途朝鮮を経て九月〔ママ〕八日奉天着、翌九日午後二時張氏を訪問し、他人を交えす阪東顧問を通訳とし二時間半に渉り熟談を遂け申候。奉天側の気分は前述の如く滑かならさる折柄、先つ談話の当初に於て張氏の真意を推測することに付頗る考慮を払ひ、漸次其の意向の明白なるに従ひ第一段として総理大臣より交付せられたる挨拶振に遵拠し政府当局の意の存する処を伝へ、次て陸軍大臣より手渡せられたる軍事上の援助の要領を述へ、更に第二段として全然其の場面を改め、個人的の資格に於て曾て外務省と打合の結果其の同意を得たる「張氏との談話の要領」に基き非公式に懇談を重ねたり。而して之を陳述するに当りても別紙会談の要領に明なるか如く、務めて細目に渉るを避け、且つ其の用語に付ても亦相当の注意を加へ飽くまて友誼的に懇談を交へ候。而して張氏は一応の説明を聴執りたる後、我政府の誠意ある同情に対し深厚なる感謝の意を表し、且つ小官の関東長官として或は友人として会談したる真意を諒とし、直ちに希望事項の全部に付同意し、且つ其の旨日本政府へ電報せられたしと申出候。自分は当初より之を口頭に留め置く考なりしも、張氏の回答か予期以上に進捗し、然も希望事項の内容は比較的多岐に渉り居るのみならす、御承知の如く支那人の通有性に鑑み、仮令個人間の私約に過きさるにもせよ此際に於ては自分の責任として将来の誤解を防き、且つ双方の記憶を確実にし置くの緊切なることを感し持合せたる文書に署名し、之を交換し置くの最も便法なるを信し、談合の結果双方之に記名し交換することに致候。

会談終了後、小官は直ちに総領事館に船津総領事を訪ひ会談の要領を陳べ、之か事項の全部を総領事に引継き、外務省に対しては総領事より正式に報告せられむことを依頼し、小官は即夜旅順に帰任致候。

右大要報告に及ひ候也。

大正十三年三月十三日　（児玉長官は此の所に御自署の筈にて空欄とすること）

内閣総理大臣　子爵　清浦奎吾殿

外務大臣　男爵　松井慶四郎　殿　各通

陸軍大臣　宇垣一成

〔別紙〕　児玉秀雄・張作霖会見要領　大正13年3月9日

三月九日午後二時奉天に於て張作霖を訪問し、阪東顧問を通訳とし会談二時間半、其の大要左の通りてあります。

（児玉）小官宛の書信並小官に伝達方を依頼せられたる清浦総理大臣及松井外務大臣宛電報の趣は、委細了承致しました。右に関する御挨拶を申上くる前に為念承り置きたいのは、最近に至り四囲の政情又は閣下の御意見に付重大なる変化を来したること御座いませぬか。実は小官よりの挨拶は一に閣下の書信及電報を基礎として考案せられたるものなるか故に、若し其の趣旨に於て変更せられたらんには、小官の挨拶は根本理由を失ふことになるか為めてあります。

（張作霖）閣下の御同情に対しては、感謝の辞は御座いません。又自分の意見は何等の変化はありません。今日に於ては全然戦争を開始せむとする考はありませぬ。是れ一には閣下か旅順に於て自分の息子張学良に御示になりたる趣旨に因り、又一には既に開戦するには天候の関係上其の時機を失したるに由る次第てあります。

（児玉）閣下の御意向に何等の変更なきことはよく判りました。在京中閣下より総理大臣並外務大臣宛の電報は到着の即日之を両相に提出し而も満蒙に於ける形勢並閣下の苦衷の存する処に付左の通り説明を加へました。

即ち閣下は自ら進て直隷に対し戦を挑むの意思を有せさること、乍併万一直隷側より不法なる襲撃を受くる場合には日本の援助を得たく、而して其の兵器弾薬の如きは今日直に之を欲する次第にあらす、万一の場合之れか供給援助を希望すること、若し日本より以上の如き援助を得るの保障あれは、此後は専ら東三省の治安維持保境安民の実を挙くることに努むへく、若も日本に於て希望の事項あれは進んて之に応する誠意ある旨、詳しく説明致しました。

（張作霖）自分は素より進んて戦を交へんとするものにあらす、直隷側の威嚇により万已むを得さる場合には、一戦を辞せさる考を有するのみてあります。

（児玉）従来閣下は日本の援助に付不満足の意を漏らさるる由なるか、日本側に於ても又閣下の日本に対する誠意に付不足を訴ふる者尠なからす。殊に最近日本内地に於ける東三省に対する感情は一層嫌悪となり、彼の裁判権回収問題の如き、又安奉線回収促進問題の如き何れも内地に於ては朝野の人心を刺戟し、政治上の重大事件として一般の感情を悪化せしめたること一通にあらす。如此の政情の下に於て閣下の立場と閣下の誠意とを一般に諒解せしめ、御希望を満たさんとするに付ては、自分は大に苦心したのてあります。乍併自分は閣下の立場に対し最も深厚なる同情を有し、且閣下の誠意に対し最も深き諒解を有するものてあります。依て自分は此の際本問題を円満に解決することは両国の為めてあり、又閣下に対する信義に顧みても正に執るへきの筋合なりと確信し、実は自分は其の官職を犠牲にしても自分の信する処を貫徹せんと堅く覚悟して居たのてあります。場合に依りては再ひ奉天に於て御目に掛る機会なかるへしと決心して居たのてあります。然るに幸にして清浦首相初め松井外相、宇垣陸相等の諒解と賛同とを得て、政府の意向として貴電に対し、御挨拶を述ふることを得るは、自分の最も欣幸とする処てあります。

尚此の場合特に閣下の記憶を願たいのは船津総領事か非常なる心配尽力をせられた事てあります。

（張作霖）閣下の自分に対する同情並閣下か東京に於て東三省の為に尽力せられたる御厚意は自分の克く諒解して居る処にして、常に感謝して息まさる処てあります。

（児玉）清浦総理大臣より交付せられたる挨拶は左の通りてあります。

政府当局と屢次会議の結果を綜合するに、左の通りなり。

閣下か専ら東三省内の治安維持に努め、益々同地方に於ける根蔕を鞏固にせむことを図るは閣下自身の為め最も賢明の策にして、我朝野に於ても同情を以て迎ふる処なるのみならす、出来得る限りの援助を与ふるに吝ならさるへし。閣下にして前顕の通自重の態度に出て平和主義に立脚し益々衆望を収むるの方針を以て進まは、何人と雖も容易に兵を東三省に向て動かすを得さるへく、又万一にも濫りに干戈に訴へ同省の治安を攪乱せむとするか如き者ある場合には、該地方に緊切の利害関係を有する日本としては、到底晏如たる能はさるへきを以て機を逸せす相当の相談に応する覚悟なり。

此の挨拶中最後一段に「機を逸せす云々」とあるは、即ち閣下の立場に万腔の同情を表し、若しも他より不正なる攻撃を受けたる場合に於ては速に適当なる措置を執らむとする趣旨にして、次に御話申上くる満州に於て其の目的の為に蓄積すへき兵器弾薬並造兵廠に対する援助と相俟て政府の東三省に対する方針の根本か明瞭となる次第てあります。此の大体方針は四囲の事情にして重大なる変化を生せさる限りは将来に向て一定したる方針と御承知願て差支ないのてあります。而して万一の場合の予備として特に蓄積すへき兵器は大体左の如くてあります。

（省略）

又閣下の最も熱心に設備せられつつある造兵廠に対しても亦十分なる援助を与へんとする意向を有するものてあります。尚詳細のことは軍司令官よりも申上くることと考へるのてあります。

（張作霖）日本政府の御厚意に対しては実に感謝の外ありませぬ。唯兵器の事に付別に少々申上けたきことかありますか、夫れは全体の話の済た後に致します。

（児玉）以上申述へた処て御判りなる通り、是れは殆んと閣下か電報に依り、又書面に依り希望せられたる全部に対し之れを容れられた次第て、是以上のことは我々としては何事をも為し得さる次第てあります。政府の閣下に対する同情の如何に深きかは十分御諒解を願はさるを得ないのてあります。如此閣下か万一の場合に安心し得る保障の出来たる上は閣下か電報に示されたる通り専ら東三省の治安維持文化向上に努めらるることと信します。而して其の施設は素より一にして足らさる次第てありますか、此際自分として特に施設せられ度、希望する事項か四点程あります。第一か鉄道の敷設、第二か産業の奨励、第三か朝鮮人の取締、第四か土地問題の便法解決てあります。茲に特に閣下の注意を願ひたいのは、此場合何か新しき利権を要求し、又は新規の問題を提案せむとするか如き考は毫もありませぬ。又希望事項とは申せ実は閣下か地方開発の為め当然実施せらるへき性質のもののみてあります。唯従来より懸案として解決せす夫れか為め地方啓発の障害となり、又日支の感情を阻害する虞ある諸点を除かんとする希望に外ならないのてあります。又此の問題に付特に御諒解を願ひたいのは、此の問題に関しては閣下と自分との二人の間に於て官職を超越して友誼的関係に基いて、懇談を試むるに留めて置きたいのてあります。大体に付話か纏た上は鉄道に就ては満鉄会社、其の他の事項に就きては奉天総領事と閣下との間に公式に協議することに致したいのてあります。

尚、終に附け加へて申上度は、此の希望事項は閣下の立場に就き十分なる考慮を廻し立案した積りてあります。而して自分として既に閣下より首相宛電報中にも明記せられたる主旨より推測して必す閣下の賛同を得へきものと信して疑はないのてあります。先にも申上けたる通り本問題は全く個人的の立場より御相談申上くる次第てあります。第一鉄道に付ては此際は新しき線は之を別物とし、差当り従来借款鉄道として深き縁故のある（一）長春より白都納を経て洮南に至る線（二）開原吉林間（三）吉林敦化間の三線に付速に満鉄会社と相談せられたいのてあります。

（張作霖）長春洮南線に付ては自分はよく諒解せさるも、洮南斉々哈爾の線のことにはあらすや。又此問題を決するには過激派との関係に付同時に考ふる必要あり。又斉々哈爾線か出来れは長春洮南線は不必要にあらすや。

（児玉）洮南斉々哈爾線は有利なる線なるも、是れは他日の問題とし借款線たる長春より白都納を経て洮南に達する線を選ひたる次第にて、殊に長春白都納間の線は有望なる線路なり。又閣下は鉄道と過激派との関係に付御心配の様子なるも、長春洮南線の如き鉄道と過激派とは何等の関係ありやは、自分の解するに苦しむ処てあります。

（張作霖）開原吉林の線は鉱物、農産物に付最も有利の線てある。奉天吉林か宜いといふ説かあるも、自分は開原吉林か一番宜いと思ふ。

（児玉）第二、産業奨励に付ては、満洲の特殊農産物たる綿花、柞蚕、羊毛、甜菜糖等の奨励に尽力を願たい。

（張作霖）是れは大に賛成なり。無論のことなり。

（児玉）第三、朝鮮人の生活安定を図り、不逞鮮人の取締を厳にし、特に国境一帯の治安に関しては、朝鮮警察官と協同して遺憾ない様配慮を願たい。

（張作霖）従来、朝鮮人取締は厳に失するとて朝鮮人から怨を買つて居る位たか、更に適当の方法か立ては夫に依り大に施設を致します。

（児玉）朝鮮総督府の警察官憲と相談して、適当の方法を講することとせは宜しからむ。

（張作霖）夫れにて宜しい。

（児玉）土地の問題に関しては、条約上の権利として商租の問題を速に解決せむことを切望す。

但此際は条約とは離れて閣下自身の取計にて一種の便法を設け、土地租借の便宜を得ることに致したい。自分の私見としては警察と課税とは支那の法令を遵守することとし、租借の期限を三十年と定め、若し之を更新する場合には、最初契約した時、租借料が千円と定めたる土地か更新の時期に於て千五百円の租借料と評定せられたるときは、夫れを標準とし、五百円丈を新しき租借料として支払ひ、又期限満了して解約せむとするときは、新租借料に相当する五百円を賠償料として貸主か支払ふと云ふ様な方法を執ては如何かと思ふ。而して、其の方法は閣下に於て自発的に告示を発するなり。又他の適当なる形式によりて、兎に角現行商租厳禁の布告を解き、之に代るに土地租借の便法を開かしむことを希望して息まないのであります。

(張作霖) 商租の問題は解決不可能にあらす。是れには日本側にも誤解かあるか、御話の如く一時の便法によるとなれは、解決は実に容易てある。自分も大なる土地を所有し居るか、大なる土地の租借と小なる土地の租借とは、或は方法も異なるてあろうから、之か実行に付ては、船津総領事と相談することにしよう。今説明せられたるか如き方法なれは、容易に実行し得ると思ふ。

(児玉) 是れにて大体の話は済たのてありますか、閣下の御考は如何てすか。

(張作霖) 自分は日本の厚意に対して心から難有感して居り、且閣下か関東長官として、又友人として与へられたる同情配慮に対しては、何事ても之に酬ゆるの考てありますから全部賛成同意の旨を直に政府に電報を打たれて宜しくあります。

唯兵器の問題に付楊宇霆より御願致たいことかあります。同人は日本語に通して居りますから、閣下に直接申上くるに便利てあります。是非御聴執りか願ひたい。

（児玉）　夫れは如何なる問題てすか。兵器を今は差上けることは絶対に出来ませぬ。又今迄御話した事は政府の意向の存する処に基て申上けたのてありますか、夫れ以外のことは仮令自分か承りても、何等御返事申上けることは不可能と信します。唯希望として伺つて置くに留まると考へますか大体如何なる事てすか。

（張作霖）　実は万一の場合に臨みては日本の援助により安心することか出来て、誠に難有く存しますか、目下東三省に於ては精兵主義を執る必要かあります。然るに目下訓練用の兵器に不足を告けて居ります。仍て之に関し外国より購入するか、又は何かの方法を講する必要ありと思ふ。此の点に付楊宇霆より御願申上度次第てあります。

（児玉）　其の事なれは仮令承つても自分には何等の御返事を申上兼ねます。又我政府は折角是れ程の厚意を表して居るのに何か不足かましき訴をなすは閣下の将来の為執らさる処てありましよう。閣下か日本の厚意に心から感謝の意を表し希望事項の如きも速に着手せらるるに於ては日本の同情は更に一層の深きを加ふることとなりましよう。是れ即ち閣下の為め最も賢明なる措置なりと考ふるのてあります。

（張作霖）　閣下の御注意洵に感激に堪へませぬ。

（児玉）　然らは是れにて全部の御話は修了したるか、最初に自分より口頭にて申上けたる御挨拶は将来の誤解を防く為め閣下に於て書き止めらるる必要かあるならは、時間切迫の際なれは便宜上閣下か筆記せられたることとして之の写を御留置きになつても宜しくあります。次に兵器の件は軍事上の機密に関する故、閣下の記憶に留むることに致たく、又、次に希望事項は閣下と自分との間に於ける個人間の話に過きさる次第なるも其の内容多岐に渉て居りますから記憶を確にする為双方にて記名して交換して置くことに致しては如何てすか。

（張作霖）全然御説に同意なり。仍て希望事項には早速に記名して双方に一本つつを保管することに致しませう。

（児玉）自分は五月初旬には上京致します。夫迄に自分より希望し置きたる事項に付何分の実施を見る様御尽力を願たい。

然らされは自分か東京に参りて閣下の誠意の存する処を説明するに困ることと相成るへし。

（張作霖）委細承知、早速船津総領事と相談して実施することに御約束を致します。

（児玉）序なから自分は旅順と内地との間に民間航空飛行を計画中なり。実施に臨み不時着陸の場合等に於て御心配を願ふことあるへく、其の節には十分御準〔ママ〕力願ひたし。

（張作霖）夫れは大変宜いことと思ひます。

尚双方に一本つつ保管したる文書は左記の通りてあります。

極秘

閣下か専ら東三省内の治安維持に努め益同地方に於ける文化の向上を図らんとするの方針に対し、満腔の敬意を表するものなり。而して此の目的を達成し、且つ日支両国の親善を永遠に鞏固ならしむるの主旨を以て左記の事項に付閣下の賛同を得んことを希望す。

一、文化の向上は交通機関の完備に待つこと多し。因て左の方法に依り速に鉄道施設の計画を立てられんことを希望す。

支那鉄道として差当り長春洮南線及開原吉林間並に吉林敦化間の敷設を決定せられたし。其の必要なる資金並に技術上の援助に関しては日本側に於て十分なる好意を有するに依り速に南満州鉄道会社と交渉を開始せられんことを希望す。

一、東三省の産業奨励の方針を確立し、主として特殊農産物即ち綿花、羊毛、柞蠶及甜菜糖等の発達に付特に奨励の方法を講せられたし。例へは支那側に於て産業奨励協会の如き組織を新設し、両国協同して之か発達を図るか如きは蓋し適切なる方法なるへし。

一、治安維持に関しては、種々の施設を要するは勿論なるか、差当り東三省内に於ける朝鮮人の生活の安定を図り不逞鮮人の取締を厳にし、殊に国境一帯に於ける治安に関しては朝鮮に於ける警察官憲と協同して遺憾なきを期せられたく、其の目的を達する為適当なる措置を執られんことを望む。

一、土地商租の問題は我政府に於て条約上の権利として速に解決せんことを希望す。但し此の際一時の便法として土地租借の方法に依り大体左の要領に準拠し、速に適当なる措置を執られんことを望む。

(一) 租借の土地に付ては支那の税権並に警察権を遵守すへきこと。

(二) 土地租借の期限は三十箇年とし、其の期限を更新する場合に於ては其の租借地の評価より従前の租借料を差引きたる額を標準とし、貸主に対する租借料を定むること。
期限満了の場合に於て解約せんとするときは、貸主は其の租借地の評価より従前の租借料を差引きたる額を標準とし借主に対し賠償料を支払ふこと。

大正十三年三月九日

児玉秀雄

張　作霖

〔註〕本文・別紙とも関東庁用箋にタイプ印書。児玉と張の署名原本は別に存在する。

8　大正13年3月17日～19日　児玉秀雄より満鉄・朝鮮総督府への通牒関係書簡・電報綴

①　3月17日　児玉秀雄書簡（川村竹治宛）

拝啓　今回外務省と打合の結果本月九日張作霖と内交渉を遂け、其の同意を得たる鉄道敷設に関する件、別記の通に有之候。

張作霖は東三省の地方開発に関し特に鉄道敷設の必要を認め速に貴会社と交渉を開始致度希望を有し居候次第に付、機会を失せす実施上の細目に付協定を遂け、鉄道線路の拡張に付一層御努力の程切望に堪えす候。右御内報旁得貴意度候。

追て、協議進捗の模様に付ては其の都度御内報相煩度併せて申進候。

大正十三年三月十七日

関東長官　伯爵

南満州鉄道株式会社社長　川村竹治殿

記

一、文化の向上は交通機関の完備に待つこと多し。因て左の方法に依り速に鉄道敷設の計画を立てられんことを希望す。

支那鉄道として差当り長春洮南線及開原吉林間並に吉林敦化間の敷設を決定せられたし。其の必要なる資金並に技術上の援助に関しては日本側に於て充分なる好意を有するに依り、速に南満州鉄道会社と交渉を開始せられんことを希望す。

2 3月17日　児玉秀雄書簡（斎藤実宛）

拝啓　曩に京城に於て大要申進置候処、本月九日張作霖と会見し其の内談中朝鮮人の保護取締に関し張作霖と内交渉致候事項、別記の通に有之候。本件に関しては張作霖は貴府警察官憲と協議を遂け、其の目的を達する上に付充分なる誠意を有し居候次第に有之候条、其の儀御了承の上、此の機会に於て速に張作霖と御交渉開始相成度此段申進候。尤も交渉方に付ては在満の領事並に本庁警察官との関係も有之候のみならす、従来の経過に付小官より御内話申上候方便宜と相考候に付、交渉担当員は先つ以て当庁へ向け御差遣相成候様特に御取計相成度、右御報告旁貴意を得度、此如に御座候。

大正十三年三月十七日

関東長官　伯爵

朝鮮総督　男爵　斎藤実殿

記

小官提出の希望事項

治安維持に関しては種々の施設を要するは勿論なるか、差当り東三省に於ける朝鮮人の生活の安定を図り不逞鮮人の取締を厳にし、殊に国境一帯に於ける治安に関しては朝鮮に於ける警察官憲と協同して遺憾なきを期せられたく、其の目的を達する為適当なる措置を執られんことを望む。右に対し張作霖は従来朝鮮人取締に就ては朝鮮人側より其の厳に失するの怨を買つつある次第なるも、此際適当の方法立つに於ては大に之れか施設を為すに吝ならさるのみならす、尚朝鮮総督府の警務官憲と協議することに付ても同感なる旨を陳述せり。

〔註〕欄外に「留置朝鮮」と書き込みあり。

3　3月19日　斎藤実電報

大正十三年三月十九日午後六時三五分発　　三月十九日午後九時六分著　至急親展

関東長官宛　　朝鮮総督

御厚配ヲ深謝ス。御書面拝見ノ上来月中ニ警務局長ヲ貴地ニ派遣御指示ヲ乞ハシムル予定、不取敢貴答マテ。

【註】「満鉄朝鮮への通牒　極秘」と書かれた封筒に封入。

9　大正13年3月20日　高橋電報（田中直通宛）

大正十三年三月廿日午後四時局発　　三月廿日午後九時二一分著

暗号　受信　田中秘書官　　発信　高橋

外務陸軍両大臣ニハ面接ノ上手渡シ、総理大臣ハ旅行不在ニ付木下書記官ニ手渡シ受領書ヲ徴セリ。御留守宅ヘノ届物モ差上タリ。小官身上ニ付深ク御礼申上ク。長官ヘモ宜敷願フ。

10 大正(13)年3月21日 児玉秀雄電報綴(清浦奎吾・松井慶四郎宛)

1 (3)月(21)日 児玉秀雄電報(清浦奎吾・松井慶四郎宛)

総理大臣・外務大臣宛　児玉

暗号

白川軍司令官沿線視察ノ途次十八日奉天ニ於テ張作霖ニ会見セリ。其ノ談話ノ要領左ノ如シ。
(一)軍司令官ヨリ重テ兵器集積ノコト並ニ集積場所ニ就キ内談シタルニ、張氏頗フル満足ノ意ヲ表シ且ツ自己ノ地位ニ付安心シタル模様ナリシ趣。(二)張氏ハ過日鉄道敷設等児玉長官ヨリ希望セラレタル事項ニ就テハ着々実行スヘキニ付、其旨児玉長官ヘ伝言セラレタシト申出タリ。
(三)次ニ北京政局ニ関シ曹大総統ハ糖尿病ニテ頗ル重患ニ陥レリ。中央政界ハ之レカ為メ動揺ヲ来シツヽアリ。(四)目下ノ政治問題トシテ最モ重要ナル露支協商ナリ。本件ニ付テハ、特ニ自分ハ代表者ヲ北京ニ遣シ強硬ナル態度ヲ以テ之ニ臨マシメツヽアリ、而テ就中東支鉄道ノ問題ハ支那全体ノ重要案件ナルノミナラス、東三省ニ最モ緊切ナル関係ヲ有スル重大案件ナルガ、日本ニ執リテモ其影響甚タ大ナルモノアリト云フヘシ、自分ハ飽ク迄モ日本ト同一ノ態度ヲ以テ進ミタキ決心ヲ有スルニ付、日本政府ノ之ニ対スル方針ヲ承知シ度モノナリト陳ヘタル趣ナリ。
○蓋シ東支鉄道地位ノ変動カ我カ南満鉄道ニ及ホス影響ノ甚大ナルコトハ今更申ス迄モナキ次第

ナリ。而テ東支鉄道ノ将来ヲ考フルニ（一）支那カ全然買収スル場合、（二）現状維持ノ場合、（三）鉄道ノ管理カ労農政府ニ移リタル場合、（四）各国ノ共同管理ニ属シタル場合ノ四ノ場合ヲ想像シ得ヘシ。此際政府ノ本問題ニ対スル所見ト並ニ大体方針ノ内示ヲ得バ、本官ハ施政上大ナル便宜ヲ得ン次第ナリ。○想フニ露支ノ交渉ハ今ヤ紛乱ヲ来タシツ、アリ。此機会ニ於テ張作霖ヲシテ我ニ有利ナル態度ヲ持セシムルコトハ独リ東支鉄道ノ問題ヲ解決スルニ便宜ナルノミナラス、我カ対露政策上ニ付テモ利益スル処少ナカラサルヘシ。幸ニシテ張氏ハ我政府ノ好意ニ対シ深ク感激シ、何事ニアレ我政府ノ為メニ尽力セムトスルノ意向ヲ有スル次第ナルニ由リ、此際我政府ニ於テ速ニ東支鉄道ニ関スル大体方針ヲ定メ、張作霖ヲ指導スル立場ヲ保チ、張氏ヲシテ同一歩調ニ出テシムルコトハ本問題解決上緊要ナルコト信ス。偶々白川司令官ト張氏トノ談話ニ関聯シ御参考迄ニ右申進ム。

2 3月21日 児玉秀雄電報（清浦奎吾・松井慶四郎宛）

清浦総理大臣・松井外務大臣宛　　児玉長官

三月二十一日午後八時半発　写　　極秘　児玉　大正一三、三、二二　　暗号（内閣）

白川軍司令官ハ初年兵現況視察旅行ノ途次奉天ニ立寄リ、十九日夕張作霖氏ノ非公式招宴ニ臨ミタル処、張氏ハ凡ソ左ノ通リ語レル趣ナリ。（一）過日児玉長官ヨリ申出アリタル鉄道敷設等ノ事項ハ着々実行スヘキニ付、此ノ旨長官ヘ伝言アリ度シ。（二）北京政局ニ関シ曹大総統ハ糖尿病ニ罹リ目下頗ル重態ナル為、中央政界ハ動揺ヲ来タシツ、アリ。（三）現下ノ政治問題トシテ最重要ナルハ露支交渉ナリ。故ニ特ニ代表者ヲ北京ニ派シ強硬ナル態度ヲ以テ之ニ臨マセツ、アリ、就中東支鉄道問題ハ支那全体ノ重要案件タルノミナラス、東三省ニ取リテハ最大緊切ノ関係ヲ有ス。恐ク日本ニ於テモ大ナル影響ヲ感スヘシ。自分ハ飽迄日本ト同一態度ヲ以テ進ミ度キ決心ヲ有スルニ、付イテハ日本政府ノ之ニ対スル方針ヲモ承知シ度キ次第ナリ云々。

惟フニ東支鉄道ノ地位ノ変動カ我南満鉄道ニ及ホス影響ノ甚大ナルハ今更申ス迄モ無ク、今ヤ露支ノ交渉紛糾シツツアル機会ニ於テ張氏ヲシテ我ニ有利ナル態度ヲ持セシムルコトハ単ニ東支鉄道問題ニ対スル我政策上便宜アルノミナラス、対露政策上利益スルトコロ尠カラサルヘシ。幸ニシテ張氏ハ今ヤ我政府ノ好意ニ対シ深ク感激シ何事ニアレ帝国政府ノ為ニ尽サントスルノ意嚮ヲ有スル次第ナレハ、此際帝国政府ニ於テ東支鉄道ニ対スル大体方針ヲ定メラレ以テ張作霖ヲ指導スル立場ヲ保チ、彼ヲシテ我ト同一歩調ニ出テシムルコト緊要ナルヤニ思考セラル。白川司令官ト張氏トノ談話ニ関聯シ何等御参考迄ニ申進ス。

〔同封〕　水野梅暁　第二回情報　大正13年3月22日

大正十三年三月二十二日

第二回情報　　水野梅暁

去る十三日出発昨二十一日まで旅順、大連、金州方面を旅行せる観察の結果を略述すれは左の如し。

第一、旅順の児玉長官は明治三十八年金州半島租借以来殆んと支那と没交渉にて租借地域及満鉄沿線付属地の行政のみに没頭せるの非を悟り、今や対支関係は勿論差当り如何にして満蒙政策を確立するやに鋭意せられつつあり。

第二、満鉄の幹部諸氏は満蒙に於ける現状展開は鉄道網の促進以外には何等の良策なしとし、四鄭、洮白線敷設の経験に鑑み真面目にそが実現を期すへく鋭意せられつつあり。

第三、金州にては岩間徳也君（南金公学堂長にして王省長の顧問）の語る所に依れは、由来王省長は東三省の絶対平和論者なるも、張氏の容るる所とならすして苦しみつつありしに、過般楊宇霆が日本より帰来後張氏も日本の意図に反して奉直開戦の不利を考慮しつつある際、児玉長官の訪問に依り一時的とは云へ自ら進んで開戦せさる事に決定せる由なるも、未だ本心より平和政策を賛せるものに非らすして機を見て雌雄を決せんとするものなれは、王氏の立場も中々困難なりとの事なりし。

されとも以上の三点は今後の東三省問題を解決する上には何れも重要なるものにして、小生は東三省前途の為に大に楽観するものなり。

何となれは租借及付属地問題にのみ没頭せる傾ありし関東庁が前記の如く時代の要求に応して其軌を改めんとし、満鉄が漸く従来の態度より一変して満鉄本然の使命推行の決意を為し、張氏も消極的とは云へ大勢逆行の非を悟り徐に其機の来るを待たんとするが如きは、従来の満洲を見たる予の眼には少くも多大なる変化として之を特報するの価値あるのみならす、将に新たなる東三省の実現に一歩を進めたるものと云ふへく、要は従来の行掛より離れ此の気運に乗して新政策を確立すへきものと信せらる。（完）

【註】封筒表「関東庁官舎　山崎外事課長殿　秘親展」、封筒裏「児玉秀雄　十九日張会食、前一時間」と鉛筆で書かれた封筒に封入。

11　大正(13)年3月21日　阪東末三書簡

敬啓者　愈々御清穆大賀の至に候。却説御離奉の際御下命相成候会見録引続ての多忙の為異常に遅引御寛容祈り上候。或は談話交換の順序、或は其の骨子等に於て前後又は差異の点可有之と被察候へ共、御参考迄に御左右に呈し候。万一甚しき差異等有之候際は、恐れ入候へ共小生か将来本件に関し作霖に進言し、又は其顧問に応ずる迄に於て必要に有之候条、御指示御訂正相仰ぎ度候。次に総領事は土地問題に対して閣下か余りに具体的に説明せらるゝ処あらざりしやとの懸念有之もの、如き口吻有之候に付、右は単に該文書の上に於て小生をして通訳せしめられたるに止る旨申置候に付、為念右申添候。敬具

三月念一　　阪東末三

児玉長官閣下

重て本件送付の遅引を御詫ひ申上候。

〔別紙〕　長官総司令会見録　大正十三年三月九日午后二時　阪東末三

大正十三年三月九日午后二時　長官総司令会見録

三月九日児玉関東庁長官は東京より帰任の途次、田中秘書官及其他随員を帯同し、仝日午后二時張保安総司令を往訪、相互寒暄を叙したる後、各随員は別室に転じ、長官と総司令との間に左の談話交換せられたり。通訳として阪東顧問之に侍す。

総司令　今回長官上京中は自分の事に就き多大の御配意を忝ふしたる趣は曩に赴東帰来せる楊総参議の復命により承知し感謝の至に堪へず。殊に長官が各要路に対し為されたる言議が如何に重要視せられたるかを仄聞し、更に感激を深くせり。

長官　今回上京中総司令より各要路大臣に致されたる書信並に自分を経て送られたる総理大臣及外務大臣宛電報の次第は直に夫れ々々伝達すると共に、自分が総司令の立場を最能く諒解し、又最深く同情するものなるを以て、能ふ限の説明を為し、各其諒解を得て帰任の途に就きたるものなるが、其齎したる処を語るに先立ち承知し置きたきは、総司令の意図及一般の情形等は自分の出発以前と変化なきや否やに在り、若変化ありとせば将に語らんとする処の根本理由を失ふ事なるを以て贅言するの要なし。

総司令　貴問の情形に就ては些の変化なきも自分が前に機を見て直隷に一撃を加へ、其鋭鋒を挫かんとしたるに対し長官より愚息を通して其不可なる事を注意せられ　又日本側の知人は悉く中止を可とする意見なりしと、殊に既に所謂機を逸したる事にもあり、全然之を中止せり。然れとも右の一撃を加へんとするの計画は自分に於て事を好むにあらずして、万止むを得ざるの計に外ならざるなり。

長官　貴答により別に変化なきは了承したり。自分は東京に於て各方面に対し総司令の立場を説明し、且つ其戦を好むものにあらずして万止むを得ざる場合を顧慮し、日本の援助を要望する次第にして、総司令としては一意東三省の安寧秩序を保持し、所謂保境安民の目的を達せんが為に兵器の供給を希望するものなるを説明せり。

総司令　自分は戦はんが為にするにあらざるも、彼直隷側にして我が省内に兵を進め秩序を擾さんとするが如き事あらば、止むを得ず之を阻止するに足るの準備を要する次第なり。

長官　日本朝野の総司令に対する同情、好意は比すべからざるものあるに、自分在京中、総司令に於て反て尚不満足なる態度あり云々、安奉線の回収運動起れり、或は関東州に於ける司法権回収の申込を為せり云々等の報伝はり、我国各新聞紙は挙て之を論議し、上下の感情を害したる事あり……

（総司令が之を聞き、長官の談未だ終らざるに左の弁解を為したり）

総司令　之れ等は悉く謡言浮語に過ぎず、関東州の司法権云々は司法官憲より稟議し来れるに対し張交渉員は軽率にも何等考量をも加へず、自己の考のみにて直に公文を以て之を領事館に申送りたるものにて、右に対しては充分に審議せる上、総領事と面商せんか、総領事に於ても或は喜んで商議に応ずべかりしに、彼の慎重を欠きたる徒らに事を大ならしめたるものなるに付、今回之を罷免せり。一方領事館側に於ても之を直に新聞紙に漏らし事を益々大ならしめたる嫌あり。

長官　自分は之れ等朝野の誤解に対しては、極力総司令の誠意の在る所を知らしめ、一般の悪感情を一洗し、諒解せしめ、且総司令の希望を満たさん為、相当苦心し、尚自分は前にも説るが如く総司令の立場に同情するものなるを以て良好なる土産を携ふるに非らざれば、帰らずと決心し、職を賭して百方尽力の結果、幸に首相、外相等の同情と同意とを得たるを以て、今日再総司令と此処に会晤し得たるを喜ぶ次第なり。

総司令　長官の好意と尽力に対し重ねて感謝す。

長官　首相より齎たる趣旨は、総司令が東三省の治安を維持し、且省内に於ける根拠を鞏固ならしむる事は最良策にして、我国上下の同情する処なるのみならず、又援助を与ふるに吝ならざる処なり。総司令が益々自重し、平和の裡に人心を収むるに努力せんか、何人たりとも辺境を窺ふもの無かるべく、万一斯かるもの有り、東三省の治安を乱さんとせば、東三省に剴切なる利害関係を有する日本は、晏如たる能はず。従て機を逸せず相当の相談に応ずるの覚悟を有すと云ふに在り。而して今説きたる処は、多少模糊の憾なき能はざるも、最後の一節「機を逸せず相談に応ず云々」に多大の意味を含むものにして、即ち総司令希望の武器は之れを適宜の地点に集積し置き、万一の場合には機を誤らず交付するの意なり。其集積せんとする武器は差当り小銃、仝弾薬及砲弾若干なるが、右に関しては事自ら軍司令部側に属する事なるを以て、軍司令官より詳細談話あるべしと思考す。又其種類、数量等も唯々之に止まらず、一旦之を交付するの止むなき事件に遭遇せば、其事件を終了するに足るの供給を為すものと思考す。

総司令　感謝の外なし。但し兵器の件に関しては、一言考量を煩はしたき事あるも、長官の談話終りたる後、語らんと欲す。

長官　前説以外に亘るものは到底応ぜらるべきものにあらず。自分は総司令に同情せる結果、如前の我政府の方針を伝ふるに至れるものなる事を諒解せられたし。総司令は専念東三省の治安維持に努め、文化向上を図るとせば、其の施設たる諸種に亘り枚挙する能はざるの多数のものあるべきも、自分に於ては此際四条項の希望を有す。右は何等新利権を獲得せんとするものにあらずして、一面多年に亘れる日支両国の疎隔を除き、他面東三省地方の利源開発に対する障害を排するにあり。即ち従来懸案たりし案件の重なるものを解決するに在り。本希望たる自分が総司令の立場を充分に考慮し、選択したるものにして、総司令が曩に首相並に各大臣に宛たる信書及電報に徴するも、総司令は全然同意なる事は信じて疑はず、又本希望は長官とし総司令としての立場を離れて要望進言する処のものなり。

一、地方の開発、文化の向上は交通機関の完備と否とに関する事多し。故に速に鉄道敷設の計画を立てられたき事、即ち支那鉄道として差当り長春洮南、開原吉林、吉林敦化の三線路敷設決定を希望す。而して之に要する資金並に技術は、日本に於て好意を以て援助するを以て、速に南満鉄道会社の商議を開始せられたし。

総司令　長春洮南線？通訳の誤にあらずや。洮南斉々哈爾線なるべし。今や四洮線は開通し、之を斉々哈爾に延長すとせば、非常に有利なるものあり。然れども洮南斉々哈爾線なりとせば露西亜側との関係を考量せざるべからず。就ては日本の対露方針を承知したく全方針に従ひ決定すべし。

顧問　誤訳にあらず。長春洮南線なり。即ち伯都納を経てするものなりと。
総司令　果して然りとせば鄭家屯洮南線は無意味に終るなきか。
長官　前説三線路共に何等露西亜側に関聯する処のものにあらず。又新線路を指定したるものにあらずして年来借款鉄道とし、解決を見ざりしもの、中、其最有望にして日支両邦共に利益あるものを先づ挙弁せんとするものに外ならず。
総司令　了解せり。開原吉林線は最有望なり。民間亦此説喧し。
長官　二、は産業奨励なり。一定の方針を立て特種農産物即ち羊毛、綿花、柞蚕及甜菜糖の発達に対し奨励する事、之を例せば支那側に於て産業奨励会の如きものを設立し、日支両国協同尽力するが如きは最適法ならん。
総司令　之は勿論の事にて賛同する処なり。
長官　三、治安維持に就てなり。右は自ら多くの方法あらんも、先づ東三省に於ける鮮人の生活を安定ならしめ、其不逞の徒は厳重に取締を為し、又国境方面に於ける此等取締に関しては朝鮮側の我警察官と協同して遺漏なからしめん事を望み、尚ほ之か為適当なる措置を執られん事を希ふ。
総司令　鮮人の取締に対しては、夙に厳令する処あり。彼等不逞鮮人は日本人に対する以上に自分を憎悪し、今や自分は其怨府となれる観あり。
長官　之か取締に就ては朝鮮側の我警察官と協同事に当るとせば、多大の好果あるべきを以て、其国境方面に於けるものに対しては協同取締せられん事を望む。

総司令　諾。

長官　四は土地商租の事なるが、之は我政府は条約上既得の権利として速に解決方を希望する所なり。然れとも此際一時の便法として租借の方法に循ひ、次の如き案を骨子として直に適宜措置あらん事を望む。

一、土地を租借する者は支那の税権及警察権を遵守すること。

二、租借の期限は三十ケ年とし、更新の場合には該地の評価額より従前の租借料を扣除したる高を標準とし、租借料を定る事。

期満たる際、解約の場合は其地の評価額より従前の租借料を差引たる高を標準とし、地主より借地人に対し賠償する事。

（本件条項に就ては、長官は予め浄書準備しありたる書類を呈示し、阪東顧問をして仝書類に就き通訳説明せしめらる。）

総司令　土地商租に関しては、解決不能と云ふ次第にあらず。日本側に誤解あり、懸案となり来れるものと記憶す。然るに一時の便法として条約と離れ、方法を講ずる事は極めて容易なりと思考す。自分も相当大なる土地を有し居るを以て出租するも可なり。細密に亘りては総領事と商議すべく本件は容易に解決すべし。

長官　之にて略ぼ言はんと欲する所を了したるが、之に対し貴見を承知したし。兎も角今回の事に関しては、自分に於て最善の尽力を為したる次第なるも、適ま上京し来れる楊総参議の各方面に対してせる説明、殊に船津総領事の多大の尽力与て力ありたる事を承知ありたし。尚ほ一言す。本日伝へたる我政府の決心は、単に一、二閣僚の言にあらずして、閣議に於て決定せられたるものなるを以て我国是と称し得べく、従て将来我内閣の更迭等の政変あるも、重大なる事由あるに非らずんば一定不変のものなり。

総司令　日本の好意に対し謝すると共に、長官の同情尽力亦感謝の外なし。長官の説く処は悉く同意なり。但し兵器の事に関して後刻日語を解する楊をして往訪、詳細言はしむる所あるべきを以て御配意乞ふ。

長官　如何なる事なるかを詳にせざるも、兵器を直に交付するが如きは到底企及に難き処なるは、前に説けるが如し。本日語れる処は個人とし説きたるも、政府の意を伝へたるものなるを以て右以外の事は自分に於て拝聴すべきも、之に満足なる回答を与ふるは不可能なりと思考す。然れとも希望条項ありとせば、之を聴取し其筋に取り次ぐの労を厭ふものにあらず。其楊をして言はしめんとするは大略何事なるや。

総司令　万一の場合を機を逸せず商議に応ず云々との事なるも、今回貴国各要路者より得たる書信は悉く自分に対し軽挙を戒め、自重し実力を養ふべしとの懇切なる注意を受け居り、自分も之に従ひ保境安民の実を揚ぐべく努力すべきも、此の目的を達成せんが為には、平素軍隊を教練訓育し置くの要あり。然るに之が訓練に要する兵器をも欠きつゝある次第なり。左すれば之が供給を外国に仰がんとせば二重の資金を要するの苦あり。要するに楊をして委曲明に説かしむべし。

長官　兵器を直に処置するか如き事は自分限にて回答し難き事なるが、楊氏より聞く処あるべし。要するに今回の我国の好意に対し総司令に於て之に悖るが如き事なからんことを切望す。又我希望条項は可成速に実施する事に努められたし。

総司令　長官の注意を謝す。

長官　本日交換せる談話は他日の誤解を避くる為、大略茲に浄書準備せるものあり。右総司令が自分の談話を備忘の為、書き記したるものとし、一部を交付し置くも可なり。而して本希望条項たる単に貴我両者間の事なるも多岐に亘れるを以て、本書に双方署名し置きたし。

此際総司令は更に何事をか語らんとしたるも、長官は重ねて本日の談話に対する総司令の賛否を問ひ、其の同意なるを答ふるや長官は既に同意なりとせば之を一段落とし、一と先づ署名せんとて前顕書類の末尾に日附を記入し、長官先づ署名し総司令亦遅疑らる処無く署名を了したり。

長官　自分は来る五月には更に上京の予定なるを以て、上京前に本希望条項は何等かの実施を見るに至り居らん事を希望す。若果して実施せられ又実施期に入らんとする迄に進み居るとせば、自分は之を親しく報告する処あるべく、左すれば総司令に対する我か好意同情は翕然としてより大なるものあるべきは明なり。

総司令　了解せり。万事総領事と商議実行すべし。

右終て談は過般支那側にて試みたる奉営間飛行機航空に及び、長官は自分に於ても朝鮮経由関東州日本間の航空開始を計画しつゝあり、開始の暁或は支那地に不時着陸の止むなき事あるべく、斯かる場合は誤解なく充分の便宜と援助を与へられんと述べ、進んでは、本航空開始は時に総司令に利便あるべしとの意を仄かしたし。

大正十三年三月十五日

阪東顧問手記　阪東印

〔註〕封筒表「張司令会見録原稿」、封筒裏「関東庁」。中封筒表「在旅順関東庁　児玉長官閣下」中封筒裏「阪東末三　奉天淀町五番地　電話一四七二番　大正13年3月21日」。消印13・3・21。「張作霖と会見の要領」下書き草稿あり。

12　大正(13)年5月22日～29日　張作霖申し出に関する電報・書簡綴

[1]　5月22日　本庄繁電報（畑英太郎宛）

軍務局長宛　　本庄少将　　秘

電報訳　　五月廿二日午前八時十二分発　　午前十一時二十分着

左記児玉長官ニ伝ヘラレタシ

左記

曩ニ阪東ヲ経テ張作霖ヨリ申入レタル我対露方針承知シタシ云々ニ関シ、更ニ左ノ申出アリ。其ノ指示ニ付確メノ上何分ノ回電ヲ乞フ。

呉佩孚ハ政略上ヨリ露国ヲ承認シ以テ東三省ヲ牽制セントシ、屢々北京政府ニ迫リ或ハ肉身ノ者ヲ浦汐領事ニ任命セシメタリ。然ルニ露国ハ交渉ノ大部ハ東三省ニ属スルモノナルヨリ地方的ニ直接我レト交渉セントシ、有利ナル条件ヲ提出シ来レリ。就テハ東三省目下ノ立場上寧ロ露国ノ秋波ヲ迎ヘ、之レト商議決定セサルヘカラサルノ羽目ニ立至レリ。但シ日本ニ於テ差支アリトセハ更ニ之レニ適応スルノ法ヲ講スルノ必要アリ。事情切迫セルカ故ニ大至急右ニ対シ日本ノ意嚮ヲ詳細承知シタシ云々ト。

右領事ニ伝へ外務省ニ情況電セリ。

〔註〕封筒表「□区薬王寺町三二　児玉秀雄閣下　至急　親展　特使」、封筒裏「畑軍務局長」。スタンプ「陸軍省」。丸印にて石川。添付メモに「及回送候也。畑軍務局長　児玉長官閣下」。とあり。

2 5月23日　畑英太郎電報（本庄繁宛）

本庄少将宛　　軍務局長
陸軍暗号　　五月廿三日発電
本庄少将　　児玉

児玉長官ヨリ○貴電拝承、本件ニ関シテハ外務省ヨリ船津総領事ニ何分ノ訓電アル筈ニ付、同官ヨリ御聴執ヲ乞フ。

3 5月29日　高尾亨書簡

拝啓　今朝は失礼仕候。其節御話の松井外相より船津総領事への電訓別紙写呈貴閲候。右は何卒閣下限り御内聞に附せられ度為念申添候。敬具

大正十三年五月二十九日　　高尾秘書官

児玉長官閣下

〔別紙〕 5月24日 松井慶四郎電報（船津辰一郎宛）

在奉天船津総領事宛　　　　松井大臣　　　秘

大正十三年五月廿四日発電

張作霖申出ニ関スル貴電ニ関シ

在哈爾賓労農代表者カ果シテ張作霖ニ斯ノ如キ条件ヲ提出シタルモノナリヤ、又若シ斯ル申出ヲ為シタリトスルモ、其ノ真意如何ハ当方ニ於テ之ヲ判断スルヲ得サルノミナラス、本件ハ張ヨリ公然申出テタル次第ニモアラサルニ付、立入リタル我方意嚮ヲ回示スル必要ナカルヘシト思考スルニヨリ、貴官ハ直接又ハ本庄少将ヲ通シテ張作霖ニ対シ、同氏カ満蒙ニ於ケル日本ノ地位ニ顧ミ、毎度乍ラ此種事件ニ付我方ノ意嚮ヲ求メ来ルハ我方ノ大イニ諒トスル所ナルカ、本件ニ付労農側カ張氏ニ如何ナル交換条件ヲ要求スルヤ等露西亜側ノ真意ヲ充分ニ承知セサル限リ、当方ハ賛否ニ付何等ノ意見ヲ回示シ得サル次第ナルカ、露国側ニ於テハ或ハ奉天派ト直隷派トノ乖離ヲ利用シ、双方ヲ牽制セント企テ居ルモノニ非スヤトモ推察シ得ヘキニ付、此等ノ点ニ付テハ相当注意ヲ要スヘシトノ趣旨ニテ適宜回答シ置カレタシ

〔註〕欄外「秘、写」。

【註】封筒表「内幸町関東庁出張所　児玉長官閣下　必親展」、封筒裏「五月二十九日　高尾外務大臣秘書官」と書かれた封筒に封入。

13　大正（13）年6月23日　児玉秀雄電報（中山佐之助宛）

中山局長宛　　児玉

六月廿三日一時半発　　暗号

昨日樺太方面ヨリ帰京シ本日新任ニ対スル挨拶ヲ兼ネ総理大臣ニ面会セリ。席上総理大臣ヨリ張作霖ノコトニ付質問アリタルニヨリ満州ニ於ケル政治経済上ノ大要ヲ陳述シ、現在ニ於テ何等不安ノ兆候ナシト申置キタリ。小官ハ政府委員トシテ議会中滞在スヘシトノコトニ付其旨了承ヲ乞フ。従テ不在中万事宜敷御頼ミ申ス。

14　大正（13）年7月27日　小泉策太郎書簡

粛啓　御在京中は度々失礼をかさね恐縮に存じ候。御帰任後は御留守中の整理又中央政府の方針に順応する行政財政之緊粛など御多端の程拝察仕候。旅順の炎熱は内地に比して凌ぎよしとの説も聞及候へ共、小生未だ体験せず、在満人のまけ惜しみならずやとも思はれ候。只朝夕の爽涼は内地の溽暑よりは正に快よかるべき歟、何にしても御養生願はしく候。扨取引所整理統一の儀に付ては略ぼ御同意を得たるを信じ、小生も宿論実現の機会に於て大連の関係を遁かるゝを楽しみ居候。問題は複雑なるに似て其実は極めて簡単に候。関東庁に於て先年関東洲取引法を制定せるは則ち此勅令に由りて取引所政策の標準を定めしに外ならず、現在の官営に係かるゝ豆と銀の取引所は名は官営にして、実は民営の信託会社をして業務を執行せしむる変態のものなることは明らかなり。従て彼の勅令を制定する時現在の取引所を勅令に遵由する民営に移すの約束なりしも、勅令実施則ち株式、商品取引所創業後未だ一ケ月を経ざる時に俄然として財界の恐慌起りし為に、関東庁が政府に対する約束履行の機会を逸して今日に及べり。其後山県長官時代に長官は小生の説を容れて官営を民業に移さんとし、其前提として信託会社の増資を許可せり。而も当時は財界動揺して適所に帰着せさるを以て各関係者の利害の一致点を見出す能はず。長官にして実行の勇気あるも実現は甚だ困難なるを想はしむるものあり。小生等も敢て之に触るゝことを憚かりたる次第に候。然るに今日となりては株式取引所をはじめ他の官営関係の信託会社の株式は空しく銀行の庫中に死蔵罷候。たとへ其株式に市価の標準ありても実際売買は杜絶して所有者も又之を担保として預かり居る銀行も全然行詰まりの状態なれば、経済界救済の意味のみにても統一の必要あるのみならず、取引所政策の上から観ても亦必要あることは已に御耳に入れたる通りに候。御帰任後御調査あるべしとの御言葉なりしも、属僚輩の意見を徴され度、必ず反対すべく、又関係会社の重役等に聞きても彼等は高所の着眼を欠くべし。何事にも多少の困難は免かれざるべく候。殊に此問題に限りて容易に解決すべしとは信じられず候へ共、統一は中央の方針に出づるとして多少の威圧を加ふれば成功すべく、小生の方にもそれ〴〵銀行筋及び関係者を勧説するに努め可申候。小生には多大の利害関係もあり且又栄辱も伴ふ問題に付如此進言も聊か心苦しく候へ共、之に由りて私利を計るに非ず、問題解決の機会には速かに退身して将来と雖も此種の利害問題に関係を絶ち全く身辺を清めて、一意他の方面に活動せんとする誠意に外ならざる事は何卒御賢察願上候。十月には必ず渡満可仕候へ共、此事件の模様次第にては何時にても罷出で相当の時日を費しても不苦候。委細は門田及び森美文と申す者に申付け置候間、随時御招致の上彼等の意見を

も御徴し被下度願上候。楮墨意を尽す能はず大要御一瞥を希ふ而已に候。草々頓首

七月廿七日　　小泉生

児玉伯爵閣下

〔註〕封筒表「旅順　関東庁長官々舎　児玉伯爵閣下　鎌倉町大倉翠屛荘　小泉策太郎」。消印13・7・27

15　大正13年8月13日　関東軍参謀部特報

極秘　大正十三年八月十三日　　関東軍参謀部

特報（支那）第九三号

時局に関し貴志少将と張作霖との会談要旨

本書発送先　次長、次官

時局に関し貴志少将と張作霖との会談要旨　　（奉天報）

八月七日夜貴志少将は張作霖に面談し賓黒線問題を質問すると共に、過日洛陽にて視察せる不逞鮮人団と呉佩孚との関係を述へ、且支那現時局上、東三省は依然内部の整頓に努力し他力を顧慮せす自力を充実せは座して天下を制し得可きを説明し、殊に東三省軍隊教育の非実戦的なる将校の緊張味を欠ける洛陽、南京軍隊に比すれは大に遜色ありと注意したるか、之に対し張作霖の返答左の如し。

賓黒線は黒龍江省議会の企図なり。其目的は北満に於ける物資即ち雑穀、木材等を搬出するに

あるものの如く、之に「スキデルスキー」一派の関係しあるは事実なり。然し予としては本線敷設に関し何等関知せさるのみならす、其契約中保安総司令云々の事項ある為過日呉俊陞宛其理由を詰問せるか、昨日呉より次の返電ありたりとて其原文を貴志少将に示せり。其文意に依れは呉も亦何等契約に関知せす。依て詳細は取調への上回答す可しと。

張作霖は物資搬出の為企図する省民の鉄道事業には予は強て反対するを得すと語り、且省民の本企図は数年来の問題にて省民一般の熱望する所なり。故に此旨屢々鎌田公所長を通して満鉄に投資を勧告せり。然るに満鉄は未た之に応する意志なく、反て右企図の不成立を希望し居るか如きは遺憾なり。

「スキデルスキー」の父は巨万の富を有せしも其児之を消費して現時資力なし。故に若し満鉄に於て応せさるに於ては結局英米の投資を見るに至る可し云々。

要するに本線に関しては張作霖は強て反対の意志なし。故に現状を放任せんか本問題は更に進捗し将来借款団の物議を惹起するに至る可しと信せらるるも、或は何等か変形の方式に依り英米何れかの資本に依り、或は成立の運命を見るに至るやも計り難し。

多年の懸案たる賓黒線問題は今や具体化しつつあり。此際帝国としては速に根本策を決して出先き各機関を活動せしめ、張作霖を指導して本問題を我に有利なる如く解決せしむるを急務なりと信す。

在満不逞鮮人団の呉佩孚と連絡を有する事実は過日貴志少将の洛陽に至りて認識せる所にして、当時直に此旨本庄少将に通し張作霖に警告し置きたるか、以来張は真面目に在満不逞団に着意し来れるものの如く、貴志少将の警告を謝し且次の如く語れり。

不逞団の総本部は浦塩に在り、其他東寧、輯安、柳河、興京等鮮人部落の大なるもの十一ケ所に各機関を有せり。而して此各部落は必すしも不逞の徒のみならす大部は善良なる鮮人なり。然し此等良民は不逞団の圧迫を受け止むを得す沈黙しつつありて、掃討の為には注意を要すると共に困難を感する所以なり。彼等の武器は浦塩方面より輸入するものあるも、安東より民船に隠匿して密送するもの少からす。依て目下安東方面各警察には充分の警戒を加へしめつつあり。

湯旅長の討伐は相当の成績を挙け押収物品も多く、殊に多数の軍用手票を没収せり。今後猶各地を掃討する考へなるか、近く興京、柳河間森林地帯内に潜伏しある一団の討伐に着手する筈なり。

鮮人不逞団の行動は近時に至り大に其意義を一変せり。則ち暗中米人の煽動並呉佩孚の陰謀を加味したる是なり。従来彼等は単に独立を夢みたるに過きさりしも、今や米国人は時機至れりと彼等を利用し日本を圧迫して其勢力を駆逐すへく企画し、呉佩孚亦東三省の攪乱を準備すると共に予と日本との間に問題を惹起せしめて之を離間せんと画策しつつあり。故に予に於ても亦鮮人取締は従来の方針を益々徹底せしむる如く部下に訓令し禍根を一掃すへし。湯旅長の押収せる武器中に伊式小銃を有する如きは直派の密送せるものなるを証明せり云々。

要するに張作霖は鮮人取締に関し少からす覚醒せるものあるを認められ、今後掃討の励行せらるるを思はしむ。唯此際我邦として留意すへきは、良民の迫害を受くる、是なり。然れとも不完全なる支那軍警に完全の要求を望む能はすして、多少の犠牲を忍はさる可からす。若し支那軍警の討伐行為に対し軽々しく抗議を提出する如きことあらんか、此好機に会する不逞団掃討を挫折せしむるの憂ありと信す。

張作霖は談更に支那時局問題に論及して、米国の暗中飛躍を指摘して次の如く語れり。

最近米人の予か許に来り、和平問題に関して勧告する者あり。彼等は早晩日、英、米、仏の四国は調停に干渉すへく、此際日本は仮ひ反対の意思を有したりとて単独にて強硬なる態度に出つる能はさる結果引摺らる可し。故に東三省は日本のみに信頼する時は結局其立場に窮するに至るへしとて予を誘惑しつつあり。奉天米国総領事の如き、又は英米烟公司主の如き、屢々右の言を繰り返すも、予は今後情勢の変化如何に不拘、齢五十に達せる張作霖は絶対に曹錕の命に服従し能はすと一蹴し置けり。

日本政府の東三省に対する政策は内閣変更したりとて何等変化を来ささる可しと信するも、予は未た現内閣には連絡なし。而して予は前述の如く米人の誘惑を一蹴したるも、将来の為憂ふる所は直隷派の仮統一成立し、而も東三省に統一を強要したる場合之なり。

由来日本政府当局者は勿論、出先き各機関並顧問に至る迄支那局面の情況を殆と一定的に誤断しあるを思はしむ。即ち皆一斉に予に自重す可し、内部の充実を計りて軽挙を慎めは自然支那の天下は東三省の勢力下に入る可しと忠告せられ、今後に於ける直隷派内訌の増進、呉佩孚武力統一の蹉跌を予言せらるるを常とす。而して予は亦真の統一は成立す可しと信せさるも、仮統一の情勢必すしも成功せさるへしと楽観する能はさるなり。何となれは四川は已に表面のみなりと雖平定し、広東亦近く起ち能はさるの惨状にあり。而して浙江の盧督重囲に陥らは潰崩するか、或は老獪なる彼は其色彩を変化するに至るやも計り難し。局面如此変転し直派の仮統一略成立せる暁、東三省に対し最後の強要を加ふるに至れは茲に三省の運命に重大なる関係を生すると共に、予は従来の行懸上和戦何れかを決せさるへからす。而して右情況の推移は必すしも不可能なりと断定し能はさるなり。

日本は予に対し自重座して熟柿を味ふ可しと忠告せらるるも、若し面上に生柿を叩き付けらるる場合は如何。爾来予は幾度か顧問に対しては勿論貴志少将にも此言を繰り返すを以て再ひ自己本位より打算せる神経過敏の結果なりと冷笑せらるるならんも、真に予の杞憂する所は此点に存し、此場合日本政府は如何なる態度に出てらるるかを知らんと欲して止まさるなり。

予は米人の直隷派を支援し予を誘惑しつつあるは敵本主義にして、其底意呉佩孚、張作霖にあらすして日本勢力の圧迫、日米開戦に際する支那封鎖にあるを感知しあり。米人教育家の活動並米商人迄も政局に干与せんとする如き、其他最近に於ける半公然たる天津武器輸入の如き、其行動の漸次露骨なる、以て彼等の意気込を察知し得へく、又予の偵知せる所に依れは、上海に多数の武器を集積して直派に供給の準備をなしありと。

現時に於ける日米問題の緊張は確に支那要路者は勿論、軍部下級幹部迄甚大の刺激を与へつつあり。故に予か開催せる軍事会議に於ても往々日米開戦の場合を顧慮するの説出て、如此場合に於ては三省は直に直軍の攻撃を受く可きものと思惟しつつありて、対米論の話題に上ること少からす。

北京政府は予に対し依然和平調停の手段を捨てす、露支問題起て更に進まんとするものあり。従来幾度か使を派し条件を具して予に勧告せる所ありしか、近く又鮑貴卿来奉するものの如く、而も此間英米の藉口存するものの如し。予は勿論之に応するの意思なきも、前述形勢の推移に想倒せは又予に対する日本政策の如何に依り今より相当の決心を要するものと認め居れり。之を要するに予は戦ふへきか否かを今日を以て決せさるへからす。此決心の基礎は一に予に対する日本政策の上に置かさる可からす。請ふ、此意を諒せられ度しと、縷々数万言を費せり。以上は情報として単に張作霖の言を羅列せるに過きさるか、要するに彼れは英米の藉口たる和平調停統一強要の場合を顧慮し、自己に対する日本援助の程度を察知して態度を決せんと焦心し居るものの如し。而して援助の程度なるものは換言せは武器の供給如何にありて、従来の泣言と何等変化なし。然し彼の所謂仮統一、英米藉口の調停又必すしも可能性なきにあらさるを以て、帝国は一面彼れの憂慮を是認すると共に今より相当措置の準備に着手し置くの要〔後切れ〕

16　大正13年8月17日　阪谷芳郎書簡

拝啓　益御清祥奉賀候。先日拝眉の節満州財政整理の件に付御話あり、其節愚見の一端を申上をき候処、本件は小生も多年考へ居り候真に面白き問題に付、愚考を少しく具体に致し別紙入御覧候。果して実行の可能性あるや又得失如何高見伺度。匆々頓首

大正十三年八月十七日　　芳郎

児玉伯爵閣下

〔別紙〕 阪谷芳郎 満州幣制改革に関する意見書 大正13年8月16日

満州の貨幣政策に付満州督軍に左の勧告を為し其実行を促かすことは出来さるか支那全土に渉る財政の改革は勿論其一部分たる幣制改革の実行も困難なれとも、張作霖氏か其の勢力範囲内に於て幣制改革の実行を試むるは敢て大山を狭て北海を越ゆるの類にはあらす。

一、督軍は令を発し其領内に於る貨幣及ひ紙幣の統一改善を計ることを明にすへし。

一、督軍は造幣局を大連に設立し銀貨及補助貨を鋳造発行すへし。但其制は民国制定の貨幣条例中金貨を除き当分弗銀本位制に依るものとす。従て補助貨も必要の変更を加ふるを要す。

一、造幣局設立の資金は日本に於て供給すへし。但利子は五分以下とす。

一、造幣局の技術家は必要に応し日本より供給すへし。

一、満州に於て現在流通の銀貨及ひ補助貨は一切通用を禁止し、其内政府発行のものは期限を定め引換ふること。

一、右引換に要する資金は日本に於て供給すへし。但利子は五分以下とす。

一、督軍は特許を与へ満州中央発行銀行を大連に於て設立すること。

一、右銀行は兌換紙幣発行の特権を有す。但同銀行は官庁及ひ他の内外銀行との取引のみに従事し一般普通銀行の業務は取扱はさること。

一、右銀行の兌換紙幣は他の内外銀行を撰ひ之れと特約し之れを通してのみ発行及ひ兌換すること。

一、右銀行設立に要する資金は日本に於て供給すへし。但利子は五分以下とす。又必要に応し職員を供給すへし。
一、督軍は兌換紙幣製造の為め印刷局を大連に設立すること。
一、右印刷局に要する資金は日本に於て供給すへし。但利子は五分以下とす。又必要に応し技術家を日本に於て供給すへし。
一、督軍は現在満州に於て流通の内外紙幣は一切流通を禁止すへし。但官帖中引換の義務あるものは新紙幣と交換す。
一、中央発行銀行は右交換資金を供給すへし。但利子は五分以下とす。
一、本件改革実行後生する造幣局、印刷局、中央発行銀行の純益は督軍の収入とす。
但中央発行銀行の株主に対し先以て一割までの配当を引当るへし。

以上

大正十三年八月十六日

阪谷

（別約）

造幣局、印刷局、中央発行銀行は督軍監督の下に独立経営を切望すと雖とも、若し成績不良の虞あれは日本は忠告干与すへし。又日本の供給したる資金の返済了らさる間は、右三所は該資金の担保たるものとす。又返済以後と雖とも日本の諒解なしに外国又は外国人の干与することを許さゝるものとす。

〔註〕欄外に「備考　本案は満州自治の精神に基き満州人の立場より立案したる満州財政整理策の一なり」とあり。封筒表「関東州旅順関東庁にて　伯爵児玉秀雄殿　親展」、封

筒裏「東京市小石川区原町百廿六番地　阪谷芳郎　八月十七日」。

17　大正（13）年9月8日　本庄繁書簡

謹啓　閣下益々御清武慶祝の至りに御坐候。

陳は支那事件急に進展仕り着京後引止められ当分任地へ趣〔ママ〕任出来兼ね居り候。

閣下の外務大臣宛の御高見も拝見至極同感に有之、小子も去る二日着京以来総理、外相、陸相へ会見、愚見を呈し候次第、別に横田、犬養氏等へも事情縷陳致し、凡て事の重大を認め独り東三省の浮沈のみならす、場合によりては支那の協同管理を惹起せしめ、茲に日米の確執となるか、将又英米により日本の勢力の駆逐となるか、日本として大に考慮の時機なりとは了解せられ候得共、外務省は全然事勿れ主義、傍観にて張か勝つも呉か勝つも可なり、寧ろ成行に任せ勝負せしめた方か何時までも紛擾を繰返さぬ事となるべし位の御意嚮にて困り居り候。

陸軍は例に依りて熱烈、殊に田中大将の如きは是非共反直派に勝たしめさる可らすとの意見に御坐候。併し何を申しても政府の認知せさる範囲外に出つるは至難なる事情も有之、閉口に御坐候。幣原外相の如きは清浦内閣当時閣下を通して張使に云はしめたる東三省保安援助一件も御承知なく、又反対の意嚮に御坐候。併し此は少くも次官、局長等か承知致居る事に付、了解せしむるは難からすと存候。

而して張使か其軍を自衛の意味にて熱河、灤州の線に進めんとの事に付て色々陸軍部内にて詮議の上外務当局と打合せ、白川軍司令官へ奉軍の行動を控束せさる旨の電訓を発せられ申候。此は陸軍は好意の意味の下に出て外務は無関係主義に出て居り、結果は一なるも精神は同しからす候。例の集積武器の件陸軍にても先つ半数位にて、他は内地に扣置せんとの意嚮に有之、色々談し申居り候得共、尚躊躇致居候。此は御地出発前御依頼申上置候通り閣下より陸軍当局へ私信なりとも御恵送願上候。

要之に本事局に対し内閣の意見は未た何等決定する所無之、只閣員多数か漸次反直派に好感を有し来れるの程度に御坐候。此上なから閣下より台閣へ、少くも東三省の現状か一変するか如き事無之様、終始注意を与へられ度懇願の至りに御坐候。

乱筆御海容願上候。不取敢近況御報告迄。敬具

九月八日　本庄繁

児玉長官閣下

〔註〕封筒表「旅順関東庁　児玉長官閣下　至急書留」、封筒裏「東京陸軍省軍務局気付　本庄繁　九月八日」。消印13・9・12

18　大正(13)年9月8日　中島翻訳官報告

報告

小官は命を受け本月六日奉天に赴き翌七日張作霖に面会し、長官閣下の書状を手交し、時候挨拶の旨を伝達せしに、張は「最近の情報に拠れは直隷軍は愈々奉天討伐に決意し馮玉璋《〔ママ〕》、胡景翼の軍隊及第九、第二十三、第二十六等の各師を併せ約四師八旅の大軍を以て奉天に向ひ、進撃する

筈にて已に其の一部は山海関及び喜峰口方面に向ひ、活動を開始せり。自分（張）は従来日本の好意ある忠告を尊重し冷静自重の態度を持し居りしも、此上は自衛上必要の手段を執らさるへからす。故に敵軍の侵入に対し、之か防止の為、奉吉黒の全兵力を以て之に当り一方は山海関に一方は熱河方面に向て進軍する筈なり。是れ固より防禦の目的に出つるものにして毫も直隷に向ひ侵略の意図を有せさるを以て予め此点を諒承せらるる様長官閣下に伝達を乞ふ旨述へ、尚奉天に向はんとする直隷軍の兵力は十三万に過きさるも奉天軍は吉黒両省の兵を併せ十五万の精鋭を有すと豪語し、暗に勝算あるか如き口吻を漏らし意気軒昂の態を見受けたり。

在奉日本人顧問の言を綜合するに張か如上の決心をなしたるは、本月四日夜にして同日北京政府か奉天討伐を議決し、其の行動を開始したりとの情報に接したるより、従来段派の煽動及盧永祥よりの要望ありたるに拘らす冷静自重の態度を持続しありたる張は遽に其の態度を一変し決然直軍に応戦の手段を取るに決意し、翌五日直に其の部下軍隊に出動開始の命令を発せりと云ふ。彼か今回の態度を取るに至りたる原因に就ては、直隷軍か奉天に向ひ積極的行動に出てんとするの情報に接したること其の主因なるは勿論なるも其他にも副因と見るへきものあり。即ち

一、張作霖は江浙両軍の開戦前、江蘇軍の浙江攻撃に反対し、北京政府に向ひ警告の電報を発したるも、北京政府は之に耳を仮さす、遂に浙江討伐を決行せり。此儘黙視する時は甚しく彼の面目を損すること

二、従来張は盧永祥と互助の内約あり。江蘇と開戦したる今日義理合上之を傍観すること能はす。

三、浙江軍か若し敗北する時は奉天は孤立無援なる不利の窮境に陥り、将来直軍の攻撃を受くる

に至り、浙江と其の運命を同くすへきを以て今日に於て直軍を牽制し浙江軍の作戦を有利に導くの必要あり。

而して奉軍作戦の計画を内偵するに一部の兵力を以て山海関方面に当りて直軍の東進に備へ、他は熱河方面に進出し、同地方を占領したる上、熱河特別区と直隷省との接壌地区に於ける山嶽重畳なる地形を利用し、其の線に拠りて防勢を取り、其以上直隷省内に向ひ進撃せさる意図なるか如し。熱河は以前奉派の勢力範囲内に在りしも、奉直戦争の結果、直軍の奪取する所となり、爾来奉天は右翼方面より絶えす直軍の脅威を受け大なる苦痛を感せし所なるか、今回の機会に乗し之を奪取して奉直戦以前の状態に復帰せしむるは、守勢作戦上に於て最も必要なる手段なるへきも、其の外熱河は有名なる阿片密栽地区にして、其の収入年額二千円に達すと称せられ、同地の奪取は経済上に於ても至大の利益を得るに至るへし。是れ張か熱河進軍を決行せんとする真因なるか如し。然るに熱河は現在直派の手中に在り、米振標の率ゆる部隊其の他にて之を守備し、之に加ふるに直軍は今回新に軍隊を増派しつつある模様なれは奉軍の熱河進出は直軍より之を観る時は、奉軍の攻勢作戦と見做さるへく、茲に両軍の熱河奪取戦開始と同時に、全線に亘り激戦を誘起するの虞ありと観測するの至当なるか如し。

九月八日　　中島翻訳官

児玉長官閣下

19　大正13年9月10日　阪谷芳郎書簡

拝啓　八月二十九日付御書面九月一日到着拝見仕候。竜口銀行の件は御心配に存候。然し之れも好き御経験に候。同行の将来に付ては御心算も可有之、要するに斯る場合には間接直接を問はす亦官と民とを問はす財界主脳者の諒解を得をき候こと肝要に候。

浙江の戦争延て奉直の葛藤は或は終に欧米干渉の端を開き終には共同管理説燃上らんも計られす、実に由々敷大事に候。此際に於る日本の態度就中満州に対する方針は最も大切に存候。要するに

満州には動乱を波及せしめさること。

奉直何れ共恨みを買はさること。

共同管理には反対し、多数か之に決せは追随の態度を取り支那国民に好意を有すること。

共同管理となるも満州は別種の扱とし日支以外の兵を入れさること。

満州の自治を方針とし将来何人が督軍又は首脳となるも予め日本の諒解を要するの慣例を養成すること。

等は常に心に記憶すへき要点と存候。匆々不一

十三年九月十日　　芳郎

伯爵児玉秀雄殿

〔註〕封筒表「満州旅順関東庁にて　伯爵児玉秀雄殿　親展」、封筒裏「東京市小石川区原町百廿六番地　阪谷芳郎」。消印13・9・10

20　大正(13)年9月21日　呉佩孚書簡

児玉秀雄先生恵鑑

関山迢遞、音敬多疏。翹企徳輝、曷勝馳仰。比維賢労懋著、福祉蕃膺、定符私頌。佩入京展覲、奉命而行。一本国家統一之精神、恪守軍人服従之義務、鋤奸禁暴、衛国安民。私悃微衷、可与共見。敝国与貴邦壌地相接、唇歯相依、政府互具親善之心、人民尤多交歓之雅。鑑茲順逆之弁、必興培覆之情。久仰先生主持正義、夙重邦交。此後有須仰承大力之処、務望慨予賛助、俾利進行。将見友好鄰誼、益加親睦。慺慺之誠、当亦明達所賛同也。特函布臆。敬希鑑察。順頌台綏、惟冀愛照不儩

呉佩孚拝啓　九月廿一日

〔別紙〕訳文

拝啓　山海遠隔の地に離居せる為平素敬意を表するの機会を得さりしことを遺憾に存候。佩孚は入京以来大総統の命を奉して、一に国家統一の精神に本つき軍人服従の義務を恪守しつつあり。奸を鋤き暴を禁し国を衛り民を安せんとする微衷は已に御諒察の御事と存候。敝国は貴国と壌地を接し、唇歯相依り政府は互に親善の心を具へ人民は尤も交歓の誼多し。茲の順逆の弁に鑑み必す御援助の情を興すことゝ存候。閣下か正義を主持し夙に邦交を重することは久く欽仰する所に有之、此後閣下の御助力を仰く必要有之候に就ては、慨然として御援助を賜はり進行に便にせられんこと切望に不堪、斯くて友好の鄰誼は益々親睦を加ふるに至るへし。区々の誠意は閣下の御

賛同せらるる所と信し候。敬具

九月廿一日

呉佩孚拝

児玉秀雄先生

〔註〕封筒表「児玉秀雄先生　台啓　討逆軍総司令部」。

21　大正13年9月27日　末光源蔵報告（久保豊四郎宛）

大正十三年九月二十七日　秘

末光奉天警務署長

久保関東庁警務局長殿

張作霖邦字新聞通信員買収計画に関する件

張作霖は開戦当時宣伝戦に於て不利なりしに顧み、新聞通信其他の宣伝に関し特に留意し、開戦以来の戦況に付奉軍に不利なる報道は絶対に之を避け、一面直隷派宣伝防止に付ては種々の手段を講し、曩には益世報の三省移入を厳禁し、在奉漢字新聞も同様奉天側に不利なる記事は一切掲載を禁止する旨通告する等、之れか操縦及取締には相当苦心し居るもの如〔ママ〕く、曩には上海東方通信を買収し、今又聞く処に依れは邦字各新聞通信を買収せん為、在奉特務機関菊池少将に多大の機密費を贈り同人をして所在各新聞通信は勿論大連各新聞並に内地方面の主要新聞の操縦を目論見、既に在奉一部の新聞通信は買収せられたりと伝へらる。其真相詳かならさるも、去る二十三日東方通信員園田一亀か菊池公館を探訪の際、同少将は園田に対し電報料なりと称し現金五百円を提示せる由なるも、園田は電報料は本社より送付し来るを以て別に其の要なしとし辞退せりと云ふ。而して同人は翌二十四日暗号電報を以て東京本社宛其の由を通報し、既に各通信は買収せられたるものと合点し、此際時局に関する確報を齎らすことは到底望み難きを以て本社の通信を真相と認められたし云々と打電せりと云ふ。尚園田の親交の大阪時事新聞通信員熊耳貫雄並本社地方部長宛同様の暗号電報を発せりと伝へ居るか、一面大連方面の各新聞は過般町野顧問か赴連の際菊池少将の内意を受け既に或る程度迄買収したりとの風説もあり。斯くの如く張作霖か邦字新聞を買収せんとするは一に奉軍の志気を鼓舞し、三省民心の安定を図らんとする以外奉票漸落の牽制策にあらさるかと思料せらる。

右に付在奉一部新聞の如きは政府当路か絶対中立を標榜し居るに不拘、出先きの特務機関か張作霖の傀儡となり事実の報道を阻止するのみならす、対支関係に於て一方に偏するは将来に禍根を残し延て我国の立場を失はしめ国際的不利益を招くのみならす、如此手段を弄して大勢に基く奉票の暴落を人為的に引揚けんとするか如きは頗る不穏当なりとて暗々裡に其内情を調査し機を見て内地新聞に事実を摘発し、特務機関の不都合を糾弾せんとの意見を有するもの有之由。

右は一部反対者の為にする宣伝にあらさるかとも思料せられ、真相視察中なるも一応及報告候也。

〔註〕冒頭に「要一話（時局）」とあり。文中に赤・青・丸印・傍線等あり。スタンプ「収高機関　13.9.29　第24/03号」。欄外に「外事部長　高等警察課長9.29　警務局長9.29　長官（花押）」「奉高警□ね九八五九号」とあり。

22　大正(13)年9月27日　坂西利八郎書簡

謹啓　秋冷之候益御清穆大慶至極に奉存候。平素疎音御海容被下度候。降而老生不相変頑健禄々蠢動罷在候間乍他事御省慮頂度候。昨今戦雲南北に棚引き物騒と相成、殊に満蒙之地も亦其影響を受けんと致居り寒心に堪へす。従ひて或は北京、天津附近又は奉天方面に服務し居る人々により自ら其所見を異にするもの有之やに聞及ひ、老生に種々求むるもの有之候につき別冊記述仕候。愚見乍ら臆面も無く拝呈、御閑暇御高覧を賜らは光栄之至りに御坐候。尚亦叱正を賜らは一層之幸甚。時下御珍重専一に奉祈候。匆々

九月廿七日　北京　　　坂西利八郎拝

児玉伯爵閣下侍史

〔別紙〕　坂西利八郎　支那政争戦勃発の際北京に於ける所感　大正13年9月

大正十三年九月支那政争戦勃発の際北京に於ける所感

今や奉直の間正に兵火相見ゆるに至れるは頗る遺憾とする所なり。然るに昨今耳にする所に拠れは、我邦人中従来屢々苦き経験を嘗めたるにも拘らす、其一方に偏し而も他の一方より疑はれ、帝国将来の地位に対し災禍を蒙らしむるに至るの虞を生するものあるは更に遺憾を増すものありとす。満州に住するか故に張作霖の成功を希望し、浙江にあるか故に盧永祥、北京にあるか故に曹錕又は呉佩孚の成功を欲するは、或は遠き親類よりは近き友達なる俚諺的人情の然らしむる処なるへきも、帝国の支那に於ける地位を優良にし而も支那と共に所謂東洋永遠の平和を維持せん

か為には、しかく単簡なる意想に依りて此紛糾せる時局に対し得へきにあらす。抑も支那の内争なるものは所謂支那の事にして、実は我帝国の関すへきことにあらすと雖も、只帝国は其地理的よりしても密接なる関係を有し多数の居留民を有し多額の貿易を営み居るのみならす、殊に其満州は帝国権力利益の実在地なるか故に、此満州の実権者たる彼―張か此内争に加はりたることか茲に重大なる関係を生する次第なるも、少しく冷静に考ふれは帝国としては満州の実権者は必すしも張たらさるへからさる理由無之、李たるも呉たるも段たるも曹たるも不可無き次第にして、若し帝国に之を選ふの実権存在せは其中に就きて優良者を抜擢し来るこそ蓋し理想的なるへし。若し夫れ奉直戦争に於て奉天側か絶対的我帝国の言を用ひ、形式上とは言へ国際間に於て支那共和国の政府と認めつつある（たとへ其政令の及ふ範囲極めて狭少なりとは言へ）北京政府即ち現在の所謂直隷派を撃滅し得へきこと確実にして、其勝戦の結果により将来帝国の国策は仮令へ支那全国とは言ひ難くとも、少くとも南満東蒙一帯の局限せられたる地域たけになりとも完全に我希望の如く順調に行ひ得へしとせは、其所謂奉天側実力者に偏して極力之を援助し、彼をして成功せしむることを努むること大に可なるへきも、之を現在の奉天実力者につき考察するに必すしも其然る能はさるを覚ゆ。

加ふるに戦争の勝敗は兵家の常にして固より予期すへくもあらす。而も是等内争は意外の辺より意外の結果を齎すこと、一昨年奉直戦争に於ける奉軍第一路司令張景恵か長辛店の要地を守り、其部下能く戦へるに拘らす忽然直軍と妥協し、要地を明渡し終に奉軍全線の退却を余儀なくしたるか如き、又近くは浙江省土著軍隊か福建の孫伝芳と妥協したるか如き、要するに普通一般の軍事智識を以て推断し得へからさる人的関係、殊に其支那人心理の極微なる作用（尤も我邦人に想像し得られさる如き）によりて形勢の急変を来すこと由来其例に乏しからす。而して是等は寧ろ支那内争戦に於て殆と常に現出すへき事態として之を考慮内に置かさるへからさるものとす。斯の如く支那内争戦は単に其兵数、又は兵器の優劣乃至軍費の充否等を以て遽に其勝敗を予定すること頗る危険にして、寧ろ其結果は意表外より来るものとして注意を怠らさるを要し、過早に奉天派勝つへしと断すへからさると同時に、直隷派勝つへしとも言はさるを可なりと信す。

要するに帝国としては支那の統一か平和的に遂行せらるるは固より希望する所なるを以て、先つかかる抗争の皆無を希望するは勿論なるも、已に起りたるものは其速なる終息を希望し、而も其間抗争者の一方に偏して以て帝国政府の態度を疑はしむる如き行動の発生を厳密に予防すると同時に、此抗争に因りて帝国の利益は勿論我臣民の生命財産に対しては絶対に損害を蒙らしめさる如く行動すへきを予め其抗争者に伝へ、其各をして之か予防策を完全に講せしめて以て疎怠あるなきの証言を与へしめ置く必要あるへく、而も東三省に於ける実権者の変更せさるは固より可なりと雖も、若し万一変更するも亦不可なき様予め自ら其態度を公正にして、以て帝国の支那に於ける地位を優良ならしめ、支那をして此間一種侵すへからさる帝国権威の存する所以を瞭知せしむること緊要なり。

人或は言はん、張は能く日本の立場を了解し張勝たは将来満州に於ける日本の諸施設を遂行する上に於て便利なるへし云々、夫れ或は然らん。然れとも之を既往に徴するに、帝国の満蒙に於ける権利は必すしも遽に張作霖ならされは之か行使の将来を便利ならしむへしと速断するを許さす。

若し夫れ原々〔ママ〕張か奉天一局部の実権者なるか故に之を中央政府の意向に問はすして彼の独断的裁量に一任し、彼か全然我に対して開放的にして著々帝国の満蒙諸施設の進行を許して怠らすとせは兎に角なれと、彼亦此の如く開放的なるへしとも思はれす（少くとも既往に於て然らす）。而も彼若し一旦中央の権力者となり輿論の支配を受くること今日の如く一局部に限られたるものにあらさるに至らは、彼も亦決して輿論の所謂売国的行為を敢てするものにあらさるへく、或は已に一旦締約したる事も亦之を輿論の力に藉りて其履行に躊躇するものたること火を睹るより明かなり。

是固より張作霖一人に限り然りと言ふにあらすして、呉も馮も段も曹も亦然りと断して可なり。彼等を強て輿論の所謂売国奴たらしむることの不可能なること勿論なりと雖も、彼等の中に就きて日支両国の関係就中満蒙に於ける帝国の既往十数年間に築き上けたる地位を了解するものは、必すや張以外に之を求めて決して「無」と言ふへからす。

故に帝国として今回の抗争に対し官民一致取るへき態度は左の如くならさるへからすと思惟す。

其一、双方軍事に関しては絶対無関係なるを努むるを要す。

其二、一方の為に他の一方に偏したる行為なるを疑はれさること。確実なる範囲内に於て双方に対し友誼的関係を失はさるを努む。先方より此意味に於て求むる所あれは之に応す。

其三、双方に対し今回抗争の為満蒙其他に於ける帝国の利益、並に居留民の生命財産に損害を蒙むることなからしむへき所有手段を執るへきことを要求す。

其四、双方に対し今回抗争の結果如何を問はす、満蒙其他に於ける帝国と支那共和国との関係は僅に抗争前の現状を維持するに止らす、其抗争終結後は其目的を達したる一方に於て更に良好ならしむへき意思を表示せしむ。

要するに南満東蒙の地は本是地理的に於て已に帝国と支那共和国との接壌地なるか如く、此地に於て実在的にも精神的にも相互の提携を策することは蓋し日支両国焦眉の急務にして、其成否如何は即ち是れ日支将来の運命を左右するものと断するを憚らさるなり。

今や此満蒙の地に於て戦禍の不幸を見んとす。帝国として単に暫く観望すへしとて無関心に附すへからさると同時に、支那殊に其中央政府か一大決心を以て一挙此満蒙を完全なる其統治下に置かんとするに至る、須らく此政府をして我帝国に向ひ予め表示せしむる所なかるへからす。徒らに彼等の為すか儘に一任するは、蓋し隣交の誼を全くするにあらさると同時に我満蒙の利益を愛護発展せしむる所以にあらさるを信す。茲に愚見を陳て敢て指教を仰く。

〔註〕封筒表「満州旅順関東庁　伯爵児玉秀雄閣下　煩親展」、封筒裏「北京東城錫拉胡同十二号　九月廿七日　坂西利八郎」。

23　大正(13)年9月28日　阪谷芳郎書簡

拝啓　益御清祥奉賀候。陳は希一儀御用にて上京面会仕候。其節同人に御託しの支那製花瓶一個難有拝受仕候。右厚く御礼申上候。

支那動乱に付帝国態度に関し過日愚見申上をき候処、其後公正会の委員として外相を訪問し意見を交換候処、外相は絶対不干渉論にて唯た日本の利益に危害を及ほす場合には此限りにあらすとのこと、小生の論は関内の方に付ては外相の考にて可なり。関外即ち満蒙に付ては予め帝国の態度を中外に明にせさるへからす。即ち小生の論は南満の地に於ては兵戦を許さゝるの主張を明かにせさるへからす。小生は張の出兵を許したるを既に非とするものなり。如何となれは張の出兵を許せは其敗れたる場合には呉の兵満州に乱入を認めさるへからす。斯くては南満は勢兵乱の巷となるを免れす。小生の論は満州の治安は日本か重きを為し居ることを名実共に明かにし、治安秩序の維持以外の内政は勿論不干渉にて可なりとするものに候。斯くするときは満州の平和は自然に保たれ其繁栄増進し支那の内部と全く切り離れて考察せらるゝの状勢を作るに至り可申存候。匆々不一

九月廿八日　芳郎

児玉賢台

追て、小生の論は在野の私論に止り候に付、最も大切の場合政府当局と方針に付遺算なき御打合必要と存候。

〔註〕封筒表「満州旅順関東庁　伯爵児玉秀雄殿　親展」、封筒裏「東京市小石川区原町百廿六番地　阪谷芳郎」。消印□・9・28

24　大正(13)年9月(　)日　張作霖書簡

児玉長官恵鑑

淑気清佳、敬維政祉、納祜為祝。令女公子前在瀋垣晤面、徳容並美、足称閨中之秀。茲届出閣之

期、敬備白玉如意一柄、乾隆磁瓶成対、藉取平安如意之兆。幷附上錦緞四端、珠釧一囲、薄充奩贈。諸希莞納為盼。至敝処対於台端表示各節、決無変更。所有商租鉄路各問題、已交各主管機関接洽弁理。関於吉省之事、幷告新任張副司令核弁。知念附聞、一切不尽之言、均由阪東顧問面達。希愛照是幸。専布賀忱、順候時祉

張作霖啓

〔別紙1〕 訳文

（訳文）

拝啓　愈々御清祥の段奉賀候。陳は令嬢には先般奉天に於て拝晤仕候。徳容並に美にして閨中の秀と称すへく、今回御出嫁に際し敬みて白玉如意一柄乾隆磁瓶壱対を贈呈仕候。右は平安如意の意を取りたるものに有之候。其外錦緞四疋、真珍珠腕輪一個を併せて呈上仕候。甚はた粗品には候へ共何卒御哂収被成度候。又当方より閣下に表示せる各件に就ては決して変更することなく、有する商租鉄道の各問題に就ては已に各主管の機関に協商弁理すへく命し、吉林省の事件に関しても新任張副司令に審議弁理すへく申渡候。御念頭に掛けさせられ候事と存し併せて奉聞候。尚ほ一切書面に尽さざる点は阪東顧問より面陳せしめ候。御聴取被成度候。敬具

張作霖拝

児玉長官閣下

〔註〕封筒表「附件併呈　児玉長官台啓　奉垣張緘」。

〔別紙2〕　大正13年9月8日　張作霖へ伝言

大正十三年九月八日阪東顧問に託し

張司令へ伝言の件

一、お互いに約束したる事項は誠実に履行することに最善の努力を致すこと。

一、臨時議会迄に排日的気分を一掃する様心配せられたく教権回収の声の如きは消滅せしめられたきこと。

25　大正13年9月～11月　第二次奉直戦争関係電報綴

[1]　9月13日　児玉秀雄電報（宇垣一成宛）

九月十三日〇時半発送　富田9.13

大正十三年九月十三日立案

課長久保田　13.9.13　　参謀長　川田〔丸印〕

兵器充実ニ関スル件　暗号電報

陸軍大臣宛　　長官

奉天側宣戦ノ結果各方面ノ支那軍隊ハ既ニ出動ヲ開始セリ。従来ノ例ニ徴スルニ、支那軍隊ノ移動ニ際シテハ附属地初メ該地方ノ治安ヲ紊スコト一再ニ止マラス。殊ニ今回ノ如キ東三省全体ニ渉ル大動員ヲ実行スル場合ニ於テハ更ニ憂心ニ堪サルモノアリ。

尚又支那軍隊ノ前線ニ出動シタル後方ノ状況ヲ想像スルニ、兵力ノ不足ニ乗シ匪賊、不逞ノ徒、脱走兵ノ各地ニ出没スルハ明ナリ。

仍テ本庁ニ於テハ軍司令部ト充分ナル協議ヲ遂ケ警備ニ関シ最善ノ措置ヲ執ルヘキモ、万一ノ場合ニ備フル為メ予メ当地方ニ於ケル兵器弾薬ヲ充実シ置クハ目下最大急務ナリト信ス。曩ニ御同意ヲ得タル守備隊用ノ兵器弾薬ノ蓄積ノ如キ、既ニ先方ヘハ其ノ概数ヲ内示シアル係ラス未タ其ノ数ヲ満タスニ至ラサル趣、斯ノ如キハ信ヲ先方ニ失フノミナラス全局ニ対スル我カ真意ヲ疑ハシムルニ至ルハ必然ナリ。故ニ此ノ際時局ノ重大ナルニ鑑ミ、差当リ治安維持ヲ目的トシテ守備軍充実ノ緊切ナルヲ理由トシ、速ニ蓄積スヘキ兵器弾薬ヲ輸送セラレムコトヲ切望ス。何分ノ御返電ヲ仰ク。

2　9月15日　白川義則電報（宇垣一成・河合操宛）

大正十三年九月十五日　　関東軍参謀部

電報写　陸軍大臣　参謀総長宛　　軍司令官

号外（九月十三日夜）

今十三日夕奉天附近ノ検閲ヲ了リシ機会ニ於テ張作霖ヲ訪問シタルニ、彼ハ今回ノ出動ハ直派カ山海関、熱河ノ線ニ進出シ我ヲ脅威スルヲ以テ止ムヲ得ス立チ、自衛上山海関—熱河ノ線ヲ占領スル旨ヲ説明セリ。依テ小官ハ貴下ノ目的トスル山海関—熱河ノ線ニハ既ニ有力ナル直派ノ部隊進出シツツアリトノ情報アルヲ以テ、勢ヒ之ヲ攻撃スルニ至ルヘク其ノ勝算確実ナルヤト尋ネタルニ、山海関方面ハ若干ノ時日ヲ要スヘキモ熱河方面ハ容易ニ撃退シ得ル見込ナリト答ヘ、且山海関—熱河ノ線ヲ占領セシ上ハ軽率ニ前進スルコトナク能ク全般ノ情況ヲ観察シ爾後ノ行動ヲ決スル予定ナリ。而シテ今回ノ出動ハ東三省ノ安危ニ係ル所ナルカ故ニ、自分ハ死ヲ以テ之ニ当ル決心ナリ、又其ノ結果ハ日本ニモ影響スル所大ナルヲ以テ願クハ成シ得ル限リノ御援助ヲ希望スト。

小官ノ観ル所ニテハ張作霖今回ノ出動ハ止ムヲ得サルモノト認メラレ、其ノ結果如何ハ真ニ我国ニ非常ナル影響ヲ及ホスヲ以テ、彼ヲシテ失墜セシメサル如ク区処セラルルヲ必要ト信ス。従テ彼ノ希望スル援助ニ就テハ特ニ考慮ヲ払ハレ御意図ヲ予メ内示シ置カレタシ。

本写発送先　関東長官

[3]　9月16日　幣原喜重郎電報

大正十三年九月十六日

（暗号電報）中田（印）　極秘

長官宛　　外務大臣

第十六号

目下ノ時局ニ際シ貴官ノ張作霖ニ対スル立場ニ付テハ本年三月同氏ト御会談ノ行懸ニ顧ミ幾分幾〔ママ〕微ニ渉タルモノアルヘシト察セラルル処、満蒙地方ニ於ケル我特殊ノ利益ノミナラス、其他支那各方面ニ於ケル我各般ノ利益並国際政局ノ大勢ヲモ考慮スルニ、帝国政府トシテハ差シ当リ不干渉ノ方針ヲ以テ進ムノ外ナク、本省発在支公使宛往電五六八本件閣議決定モ此趣旨ニ出タルモノナルニ、付テハ我文武諸官憲ハ歩調ヲ一ニシテ厳正ニ右方針ノ実行ヲ期スヘキコト言フヲ待タス。此際万一我官憲ニ於テ支那政界ノ一派ニ偏シ何等恩讐ノ関係ヲ作ル時ハ日支国交ノ将来ハ極メテ危倹〔ママ〕ナル地位ニ置カレ、引イテ帝国ノ威信ヲ世界ニ失スルニ至ルコトアルヘシ。右ハ元ヨリ充分御諒悉ノコトト信スルモ、時局ノ重大ナルヲ思ヒ特ニ念ノ為申進ス。

4　10月1日　松岡電報

大正13年10月1日午コ4時30分発　　写　　極秘

江木書記官長　　松岡

畢竟外交ト雖常識判断ノ範囲ヲ超越スルモノニ非ス。然ルニ外交畑育チノ人往々ニシテ余リニ面倒臭ク考ヘ過キ、殊ニ諸方面ノ事情ニ促ハレ左顧右眄終ニ大本ヲ決セスシテ大勢ノ去ルニ委スルノ憾アリ。由来我カ対支政策ノ根本欠陥ハ一貫セル遠大ナル干渉政策ノ確立セサルニ在リ。苟モ政府ニ根本方針ナシ。区々ニシテ支離滅裂ナル民間有志ノ小干渉行ハル、ハ固ヨリ現ニ我軍籍ニ在ル北京始メ各地ノ軍事顧問迄カ其傭聘者ノ為メニ夫々劃策至ラサルナキハ当然ノ結果ナリ。支那ニ動乱起ル毎ニ此醜態ヲ繰返ヘシテ止マス。現ニ呉佩孚乃至直隷派側ト奉天系側ニ傭ハレ居ル我軍人カ夫々相反シテ力瘤ヲ入レ、更ニ東京ニテハ奉直両派ノ運動行ハレ、従前ヨリモ一層ノ醜態ヲ演ス。是欧米人カ支那ノ動乱ヲ以テ常ニ日本ノ陰謀ナリト評スル所以ニシテ、而カモ帝国ハ之ニ対シ終ニ弁明ノ辞アルナシ。若シ絶対不干渉ヲ真ニ貫徹セムトノ意嚮ナラハ（斯ル事ハ所詮行ハルヘキモノニハ非ス。若シ真ニ絶対不干渉ナラハ帝国ニ取リ所謂支那問題ナルモノハナキ筈ナリ）何故此件政府ハ我在支軍事顧問ヲ全部引揚ケラレサルカ。口ニ不干渉ヲ唱ヘナカラ内ニ奉直両派ノ運動ヲ掣肘シ得ス、外ニ在支軍事顧問ノ区々相容レサル劃策ヲ絶ツ能ハス。斯クノ如クシテ尚能ク列強ノ間帝国ノ威信ヲ傷ケス、又能ク支那問題ノ料理ニ任シ得ヘシトハ予不明ニシテ之ヲ信スル能ハス。外交ト雖常識ナリ。而カモ簡易平明ニ判断スル所ニ大本ヲ捕捉スルコトヲ得ヘシ。予年来ノ主張ハ「区区ノ干渉ハ固ヨリ排スヘシ。大干渉ノ根本ヲ確立スヘシ（表面ハ飽クマテ支那内政不干渉ヲ標榜スルコト勿論ナリ）而シテ親日ノ者ハ親ミ排日ノ者ハ疎ス」ト云フニ尽ク。帝国ハ何故右末段ノ如キ簡明ナル常識的結論ニ立脚シテ行動シ得サルカ。列強ヲ通シテ斯ル人情及国際的利害ノ上ニ於テ当然過キル程当然ナル結論ヲ拒ミ得ルモノ何所ニ在リヤ。是迄英米ヲ背景トシ、排日ヲ其政治的生命トシテ一貫シ来レル呉佩孚ニ一顧ヲ与ヘサルノミナラス明確ニ不快ノ態度ヲ我政府トシテ示サル、コト毫モ不思議ナルコトナシ。幾分ニテモ甘言ヲ弄シ、運動セハ日本ヲ動カシ得ルト信シ劃策セシムル丈ノ隙キヲ見セ居ルコトスラ已ニ甘ク見ラレ、鼎ノ軽重ヲ問ハレ居ルノ感ナキ能ハス。此際曩ニ左右ニ呈セシ卑見ニ依リ厳乎タル態度ヲ示サレ我軍事顧問等ノ支離滅裂ナル行動ヲ禁シ、民間ノ醜悪ナル蠢動ヲ絶タレムコト熱望ニ堪ヘス。之ヲ外ニシテ時々刻々我大策ノ遂行ヲ期セサルヘカラサル満蒙ノ地域ヲ安定セシメ、兼ネテ又動乱ノ拡大ヲ防キ早ク其収局ヲ期スル方途ナキヲ信ス。区々ノ情已ミ難ク敢テ電ス。

〔註〕冒頭に「児玉長官閣下　松岡理事　本日赴奉前、江木書記官長宛不取敢発電し置きたる左記電報写、御含み迄に。」とあり。封筒表「児玉長官閣下　極秘」、封筒裏「南満州鉄道株式会社　松岡理事」。

5 10月11日 津野一輔電報（川田明治宛）

十月十一日午後一時発　極秘

軍参謀長宛　陸軍次官

陸二八八

去ル四月陸第一五三号五ノ内地ヨリ輸送スヘキ兵器ノ残余（小銃五千挺、小銃弾五百万発）及山砲榴霰弾弾薬筒二千発分ヲ兵器本庁ヨリ貴軍兵器部宛送付セシメラル。尚例ノ集積兵器ハ予算ノ関係上逐次送付シツヽ、アル次第ニ付、今直ニ残リ全部ヲ送ルコトハ困難ナル旨併セテ関東長官ニ伝ヘラレタシ。

小銃	二万　ノ所ヘ	今回ノヲ合シテ	一万
同弾	二千万　ノ所ヘ	今回ノヲ合シテ	一千万
砲弾	一万五千ノ所ヘ	今回ノヲ合シテ	五千△

6 10月12日 関東軍参謀部電報

電報写　大正十三年十月十二日　関東軍参謀部　極秘

陸二八七（極秘）　陸軍次官発　十月十一日午後一時二十五分発

時局ニ関シ左ノ声明ヲ外務側ヨリ奉直両軍ニ交付スル筈。

日本政府ハ今回不幸ニシテ勃発セル支那国内ノ争乱ニ対シテハ絶ヘス厳正ノ態度ヲ採リ来レリ。

戦端ノ開始セラレタル原因ノ如何ヲ問ハス現ニ対抗スル両軍共ニ等シク支那国民ノ一部ヲナスモ

ノニシテ、帝国ノ支那国民ニ対スルヤ偏ニ友好善隣ノ関係ヲ増進セントスルノ外何等他意アルコトナシ。是ト同時ニ満蒙地方ニ於テハ帝国臣民ノ居住スル者実ニ数十万ニ上リ、帝国ノ投資及企業極メテ莫大ナルモノアリ。特ニ帝国自身ノ康寧懸リテ同地方ノ治安秩序ニ存スル所頗ル多シ。帝国政府ハ毫モ支那ノ内争ニ干渉セントスルカ如キ趣旨ニ基カスシテ、茲ニ両軍ニ対シ以上ノ明瞭ナル事実ニ付厳粛ナル注意ヲ喚起シ、且ツ斯ノ如キ緊切ナル帝国ノ権利等ハ充分尊重保全セラル可キコトヲ最重要視スルノ意ヲ表明ス。

7　10月19日　宇垣一成電報（白川義則宛）

十月十九日午后一時十分東京発　　午后三時四十分旅順着　　極秘写

軍司令官宛　　陸軍大臣

貴電（註、板東〔ママ〕顧問来旅後電報セシモノ）ノ趣委細諒承、例ノ物件交付方ニ関シテハ先般来極力努力最善ヲ尽シアルモ、之ニ関連シテ内政的ニモ一大波瀾ヲ惹起スヘキ事情伏在シアルニ依リ、今日直ニ交付ニ関スル適確ナル指示ヲ与フルヲ得ス。尚努力ヲ継続中ナルガ或ハ時機ヲ失スルニ至ルヤモ計リ難ケレドモ、事情止ムヲ得サル次第ニ付更ニ当方ヨリノ何分ノ指示ヲ待チ居ラレ度。右関東長官ヘモ伝ヘラレタシ。

8　11月9日　武藤信義電報（関東軍参謀部宛）

大正十三年十一月九日　　関東軍参謀部宛　　中川（丸印）

十一月八日　　極秘号外　　参謀次長

支那ノ現政局ニ対シ帝国政府ノ態度等ニ関シ一昨六日外務省ヨリ芳沢公使ニ対シ長文ノ訓令アリ。其ノ要旨左ノ如シ。

帝国政府ハ段政府ノミナラス支那ニ対シ元ヨリ同情ヲ有スルモ、又従来ノ関係等ニ鑑ミルトキハ帝国単独ノ援助特ニ政治的援助ハ、段自身ハ勿論帝国ヲモ困難ノ位置ニ立タシムル虞レアルノミナラス、日本財政ノ現状ハ到底単独ニテ巨額ノ借款ニ応スルノ余力ナシ。依而帝国政府トシテハ、段政府樹立ノ上ハ必要ナル資金ノ調達ニ対シ列国共同ニテ之レニ応スルカ為メニ及フ限リノ好意的考慮ヲ払フモ、新政府樹立前ニ於テハ支那側自身ノ財源ヲ利用スル外途ナキモノト認ム云々。政府ノ態度以上ノ如クナルヲ以テ、新政府樹立前ニ於テ応急ノ為メニハ支那自力ニ依ルハ勿論、大倉組等ノ実業借款ヲ成立セシムル外致シ方ナキ情況ナリ。尤モ此ノ種私人的借款ニ対シ政府ハ敢テ妨害セサルモ、保證等ハ為ササル様子ナレハ民間側ニテハ相当確実ナル担保ヲ希望シアリ。念ノ為メ。

本書発送先　　奉天、哈市

9 児玉秀雄電報（吉沢謙吉宛）

北京公使宛　　児玉

（私信）　　暗号

貴電満蒙利権擁護ニ関スル政府訓令ノ趣敬承、閣下ノ御尽力ヲ謝シ御成功ヲ祝ス。惟ニ英米ハ我レノ政策ニ対シ列国協調和平勧告ノ提議ヲ為スヤ必然ナリ。願クハ支那ヲシテ列国干渉ノ巷ヨリ救ヒ出サン為メ、支那ノコトハ支那ヲシテ処理セシムルノ主旨ニ因リ、段、瑞一派ヲシテ機ヲ逸セス和議促進ノ運動ヲ開始セシムルノ方策ヲ講セラレンコトヲ望ム。敢テ卑見ヲ申添ユ。

10 電報案

満蒙ニ於ケル権利利益保全ニ関スル声明ニ関シ、直接ニ条約上ノ権利並ニ既得ノ利益ヲ犯スカ如キ行動アリタル場合ニ於テハ武力ニ訴ヘテモ之ヲ保護スヘキハ勿論ノコトナガラ、仮令ハ奉天軍破レ満蒙一帯ノ治安紊レ或ハ戦乱ノ巷ト化セントスルカ如キ場合、即チ間接ニ我カ特殊利益ヲ侵害セムトスル場合ニ於テ、政府ハ果シテハ如何ナル処置ヲ執ラレントスルモノナリヤ。若シ完全ニ本声明ノ趣旨ヲ貫徹シ帝国ノ威力ヲ示サントセバ、勢ヒ之ニ備フルニ予メ相当ノ兵備ヲ要スヘシ。現在ノ駐軍ヲ以テシテハ到底勝機ノ措置ニ応ジ難カルヘシ。政府ハ予メ之ニ備フルノ御考アリヤ。苟モ権利利益ノ保全モ最重要視セラル、以上ハ、必スヤ此ノ趣旨ヲ貫徹スルノ深謀アルコト、拝察ス。敢テ此点ニ関シ明確ナル御垂示ヲ仰ク。

11 電報案

満蒙ニ於ケル我権利利益保全ニ関スル声明ニ付キ直接ニ条約上ノ権利並ニ既得ノ利益、仮令ハ租借地、付属地、鉄道又ハ仲立地帯等ニ関係シ、両軍ノ何レカガ之ヲ侵害セントスル場合ニ於テハ我ハ武力ニ訴フルモ完全ニ之ヲ保全スヘク、又其ノ虞アル場合ニ於テハ特ニ之ニ警告ヲ発シ注意ヲ加ヘ之ヲ未然ニ防止スヘキ手段ヲ満スヘキハ勿論ノ義ナガラ、従来満蒙一帯ハ我特殊利益ヲ有スル地域トナシ列国モ亦其ノ特殊関係ヲ公認スル事実ニ鑑ミ、此地域ニ於テ両軍衝突ノ結果其治安ハ乱レ甚シキニ至リテハ戦闘巷ト化セムトスルカ如キ場合ニ於テ、是レカ保全ノ方法ヲ執ルヘキハ帝国自身ノ康寧ヲ図ル所以ナリト思考ス。果シテ然リトセバ、政府ハ此場合ニ於テハ如何ナル臨機ノ措置ヲ執ラレントスル御意向ナルヤ。惟フニ現在ノ守備力ヲ以テシテハ我カ直接ノ権利利益ヲ保全スルニハ充分ナランモ、後段ノ場合ニ備エ満蒙ノ秩序ヲ維持シ戦闘ヲ未然ニ避ケントセハ予メ必要ナル兵備ヲ整ヘ置クノ要アルヘク、尚又政府ハ満蒙ノ地域内ニ於テ両軍ノ衝突ヲ避クル為メ再ヒ両軍ニ対シ警告ヲ発スルノ必要モ生スヘシ。以上ハ対支声明ニ伴ヒ当然備フヘキノ順序方策ナリト思考ス。因テ本件ニ関シ政府ノ所見ヲ示サレンコトヲ望ム。

12 電報案

対支方針ニ関スル訓電並ニ貴電第十六号ノ趣正ニ了承ス。時局ノ重大ナルニ鑑ミ、本官ハ政府ノ方針ニ因リ帝国ノ利益ヲ確保シ在住民ノ身体生命ノ安固ヲ図ル〔ママ〕期スル上ニ付微力ヲ尽シ遺憾ナキヲ期セムトス。右御挨拶申上ク。

13 電報案

貴電第　号ノ件敬承。政府ノ御方針ニ基キ帝国ノ立場ニ鑑ヘ慎重善処スルハ勿論、時宜ニ依リ臨機ノ措置ヲ採リ以テ在満帝国臣民ノ生命財産ノ安全ヲ確保シ、帝国ノ威信ヲ失墜セサラムコトヲ期ス。右御挨拶申上ク。

【註】「極秘　本官宛訓電」と書かれた封筒に封入。

26　大正(13)年10月1日　張作霖書簡

児玉長官恵鑑

日前関於敝処之事、極荷大力賛助、至為感謝。現前方軍事甚為順利、未及半月、已占領阜新、綏東、開魯、朝陽、建平、凌源各県、赤峰、平泉亦指日可下。熱河全境幾全入我軍之手、足見人心所向。最後之勝算可操将来政局革新。我国民鑑於貴国之力表同情、邦交必益形浹洽。若更助以実力、則感情之親睦、更属可知。現在敝処所缺乏之物品、早為台端所深悉、尚祈鼎力維持到底、迅予決定、不勝禱盼。茲特派総司令部工務処処長張宣代表赴旅面商一切、希推誠接洽是荷。専布、附頌時綏

張作霖拝啓　十月一日

〔別紙1〕　訳文

拝啓　陳者此程敝処の事に関し御賛助被下候段、感謝の至りに不堪候。目下前方の軍事は頗る順調に進捗し、未た半月に及はざるに已に阜新、綏東、開魯、朝陽、建平、凌源の各県を占領し、赤峰、平泉も亦久からすして下すへく、熱河の全境は殆んと全く我か軍の手に入れり。人心の向ふ所最後の勝算期すへきなり。将来政局革新の暁には我か国民は貴国か極力同情を表せしに鑑み、

邦交は必す益々融和を来すへし。若し更に実力を以て援助さるるに於ては、感情の親睦更に知るへきなり。現在敝処の欠乏せる物品は早く閣下の熟知する所なり。尚ほ徹底的に御配慮至急決定被下度、切望に不堪候。茲に総司令部工務処処長張宣を代表として特派し、貴地に赴き一切を面商せしめ候間、可然御談合相願候。敬具

十月一日　　張作霖拝

児玉長官閣下

〔別紙2〕張作霖書簡

児玉長官恵鑑

金風薦爽、秋気多佳。比維興居、曼福為祝。東省與貴国関係密切、利害共之。歳初楊総参議前赴東京、曾蒙貴国朝野名流愛護有加、多所教益。鄙人服膺忠告、堅忍至今。近者四省図浙之挙、業経実現、同時対奉亦積極活動。報載直軍分向山海関、熱河開抜、台端諒已有所聞。鄙人桑梓父老之託、東省又為僑民地麕集之区、職責所関、不得不亟謀自衛。貴邦人士諒亦深表同情。茲特派松井顧問趨謁左右、面述一切。公誼私交、想台端必予以充分之助力也。専致、順頌時祉

張作霖拝啓

〔別紙3〕 訳文

拝啓　秋冷の候益々御健勝に被為渡候段奉慶賀候。陳は東三省は貴国と密接なる関係ありて利害を共にす。本年初楊参議か東京に赴ける際は、貴国朝野の名流より不一方愛護と指数を蒙れり。鄙人は忠告を服膺し今日堅忍致居候処近頃四省の浙江攻略の挙、既に実現せられ、同時に奉天に対しても積極的活動を開始し、直軍か山海関及熱河に向て出動せる事は新聞にも伝へられ閣下の已に御承知の事と存候。鄙人は故郷父老の請ひに依り又東三省は外国人集居の地区なるを以て職責上速に自衛を謀らさるを得す。貴邦人も之に対し必すや深く同情を表せられ候事と存候。茲に松井顧問を特派し拝趨の上一切を面述せしめ候に、就ては公誼及私交より之を観、閣下も必す充分なる御助力を賜ひ被下候事と愚考致居候。敬具

張作霖拝

児玉長官閣下

〔註〕封筒表「児玉長官台啓　鎮威軍総司令部緘」。

27　大正(13)年10月6日　臼井哲夫書簡

粛啓　別紙切抜多分事実に可有之御痛慮不堪拝察。時下不順別して御摂養専要に被遊度千万奉祈念候。

対支問題各様に横議せられ居候得共、政略的に若しくは衣食の種に利用せらるゝ、事程左様に真に支那を理解し大局的に打算提禰〔ママ〕せらるゝ、対策は蓋し晨星の寥々乎。前便も申上候通奉直両軍は

不遠、一、二会戦之後徹底的勝敗を将来し不能《〔ママ〕》、彼我共にヘト〳〵と相成、対峙持久之不得止に立至り可申候。

只々此の機微即ち我帝国か保国安民之大儀に立脚し、所謂東洋主人公たる本領を発揮し権威ある提言を為すへき絶対唯一の機会也と確信罷在候。英米わ必す此箇の機会を捉ふることに腐心可罷在事疑なし。シテヤラレては大変也。小弟聊所感なり、当局に対して多少献策する所有之候得共病的怖外なる当局能く容れ得るや否や。

外交は党争の外に超越すとは言へ三頭の蛇に終日左支右吾を如何せん。時難にして偉人を想ふ。感慨無量、蓋し御同感と拝察仕候。右不取斯御見舞旁要用奉得尊意度如斯御坐候。匆々頓首

十月六日　　左楮生

伯児玉閣下

前便大分不遜の言申上け不相済定めて御立腹被遊候御事と今更恐懼罷在候。但小生の誠意偏御察恕奉仰上。再拝

別けて奥様に宜敷御鳳声奉冀上候。

〔別紙〕　**新聞切り抜き**

児玉関東長官が此頃夜も碌々寝られないで弱つて居ると云ふ評判がある。気早連さては現内閣の植民地窘めを気にしてかと段々訳を聞いて見ると、過般来関東庁に猛烈な窒扶斯が襲来して、長官と西山財務、小川文書両課長だけ免れて他の課長級以上七人全部が枕を並べて病床に呻吟して

居る始末、そこで行政整理と来年予算編成で児玉長官がたつた二人の課長を相手に例の禿頭に捻鉢巻か何かで昼夜を分たぬ大車輪と知れた。

〔註〕封筒表「関東州旅順　伯爵児玉秀雄閣下　親展」、封筒裏「十月六日　東京市大久保百人町三七　臼井哲夫　電話　四谷一四一」

28　大正13年10月9日　フオーク、ヴイ・ヱル・ビー書簡

拝啓　陳は予は昨夕旅順より帰連の上英米煙草会社当地支配人「ホブソン」氏に会見致し、会社側が当初申出てたる沙河口工場地域に於ける敷地払下不許可に関する閣下の御決定は再考の余地なきものなるも、閣下か他の二個所に指示せられたる敷地に就ては其何れの分にても出来得るたけ速に許可せらるる御存意なる旨申伝候。尚、予は同氏に閣下か沙河口敷地の許可を拒絶せられたるは勿論閣下に於て英米煙草会社か大連に出向することを好まれさりしか故にあらすして、本件に関する閣下の御意向は終始一貫せるものなることを「ゴスフオード」卿か会得相成様希望せられ居る旨をも申添候。

然れは「ホブソン」氏は其中に必す上海にある会社の重役に同氏の報告書を差出すことと存せられ候。

予は英米煙草会社か大連に印刷工場を建設することは同社の利益なるのみならす、多数且継続的に日本人熟練工を使雇すへきに付、当租借地に於ける商工業の発達にも資することあるへきを確信致居る次第に有之、従て予個人として閣下の止を得さる御決定か若し同会社の撤退を招来する

に於ては、之を遺憾とするものに有之候。

予は茲に重ねて閣下か予を引見せられて会社側の為に事件の真相を明瞭に説明せられたる閣下の御好意に対して感謝致者に御座候。敬具

千九百二十四年十月九日　大連駐在英国代理領事　ヴイ・ヱル・ビー・フオーク

関東長官　伯爵　児玉秀雄閣下

〔註〕「英文トラスト」と書かれた封筒に封入。

29　大正13年10月20日　和碩恭親王書簡

謹啓　秋涼之砌閣下益御清穆奉慶賀候。偖唐突之至に御座候得共茲に弊家興亡に関する一事に付き偏に閣下の御尽力相煩度件有之候。惟に粛忠親王を始め不肖等清朝皇族一同の従来日本帝国の甚深なる御同情と御援助相蒙り候事不一方、不肖等同族の今日あるは偏に貴帝国の御高義に依る所にして造次も難忘、謹みて一同に代り奉感謝候。

日本帝国の御高義に対し其万分の一に報する道を講し、謝意を表す可きは不肖等の責任なるに未た曾て其志を果さす。而も重ねて御考慮を煩はすは無耻に似て汗顔之至りに候得共、実は前年失脚以来不幸避難の境涯に沈む事年有り。其間已に家財を売尽して足らす、拾有余万の負債を生し、其償却に苦しむと同時に前途の生活に脅威を受け、日夜心痛罷在候。

粛親王逝て以来不肖は同族の中心に推され遥に幼帝擁護の任務を負ひなから、一身の窮情如斯は如何てか大任を全ふす可き、是れ不肖の憂慮不能措ところに御座候。雖然金銭の為に大義を誤る

は男児の本分にあらす。何とかして窮境を脱し仮令旧位に復するを得さるもせめて同族の体面を維持し君臨せる祖先の遺志を守り、四億の民を善導し社禝〔ママ〕を永遠に安からしめん事不肖の志望に外ならす候。

冀くは微衷のある所を御推察下され比際物資上に付き一挙手の御援助賜はり度懇願之至りに御座候。就而は先つ今日まで手放し兼し不肖唯一の財産を提供し、其代価に依て生活の安定を講し度、主意に有之、左に之を具陳仕候。

一、在北京

文宗顕皇帝（咸豊元年）より先祖恭忠親王（文宗之皇六弟）に賜はりしものにして、北京城内の大建築物中代表的のものにして結構善美を尽し、時価弐百万元を下らす。曾て他より交渉を受けし事ありしも、断然謝絶せり。若夫之を欧米白人種の手に委するか如きは不肖等同族の好まさる所。

（図面は近日送呈）

右物件の代価を八十万元と仮定し、其代価御下附の暁は一半は御指定確実の日本の銀行に預入し、一半を以て日支人共益の事業に投資し、其利益を以て生活に資する考に有之、事業の明細は追て具申御指導を仰度愚存に御座候。

尚ほ前記建築物御利用之方法は、一に貴方の御明案に任せ決して異議無之候得共、御参考までに愚案を左に。

従来米国か支那懐柔策として箇人名義に北京に病院を設置せしも、経営宜しきを得す、今や殺人院の悪評と共に衆望皆無也。日本も夙に茲に着眼せられ、同仁医院の在る有りと雖も、規模少小にして見るへきなし。彼の文化事業の如きは声の大なるに比し、実蹟挙からす。之に対する支人の評は茲に贅せす。

是等の前轍に鑑み前記の建物の一部に日本人留学生の宿舎を設け、他の全部に満鉄病院の分院若くは同人名義の下に病院に御利用、世界に権威ある日本の医術を以て支那人を救済せらるゝ事、或は東洋人材養成の学校に御利用等、日支親善の御事業中之に過くるものなからん乎。

建物代償金御支出及御利用法に付ては、満蒙に於て日本の経済を代表せらるゝ満鉄会社の御諒容は本願御採用上に大関係有之と存候に付ては、乍憚、閣下より至急安広満鉄社長閣下に御内談両閣下の特別の御同情と御尽力に依て願意御聴許の程偏に奉懇願候。

和硯恭親王

大正十三年十月二十日

宣統甲子年九月二十二日

関東庁長官　伯爵児玉秀雄閣下

30　大正(13)年(10)月20日　張学良書簡

児玉長官閣下

頃得張処長宣訊。彼到旅順時、閣下対良之事頻々相問、而猶念及賤内、実令良私衷感激、筆墨不能形容。此次従軍、戦場上不能克奉奇功、使故人念及、実覚抱愧。貴国方面之援助、三軍将士皆為感戴、非只良一人可以表示出来謝意也。良身体健強、精神尚好。請閣下釈念。前方将士皆知旧

勇、戦況尚佳、可堪告慰耳。一俟戦事完結、良再親赴貴轅致謝。粛此。敬請勲安、並候令夫人、小姐安好

張学良手啓　廿日

〔別紙〕訳文

謹啓　過般張宣処長（訳者曰、東三省陸軍整理処工務処長張瑄氏を指称す）旅順に罷出候節は不尚学良に対し種々御懇切なる御下問を賜り、加之拙妻に対して迄難有御言葉頂戴致候由御厚情洵に筆紙に尽し難く深く奉感謝候。却説今回不肖軍旅に従ひ出征致候も未だ克く奇功を奏するに至らず、閣下に対し寔に慚愧に堪えざる次第に有之候。貴国方面の御援助に対しては全軍の将士一同皆感激措く能はざる所にして、不肖学良一人のみの感激に止まる次第には無之候。不肖学良幸にして体軀頑健、心神亦自ら暢然たるもの有之候間乍憚御放念被下度候。目下前線の将士皆挙げて奮戦勇闘致居候へば敝軍の前途稍々楽観を許すもの可有之と被存候。他日戦争終了せば再び貴庁に罷越し改めて謝辞可申述、先は不取敢右御礼申上候。敬具

二十日　張学良

児玉長官閣下

尚、令夫人、令嬢へも宜しく願上候。

〔註〕訳文に「13・11・1」の認め印あり。

31　大正(13)年10月23日〜25日　奉直戦争関係電報綴

1　10月23日　松井七夫電報

十月二十三日午後十時二五分着　　　　(暗号)

児玉長官宛　　　　奉天　松井

訳文

戦事発生以来諸事御厚配ヲ忝ウシ感謝ノ至リニ堪ヘス。将来一層ノ御同情ヲ懇願ス。尚最モ作霖ノ立場ヲ知悉セラルル貴長官ヲ通シ貴国総理大臣ニ作霖ノ苦衷ヲ訴ヘ援助ヲ乞ハントス。幸ニ事情御諒察御転電ヲ乞フ。作霖ハ曩ニ保境安民ヲ声明シ鋭意之ニ尽粋スルコト茲ニ二年有余ナリ。然ルニ直隷側ニ於テハ、東南ニ稍々利ヲ得ルニ至ルヤ其ノ爪牙ヲ顕ハシ、軽旅ヲ同方ニ派シ我カ勢況ヲ窃ハントセルヲ以テ、遂ニ兵ヲ境城ニ備ヘ省内ノ治安ヲ維持スルノ已ムヲ得サルニ至リ、爾来彼ハ逐次熱河地方ニ増兵シ遠ク我カ右側背ヲ脅威シタルヲ以テ、我ハ防備ヲ全ウスル見地ヨリ之ヲ迎撃シ、遂ニ今日ノ状態ニ進ミタルハ已ニ御了知ノ事ト思考ス。斯クテ彼ハ益々海ニ艨艟ヲ増シ、陸ニ銃兵ヲ進メ刻々我ニ迫リ来レルヲ以テ我亦部下ヲ挙ケテ西辺ニ集注シ彼ノ鋭鋒ヲ摧カンコトヲ期セリ。幸ニ作戦ハ順調ニ進捗セシモ今ヤ直軍ハ其ノ勢鋭ヲ挙ケ殺到シ来リ、奉軍ノ存亡実ニ此ノ一戦ニ決セントス。然ルニ西辺ニ全力ヲ傾注シタル決果東三省内部ノ治安ハ所在蜂起セル胡匪ノ為メ擾乱セラレ、百方之カ鎮撫ニ力メツツアルモ各軍共ニ全力ヲ挙ケテ西征セル為兵力目下少数、留守部隊並ニ補充兵員共ニ兵器不足、僅カニ各衛兵用銃器アルノミ、四匪勢日ニ猖獗ナラントシ三省居住内外人民ノ為誠ニ憂慮ニ堪ヘス。殊ニ最近護路軍ノ減少ニ依リ赤露漸ク毒手ヲ延サントシ、該軍司令官ヨリ警ヲ伝ヘ兵員銃器ノ増加ヲ求メ来ルコト急ナルモノアリ。今ヤ外戦内治共ニ危機一髪ノ間ニ迫リ日夜焦慮中ニ付、幸ニ貴総理大臣ニ於テ東省ノ治安維持ノ目的ヲ達成セシムルノ点ヲ顧念セラレ、此ノ際特ニ前顕危急ヲ救フニ足ルノ処置ニ出ラレ相当ノ御援助ヲ給ハランコトヲ懇願ス。

〔註〕欄外に「張作霖ヨリ」（此ノ五字ヲノゾク）とあり。

2 10月24日　児玉秀雄電報（加藤高明宛）

十月廿四日一時四十五分発

総理大臣宛　　児玉

暗号

左ノ通リ張作霖ヨリ転電方申出アリタリ。張作霖ハ東三省各方面ニ於ケル全力ヲ挙ケテ山海関ニ出兵シタル結果各地ノ治安漸ク乱レントスノ兆アリ。従テ張作霖カ治安維持ノ為メ兵器ノ供給ヲ懇請スル其心事誠ニ同情スヘキモノアリ。満蒙ノ実情ニ鑑ミ特ニ御高配ヲ仰度、本官ヨリモ副申ス。

十月廿四日一時四五分発

陸軍大臣　　暗号

左ノ通リ総理大臣宛電報シタリ。

[3] 10月25日　児玉秀雄電報（加藤高明・幣原喜重郎・宇垣一成宛）

十月廿五日　　児玉

総理大臣・外務大・陸軍大臣宛　　暗号

張作霖カ自衛ノ目的ヲ以テ戦闘ニ全力ヲ傾注スルト同時ニ東三省内ノ治安維持ニ苦心シツヽアル心情ハ誠ニ同情ニ堪サルモノアリ。若シ当分奉天軍ヤ山海関方面ニ滞陣シ而モ省内ノ警備ニ任スヘキ守備隊ハ兵器弾薬ノ備ナシトセハ、省内ノ治安ハ到底平静ヲ保チ難キハ前例ニ因ルモ明カナリ。此場合ニ立至テ自衛ノ為メ遽ニ警備力ヲ増加スルカ如キハ反テ列国ニ誤解ヲ招キ得策ニアラサルヘシ。故ニ此際直接戦争ニ使用セサルヲ条件トシ、治安維持ニ必要ナル程度ニ於テ蓄積ノ兵器弾薬ノ交附方軍司令官ニ一任セラレ、各地ノ動乱ヲ未然ニ防止スルノ途ヲ講セラレンコトヲ望ム。万一兵器ノ交附ニ付顧慮セラルヽナレバ、差当リ消耗品トモ看做スヘキ弾薬ノ交附方ヲ是非一任セラレンコトヲ乞フ。各地匪賊ノ蜂起ハ一刻モ警備ヲ忽ニスルヲ許サヾルノ実況ナリ。即刻何分ノ御詮議ヲ仰ク。

[4] 10月25日　江木翼電報

十月廿五日

児玉長官宛　　江木内閣書記官長

総理大臣宛貴電敬承。兵器ニ関スル張作霖懇請ノ心事ハ一応同情スヘキ所アルモ、兵器供給ノコトハ今日如何トモ致シ難シ。可然張ニ謝絶セラレタシ。○右命ニ依ル。

5　10月25日　児玉秀雄電報（宇垣一成宛）

十月廿五日午後十時発　　児玉

陸軍大臣宛　　暗号

張作霖ノ懇請ニ対シ江木書記官長ヨリ命ニ依リ兵器供給ハ今日如何共致難シトノ理由ヲ以テ謝絶方電報アリタル処、本日重テ電報シタル通リ治安維持ノ目的ヲ以テ少ナクトモ弾薬ノミヲ供給スルコトハ差シタル不都合ナシト思考セラル、付、此際右処分方ヲ便宜軍司令官ニ御任セ相成ルコト最モ機宜ヲ得タルモノト深ク信ス。特ニ閣下ノ考慮ヲ望ム。

32　大正（13）年11月14日　有松英義書簡

孟冬稍生寒候処御起居御万福珍重奉存候。扨支那動乱の我国に及ほすへき影響に付、御熟懇之次第御同感に奉存候。徒に不干渉を墨守しては対岸火災視すへき秋に非すと存候。此際段を擁して陰に馮を排するの策なかるへからす。而て此事到底行はるへからす。慨嘆之至御坐候。折角御自玉御尽力之程奉祈候。頓首

十一月十四日　　英義拝

児玉伯爵閣下

〔註〕封筒表「旅順　伯爵児玉秀雄殿　必親展」、封筒裏「有松英義」。

33　大正13年11月22日　安広伴一郎電報（入江海平宛）

（発信者名）社長　　（受信者名）東京支社長　　極秘　写

（発著時間）大正十三年十一月二十二日午後一時三十分発

外務大臣ニ至急左ノ件申出ラレタシ。○不日奉天ニ於テ奉露協定ノ細目協議ヲ開始スル模様アリ。此際特ニ東支鉄道ニ関シ満鉄ニ有利ナル帰結ヲ見ル様予メ我希望条件ヲ東三省側ニ申入レ、且絶ヘス裏面之ト聯絡シテ適宜ノ措置ヲ講スルノ要アリト認ムル処、東三省ハ実力空虚ノ今日ナレハ不尠脅威ヲ感スヘク、又相手方カ乱暴ナル赤露ノコトナレハ、実際兵力ヲ以テ東支沿線ヲ侵スコトモアリ得ヘキコトト思考セラル。随テ東三省側ニ対シ我ヨリ強キ後援ヲ与ヘサレハ右希望ノ達成ハ措キテ東三省側ハ已成奉露協定ニテ名義上得タル所ヲ事実上失フコトトナリ、延ヒテ満鉄ノ対北満策ニトリ不尠不利ヲ招クノ結果トナルノ虞ナシトセス。就テハ当方ヨリ東三省側ニ希望申入ノ都合モアリ、若シ赤露カ実力ヲ以テ東三省ニ臨ム場合我政府ノ執ルヘキ御方針ニ関シ何等カ承知シ置クコトヲ得ハ仕合ナリ。尚若シ東三省ニ後援ヲ与ヘラルルノ御方針ナリトスレハ、会社ノ推測トシテナリトモ之ニ関シ奉天側ニ暗示ヲ与フルコト出来得間敷哉。

34　大正13年11月24日　入江海平電報（安広伴一郎宛）

（発信者名）入江理事　　（受信者名）社長　　極秘　写

（発著時間）大正十三年十一月二十四日午後七時二七分発　　午後八時五〇分著

本日幣原外務大臣ニ面会シ貴電ノ趣申入レタル処、同大臣ハ元来奉露協約ナルモノハ奉直対抗時代ニ締結セラレタルモノナルヲ以テ奉直戦争ノ終局セル今日ニ於テ、尚且之レカ細目ヲ協定セントスルハ其ノ真意ヲ了解スルニ苦ムモ、仮リニ右細目協定ヲ締結スルモノトシ、其際日本カ奉天側ヲ援助スルノ方針ヲ取ルコトトセンカ、一面支那中央政府ノ樹立ヲ希望シ他面露国トノ間ニ協商ヲ遂ケントスル我国トシテ果シテ適当ノ措置ナリヤ。又貴電ノ如ク仮リニ赤露カ兵力ヲ使用スル場合アリトシテ此際奉天側ヲ援ケントセハ事実上張作霖トノ間ニ軍事同盟ヲ締結スルコトトナリ其ノ結果ハ露国ヲ敵トシ支那中央政府トモ面白カラサル関係ニ立チ至ルヤモ知レス。如斯ハ到底日本トシテ忍フヘカラサル処ニシテ、満鉄ノ為ニモ決シテ得策ニアラスト思考スルモ、尚当省ニハ本件細目協定ニ関シテ何等ノ報告ナキヲ以テ一応取調ヘノ上考慮スヘシトノ意向ヲ洩ラサレタリ。

35　大正13年11月27日　古仁所豊書簡

謹啓　過般は会社予算其他に付き種々ご示教を賜り、殊に一昨夕はご鄭重な御馳走に相成難有奉謝候。

当時一寸申上候東支鉄道南部線買収案、別紙の通り相認候間御一覧被下度、尚之が実行を前提とする具体案に付ては別に研究立案を要し、別紙は唯買収の可能性に付ての筋書と御承知置被下度候。

右御礼旁申上度得貴意候。敬具

大正十三年十一月二十七日　　古仁所豊

児玉長官閣下

〔別紙〕　古仁所豊　支那側に依る東支鉄道の一部（南部線）買収に関する意見書

支那側に依る東支鉄道の一部（南部線）買収に関する意見書

一、露支協約及奉露協約に表示せられたる東支鉄道を支那側にて買収せんとする際の条件。

（1）外国資力防止―外国の資本に依らす支那の資力に依るへきこと。

（2）利権割譲禁止―買収したる鉄道の財産及経営に関する利権は之を第三国に譲渡するを得す。

（3）財産評価方法―露支協約に於ては第三国を介在せしめす、万事露支両国間に於て決定すとなすも奉露協約に於ては第三国の評価に依ることとせり。

即ち部分的買収に関しては何等言及する所なし。故に今協約の条件を遵守し其の法意と合致する以上部分的買収は買収権行使之一方法として充分是認せらるへきものなり。

二、支那側か南部線買収後は之を国有鉄道の一部として其経営頗る有利なるものあるは勿論、之を軍事上より見るときは左の利便を有す。

（1）軍隊及軍需輸送期間を一日乃二日間短縮することを得。

（2）南部線運賃は実費を以てすることを得。

（3）繁雑厭はしき軍事上の手続を免るることを得、斯くして奉天、哈爾賓間距離観念を短縮し得る結果、哈爾賓を奉天勢力圏内に引入れ赤露との交渉上有利の地歩を占むることを得。

三、南部線分割は交通地理上自然の系統に則れるものなり。奉露協約第一条に依り六十年後支那か東支鉄道を其の手中に納めたる暁、其ゲージを如何にするを可とするや問題なるへきも、西伯利亜鉄道及烏鉄か超広軌たる以上、欧亜交通の大系の一部を占むる満洲里、交界駅間の東支東西両部線は現在の儘となし置くへし。而も南部線のみは然らす、大連、北京、釜山を起点とする大陸交通の終点として哈爾賓は正に一個の系統に属すへきものにして、即ち南部線は支那国有鉄道のゲージと合致せしめ、併せて満鉄線と密接なる連絡を遂けしむるを以て最も合理的なりと云ふへし。斯の如くして東支南部線のみは之を分割して本来の交通系統に整理するの理由充分なるものあり。

四、奉天側目下の時機を措きて買収の好機なし。

（1）支那側の現況を以て之を観るときは東支鉄道の全部買収は殆実行不能のものと推断することを得へし。況や将来国際関係複雑化し利害関係国（米、仏等）の介入することあらは其の実現更に難きを加ふへし。即ち支那にとりて此の度の協約上得たる権利を具体化するには、南部線一部買収策を以て最巧妙にして且最大限度の実行方法と言ふことを得へきなり。

（2）奉天側は目下旭日昇天の慨あり。此の勢を以てするときは彼の奉露協約締結の筆法に則り、或は列国を無視しても一部買収の交渉を進め得へし。奉天側の将来は恐らく現在の如く永く優を天下に号する能はさるへし（実力を以て統一せるものにあらされはなり）。即ち将来奉天側に亀裂の生したる後東支買収を実行せんとするか如き余裕は断して無かるへく、現在の機会を失はしめさらんこと満鉄として呉々も大切なり。

五、国際関係上の考察

吾人は南部線取得に関しては我国か過去十数年間嘗めたる苦き経験を忘るる能はす。吾人の満洲に進出し居ることは条約に基く権利なりとは言へ、支那及列国の観る所に依れは或る種の無理、不自然を伴へるものなり。即ち現状を維持すること夫れ自身に対しても、尚且支那一部の排外的与論及列国の嫉視あり。況や積極的に我立場を有利に導かんとする場合、多少の冒険を敢てせさることを得さるは言を俟たさる所に属す。而して東支南部線を支那の好感と列国喝采の裡に掌中に収むへからさること明瞭なり。斯るか故に外国関係に対しては表面傍観の態度を採り、裏面支那を援助して之か買収の方途を講せしむるは、北満侵出の我国外交途上最策の得たるものと思はる。

〔註〕封筒表「旅順関東長官々邸　児玉長官閣下侍史」、封筒裏「南満州鉄道株式会社　古仁所豊」。

36　大正13年12月10日　高橋捨次郎電報（児玉秀雄他宛）

関東軍参謀部

大正十三年十二月十一日

哈市電一二二　（十二月十日発　哈市　高橋中佐）

一、労農派ノ極東経済政策ハ愈々悪辣ナル方法ヲ表ハシ、昨日満鉄ト東支、烏鉄道トノ協調決裂シ、之カ為満鉄ハ遂ニ特産物ヲ陸路輸送ニ拠ルノ止ムヲ得サルニ至リ、又鮮銀ハ沿海州方面ニ於テ同地労農官憲ヨリ鮮銀紙幣ヲ没収セラレ、陰ニ労農ニ対スル態度ノ鮮明ヲ強要セラレタルヤノ感アリ。斯ノ如キハ則チ労農ノ北満ニ於ケル我カ経済界ノ二大勢力ヲ駆逐シ、専ラ浦塩港ノ発展ヲ期シ、更ニ厖大ナル極東経済政策実施ニ手ヲ染メントスルノ意ニ非サルカ。

二、鉄道問題ニ関シテハ支那側ハ労農側ノ暴威ニ憤慨シ、此ノ際日支協同シ縦令馬車輸送ヲ行フモ貨物ノ東行ヲ妨害シ、対労農策ヲ講セサルヘカラスト称シ、且ツ馬車蒐集及馬賊ニ対スル輸送援護ニ関シテハ全責任ヲ負フヘシトノ意見ヲ有シ、近ク満鉄トノ間ニ協定成ルヘシ。

三、帝国ノ為東支鉄道ニ浸潤セル労農勢力ヲ駆逐スルノ必要ニ就テハ、曩ニ哈市電一一一号ヲ以テ報告セル処ナルカ、今ヤ益々其ノ急務ヲ痛感スルニ至レリ。幸ニ奉天及当地支那側ノ空気モ漸次之ニ向ヒツツアル機運ナルヲ以テ、此ノ際張作霖ヲ指導シ之ニ当ラシムルト共ニ満鉄ノ政策ヲ支援スルノ必要アリト信ス。

次長、次官　スミ

本書発送先　奉天、関長官、山崎、竜山、内田

37　大正(13)年12月12日　安岡一郎電報

大正　年十二月十二日午前一〇時二〇分　局発　〇時二十六分着

（発信）安岡

政府ノ対支措置ニ対スル枢府一部ノ疑問（日々）カ。

一、満州ニ於ケル関東長官又ハ奉天総領事カ帝国ヲ代表スヘキニカ、ハラス、今回軍司令官カ単ニ自己ノ発意ノ形式テ警告ヲナセルハ政府部内ノ不統一ヲ暴露セルモノナリ。

二、勢力範囲ヲ満鉄附属地ノ利害ヲ以テ吾カ対満利害ノ全部ト解スル如キモコレ吾カ伝統的（ユク）ト反ス。現ニ此ノ内閣テモ奉直線〔ママ〕ノ際執レル例ニ見ルモ加藤子ノ対支二十一ケ条若クハ幣原氏ノ駐米大使当時ノ声明ニ見モ然ラスヤ。

仮リニ現在ノ守備兵テ附属地ノ治安ハ足レリトスルモ吾カ特殊地域ヲ確保スル為ニ（ユエニ）遼河ヲ擁スルノ措置ヲ執ラサルヤ。

38　大正13年12月18日　関東軍参謀部特報

特報（露国）第三九号

北満に於ける労農の活躍と帝国の対策

本書発送先　次長、次官、北京、天津、竜山、奉天、哈市、松岡、関東長官

大正十三年十二月十八日　関東軍参謀部

北満に於ける労農の活躍と帝国の対策

奉露協定成立の後労農側の東支鉄道の実権を掌握せし以来、其の活躍は単に民心赤化の一端に止まらすして北満一帯に軍事及経済的の勢力扶殖を図り、其の施策は愈々出てて愈々悪辣にして帝国の国防上将た亦経済上重大なる影響を受くるものあり。此際帝国は速に之か対策を講するの要極めて急なるものありと信す。労農側の施策計画の主要なるもの左の如し。

一、帝国に対する経済的の挑戦

労農側は北満貨物の東行と浦塩自由港問題を以て浦塩の発展を策し、明に我満鉄に挑戦し其の行動横暴を極めつつあり。過般哈爾賓に於ける満鉄、烏鉄、東支鉄道の運輸連絡協定の決裂の如き即ち是なり。斯くして北満に於ける日露の経済的競争と衝突は益々激甚の度を加ふるに至らん。

二、北満に於ける鉄道政策

東支鉄道長官「イワノフ」は洮斉鉄道の東支鉄道及露国々防上重大なる影響を及すへきを顧慮し、同鉄道の敷設は東支鉄道に於て遂行し第三国に敷設権を獲得せしめさる如く北京「カラハン」と連絡し之か実現を画策しつつありと。

洮斉鉄道にして既に然りとせは、将来彼等か賓黒鉄道に着目し之か敷設に努め北満に於ける露国の国防経済的基礎の確立を計るへきは察するに難からさるなり。

三、赤軍の北満進入計画

労農側は夙に赤軍を東支沿線に進入せしめんとし機会ある毎に支那側に提議しつつあるを以て、将来種々の理由口実により自衛或は其他の目的を以て軍隊進入の実現を努むるに至らん。果して然らは我国防上に重大なる関係を及すへきは茲に言を俟たさる所なり。

若し以上の三策にして実現するに至らんか北満の実権は労農の壟断する所となり、帝国は啻に国防上至大の不利を蒙るのみならす、経済的勢力は遂に地を払ふに至らん。是帝国の黙視し能はさる所なるを以て速に之か対策を講し機宜を失せさるを要す。而して之か対策の根本義を按するに東支労農派の勢力打破の一事に在り、之か為採るへき策案左の如し。
一、張作霖をして時局終熄後速に護路軍の拡張充実を実行せしめ、断乎として赤軍の進入を禁し奉露協定の実行に努めしめ、要すれは東支幹部の更迭を強要し労農派の勢力を圧迫せしむ。
二、北満に於ける帝国の国防、経済上の牢固たる基礎を確立する為張作霖（要すれは北京中央政府）と協定し、我資本に依り支那側をして賓黒鉄道を敷設せしむ。
賓黒鉄道支那側により既に着手するに至らは、支那鉄道軌隔統一を理由とし、張作霖（要すれは北京中央政府）をして東支南線の軌隔改修を強要せしむ。

〔註〕封筒表「北満と露西亜」、封筒裏「関東庁（印刷）」。

39　大正（13）年（　）月（　）日　児玉秀雄書簡（清浦奎吾宛）

謹啓　益々御清勝奉大賀候。偖而過日来新聞紙上に満州に於ける才判権並に安奉線の回収等の記事掲載有之候に付、去廿一日恰も上京中の町野顧問に対し同氏より奉天側に注意を加ふる様勧告致置候処、其結果本日の朝日新聞記載の通り奉天支那官憲之取消声明有之候。因て御参考迄に新聞封入候、事情御内報迄如此御坐候。尚ほ阿片令枢密院に審議の際、石黒子爵より関東州の阿片に対する大体方針に付閣下に対質問有之候趣此亦御内聞に達し候。敬具

児玉秀雄

清浦子爵閣下

〔註〕封筒表に「清浦首相への書簡」とあり。

大正14年

1　大正(14)年2月2日　白川義則書簡＊

拝啓　益御清穆奉賀候。先般上京中は匆卒にて失礼仕候。帰途奉天へ立寄り張に面会致候処、閣下之御帰りを待ち居る様子にて、鉄道其他に付御話申度事ありと話居候。此事は久保局長より電報致貴候へ共一応申進候。露支協約之細部協定を奉天にて開始する情報他方面より集り候故、目下菊池少将をして確め中に候。本日故中村大将の追悼会を御来示之通り挙行し荘厳に無事相済候間御報申上候。新聞の記事に依れは此議会は無事に経過するやに察せられ候へ共、終末になれは或は波瀾を生し政局転換を来すやも計られすと想像致され候が如何哉。又閣下之御帰任は最早時日もなかるへき故多分引続き御在京と存候が是又如何に候哉。

右申上度如此に候。敬具

二月二日　　義則

児玉閣下

〔註〕封筒表「東京市牛込区薬王寺町　児玉秀雄閣下　親展」、封筒裏「旅順市日進町　白川

義則　二月二日」。

2　大正(14)年2月2日　岡野定義書簡

拝啓　時下益々御多祥大慶之至に奉存候。当方大学も新年以来全く常態に復し授業を励み居申候間此点は御安意被成下度候。

新学長選任につきては御尽力により余程進捗せるやに承知致、一日も早く決定せん事を祈居申候。

大学存続運動は以御蔭成効する事を得、茲に一段落を告げたる次第に御座候が、廃止問題突発之際に於ける事情につき御報告申上候。実は去一月十八日大学に於て大学存続の総意を含め此運動を援助せられし諸氏に対し謝意を表する為一席を催し、これにて存続運動の結末を告げたる事と相成候に付其際御報告可申上之処、近々御帰任可有之模様に相見え親しく拝眉之上と存居候処、其後の様子にては今暫くは御滞京之趣に付以書面御報告申上候。

工大問題につき最初神谷教授より聴取せし処によれば、政府の意志甚強固にして廃止の具体案としては現在学生がそれ〲専門部及予科を卒業するまでに漸次縮少して廃止する事と決定し、其後関東庁案として高等学校案が出来、これを以て政府と交渉する事となり、大学存続の如きは到底其望なく高等学校案の実現すら種々の難関ありて容易の事にあらすとの事に有之候。

当時小官の考としては此種の問題は与論の後援なくては解決甚困難にして、且一と騒ぎを経ずしては到底収まるべからざる事を思ひ、又此事件を秘密に附し決定の上之を発表する時は如何なる事態を惹起するやも難計、神谷教授の立場をも危くするものなる事を痛感し、同教授に向ひ此事件をせめて職員丈けになりとも知らする事の許可を閣下に懇請せん事を勧告したる次第に御座候も、遂に発表の運に至らす神谷教授は其儘上京する事となり、小官が其不在中の代理を命せられ、それまでの神谷教授と同様の立場に置かるゝ事と相成申候。

学校当事者の立場より見れは此問題は即ち死活の問題にして、政策上其他より見たる所は之を措き、一旦廃校と決定せんか学生は其既得権を剥奪せられ、多数の職員は其地位を失ひ、唯さへ年来不穏の空気横溢せる際感情の爆発する処如何なる結果を将来するや難計且、学長代理としては此事を知り乍ら全然成行に放任するが如きは到底忍び能はざる事と思ひ、加之関東庁に於ても積極的に大学の廃止を希望し居らるゝ事なきは論を俟たず、唯政府の強圧の為已むを得ずとせらるゝ所にして、関東庁に於て与論の背景を希望せらるゝとも積極的に之を発表せらるゝ事は勿論不可能なるべきも、新聞社が之を探知したりとすれば各方面に支障を起す事もなく且等しく之を発表するならは新聞による事最も有効なる手段なりと思意し、其結果十一月廿日の遼東新報によって報せらるゝに至りしものに御座候。但し徒らに枝葉の問題を惹起せざらんが為め、末輩を避け大来遼東社長のみがこれを知る様に到候。此処に附言致度事は、右の廃止問題の存在するといふ事以外一切の秘密に小官限の処に於ては厳に保留せられ居る事にて、例へは高等学校案の如きは閣下の御言明によって始めて一般に知られたる所に御座候。

其後の事情は既に御承知之通に御座候。

事件発生以来大学廃止案を秘密に附せし点に於て神谷教授曳ては小官に対する非難起り、殊に小官が数日後職員団に向て「神谷教授は高等学校案は之を携帯して上京するも、東京にては矢張り大学存続の為めに運動する積りなりと言はれた」と弁護的報告をなすに至りて、更に小官も高等学校案を与り知り居たりとて非難増長したる模様なるも、幸に露骨に小官に対して云々するに至らず。小官としては前陳の事情あるが為めに、右様の非難あるにも係らず問題の衝に当りて善処するが為には、所謂軟派と目せらるゝ行動を敢てするの自信を以て幾分にても学生及職員が其本分を失し収拾すべからざる状態に到るを防ぐ事を得たる点に於ては、自ら慰め居る次第に御座候。乍併群集の感情の激する余り不謹慎の言辞を弄するもの出したるは不行届の致す所、恐縮之至に不堪、幸に警察官吏は一切之に干渉せず最後まで事なきを得たるは一に閣下の寛大なる御注意の然らしむる所にして、此事は当時一同にも貴意のある所を通し置きたる次第に御座候。

当時の事情及小官の心事は前陳の如くに御座候が、今日に至りて考ふれば熱心の余りとはいへ廃校之議を洩したる事は軽卒不穏当の挙動なりしと自覚し、此事実を御報告申上度如斯御座候。謹言

二月二日　　　　　　　　岡野定義

児玉長官閣下

〔註〕封筒表「東京内幸町二丁目　関東庁出張員事務所　児玉秀雄閣下　親展」、封筒裏「旅順工科大学　岡野定義」。

3　大正(14)年3月8日　白川義則書簡＊

拝復　益御清穆奉賀候。其内先日内は御風邪之由充分御用心祈上候。小弟は不相変頑健に有之、

二月廿八日より哈爾賓の視察に参り一昨夜帰着致候。

竜口銀行の整理、特恵関税問題、金福鉄道何れも御尽力之結果好況に進捗致候趣実に御喜敷存候。夫に付ても御上京以来之御心労御推察申上候。

旅順工科大学々長も井上博士に定まり候段是又欣懐之至りに御坐候。

宣統帝の日本若は関東州移住に関しては外相より閣下宛之電報を伝承致居候処、昨日恭親王来訪され同親王も、此際直に天津を去らるゝ事は不利益と存する旨御話ありし故、吾々も其心得なりと答置候。

先日松岡理事より鉄道に関する計画及成行に付て詳細聞取候処、実に好都合に進展する状況にて国家の為め慶賀に堪へさる次第に候。但絶対に秘密厳守の為め関東長官へも手紙も電報も出し居らずと申居候。

小生の哈爾賓視察に付ては張作霖は坂東顧問を随行せしめ、其他途中及在哈間は厳重なる警戒を致し、又恰も哈爾賓出張中の吉林省長王樹翰其他重なる者より歓待を受け支那側の大に努めたること、大体閣下御視察の時と異ならぬ様聞及候。然るに日露協約の批准交換後に拘らす東支鉄道の赤露側からは一人の出迎も来訪も無之、全然無関係の有様にて、斯の如くんば日露協約の効果に付ても疑なき能はすと感せし事に候。

昨日は海軍防衛隊撤廃に付杉浦君より留別の案内ありて、旅大の重なる者多数参列致候。明後十日は陸軍紀念日に付概ね昨年の例に準し実行致候と模擬戦に力を注き、中学生徒、少年団及警官練習所の練習生も連合する筈に候。

議会も末期と相成り何となく政機の動く感有之候。殊に御来示の如くとなれは一騒動起るやも計られずと案せられ候。

右雑信迄如此に候。敬具

三月八日　　　　　　　　　　　　　　　　　　　　義則

児玉閣下

〔註〕封筒表「東京市牛込区薬王寺町　児玉秀雄閣下　親展」、封筒裏「旅順新市街　白川義則　三月八日」。

4　大正14年3月10日　恭親王溥偉・溥侗書簡

関東庁長官児玉伯爵良友閣下

久睽佳晤、弥切馳依。逢維政躬康吉、是盼是祝。謹啓者自去冬、我大皇帝陛下遷居貴公使館以来、深蒙貴国公使芳沢閣下保護礼遇。近復移住天津、又承派撥警衛、厚恩殷々、心感之至。前此、曾有、聖駕遊歴外洋之説、本親王以為当此時局不靖、謡諑紛紜之際、若、聖駕東渡、在貴国人士自必歓迎、然於国際上恐生誤会、転多滞礙、似宜暫緩為妥。然而天津市途繁雑、良莠不齊、久居亦非善地。況我大皇帝陛下年力正富、使其深居不出、無蕭散之地、於体質頤養、大非所宜。又不便遊観暢適、恐致意外。此不但本親王重抱憂繋、即貴国人士、亦必同斯感念。固思本親王自壬戌年移居大連、諸承厚誼。今我大皇帝陛下転無定舎安住、於為臣之心、実有難安。擬恭請聖駕作旅大之行、得所棲止、有安全之愉快、無政治之嫌疑、莫善於此。是以、具函達知、並請預於旅順択樓見借。倘聖駕果来、以便為我大皇帝陛下及宮眷之所居、以後再択地建房、以謀久遠。俟時局平靖、再議出洋之事。為此専函、手泐敬達左右、尚希電督示覆為感。此致
関東庁長官児玉伯爵良友閣下。順頌時祺

恭親王　溥偉　仝啓
公銜鎮国将軍溥侗

宣統乙丑年二月十六日即
大正十四年三月十号

〔別紙〕訳文

関東長官児玉伯爵良友閣下
爾来久しく御疎遠に打過き景仰の念、洵に難堪もの有之候処、滋々御清穆の段慶賀此事に存候。陳は去冬皇帝陛下貴公使館に遷居せられし以来、深く貴国公使芳沢閣下の保護礼遇を蒙り、近く復た天津に移住せらるるや又々警衛の士を派遣せられ、段々の御厚志寔に感銘に堪えさる次第に御座候。此より先曾て聖駕外遊の説ありしが、本親王は目下時局靖かならす、世論紛々たるの際に方り、若し聖駕東渡せは貴国人士は或は之を歓迎するならんも、省て国際上恐らく誤解を生し延いて物議を醸すに至るやも保し難きに因り、姑く時機を俟つて決行するに如かすと衷心窃に思惟致候次第に候。而も天津の地たるや市井繁雑良莠混淆決して永住地に好適せす。況や我皇帝陛下今正に御青年期に在り。若し深窓の奥に籠居して御散策の地無からしめは、啻に御健康上不可なるのみならす、或は意外の結果を惹起すやも計り難きに於ておや、是れ独り本親王の憂慮措く

能はさるのみならす、必すや貴国人士も皆御同感の儀と被存候。却説本親王壬戌年以来大連に移住し、諸事御厚誼を蒙り真に感激に勝へさる次第なるか、翻て我皇帝陛下か刻下一定の安住所なきは臣たるの心に於て誠に忍ひ難きもの有之候。爰に於てか即ち請ふて聖駕を旅大の地に迎へ、以て安住の居所を得せしめは一面安全の愉快あると共に一方政治の嫌疑なく、万全の良策之に過くるもの無之と存候。茲に寸楮を裁して事情を具し、篤く閣下に乞ふて先つ旅順に棲屋を拝借し、倘し聖駕の来るに逢はゝ、以て我皇帝陛下及御眷族の居所に充て、後再ひ適当の土地を択ひて房屋を建造し、暫く此に時局の平静するを待ち、更に徐に洋行の儀を決したき所存に有之候。希くは右事情御諒察の上、否やの御回示賜らは実に感激に不堪、茲に謹て手束を以て貴聞に達し、併せて閣下の御健康を祝候。敬具

宣統乙丑年二月十六日　即ち大正十四年三月十日

恭親王　溥偉

公衙鎮国将軍　溥侗　仝啓

関東長官児玉伯爵良友閣下

〔同封〕　大正(14)年3月13日　山崎平吉書簡　(田中直通宛)

大正十三〔ママ〕年三月十三日

山崎官房外事課長

在京　田中秘書官殿

拝啓　陳は川島浪速氏来談の件に関し十二日久保局長より貴方へ電報相成候処、恭親王の長官宛書翰は暫く同氏に於て預り置く様一旦申したるも、恭親王より伝達し呉れとのことなれは自分限

り預り置く訳にも参らす、御返事は何れ急くにも及はさるへく其の内天津方面の模様も極まることとなるへしと述へ、夫れては在京長官へ電報にては委曲を尽ささるに付該書簡を郵送すへしと答置候。

尚、為念同氏談話要領別紙の通差送候。右は同氏の腹蔵なき意見にて同氏としては然るへきことと被存候。先は恭親王書翰別紙の通相添此段得貴意候。

〔別紙〕 川島浪速氏談話要領

川島浪速氏談話要領

曩に宣統近侍の一人に宛て、此際帝の日本行は種々の事情甚た面白からさる旨を申送りたることあるも、大連、旅順に渡来あらんことを慫慂し又は画策運動したること無く、本件の如き国際上種々の事態を生し易き問題に付、我官憲の諒解を求めす勝手に行動するの意思更に無し。目下粛王家の財産整理に苦心の折柄なれは、若し宣統帝渡来せられ自然自分に倚頼せらるることともならは実は迷惑の次第なり。

去りなから自分の純なる感情及単なる意見として率直に述ふれは、帝の昨今の境遇には多大の同情を寄せ、万一旅大方面に渡来ありとすれは我方に於ては相当に優遇の途を与へ度きものなり。幼仲〔ママ〕の帝のことなれは如何なる意図を有するやを知らさるも、近侍の者に於て政治上の意味なく、単に帝の安住の為を図る考にて平穏に旅大の地に起臥せらるるに於ては、格別内外の疑心を惹起する訳にも非さるへし。併し近侍中頑固の輩は、日本に於て帝としての優遇を為さされは日本行を見合すへしとの説を為すものありと謂ふ。現在天津張園に於ては我警官等警護の任に当り居る事なるへきも、帝に於て幽閉の身として束縛不自由を感し此の境遇を脱せんとするの念を生せすとも限らす。且万一の危険無きを保せす。又段執政に於て相当好意を有するとするも、民党其の他に関する関係もあり、実際上如何なる程度之取扱を為すやも期し難く、更に又段執政内閣の長く存続するやも測知し難き次第なれは、清皇室優遇条件等も当に成らす。帝の身辺前途は何れにするも不安を免れす。結局は北京又は天津に落着くを得す。早晩亡命の已むなきに至るとすれは其の時は国際関係の面倒尠き旅大の地に安住を求むるの他無かるへし。

宣統帝近侍者の間には二派に岐れ種々論議を為し居る模様なるも、或は自己の利欲を念とし又は政治上の野心を懐くものあるへく、目下来旅中の溥侗に於ても果たして専ら誠忠の念に出て居るやは疑問なるも、同人か自分の意見を求めたるに対しては大要前記の趣旨を述べ置きたり。尚、同人の心事に付て観測中なり。併し帝か自発的に外遊を決せらるれは致方無かるへし。

旅順における粛王家皆幼仲〔ママ〕の者のみにして諸事自分に依頼し居る位なれは、宣統帝の行末に付確たる考慮希望等ある筈なく、恭親王に於ても帝と近親なる関係上帝の旅大渡来を希望すると言ふも其の内心の程は計られす。併し恭親王より関東長官への書面を伝達し呉れとのことにて、此に之を持参せり。溥侗も一両日中に出発帰津することにて、其の面子の為何歟の土産を持帰り度き処なるへし。

尚又、支那の共和政治か今後永続するや否やも実は測り難く、右は兎に角として我邦か宣統帝の日本又は関東州渡来を好ましからすと為し、辞を設けて之を避けたりとの感念を帝初め近侍者に与ふることは宜しからす。我国民の感情としては帝の境遇に深甚の同情を有するものなることを十分に通し度し。

5　大正(14)年3月19日　白川義則書簡＊

拝啓　益御清穆奉賀候。陳は本日張作霖の特使として奉天兵工廠長少将張宣（随行国培炳及阪東顧問）来旅致候。依て小官々邸及久保局長官邸にて之に応接したる後、将校集会所にて久保局長以下及当方幕僚と共に来賓に午餐を供し彼等は直に大連に向け出発致候。

右特使のことに付、久保局長へ御来電の趣は伝承致候処、吾々としては固より之を公然の謝礼使として受けるへきものに無之、只精神的に挨拶を寄越したものを聞取ると云ふ事に致し、外部に対しては内容等一切云はぬ事に久保局長とも申合候間此点は御安意あつて然るへく存候。万々一、新聞社等より立入つて聞きに参り候事あらは、去る一月小生が東京よりの帰途奉天に立寄り張作霖を訪ふて戦勝を祝したるに対し、答訪したるものなりと言明する積りに候。尚右特使を寄越すに付閣下及小官等へ贈物の準備を致し掛け候も、誰れかゞ之を止めさせて精神的にするが宜しと云ふ事になり、実にあつさりと参りし次第に候。

以上の次第に付此事に付而は御心配なき様希望仕候。

愈議会も最終となり貴院対政府の関係困難なるものあるらしく察せられ候が、何卒国家の為め最善の御尽力願敷候。

四月初旬には後藤子爵が哈市に参られ十日過きに旅順へも来らるゝ様新聞記事有之、四月五日には我聯合艦隊が旅順へ来航の予定に候処、其頃迄に御帰任出来るや否と御噂致居る事に候。諸情報を綜合するに此節張作霖の段執政に対し一種の反感を生したる様子にて、其原因は段自身は兎に角彼の周囲の者等が張作霖の希望、意見等を重視せさるに基くものに候。従つて最近張の態度は中々強硬なるものあるらしく、夫か為め北京より態々王揖唐を奉天に寄越し緩和に努めある次第に候。

北満に於ける赤露の状況は中々露骨にて、間隙に附込み其勢力を伸張する有様に候。之に対し哈市の支那側は相当対抗致居候も、張作霖の根本的処置が不充分なる為め遺憾の至りに候。

我邦として此の如き辛辣なる赤露に対し正直一点張にて傍観致居候て宜しきものなるや否、為政者としては大に研究して戴き度ものと存候。

右申進度如斯に候。敬具

三月十九日

義則

児玉閣下

〔註〕封筒表「東京市牛込区薬王寺町　児玉秀雄閣下　親展」、封筒裏「旅順市日進町　白川義則　三月十九日」。

6　大正(14)年5月20日　吉田茂書簡

拝啓　過日御過津之砌御対遇何等之風情も無之、失礼之段御寛恕奉願候。扨而其節之電報幾分暗号保護之為改刪之上為念御手許迄差進候。

小生唯今之処月末離任の筈、若し大連経由とせは旅順にて拝鳳の心得に候。敬具

五月廿日　　吉田茂

児玉長官閣下

〔別紙1〕　吉田茂電報（芳沢謙吉宛）

芳沢公使宛

十二日李景林ノ午餐会ニ臨ミ来合ハセタル張学良ト児玉長官ハ別室ニ於テ会談シ現下ノ政況ニ付意見ヲ語リタル後、目下北京ニ於テハ張大帥ノ真意ト奉軍ノ行動ニ対シ流言蜚語頻リニシテ政局ノ雲行急ナラントスルノ状アリ、而シテ奉天軍ノ背後ニ日本アリト外間ノ考ヘ居ル今日、関東長官トシテ奉天軍ノ行動ニ無関心ナル能ハス、張大帥ニ於テ大局ニ顧ミ大ニ自重ヲ望ムト説ケルニ、張学良ハ父作霖カ更総統タルノ意モアルマシク、又段祺瑞ニ対スル誠意ニ於テハ今尚昨ノ如シ、然レトモ段ノ左右ニ張派、馮派及曖昧組ノ三派アリテ互ニ相争ヒ功ハ自派ニ収メ過ハ奉天ニ帰セシメントスル現状ニ対シ心中平ナラサルモノアルハ事実ナリト答ヘタルニ付、内ニ不平アリテハ段ニ対スル誠意モ自然減セラルヲ得サルヘシ、意思疎通ヲ計ルニ努ムルコト肝要ナラスヤト説レルニ、張ハ誠ニ御尤モナレハ自ラ段ニ進謁シテ父ノ意思ヲ伝フヘク、今日廊房ニ至リ引返シテ南下ノ後一週間後ニハ入京シ、二週間後ニハ帰奉スヘシト云ヘルニ付、長官ハ兎ニ角学良自ラ段執政ニ面謁ストセバ其ノ所説用語余程熟慮ヲ要スヘシト特ニ注意セル処、学良ハ父ハ兎角考ヘノ変リ易キ性質トテ此一週間最モ大切ノ時機ト思ハルレハ、長官談話要領ハ直ニ奉天ニ電報シ度ク差

支無キヤト問ヘルニ付承諾シ置ケリトノ事ナリ。

奉天へ転電セリ。

〔別紙2〕　児玉秀雄報告　大正14年5月22日

大正十四年五月二十二日

関東長官　伯爵　児玉秀雄

五月一日当地発奉天北京青島を経て廿日帰任せり。因て最近の政状一括報告す。

奉天に於て張作霖と会見す。張は段執政の態度に付き頗ふる不満の意を漏し、段は抑も出発点に於て誤まれり。直に大総統の職に就かすして臨時執政と云ふか如き曖昧なる地位にあるか故に、威令充分に行はれす、善後会議の如き不始末を見るは蓋し当然なり。北京の政界は表面稍々平静の観あるに、裏面は然らす。幾多政治的の暗流あり。赤化運動は馮玉璋との関係の如き金フラン問題の解決等により得へき資金の分配案の如き、何れも難問題なり。殊に段の周囲には安福派の策士権勢を壇にし、段は今後如何にして赤化運動を防止し、如何にして此難局を切抜けんとする積なるや。自分の篤と聴き度処なり。次に満州関係に付最も重要なる問題は、赤化防止に関する案件なり。又王正廷により取扱はれつつある露支協商には絶対反対なり。又鉄道問題に就ては洮斉線は既に決定し、長春敦化間の線も亦近く解決すへし。今や奉直戦捷の結果として何等不安を感すへき相手方なく、東三省は頗ふる有利なる情況に在りと陳へ頗ふる得意気に見受けたり。

五日北京に於て段執政を訪ふ。段は国歩の艱難なるは当初より覚悟せる処なり。飽迄此難局を救はんとする深き決心を有する次第にて、先つ国内に於ける治安の維持を図り、日支の親善を期したき旨を陳へ、頗る健康に見受けたり。当時恰も北京天津に於ては馮玉璋と張作霖との衝突説、旺に行はれ内外人共、時局の推移に付、頗ふる憂慮しつつありたり。自分は偶然にも十二日天津に於て李督弁の招宴の際、張作霖の嗣子張学良に面会したるにより、其の機会を利用し、其の真相を確めたるに張学良は曰く、父、張作霖の段執政に対する不満の意を懐くことは事実なり。是に段執政か左右の策士の為めに誤まられ、功は自ら之を収め、罪は是れを奉天に嫁せむとするに基けり。乍併父は現時に於て中央に野心を有するものにあらす。又段執政に対しては誠意を以て之を援助せむとする考を有す。馮玉璋に対しても強て之を排斥せむとする意思なく、馮は亦自ら進て戦はんとするか如き度胸ある人物にあらすと陳へたり。自分は張学良に対し此際段執政を援助し、時局を収拾せしむるは大局上最も必要なるのみならす、亦た張作霖の為めにも正に執るへきの途なり。此場合飽迄も自重し軽挙事を誤まるか如きことなきを切望し、且つ段執政との間に徒に感情上の阻隔に基き、大勢を誤まるか如きは最も執らさる処なる旨を切論したるに、最後に張学良は一週間位の内に自ら北京に赴き、親く段執政と会談し、意思の疎通を図り度考を有する旨申出たるにより、自分は事の重大なるを慮り、会見の時期並に其の方法に付、特に細心の注意を加ふる要を説き置きたり。張学良は自分の忠言に対し一々同意を表し、且つ謝意を陳へ、目下時局重大の際なれは其の大要を直に父張作霖に打電すへき旨申居りたり。

要するに段執政と張作霖の間に最近感情上並に政治上の意見に付大なる阻隔を生し居ることは事実として之を認むへきも、世評の如く直ちに馮、張の間に衝突を描き起し再ひ紛糾を重ぬるか如く推断するは稍々過敏の観察と考へらる。自分か張学良と会談したるは、一面に於ては此機会を利用して事の真相を確かむるにありたるは勿論のことなから、幸に自分か奉天及北京の形勢を視察し来りたる公平の立場より、張学良に依り、張作霖の注意を喚起し、将に危態に陥らんとする時局を未然に緩和する所以なりと考へたる次第にして、全然個人の資格を以て執りたる措置に外ならす。此の点は特に閣下のご了解を仰く。既に大要北京公使へ通報し置きたるにより御承知の儀と存するも不取敢報告す。

尚ほ、各地到る処意外の歓待を受けたり。是れ一に支那朝野の識者か帝国に対する親善の誠意を此の機会を利用し、如実に披瀝せむとしたるに外ならすと観測し居れり。右併て視察中の感想として報告す。

〔別紙3〕　張作霖の談・張学良の談

張作霖の談

北京訪問の途次五月二日奉天に立寄り張作霖に会見せしに、同人の本職に語れる要旨左の如し。

奉直戦の当時奉軍に対する日本朝野の同情と援助とは予（張作霖）の衷心より感激措くこと能はさる所なり。予は今後益々日支の提携互助に努力し、日本今回の好意に酬ゆる考なり。

洮斉鉄道の敷設に関しては露国側より抗議を提出し来りたるに、同鉄道は中国の領土内に中国自身敷設する者にして固より我の主権に属するを以て、露国より抗議を受くへき筋合の者に非す。故に露国の抗議には何等頓着なく、最初の予定の如く工事を着々進捗せしめつゝあり。尚ほ此に止まらす、吉会鉄道の敷設をも此際可成速に計画せしめんとす。索倫方面の開発は日支両国人に取り最も有利なる事業なり。同地方は鉱山と森山に富めるのみならす、土地肥沃にして最も農作に適せる点は寧ろ奉天省内より優れり。予は之を開放して日本人の経営に委する考にて、既に満鉄会社と協議の結果同会社より実地踏査の為調査員を派遣し、予よりも調査員を之と同行せしめたり。此際日本の資本家は宜しく大々的に資本を同地方に投下し事業を経営すへし。是れ予の最も歓迎する所なり。商租問題の如きは之に比すれは寧ろ些事なりと思惟す。

北京に於ける露支交渉と奉天に於ける奉支交渉は全く別個の者なり。露支交渉の衝に当れる支那側代表は王正廷なるが、彼は共産主義に共鳴し「カラハン」と内々深き関係あり。故に彼と「カラハン」との間に行はるる交渉事項に対しては予は之を承認すること能はす。予は「ソビエート」主義の支那侵入に対し極力之か防止に努め、其の宣伝に対して絶対に之を禁止せしめつつあり。此の事に関しては日支両国協同して防止に努むるを最も肝要と信す。目下の処露支会議も奉露会議も一時停頓の姿にて何等具体的の進捗を見す。

中央現下の政局に就て之を述ふれは孫文死後の国民党は共産及穏健の両派に分裂し、共産派は今や馮玉璋及胡景翼等の国民軍と結託し、其の兵力は二十二万と称せらる。又馮は窃に「カラハン」と手を握り已に庫倫より露国の武器を輸入せる事実あり。此の点は大に注目を要す。段執政は其の出馬に際し毅然として臨時大総統に就任し、其の下に内閣を組織し、天下に号令すへしとの予の献言を容れす余りに謙抑なる態度に出で、権威なき臨時執政の位地に就きたるは其の第一歩を誤るものなり。故に就任後威令更に行はれす、善後会議は漸く終了したるも其の議決事項は到底之を実現せしむるの望みなし。且つ段執政か現政府の要路に任用せる人物を見るに多くは安福派の残党に係り、是等左右の小人に誤まられつゝあるは頗る予の遺憾とする所なり。

目下中央政府は塩税余款、内国公債及金フラン案の解決其の他に依り入手すへき収入約六千万元に達すへきが、各省各方面より右収入の分配を要求し来り、其の争奪戦盛にして裡面の暗流は甚急なるものあり。何時政局に破綻を来すへきやも料られさる状況に在り。之に加ふるに現に河南方面の争闘紛擾絶えす、故に政局の前途は甚はた楽観を容さざるものあり。

奉直戦前に於て予か欧米各国より購入せし武器は已に五千万元に達し、奉軍は目下の処武器の不足を感せさるも日支兵器統一の必要に鑑み目下日本より（大倉組の手を経て）武器を輸入せんとしつゝある次第なり。相当の便宜を与へられんことを乞ふ。

張学良の談

五月十二日天津直隷軍務督弁公署内に於ける李景林の招宴席上本職は折柄来津中なりし張学良氏と邂逅し、別室に於て左右を避け密談を交換せるか、其の要旨左の如し。

先つ本職より

「近時京津間には張、馮両軍が今にも開戦すへきか如き流言飛語喧伝せられ、物情騒然たる者あり。此の時に当り張将軍（張作霖を指す）は段執政に対し頗る不満の色あり。段執政は時局の収拾困難なると奉天の態度に鑑み最近辞意を漏せりとの噂さへあり、今や戦禍漸く熄み民心平和を熱望するの際奉天の態度は最も慎重なる考慮を加へ軽挙を避けさるへからす。其の行動か稍軽挙に失し横暴に渉らんとするの嫌ある時は、時局は忽ち重大なる結果を招来し奉天は中外の同情を失するに至るの虞なしとせす。先回奉直戦に際し日本の朝野が奉軍に同情を表せしは全く奉天の行動か正義なりと認めたりしか為に外ならす。然るに今や前次の戦勝に驕を生し勝て兜の緒を締めるの戒を忘るるか如きことあらは、日本の従来の同情は一転して反感となるの虞なしとせす。世間には奉天の背後に日本ありと称し奉天の行動を以て日本の使嗾に出つるか如く誤解する者あり、日本の甚はた迷惑とする所なるを以て、奉天の行動に対しては日本は全然無関心の態度を執ること能はす。是れ予か今日敢て忠言を呈する所以なり。之を要するに奉天は此際暫く自重隠忍して慎重の態度を取り、時局の収拾は最初の声明の如く之を段執政に一任するこそ奉天の大を成す所以にして最も賢明なる策に非すや。然る時は天下の輿望は奉天に集まり天下は自ら奉天の手中に帰せんとす。右の旨張将軍に伝達を乞ふ。」

との旨述へしに、張学良は要旨左の如く答えたり。

近時張、馮両軍の開戦説喧伝せらるるも是れ全く根拠なき謡言に過きす。今回予（張学良）の入関は全く戦後混乱せる関内奉軍の駐屯配置を整理せんか為来れる者にして何等他意あるに非す。奉軍は目下馮玉璋に対して断して攻撃的態度に出つるの意図なきは勿論、馮玉璋も亦由来臆病にして、奉天に向て敢て釁端を開くかんとするか如き胆力を有せす。随て両軍の間に衝突の発生すへき気違〔ママ〕なきことは予の断言して憚らさる所なり。又巡閲使（張作霖）か段執政に対して心中不満の念を抱けるは貴説の如し。然れとも予を以て之を観れは是れ寧ろ当然なり。何となれは段執政の人格に対しては巡閲使も平素より之に推服し此次奉直戦の終了するや率先して極力之を推戴し時局収拾の衝に当らしめたる程なるも、奈せん段執政は由来余りに其の部下を信任し過くるの癖あり、其の結果左右の群小に誤まらるること多し。試に其の実例を挙くれは、江蘇問題の如き奉天側の段執政と盧永祥との従来の関係を尊重し最初より盧を江蘇軍務督弁に擬せしに拘らす、段執政の部下は陳楽山を江蘇に督弁たらしめんと欲し、奉天に内密に陳に銀四十万元を与へ江蘇に急行し突如事を挙けしめたるか如き事は失敗に帰したりと雖、其の底意は奉天の意嚮を無視して江蘇の地盤を一部野心家の手中に収めんとせし事実は歴然として掩ふへからす。又金フラン問題に関しては奉天側は其の解決を全然政府の裁量に一任し最初より何等容喙せし所なかりしに、同問題か世間より避難攻撃を受くるや財政総長李思浩等は政府は奉天の圧迫に余儀なく不本意なから解決したるものなりと称し、其の責任を奉天に転嫁したり。此の外李思浩は奉天の諒解を経ることなく多額の軍費を馮玉璋に供給したる事実あり。又呉光新は現任陸軍総長たるに拘らす久く天津に滞留し而も辞職せさるか如き実に曠職の甚しき者なり。之を要するに段執政は部下の勝手の行動に放任して何等の検束を加へす、部下の行動か段執政の意志に出てたるものに非さるへきも部下の失態は段執政に全然責任なしと謂ふへからす。而して率直にして苦言を呈する奉天側を兎角疎外し、寧ろ老獪にして甘言を弄する馮玉璋等を偏愛するの傾きあり。即ち奉天は段氏を推戴するに当り一切の政治を段氏に一任して奉天は之に干渉せさること、又中央の収入は一切中央に一任し各省より之を要求せさることを誓ひ爾来之を実行しつつあるに拘らす、段執政は奉天の諒解を経ることなく猥に中央の収入を馮軍に供給せしか如き実に奉天の期待に背くこと甚しく、近時執政は奉天と馮に対し差別の待遇あり、恰も父母か其の児女に対し甲に厚く乙に薄く愛憎依怙の沙汰あるに似たり。是れ巡閲使か心中頗る不愉快とする所なり。然れとも巡閲使は大局を顧念し今尚ほ段執政の擁護を持続しつゝあり。遽に之を見棄つるか如きことは断して無し。実力を有せさる段執政の今日あるは全く巡閲使か推戴せる結果にして、一たひ巡閲使か段氏を見棄てんか段氏は一日も其の地位に留まること能はさるへし、云々。

依て本職は「張将軍か心中不満を抱きつつありては徹底的に段執政を擁護すること能はさるへきを以て、此際段執政と徹底的に意思の疎通を図り此障礙を除去するを最も肝要となす」旨述へしに、張学良は左の如く答えたり。

予は一週間内に北京に赴く筈なれは其の際親く段執政に会見し意思の疎通に努むへく、尚ほ貴意の存する所は帰奉の上は逐一巡閲使に伝達すへきも、不取敢其の要旨を電報を以て伝達すへし、云々。

〔註〕「㊙」と書かれた封筒に一括して封入。吉田書簡封筒表「旅順　児玉関東長官閣下　必親展　JAPANESE CONSULATE-GENERAL 230 VICTORRIA ROAD　TIENTSIN.」。

7　大正(14)年5月26日　若槻礼次郎書簡

拝啓　益御清適奉敬賀候。陳は貴族院互選議員選挙期相近き候為め、伯爵間に於而も候補者決定に付種々異見有之様相見へ候。小生の聞く所に依れは世間の所謂松浦派、大木派と称せらるゝ人々の中に於而、左の方々は双方共之を候補とすることに異議なきものの如くに御座候。

所謂松浦派	所謂大木派
松浦	小笠原
柳沢	堀内
寺嶋	大木
川村	林
奥平	松平頼寿
柳原	松木
樺山	溝口
	酒井忠正
	酒井忠克

只今問題と相成り居候は、松浦派に於而は是非貴台と大原伯を推めんとし、大木派に於而は広沢、中川の二伯を候補とせんとするに在るものと被存候。過般来江木書記官長及松浦伯より貴台の出京を求められ候は、貴台御出京の上、所謂大木派の九名は之を承認すへきを以て所謂松浦派も九名の候補者を認むることゝし、既に大木派に於ても異議なき七名の外、貴台及大原伯を承認すへき旨を高調し、大木派を説服せられ度切望したるに依るものに御坐候。然るに官務の都合上、貴地を離れらるゝこと六ケ敷旨御電報有之候由に而、所謂松浦派に於而は稍失望せられ居申候。御

帰京愈々六ケ敷候はゝ、貴地より電報及書信を以而大木伯爵に宛貴台を候補者中に加ふることに付尽力方懇請せられ、之と共に大原伯は現在既に議員として在職せられ居り其適任なることを実証し居られ候故、是非次期の選挙に於而も之を選出せしめ度旨御力説相成候こと、松浦派の熱望に有之候。右様のこと小生などの彼此可申上儀には無御坐候得共、二派に分れて競争せられ候場合に於而は、各派同数の議員選出すと申候ことに相成候はゝ、団体平和の為め最も可然相認め候に付、乍失礼右申置得貴意度如斯御坐候。匆々敬具

五月二十六日　　礼次郎

児玉老台玉御右

〔註〕封筒表「旅順関東庁　伯爵児玉秀雄殿　親展」、封筒裏「外桜田町官舎　若槻礼次郎」。

8　大正(14)年5月27日　山下亀三郎書簡

拝啓　益御清祥奉慶賀候。爾来御無音のみ申訳け無御坐候。殊に先達御滞京中は激戦を重ね居り其為め緩々御咄を承る機会も得ず欠礼仕候。御承知之通り古道具を恵《〔ママ〕》り放ちたるを手初めとして極めて開放的に大整理を試候。

要は台湾航路其他にて定期航路に大阪商船と共通して人件費の削減を為し、全然たるトランパー主義を取る方針に御座候。

茲に一段落更始一新之気分に於て陣容を整へ、決死之士卒を結束して如何なる風浪怒濤にも堪へ可申、乍他事御放神可被下候。今日之非境に於ても現に四十八万噸を動かし居り、社外船之横綱

としては一歩も退き不申候。

躰一つに成ても戦のが山下の生命に御座候。

過日来は北京、奉天に御出張隆々たる御姿勢欣喜に不堪候。

田中御大の計画は着々其緒に付き御仝慶之至りに奉存候。本党と之合同は来月中には纏り候事は既に御承知之事と奉存候。去る十一日に於ける某之禿頭氏会談も慥に裏書され居り候様に被存候。

緊要なる会談は大磯に於て行えは其辺之橋渡しは出来得可き節楽居り候。

昨今下岡氏之訪問は大に興味を以て奉遥察候。

令夫人へ宜敷く御伝声奉願候。右迄。早々頓首

五月廿七日　　山下亀三郎

児玉閣下

〔註〕封筒表「旅順官邸　児玉秀雄閣下　御直」、封筒裏「五月廿七日　山下亀三郎」。

9　大正(14)年6月2日　伊東巳代治書簡

拝啓　時下愈々御清適被為渉奉恭賀候。扨先日以電報御内嘱之件に付ては其後早速大木、松浦、小笠原之三伯と屢時面接熱談を遂げしに、御承知之通三伯間之関係に付ては外部より容易に窺知すへからさる機密之消息も有之、小弟も桃李会へ入会以来同爵中之若手連と交際致居、近頃多少其間之内情をも了解致居候に付、今回右三伯に対する折衝上用意周到を尽し候次第に有之、刻下之処次回之総選挙候補者選定に付松浦対小笠原関係に付二、三之未定問題解決に至らす、双方主

張して相譲らさるより確執之熱度益々深甚を加へ全体之協定困難なる情勢に陥り、双方より小弟に対し居仲調停之依頼有之候に付聊微力を尽し度存居候得共、双方に於て大局を達し互譲之誠意を表明せさるに於ては如何に努力するも其甲斐有之間敷、折角之依頼に付出来得る丈之配慮致度と存居候。其事之成否は別として老兄問題は右未定問題より切離し、此際大木、小笠原、松浦三伯よりは確実なる賛成を取り置候方万全之策と存し、其方針にて交渉致来、先は大木、松浦之同意を得、最後小笠原と懇談、老兄とは旧冬御相談致候事も有之由にて素り異議あるへき訳に無之候得共、今後研究会派と行動を共にするの保証を得度との条件を持出され候に付、其義は小弟引受可申に付聊の御懸念を要せすと小弟専断を以相答へ、竟に同伯よりも確実なる賛成を取り置、尚其趣は早速老兄へ御内報可致義も併せて承認を取り置候に付、先以御安心被下度候。小生専断之義は拝青之砌、親しく尊聴に達すべく候間、此際は幾重にも御許容被下度候。右之次第に付選挙関係に付ては今後何方へも御運動不相成様致度、尤も大木、小笠原伯に対し小弟より御聞込趣を以て簡短なる礼状御発送之方可然と存候。松浦伯之方へは其儘御打捨置相成候は丶小弟宜敷取計可申候。又何方より勧告あるも此際御上京は不宜義と御含置相成度候。先は要件而已尊聴に達し度如斯に候。草々不宣

六月初二日　　　　晨亭再拝

児玉爵兄研北

〔註〕封筒表「関東州旅順関東州長官々舎　伯爵児玉秀雄殿　至急親展」、封筒裏「東京市麹町区永田町一丁目十七番地　伯爵伊東巳代治」。

10　大正(14)年6月4日　安岡一郎書簡

拝啓　其後は御健康状態如何に渡らせられ候哉奉窺上候。何分にも時交不順之折柄此上とも折角御自愛御摂養切に奉希上候。扨て小生仰に従ひ去る卅日午後帰京、翌日不取敢松浦伯に面会方都合を尋ね候処、実は御承知の選挙件にて俄かに京都に参らすては不相成に付き、差支なくは四、五日後之帰京の後にして貰いたい、御承知の児玉伯の件に付ても申上度き件もありとの事故、実は其児玉伯の件に付ても可成は至急に御目に当り度と申候処、夫れては明日にも寺嶋伯に会見して貰いたい。寺嶋は小生と仝志にて小生の留守中は一切仝伯にて総へて取計ひ候事になしおき、現に先刻も関東庁に電話かけ又電信なと打つ事に付き栗田君をも来て貰つた次第故、是非左様になしくれ度との事にて、一日午前十時頃華族会館に尋ね候処、折柄大原伯も例の通り膝詰的につきまとい、仝伯列席しても一向差支なしと特に寺嶋伯も申され候故、支那視察之概要からそろ〳〵選挙の件に付情勢を尋ね候処、此事は既に児玉君も松浦君の詳細なる手紙や電信により御承知の事なるか、抑も今頃之選挙に際し世間ては、大木派とか松浦派とか目し居れと斯は其真相にあらす、強て申せは小笠原伯を中心とし、処謂小笠原派か然らされば非小笠原派とても申すへきか、要するに苟も貴族院議員とし□の職責を超越して政治運動に奔走するは正さに越権之沙汰なりとの意見を有するものか、兎も角も一致し居る、茲に非小笠原派を形造り候へ共、而かも此連中か将来政策問題なり総へてに意見を何処までも共にして行くかは素より疑問なり、然るに小笠原派ては議員の新定員十八名の内にも半数の九名は既に候補を決しおきなから、更らに一名なり二名を自派より推さんと致し居候。実は我々謂はゞ松浦派の方に於ては当初候補者を詮衡するに当り色々意見もあり、現に児玉伯は官職を有し議席に就く機会も少いからとの事にて多少詮衡に難色もありし模様なり、其後形勢は児玉伯の為に有利に展開し、現在に於ては児玉伯と今一伯(之れは特に名前は申さざりしも現に列席している大原伯をさすこととなりと直感致され候)を推すことに決し候次第なるが、此事たるや唯我々の方で取極めたるに過ぎすして、相手の小笠原派では如何なる意見なるや交渉をしたる訳でもなければ一向に相分らず候へとも、情勢によりて知る処によれば一人丈けは譲歩せん意向なるやにも窺はれるれと、何分にも我々は小笠原派の如く何処迄も提携して行く集団会でもなく、唯だ今次の選挙に比較的公平なる意見を有し居るものか一致し居るに過ぎさる極めて微力なるものゆへ、果して児玉君かいよ〳〵当選するや否は甚た疑問視される次第故、此際遠方の任地に居られるよりも初孫さんの御目出度もあり旁々上京して共にやつて貰らたならはと存する次第なり、然し児玉伯にして帰らんとすれは、我々の方でも仝志の一人として極力有利に解決致し度と存し、実は昨日両松平(直亮は選挙管理人及頼寿)と徳川伯に電報を打たれるように申入候次第なり。就ては何か児玉伯からの御言伝《コトヅケ》でも齎らせらるや、御差支なくば承り度しとの事なりしも、大原伯も列席いたし居る事にもあり唯だ〳〵無言に如かすと存候。畢竟松浦伯に御目に当りたいのは支那の現状を御耳に入れたいのと、選挙の件にて色々御配慮に与り居候故御礼を申上けんとするに外ならすと申し候処、寺嶋伯は何か小生か選挙に付て特別に児玉伯から言伝けでも齎らし居るものと観たるものと見へ、是非松浦伯に会ふ様に申され候へとも、松浦伯には小生六、七日頃帰京後面会の約束になり居候故、殊に選挙日中に茲両三日中に決定する訳てもなく何れは松浦伯帰京後のことと存候折柄、松浦伯発車二、三分前にもあり松浦伯には出立前に御面会いたさす候。

一方新聞記者側に於ける観測は（尤も相当信を置くに足るへきものに御坐候）、現在の伯爵議員廿人の内で引退さすもの五人、新たに議員たるへく推選するもの三人の見当を以て夫々詮衡運動中なるか、

△新議員は

柳原義光　酒井忠克　樺山愛輔

にて引退者は、

吉井幸蔵　副島道正

の二名は既に決定し、其他の三人は、

中川久任　広沢金次郎　大原重明　勧修寺経雄　川村鉄太郎　児玉秀雄

の中より引退者を挙けんとし詮衡に入りたるに、当初は、
△児玉伯は議席御着く機会か少いこと、
△広沢は公使在任中の不始末（職務上其他に於て）、
△中川　河村は老拗其他て、
△大原は此上なしの無能で、
共に引退さす方針なりしも、其後形勢か変り、人物本位に詮衡するに至りたる結果は、

中川　広沢　大原

の三氏引退に決せは万事好都合と申居り候模様なるも、広沢は今や官途を辞し丸裸となり運動お

さく怠りなく、大原は実に松浦との姻籍関係を辿り膝詰的に毎日分館に詰切り居る有様にて、此処形勢甚た混沌いたし居候始末。左りなから小笠原の方でも人物本位より大原はとても駄目だと貶んし問題に致し居らす候故、結局は中川、広沢、大原か夫れとも広沢に代るに川村の引退で解決するならんと観測され居候。尤も小笠原派の鼻息中々強く、十一人推薦の主張通らねは一決戦まで辞せすと申居候模様にて或は仝爵間の大争ひになり、醜を天下に曝らすに到るかも計られす。万一其場合には純中立派（山本権兵衛、牧野伸顕、東郷平八郎其他薩派多し）は当然松浦派と結ひ候事故、旁々児玉伯の為めには有利ならんに御坐候。田中総裁には帰京当日から会見申入候へ共、中々の御多忙にて一向に其機を得す。漸く二日午前七時より三時間またされて極めて短時間御会ひ致し候。其際総裁は簡単なから小生の支那談に付き大変御傾聴を忝ふし、殊に青島の談には特に御熱心に御聴取り相成候様見受申候。選挙の件に付ては選挙の事なら電信もやり手紙て言つてやつた通りだから、今そんな事を心配するに及はん、夫々こちらでやつて居るからと言てくれとの事にて、小生に「君は今後は何時まで東京にいるか」と聞かれ候故、当分滞京の旨申上候処「もーこれは支那だ、うんと支那の状勢に気をつけんといかんぞ」と申され候。後藤子爵は漸く一昨二日夜高野より帰京され昨朝電話にて御面会申入候処、明朝来いとの事にて本日これまた朝八時から十一時まで待たされ漸く御面会いたし候。朝鮮銀行の鈴木穆氏も仝様。二時以上待合のくみにて中々の大繁昌に御坐候。随て当時は十一時より日露協会を催て田中、コップ両大使の午餐会あり。今日はひまかないから支那談は後日緩くり聞こうとて二言三言時事問題を談り、選挙に付ては先つ大丈夫と思ふ、折角やつて居るからもう好いと思つておるが、併しあまり方々へ手を廻しすぎて運動がましく見へると却てよくないから、其事は気をつけるように云てやれと申され候。この子爵の言葉に付て小生前夜来極秘の間に探索する処によると、前日伯爵から研究会の青木子に電報を打ち水野子に何も云はなかつたに拘らす、牧野子に電報打つたと云ふことが少しよくなかつたと申すもの有之候と申し候は、先般伯爵から後藤子の留守に電報を打たれた結果として後藤子の命により池田長康男か市蔵氏と共に青木子の処に参り、又池田男単独にて水野子の処に懇嘱に参り候。元来水野子は御承知の通り青木と共に研究会の牛耳を握り、殊に昨今は小笠原、大木系と気脈相通し其顧問様になり、万一研究会の子爵団か二分することにてもなれは其部下の子爵を卒ひて大木一派の伯爵団と共に研究会を去らんとする如き形勢に有之、旁々大木一派ては水野の云ふことには必す聴従すると云ふ有様にて、此の水野の手腕を後藤子か色々と利用して画策しつゝある次第にて、旁々将来各般の事項に対しても水野を此方のものに致し置く事肝要なりと信し、実は先日電報申上候次第に御坐候。之れに反し牧野子は成る程尚友会の長老てこそあり、青木子同様他爵の伯爵団の内争に対しては決して力をなし居らす、随て青木子は兎も角水野子を除外して牧野子に伯爵か電報を打たれたのは策の得たものに無之と存せられ候故、今後は其辺よく御含みおき願はしく候は、研究会某有力者の言に御坐候（これは後藤子か二日夜帰京されるや夜の十一時から一時間半に亘り青木、水野両子に桜田町の自邸で会見され、子爵側の選挙の件に付き其人選を決定すると共に、其際伯の件に付ても相当進んた噺か交換され候事実有之も、これは暫らく後藤子にも御内密に願ひ度候と其人申候）。

権兵衛内閣当時、内閣嘱託として書記官長以上に機密に参加せし村上貞一氏も昨朝及今朝二度に亘り後藤子を訪問いたし候由にて、今朝小生後藤邸で出会申し「其中是非ゆつくり君にも噺したいから電話をかける」と申し別れ候か、仝人の活動と申し乍ら何やら権兵衛内閣再現を夢み居るものに無之歟と察せられ候。此事に就て思及ほし候は、田中男が政友会に入られてから青山のお宅の応接間なり玄関の模様なとすつかり改められ候へとも、男爵御本人の努めて平民振りを発揮され居るに拘らす、其態度言動少しも官人気風の抜けさるとの批難は小生も目の当り近つきて痛切に感したる処に御坐候。素より新生涯に入られて日浅く経験を積まれる毎に党人心理を理解されれ候事とは存し候へとも、帰京後各方面て聞く政友会の評判なり田中総才の評判か今一つ楽観を許ささるもの有之候は、特に伯爵の御留意を願はしく存し候。次きに国民新聞の関係に御坐候。実は御地に於て小生に対する各般の誤解もあり、之れを釈く為めにも暫らく是非満洲に滞在仕り度き折柄を態さと帰京を差急き候理由は、畢竟此国民新聞の関係有之候為めにして、帰来折角努力仕候へとも、素々今次満洲に旅行を差許せし新聞社の真意は要するに総へて徳富氏の交換条件の伴ふもの有之候事後日に至り明瞭仕候。此件に就ては素より長官の御意向も当初より相窺ひ居候のみならす、今次旅順滞在中拝承仕候に就ては更らに他に適当の方途を講する決心にて、何れ之れは後日御耳に達し候機会も可有之、其辺の処にて御聞流し願上度候。先は右まで不取敢得貴意候也。

御病床御視察談の筆記、都合四編御手許に差出し候。尚青島と宣統廃帝の件、今明日中に差出可申、不悪御諒承仰上候。

六月四日夜　　　　安岡一郎

伯爵閣下

〔別紙〕　児玉秀雄　支那から帰りて

支那から帰りて

其一　視察の真目的

◇我輩が今回北支那各地に旅行を思立つたのは、毎度言ふことだが関東長官として旅順に居て自分が仕事をする上に於て、仮令其管轄区域が猫額大の関東州であるにせよ、其背後に控へて居る支那の本土から北満一帯の実情を頭に入れて置かんでは、日常執掌して行く政務の上に何うしても其正鵠を期することか出来んので、着任後間もなき一昨年の冬哈爾賓に行つたと同じく、暇さへあつたら中部北部は素より南の方までも是非支那の全土を一廻り視て置きたいと予て思て居たのであるが、折柄先達の奉直戦争も兎に角あゝ言ふ工合に一段落を告げたが、扨て其後の北京政情は何うかと言ふと日々の新聞にも現れて居た如く一向に安定がしない計りか、今にも北京は復々擾乱の巷と化し去らん形勢のようにも窺はれた。即ち張作霖は其戦捷の余勢を駆て威を中原に張らんとし、一歩々々と勢力の扶植に日も之れ足らない有様である。之れに対して段祺瑞は何うかと言ふと、成る程全支那の衆望を担て乗り出しはしたものゝ素々彼れに其勢力を保つ力もなけれは金のあらう筈もない。謂はゞ唯だ支那の政治家として稀れな彼れの高潔な人格か今日人心を繋いで居ると言ふに過ぎないので、力を持て居る奉天派の跋扈〔ママ〕跳梁に委ぬる外ない実情にあるのである。随て段としては此困難な政局に処して何うにか角うにか之れを切抜けて行かんが為めには、憑玉璋や呉佩孚の力を利用して以て張に対する牽制策となし、双方をうまく操つて行くと言ふことに出なければならない。之れが又た張にとつては素より欲せさるところ。段のこのなすことすることか一々張の心に慊らさる結果は此両者の間か日一日と疎隔する、延いては辛ふして平和の保たれて居る張憑の間か終に断絶して、今にも戦火を交へるに至りはしないかと言ふやうな不安な空気か当時北京の政界に充ち満ちて居たのであらう。現に日本の政府でもそう見て居たようであるし、支那駐在の外交官は素より軍人側でも同様の観測をして居たのである。
◇茲に於てか我輩は思うた。折角鎮まつた支那の内乱が再燃し、国内の治安は紊れて復々北京か兵火の巷と化し去るやうな事か万一出来たとしたならば何うであらう。東亜の大局から見ても勿論の事、取分け日本としては余程考へねはならぬ。殊に張作霖をして其勝誇つた勢に任せて彼れの横暴を逞ふし、其野望を恣にさすことの今後我国に及ぼす影響如何を真面目に考へたとき、之れは何としても黙つて見て居ることは出来ない。幸ひ政務も茲に小閑を得たことでもあるから一つ実地に就いて北京の政情も視察して来やうし、場合によれは先以つて張作霖にも会て大に彼れの反省を促して以て何んとか時局を平和の裡に解決さすことが出来るならば、蓋し之れ自分の職責に忠なる所以でもあり、又君国に対して捧くる一片耿々の微忱《まこと》ともならうと言ふ、之れが実に我輩此度の北支那旅行を思立つた真目的であつたのである。
◇以上我輩の微意の存する所を諒とせられ、加藤首相も此挙に賛意を表し我輩の在京中に許可を与へて呉れたので、四月十一日旅順に帰任するや間もなく摂政宮殿下の御允許を得、行李匆々折柄咲出でんとする桜の花を見捨てゝ、予定の五月一日と言ふに我等は北行車上の人となつたのである。

◇旅行の目的には前述へた通り相当重大な意義がないでもないが、然し……だ。兎も角も北京には国家を代表した帝国の全権が儼在して居る以上、何処までも表面芳沢君を立なければならぬのてある。殊に芳沢君と我輩とは永い間の親交もあり、先達の奉直戦争の際にも中央政府の方針は方針として、文字の上なり言葉の上にこそ現はしはしなかつたけれとも、支那に対する互ひの意志かぴたりつと合て居たれはこそ、出先きの我々が其の執る所は期せすして一致し、其結果は彼れか如き予期以上の成果を齎らしたと言ふもの。其後芳沢君の病状も幸ひに順調で何うやら込入つた噺も出来るやうだし、久方振りに彼れに会て病気の慰問もし、尚ほ公務の将来に就ても互に腹の底を打破て語り合はふと斯ふ思ふて、我輩は左右から色々の意見や進言もあつたけれども何れも之れを斥け、故らに上下外した私的旅行と銘打て随伴者も極めて少数となし、妻を携へてぶらりつと北京の檜舞台に乗込んだのである。

其二　澎湃たる親日気分

◇北京に乗込むに先たち我輩は故らに奉天に立寄り、張作霖に会て過くる奉直戦争に出陣した彼れの凱旋を祝する意味で、我国に於ける武家の古礼に傚ふて菰冠り二挺を贈り、大に其部下を賑はすと共に時局に対する隔意なき意見を交へたのであるが、其際我輩は『時局は今や最も重大である。殊に奉天派の背後には常に日本あり。張上将の一挙一動何れかこれ日本と連絡のないものかあらうか〔ママ〕』とは今や天下公然の秘密なるか如く各方面て誤解し、此色眼鏡を以て彼れ等は総へてに不断の注意を払ふて居る際、万一にも中国の秩序か再ひ紊れて不幸にも内乱の惨を繰返すか如きことあつた場合は、啻たに中国六億の民をして塗炭に苦ましめ、其結果は支那自らか之れに依て測るへからさる損失を招くのみならす延て或は累を我日本に及ほし、公平無私なる帝国の立場に如何なる迷惑をかけんも限られない、之れか果して事実上に於ける支那の興廃を其双肩に担ひ、日支の関係に深き念を致す貴下の本意てあらうか、更らに一歩を進めて東亜の大局に之れを考へ及ほした時、今日に処するの途は唯た〳〵総へてを平和の裡に解決さすの外はないと思ふ』と情理を説いて彼れの注意を喚起したところ、彼れ亦た大に覚るところあつたらしく、深く我輩の好意を謝し、其真意のある所を諒得したやうてあつた。

◇斯くて我輩はいよ〳〵燕京に入り淹留七日、此間に於ける支那朝野の歓待振りは君も実見した通り。驩迎に亟くに驩迎殆んと寧日なしと言ふ有様て、其如何に日本に倚て共に大に為す所あらんとする一般の希望なり空気かアリ〳〵と我輩には窺はれ、随て今次の旅行か謂はゞ丸腰の視察ではあつたけれとも、其目的たるや予期以上に達成し、同時に無上の成果を齎らし得たと言ふも敢て過言てはないてあらう。然らは何か故にシカク好結果か贏ち得られたかと言ふと、第一は今度の旅行か其時機を得て居たのと、今一つは日本の与論か従来の内政問題を超越して今や対外発展、就中対支関係の刷新に向て大に集注されつゝある際てあつたからであつた。

◇見給へ。現代に於ける支那の要路にあるものは臨時執政の段祺瑞にしたところで奉天系のものでも其通りで、従来日本と屢々交渉もあり我国に理解を有する人々で、其所謂親日とまでは行かすとも少くとも日本に対して好意を有している人々によつて成つて居る現在の執政内閣てあるので、随て彼等か其政権を把持し政策を行て行く上に於て如何に力あり、日本の官憲……少くとも有力者に密接の関係かあるかを事実の上に示さんが為めでもあらうか、折柄入燕した我輩を担いて之れ見よかしに驩迎すると言ふ有様で、其我輩に対する驩迎たるや我輩を通して日本を驩迎し、日本に対する親しみを表示して今後大に提携して進みたいと言ふ、現在に於ける支那朝野の気分か明かに窺はれた次第である。

◇時も時、我国に於ける政界の実情は多年の懸案であった普選貴革の二大問題か今春の議会で兎も角くも目鼻がつき、イザこれからは対外発展と言ふ純個たる国家に向て大に与論か集注されんとし、現に政友会でも又た政府でも競争的に著々之れか調査を進めて居る際であるから、此新たに著手されんとする帝国の国策、即ち経済的発展乃至は産業立国策を遂行するに当ての最大目的地であるへき支那の本場所に乗込んで、関東長官の官職を有する我輩が……仮令丸腰にしたところで……日に夜に要路の大官連と接触し打寛いて歓を交へて居ると云ふ其事が、既に彼地に於ける与望と云ふか大勢にぴたりつと投合したことは、蓋し今次我輩の旅行をして有意義ならしめ予期以上の成果を齎らしめた最大原因であつて、自分としては此思はさる仕合を喜ふと共に、今次の行か幾分たりとも国家に貢献する所のあつたことを心密かに誇りとする次第である。

其三　現下の北京政情

◇ところで肝甚の北京に於ける現下の政情はどうてあるか。日に〳〵切迫しつゝありと言はれて居る張、憑の関係か何時まで現在の状態を保つであらうかと問はれゝば、我輩は答えん。短日時の滞燕てはあつたが、少くとも我輩の眼に映したところを以てすれは、張、憑二者か干戈を執て見ゆると言ふか如きことは恐らくないであらう。即ち当分の間は何うにかかうにか不安ながらも現在の状態を持続して行くものと観て差支ないと思ふ。
◇成程彼れ張作霖が其勝誇つた勢で、今や北京を中心として奉天から直隷、山東の三省に亘り彼れの所謂大奉天主義の理想が現実に達成されて居る。而して一方段祺瑞の為すことに対する不満が何時とはなしに双方の間に溝渠をなして居て、夫れが日に〳〵深く且つ広くなりつゝあるように見えないでもないので、此形勢を以て進めば張は或は此際予てから目障りとして居る憑の勢力を殲滅すべく、彼れの赤化主義を根絶するを名として、一挙にこれを屠り去らんとするの行動に出てんも計られないけれとも、張とてもさるもの自らを知つて居る彼れとしては此際段に取て代てまで真逆に全支那の政情を自己の掌中に収めてしまうと言ふやうな大それた野望も抱いて居ないし、仮令有て居たところで、其場合果して彼れの傘下に集る適材が幾人かあらう。直系の王泳江と楊宇霆を除いては誠に心細いではないか。之れは現閣僚の顔触れを一わたり見まわしても直くにわかる。
◇段祺瑞にも素より会た。我輩の訪れたあの見すぼらしい吉兆胡同の私邸……それは彼れが今度いよ〳〵中央に乗出すことに決した時、北京に一軒の持家をも有しない彼れの為めに、其門下生か醵金して提供したと云ふ床かしい美談さへ伴つていると云ふ。ことほと左様に彼れは支那の政治家としては稀れな人格者であり、この人格こそ軈て四百余州の信望を担ふて現に時局捨収の大任に膺ているのであるが、抑も政治か人格はかりでやつて行けるものでないことは今更ら言ふ迄もない。殊に紊れに乱れた支那の現状に於てをや。現に彼れも言ふた。『自分は此の大任を引受けた時から既に時局の多難てあることを覚悟して居た』と。而かも一方に憑や呉の勢力を擁し、他方に勝誇ている張作霖をあやつつて所謂キヤスチングボートを握て巧みに此難局を押切つて行かんとする芸当を打つには、余りに彼れは人格があり過ぎると共に無力である。惜むらくは彼れをして今少しく活動し得られる丈けの油を注くもののないことを……。

◇然らは憑玉璋の今後における行蔵や如何。曾ては呉佩孚の部下にありながら……仮令物質的に含む所かあつたにせよ……一たび自己に利ありと見れは掌《てのひら》かえすが如く不供戴天の仇敵と結び、鉾を執て旧主にはむかうと言ふか如き所謂支那式の政治家で、夫れ丈け目先きも利けば如才のない彼れのことであるから、仮令陰て張の傍若無人の態度に歯ぎしりかんて居たらばとて、勝算なき彼れが今日軽々しく張と正面衝突をするやうな下手な芝居を打たうとも思はれない。恐らく茲暫らくは陰忍自重、徐ろに風雲の際会を俟つてあらう。

◇斯く観じ来れは問題は張作霖の出方一つであり、中国の治乱は懸《かゝつ》て奉天派の挙措如何に岐かるゝと見れば見られないでもない。左れは張作霖たるもの自己の勢力を恃み、其野望を恣にせんとし、徒らに事を構えて時局を紛糾せしむるやうなことかあれば、左なきたに人心日々彼れを離れ、反感漸く高まらんとしつゝある今日、其結果や遽かに測り知るべからざるものかあり、更らに之れを我か東亜の全局に顧みたたらば〔ママ〕、蓋し思ひ半ばに過くるものかあるであらう。我輩が今次北京に入るに先ちて彼れを訪ひ、諄々として説いた所以のもの決して外てはなかつたのである。幸にして彼れよく我輩の言に聴き、以て三思するものがあつたと見えて、我輩の済南に到著した十六日、張は息学良をして我輩に告げしめて曰く『請ふ幸に安んぜられよ』と。

◇要するに北京は不安定ながらも茲当分は現状を持続して行くのであらうけれども此の状態が暫

時打続いた後の北京の政情や如何に。熟ら支那の前途を考へるとき、我輩は言ひ現はすことの出来ない悲痛の感に打たれるのである。

其四　支那の将来と其対策

◇支那の将来と其対策如何？……これ友邦善隣の一国民として我輩今茲に之れを詳述するを欲しないけれとも、如何せん今次三週間に亘る旅行に依て、我輩の観察し得た支那の将来に就ては遺憾なから之れを楽観し得る理由の何物をも見出し得なかつたことである。

◇その極めて手近い一例を挙けると、国内の鉄道の運輸状態がそれである。見よ中央の威令一として行はれず、各省の督弁や地方々々の官憲が其権力によつて思ひ〳〵に之れを監督し運転さして居る有様てあるから、列車の発着時間など殆んとあつてなきか如く現に我輩の目撃した津浦鉄路なとも甲の駅から乙の駅に列車か着きはついたか、夫れか果して何時発車することやら。東站(天津)から浦口ザット千十三、四哩の間か三日か丶るか四日か丶るかさつぱりわからぬと言ふ有様で、殊に目下張宗相の軍隊かドン〳〵山東に輸送されつ丶あつた際とて、一般の交通は丸で戦時状態……尤も我輩一行は政府の賓客として交通部や鉄路管理局か特に一行の為めに故西太后の御料車を臨時列車に仕立て丶運転してくれた為め、格別予定にクルヒは生しなかつたけれとも……兎に角斯ふ言ふ風で国家の公なる交通機関か地方々々の官憲の権力によつて何うにでもなると言つた調子に、鉄道としての連絡もついて居なければ総へてに対する統制など薬にしたくもない。

◇一事が万事、ましてや之れを大きな支那の国状に見たとき、事実に於て支那と言ふ国家は既に解体して居ると言ても好いほとに、其素質は殆んと台なしになつてしまつて居る。成る程中央の政局は前にも述へた通り今暫らくは不安定なからも何うにか角〔ママ〕うにか保合て行くであらう。然れと夫れも今後果して幾何。今日の源氏は明日の平家と政権か右から左に転々として移り行く毎に支那の国家はます〳〵乱れに乱れて、それこそホントに解体するところまで行かねは止まらないであらう。

◇然らは之れに臨む日本の対策や如何に。支那の将来果して前述へた通りとすれは、日本たるものナマジヒに其一方のみを扶けて他を袖にすることのます〳〵事端を滋くし、随て我にとつて害こそ多けれ決して策の得たものてないことは勿論で、何処までも我国は不偏不党でなければならないけれとも、左れはとて霞ケ関の所謂絶対不干渉とやらには我輩何としても賛成する訳に参らぬ。

◇変転限りない支那の政状を目の前に控えて、我等は所謂中央政府の方針として棚の上に祭り上けておくとしても、一方に出先きの我々……外交官にしろ軍人にしろ地方々々に関係を有するものは……常に夫々の関係によつて、例へは或ものは張と親しん〔ママ〕おくものもあれは、同時に他方には憑なり又は呉なりと不断に交を結んておくと云ふ工合に、変転常なき支那の政機の異動に順応し、其時々の大勢と連繋を保ちつゝ、彼れを指導し、東亜の前途に誤りなきを期せしめなければならぬ。随て日本としては此処当分は筒井順慶式の日和見で時の推移を俟つ外ないてはないかと思ふ。

◇ところで此の出先きのものか機に応し時に臨んで各個々に執て行く、謂はゞ地方的の政策を中央の本家本元か時の大勢に観て総締めくゝりをして行くと云ふ、此の統一かうまくやつて行けれは此方のものだが、さて之れか亦た中々の仕事だて……。現に先達ての第二奉直戦のときもそうたつたが、霞ケ関の方針は夫れとして、出先きの我々、芳沢にしろ船津にしろ又た満鉄の方でも各地にある軍部関係のものゝ呼吸がぴたりつと合て居たれはこそ、外務省か少々へまをやつても兎に角くあれ丈けにうまく行つてのけたと云ふもの……此処少しも表に現はすことは出来んか出先のものゝ苦心も大に買てやるへしだヨ……。

◇兎に角く支那の前途なり日本の対策なるものに就ては、単に日本と支那との間はかりてなく関係する所中々広く、随て所謂デリケートの関係にあるので、此間の呼吸を甘く呑込んで器用にやつて行けは、支那と言ふ国は何程も面白い仕事か出来るところだと我輩つく〴〵感した次第である。（未完）

其五　山東対策の核心

◇青島の視察！　之れ実に我輩か曩きに朝鮮に在任して居た当時からの宿望であり、今次北支那に旅行を思立た一半の目的は蓋し之れあるが為であつたのである。

◇青島か支那に還附せられてから早くも一年有半、一時は国を挙げて彼れか如く緊張せしめ、山東問題も今や殆んと国民の脳裏から忘れ去られんとしているではないか。同胞幾千の鮮血を流し、幾億の国帑を費して既往八ケ年に亘り辛苦経営し来つた山東の現施設……仮令夫れか時の政府の失敗に依て政治行政の悉くを彼れに返還して終つたとは云え……尚ほ幾多の貴重なる権利と利益か邦人の手に残され、同地に於ける経済上の実力か相当に認識されて居るに於てをや。

◇我輩揣らずも今回積年の望を達し、此の憧かれの青島に臻り親しく同地の風物に接すると共に現代に於ける施設の大要を視るに及んで、其過去を偲ひ将来を予想して転々感慨に堪へさるものかあつた。

◇実際の処我輩は思つた。此の堂々たる施設を支那か果して何時まで此の儘に持続けて行かれるであらうか……と。見よ、東洋第一と誇て居た青島市内から附近一帯の道路は日本の経営を放れてから僅か一年有余の間に著しく破損もすれは荒頽して、坐ろに東京の夫れを思はしむるか如き悪道路と変しているではないか。其他水道にしろ電灯にしろ此儘に打捨てゝ置けば決して此れ以上に発達する訳はない。否な恐らく段々と退歩する計りであらう。

◇現に土地の有力な或支那人は、我副領事に向てつく〳〵と語つたそうである。支那か此儘に青島を自分の手で経営して行かんとなれば、せめて日本人をして従来の関係によつて青島の施政に干与さす特例ても設けて、各般の施設経営に参画せしめたならば……と蓋し之れ青島の将来を思ふ中国人の偽らさる声であらう。

◇則ち我輩は一夕在留民の重なる人士と一堂に相会し、膝を交へて山東の実情も聞けは互ひに腹蔵なき意見の交換を行つた……。中には一般経済界の不況に伴ふ商工業の打撃に就て遡ふるものもあれば、隴海鉄道の全通や膠済鉄路の延長に対する交通政策上の見地から所懐を陳へるもののあつたか、其中で我輩の最も感を同ふし所見を共にしたのは外てはない、青島に於ける現在の欠点は、治安の維持と生命財産の安固を期する上に於て不安を感すると言ふ一事であつたのである。

◇此事たるや蓋し我輩の予てから心密かに憂えて居た点であり、如何に邦人か同地に在て経済的に努力しやうとした処で、根本たる治安の維持か保たれす、随て生命財産の安固か保障せられないでは何として其の目的か達せられやう。地方の治安か確保せられ生命財産か保障されて居てこそ、初めて人々か安心して資本も下せは事業も起り、随て文化も交通も加速度の勢を以て進歩発達するてあらう。即ち総ての政治施設は実に此の治安維持と言ふことか根本をなして居ることは、今更ら我輩の呶々を待つ迄もない。

◇近頃ろ欧米の商人や事業家か盛んに関東州に嘱目し、現に幾多の企業か大連を中心とし関東州の各地て計画されて居るが、斯は言ふ迄もない。関東州か支那全土の中で最も完全に治安か維持されて居り、毫も生命財産の不安を感しないからであるのみならす、多年の懸案であつた関東州の特恵関税かいよ〳〵実施され、随て従来単なる商業市場に過きなかつた大連か、今後は東洋に於ける一大生産市場として北は北満から中部北部の支那を通して国際的商業戦の檜舞台に飛躍せんとする際、我実業家なり資本家か緊褌一番奮発する処なくんは或は恐る我々日本人は満州に於ける欧米商人の番犬たるを甘するの止むを得さるに至らんことを。

◇此故に我輩は先頃東京から帰任の途次故らに大阪に立寄り、関東州に縁故深き京阪神の実業家資本家に対し之れか発奮を促かした次第である。

◇実際の処所謂特殊地域てある満州を除ては、支那の何処に行ても山東程日本と従来から交渉もあり多くの公共的事業に関係もすれは幾多の工業をも経営し、随て広大なる不動産上の権利をも保有して多数の文化的設備を有ている地方はないてあらう。その山東をして今後むざ〳〵と荒頽するがまゝに委しておくことは、先人諸公の努力や尊き同胞の犠牲に対して何として出来やう。

◇還付後に於ける山東は当初気遣はれた程てもなく、我在留民の精神上にも経済上にも幸におい〳〵落付きか出来て来たやうである。此上一層の努力と発奮を以て同地方の隆盛発達を図ることは、単に祖国に於ける国民の経済生活を確保するのみならす、日支の共存共存と言ふ二大目的か達成せられる所以であらう。

◇此の所謂山東に対する我新国策を遂行する上に於ても、其根本は地方の治安を維持するにあり。何はさておいても在住民をして生命財産の安固を期せしめむるにあることを忘れてはならぬ。我輩は青島に滞在するの日、一再ならす同地駐在の我総領事と会し其抱負の一端も聴いたか、惜むらくは一言此の治安の維持に言及することのなかつたことである。

◇青島に駐在する唯一の帝国代表者にして苟くも念ひを茲に致さんと言ふことは返す〳〵も遺憾であり、同時に此の大切な一事を外にした山東対策は、如何に千万言を費してもそは畢竟核心に触れさる謂はゞ的外れの空説法に過ぎないと言はれても一言の弁辞がないであらう。

其六

◇北支旅行の感想を陳へ終るに当て一言したいのは、宣統皇帝の近状である。

◇身は苟くも一天万乗の帝位に生れなから、如何に時の流れとは言え国状の然らしむる処とは言ひなから刻々に迫り来る危険に住み馴れた宝殿を去て、国外に身の安きを求めんとする。思へばはかない運命であり、憐れな御境遇である。

◇我輩今次北京に遊び、偶ま紫禁城の内裏を拝観したとき、皇帝か昨年まで修学された書斎てあると言ふ養性斉と名つけられた二階建の一殿を見、更らに乾清宮に曾ては内外の臣僚を延見されたと言ふ清朝全盛の昔を偲んでは、誰れか一掬同情の涙をそゝかぬものかあらう。男泣きに泣いたのは豈たゞに老友臼井君のみならんや。
◇あゝ世の中は総べてが夢だ。夢だけれとも之れか又た何として無関心に過ごし去られよう。聽ては寄せん時の浪、いつか我足許を襲ふこともあらうに……情けは決して人のものではない。哀れな宣統皇帝の御境遇に心からの同情を寄せ参らすべきもの、見渡した処日本を措いて将た何処にかある。
◇今春の我議会で宣統皇帝の御待遇方に対し貴族院の阪谷男爵から政府に発せられた質問の本家本元は、実に斯く言ふ我輩自身てあつたのだ……。ことほど左様に我輩は皇帝の御境遇に対し心から同情を表して居る一人である。随て今次の旅行を幸ひに何んとかして皇帝に会見がして見たいと思つて居た。
◇宣統皇帝と皇后とは日本の厚い保護の下に天津の某所で静かに安全な月日を送つて居られる。旧知の天津総領事吉田茂君……霞ケ関畑には比較的珍らしい気骨稜々の外交官。我輩の為めに其公館で一日皇帝に会見の労を執てくれた。見上け処瀟洒たる一青年貴公子だが、流石に苦労のあとも仄見えて……が思つたよりもしつかりして居られる。
◇皇帝と我輩の間に交へた噺は、初対面のことでもあり素より込入つた政治談に触れるやうなことはなかつたけれとも、夫れでも政局が何うの段〔ママ〕執政が角うのと時局には割合に理解を有ていられるやうにも見受けた。聽て我輩は他に約束の時間に迫つて別れを告けるとき、皇帝は椅子を離れて堅き握手を交へなから我輩に『是非又近く再会の機あらんことを望む』と心から別れを惜むことき風に拝したとき、我輩は覚えず胸の迫る思ひかした……。会見は短時間であつたか、我輩の誠意か通したものでが〔ママ〕なあらう。

◇これはたしか総領事の噺だつたと思うが、何時か金銭の支払のことか何かで近侍の者か皇帝に其不遇をいたわつた処、『天下を棒に振つた自分だもの辺々たる日常の不自由など何とも思て居ない』と言ふ意味の言葉を聞いて、近侍は覚えす顔を背けたとか……。皇帝はお年も若いし適当な人間を御相手につけて置けは、御経験を積まれるに随て必す大成されやう……。

◇終りに臨み三週間に亘る我輩の今度の旅行か予期以上に視察の目的を達し、随て望外の成果を齎らした所以のものは、前にも述へた如く第一は其時機を得たのと、今一つは我国内の与論か今や対外発展に向て集注されんとして居る場合であつたからで、我輩に対する支那朝野の歓待は決して一児玉に対する夫れでなく、我輩を通して日本に対する支那全般の空気を表示したものであることを茲に繰返すと共に、少くも我輩今次の旅行か有意義に聊かたりとも国家に貢献する処のあつたことを諸君と共に欣ふものである。（完）

11　大正(14)年6月13日　伊東巳代治書簡

尊書薫読仕候。其後伯爵団選挙紛争問題も雙方に対し諄々懇諭之末、松浦派之大原伯に対し小笠原派之広沢、中川、勧修寺三伯之内一人を主張する勢と相成候得共、更に説得を加へ双方とも各其主張を撤回し、無関係之松平直寛伯に選定を一任する事となれは双方の面目を傷けすして円満解決を得へく、枉けて同意を表せられ度旨申談置候処、双方とも熟慮之末昨日松浦、小笠原之両伯各別に来訪、確然同意を表せられ明十四日紅葉館に於て会合、公然発表可相成由に有之候。過刻松平直亮伯も挨拶之為弊宅へ来訪被致候次第に御座候。右之通積年之紛議も釈然氷解致候間御安心相成度、尚松浦伯へは御伝言の趣申通置候。御含迄右達尊聴候。草々不宣

六月十三日夕

巳代治再拝

児玉爵兄

〔註〕封筒表「関東州旅順関東州長官官舎　伯爵児玉秀雄殿　密啓親展」、封筒裏「東京市麹町区永田町一丁目十七番地　伯爵伊東巳代治」。消印14・6・13

12　大正14年6月23日　図什業図親王書簡（川嶋浪速宛）

川嶋先生鈞鑑

本王意欲謀開発旗地、以固財政起見。利用旗下所余之閑地、如何設法、全委、先生適宜籌画、以副本王之意、不勝懇托之至。嗣後如何弁法、再行核立章程、務期収効。為此懇托先生分神進行、特為通達。即頌籌安

図什業図親王業〔角印〕　中華民国十四年六月二十三日

〔別紙〕訳文

拝啓　本親王爰に旗地を開発して財政の基礎を固むる目的を以て、当旗下剰余の不用地を処分せんと欲す。其の処分法に就ては準備計画の一切を貴下に委ぬる所存なるを以て、本親王の意図を

汲み御承引の程悃願の至に堪えず。今後に於ける弁法に対しては別に規定を設け必ず計画の実現を期せんと欲す。希くは貴下の御配慮に倚り計画の実行を望んで止まざる次第なり。敬具

民国十四年六月二十三日　　　　　　　　　図什業図親王

〔註〕「哲里木盟十旗関係図」が同封（略）。

13　大正14年6月25日　北野元峰書簡

襲啓　時下梅雨之候。貴家御一斉益御清勝に被為渉慶賀至極に奉存候。却説過日は御地へ巡錫之節は御懇篤なる御配慮万々難有奉感謝候。次に今朝随行之者より承り候へは多大之御布施御贈投被下如何にも恐縮之次第に不堪候也。拙僧義は去る廿一日東京着、廿三日午後夜行、廿四日より一週間当方へ滞在法務、七月四、五日頃に帰京、八月下旬迄は休養、昨今身体は無支御休神被下度願上候。先は御礼詞申上候如斯。草々不尽

大正十四年六月二十五日　　　　　　　　　元峰

関東長官　児玉伯爵閣下

奥方へ別紙同様宜敷御鶴声願上候。

〔註〕封筒表「旅順　関東長官　伯爵児玉秀雄閣下」、封筒裏「越後出雲崎町字勝見　清特寺内　大本山永平寺　元峰　大正十四年六月廿五日」。

14　大正（14）年7月1日　張宗昌書簡

児玉伯爵賜鑑
前奉来電、正擬作復、適辱華翰、並承厚貺座鐘一架。高誼隆情、無任感謝。回憶前此駕臨、諸多簡褻、尤深歉仄。惟遥祝景福日麗、以慰鄙懐。専此鳴謝、敬頌勲祉

張宗昌鞠躬　　七月一日

〔別紙〕訳文

拝啓　先般御鄭重なる謝電に接し御返書可差上存居候処、又々貴翰拝接、剰さへ時計一個御恵賜被下候条、御芳情千万辱なく感謝仕候。先般御来駕の際は何等の風情も無御座候。遺憾に存候。茲に謹みて御礼申上、併せて閣下の御健康を祈り申候。敬具

七月一日　　張宗昌拝

児玉伯爵閣下

〔註〕封筒表「旅順　関東庁　児玉伯爵台啓　掛号　督弁山東軍務善後事宜公署緘」。消印CHEFOO 2.7.25 烟台。

15　大正（14）年7月2日　徐東藩書簡

児玉伯爵勲鑑
前誦手教、深感注存。日昨復由吉沢総領事処交来時計一座、隆貺珍逾、拱璧高情、貴若。寸陰。

把玩之余、綦為感紉。洄溯月前、閣下曁尊夫人涖済時、以時間匆促、招待未周、方抱歉之未遑。今迺辱承厚愛、恵以珍品、拝領之下、益形恧慚、未知将何以為報也。耑泐鳴謝。祇頌勲綏

徐東藩敬啓　七月二日印

〔別紙〕訳文

拝啓　尊翰拝誦、嗣いて吉沢総領事より結構なる時計一個御転送被下候御芳情難有感謝仕候。先般御来遊の際は兎角不行届勝にて深く遺憾に存候処、結構なる品物頂戴致拝領の下益々慚愧を加へ申候。先つ右御礼申上度如此候。敬具

七月二日

徐東藩拝

児玉伯爵閣下

〔註〕封筒表「旅順関東庁　児玉長官伯爵勲啓　掛号　外交部特派山東交渉員公署緘」。消印CHEFOO 3.7.25 烟台。

16　大正(14)年7月4日　伊東巳代治書簡

拝啓　時下愈々御清適日夕御鞅掌之事と拝察仕候。次に小弟も不相変碌々消光罷在候間乍憚御放念被下度候。選挙之事も万端円満に解決、各方面より謝意を表せられ、不図も面目を施し、却て汗顔之仕合に候。其後奥平伯来邸、今回選定之候補者一同より慰労之積にて一夕晩餐を供し度との案内を齎され是非応諾可致様被申勧候得共、小弟は固く辞退仕置候。引続酒井伯及松浦伯等来

訪、頻に勧誘を蒙り候得共、奥平伯に対すると同様辞退仕置候。

当春老兄之御紹介にて大連之中村敏雄君に面会、其後一両度来訪之節、同氏は「キリヤージ」之一手販売者之由、及承候処、此程中貯蔵品殆と払底今より僅に一週間を支ふる丈に相成大に閉口致居、市内にては手に入り難き品故非常に苦痛を感し居候。乍御面倒同君へ御申含、至急新鮮之品六函許り送付致呉候様御依頼被下度、不堪悃請之至候。不取肯右願迄。草々不宣

七月四日夕　晨亭再行

児玉爵兄

〔註〕封筒表「関東州旅順関東州長官々舎　伯爵児玉秀雄殿　至急親展」、封筒裏「東京市麹町区永田町一丁目十七番地　伯爵伊東巳代治」。

17　大正14年7月5日　横沢次郎書簡

拝啓　時下愈御清祥御起居被為遊候段欣抃此事に御座候。御政務日夕御多忙に被為在御事と拝察罷在候。時下折角御自重為邦家千万祈る所に御座候。
陳は江の島児玉神社来二十四日例祭執行致候に付、其経費及本年一月より六月迄の半ケ年分経常御経費別紙之通り同神社々掌より要求致来候に就而は、台銀預金利子引出方御留守御執事へ御下命被下候歟、将又一時御手許に於て御立換置き被下候歟、何れか可然御取扱被成下候様願上申候。若し御執事へ御下命被為在候はゞ其旨小生方へも御一報を玉はり度、さすれは小生御留守の屋敷へ参上御執事に交渉之上受領方取計可申候。又御手許より一時御立換被為在候はゞ小生方迄御送

付方御取計ひ玉はり候様御願申上候。別紙要求書之通り経常費金四百四拾弐円八拾四銭、例祭典費弐百円也、合計金六百四拾弐円八拾四銭也に御座候。経常費の諸領収証は一切完備に相纏り居申候。御上京の際高覧に相供し可申上候。別紙要求書は小生方へ御返付被成下度添而御願申上候。先月二十四日児玉神社月例祭に付小生参拝仕候。神社は益々森厳を極め清潔に維持せられ居候間御安神被為在度候。叉手。最近支那動乱に就きては定めて種々御高配不尠候御事と拝察罷在候。小生義過る四月上旬より渡台罷在、客月二十一日帰京仕候。台湾近年の施政に関しては内外種々非難之声高く憂慮に堪へさるもの有之候事誠に遺憾至極に御座候。御上京拝語之機を得て具々陳供可申上候得とも、此義御高慮に御止め置き玉はり度、合掌。此事に御座候。御左右御伺旁当用如此に御座候。早々拝具

大正十四年七月五日

横沢次郎頓首

児玉伯爵閣下御侍史

〔別紙1〕 大正14年7月1日 松原真郎書簡（横沢次郎宛）

拝啓 過般御参拝之砌は何之御構ひも不申上失礼之段謝上候。其節は珍らしき御品々頂戴いたし且亦陪膳之御光栄に浴し恐縮此之事に奉存上候。偖神社経費之義別紙之通りに有之候間何卒宜敷御願申上候。尚当月は御例祭につき昨年之例に依り二百円御予定之程御願申上度候。先は右如斯に御座候。

追而、江之島しるべ拾冊別便を以て御郵送申上候間御了承希上候。

大正十四年七月一日　　　　　　　　　　　松原真郎

横沢次郎様

〔別紙2〕　**児玉神社経費要求書**

記

一、金四百四拾弐円八拾四銭也　　神社経費

大正十四年一月より六月迄六ケ月分

内訳

金六拾八円二十七銭也　　一月分

金七拾四円九拾三銭也　　二月分

金七拾三円弐拾七銭也　　三月分

金百〇壱円拾六　銭也　　四月分

金六拾三円参拾壱銭也　　五月分

金六拾壱円九拾　銭也　　六月分

以上

大正十四年七月一日　児玉神社社務所

〔註〕封筒表「関東州旅順官舎　児玉秀雄閣下　御直展」、封筒裏「東京市外大井町字倉田三千二百四十二番地　横沢次郎　大正十四年七月六日投函」。

18　大正14年8月17日　本庄繁書簡（儀我誠也宛）

貴翰拝誦。松室の件第二奉直戦に於て馮を奉軍に策応せしめんとしたる前後よりの継続問題に有之、小生赴任前東京にて承り候様の次第に付、松井顧問は恐らく御承知の事と存候。

小生に於ても一時貴見の如く認めし事なきにあらさりしも、篤と支那全般の状勢より見て本件は張使の為め却て得策と認め得へきものと信し居り、貴信の所謂審判官観の如きは誤解の大なるものと被存候。支那の政局は過日松井、町野両兄宛卑見を添へ通信致候通り、菊地閣〔ママ〕下の大張政策の如き寧ろ張使を誤るものにて、所謂自制自強を図らるゝの時期と認め申候。即ち真に張使の前途を念はゞ其目前の欲望に迎合するなく、徐ろに老段の後継たらしむる事に最善の努力を致され度、此見地に於て吾人は貴信の所謂審判官観の如き全然反対にて、張、馮を争はしめさる事か、張使の為めにも満州の為めにも将又帝国の為にも現下の急務と確信致居る次第に候。此所見に於ては町野兄過般来燕の砌り篤と談合仕り、意見の合致を見たる次第に候。従て松室来任する事となれは此主義に向て全力を尽さしめ度存念に候。

今又支那全局観の立場に於て憂慮せらるへきものは、欧米の圧迫進襲と労農の破壊攪乱に有之、之に対抗して極東の和平を企図せんか為めには、支那の政局を左右する上に一部の実勢力を有する国民軍を考慮の外に措く能はす。即ち日本として支那に対する欧米の圧迫を緩和せしめ、労農の真相を知り、其運動を抑止せんか為めにも松室の件は意義深きもの有之、此等大局観は松井顧問定めし御首肯相成る事と存上候。

小生所見の根本は略々上述に於て尽したる積り、其詳細は鈴木大尉より通信せしめ申候間、篤と御熟読の上松井顧問等にも御話の上楊君等の誤解謬見を充分御訂説相煩度候。要之に我帝国の日満親善を根本としつゝ支那全体の和平統一を希望する根本政策に於ては、終始一貫何等の変化無之を確信致居るものに有之、貴下御懸念の〇〇〔ママ〕問題の如きも我陸軍部内の議は疾く決定し外務も同意済にて、只当地外交当局の時期問題に付て自重致居る迄の事に有之小生も時々督促致居り候次第、此又松井宛書信を奥大尉に托し置候次第、本案も最早旬日を出てすして解決可致と存居候。

不取敢御回答旁得貴意候。敬具

大正十四年八月十七日　　於北京　本庄

儀我兄

附記

小生等は無論の事帝国の対満根本方針は、奉天当路の対日態度の如何に依り動揺する如き薄弱のものに無之候得共、大帥及楊参議等の仕打は兄等の熱心忠実なるものあるに係らす随分日本を馬鹿にしたる如く被感申候。貴見如何。吉敦、長大線の如き、先年張使、児玉長官会見に於て日本の援助如何に係らす当然之か実行に努力すると言明せられなから、第二奉直戦に大勝を得たる今日（日本の援助或は不足と思はるゝならんも）依然として成立せす、洮斉鉄道建築請負問題に関連して開海の権利を放棄し、奉海線の権利を特に譲りたる際、楊総参議は明に小生に対しても之れを支那に於て構築する場合、外国資本を容るゝか如き事は断して無く、之を入るゝならは勿論日本に托すとの事なりしか、其諸鉄道材料全部英商の手に属せんと仄に承り候。材料購入は資金にあらすとの意ならんも、此等情義に於て一応満鉄に相談相成り可然ものと思はる。而も英商より随分高価なるものを購入しあるに於て尚更其誠意に疑なき能はす。故に民気の然らしむる処如何とも為し難しとの遁辞なれは兎も角、冷静なる第三者は日本は常に奉天当事者の愚弄中にありと評せん。如此は奉天当路、智なるか如くして智なるものにあらすと存申候。貴見如何。

〔註〕冒頭欄外に「丙号」と書き込みあり。

19 大正14年8月 関東軍参謀部関係電報綴

1 極秘1

極秘〈1〉

関東軍参謀部

哈市電

一、最近ノ諸情報ヲ綜合スルニ東支鉄道露国幹部ハ洮斉線ニ対抗シ且東鉄ノ培養線タラシムル目的ヲ以テ支那官憲ヲ動カシ、安達、拝泉、伯都訥、石頭城子、五城、烏吉密、一面坡及呼蘭、海倫等ノ敷設権ヲ得セシメ洮斉線ノ例ニ倣ヒ露国ヨリ投資シ、且敷設用品並輪転材料ヲ供給セントシツツアル外「イワノフ」及「グラント」等ハ、斉々哈爾官憲ニ対シ至急賓黒線ノ敷設ヲ慫慂シ同時ニ資本ヲ紹介シ、此ノ資本ハ烏鉄、東鉄及米国商ノ合資借款ナリ。又ハ昂々渓、斉々哈爾線ノ広軌改築及黒河迄ノ延長ヲ策シ、又夫ノ「スキデルスキー」カ密山ニ向フ穆稜炭砿線ノ延長ヲ計画シアル等、茲ニ労農側カ北満鉄道網構成ノ実現ヲ企図シ而モ目下大ニ焦慮シツツアルハ事実ナリ。

二、右ニ対シ支那側ノ態度ニ関シ当地ニ於テハ許否ノ二説アルヲ以テ高橋ハ二十四日張煥相ヲ訪問シ其ノ真偽ヲ訊シタルニ、張作霖ハ未タ其ノ何レヲモ許可シアラスト言明セリト。

三、然レ共従来執拗悪辣ナル労農側ノ遣リ口ニ対シ動モスレハ買収セラルル支那官憲ノ常習ニ鑑ムレハ、将来憂慮ニ堪ヘサルモノアルヲ以テ、日本ハ此際厳重ニ露支両国間ノ行動ヲ監視スルト共ニ、張作霖ヲシテ絶体ニ露ノ資本及材料ニ依ル北満鉄道網ノ建設ヲ拒否シ、日本ノ投資若クハ材料ノ供給ニ依リ速ニ之ヲ敷設セシムルコトク努力スルヲ緊要ト認ム。

四、若シ夫レ支那側ニシテ一度露国ノ資本若クハ材料ヲ入レ露式軌隔ヲ採用スルカ如キコトアランカ。独リ支那ノ不利益ノミナラス又日本ノ北満経済発展及対露作戦上極メテ不利ナル影響ヲ招クヘシト信ス。

2 極秘2

〈極秘2〉

電報写　大正十四年八月三十日

関東軍参謀部

哈市電〈七六〉

一、賓黒鉄道ハ愈々奉天及黒竜江省ノ資金ヲ以テ今回東支鉄道ヨリ材料ノ供給其他ノ援助ヲ受ケ建設ニ着手スルコトトナレリ。而シテ呉督軍ハ過日本鉄道ノ発起点タル馬家船口（哈市）附近敷地ノ偵察ヲ為シタルノミナラス、八月二十一日ニハ「イワノフ」局長ヲ訪問シ穀物搬出上同鉄道ノ東支鉄道ニ対スル意義ヲ説キ、東鉄ノ援助ヲ求ムルト共ニ同鉄道ニ要スル「レール」約二百露里ノ供給方ヲ交渉シ、「イワノフ」ハ之ニ対シ地方経済発展ノ為メ呉督軍ニ援助ヲ与ヘンコトヲ確実ニ約言セリ。而シテ本鉄道ハ先ツ百万元ヲ以テ馬家船口—綏化間ヲ布設シ、次テ海倫ヲ経テ嫩江（墨爾根）ニ延長スルノ計画ニテ、尚斉々哈爾満鉄公所長ヨリノ通報ニ依レハ呉督軍ハ本鉄道布設援助ノ為メ兵卒約二百名ヲ二十一日斉々哈爾発馬家船口ニ送ル可キヲ命セリト。

二、右ノ如キ情況ナルヲ以テ小官ハ本二十六日更ニ張煥相ヲ訪問シ真偽ヲ訊シタルニ、彼ハ之ヲ是認シタルノミナラス、其ノ「ケージ」ハ露国ヨリ材料ノ供給ヲ受クルヲ以テ自然露国式ニナル可シト語レリ。

三、支那側カ日本ヲ出抜キ今回前述ノ如キ条件ヲ以テ本鉄道ノ布設ヲ決シタル経緯ハ諸情報ヲ綜合スルニ、恐ラクハ呉督軍ノ労農側ヨリ好餌ヲ以テ懐柔強要セラレ張作霖ニ泣キ付キタル結果ト、又一方支那中央政府及張作霖カ洮斉線問題ニ関シ労農側ノ圧迫ニ堪ヘス、已ムヲ得スナサレタルモノニアラスヤト首肯セラル。

四、又「コップ」大使カ最近我外務省ニテ洮斉線ノ工事ヲ中止セシムヘキ第三次ノ抗議ヲナセルハ、想フニ日本ニシテ若シ之ニ応セサレハ将来起ルヘキ賓黒線ニ対スル日本ノ抗議ニ対シ、露国モ亦日本ト同一筆法ニテ之ヲ撥ネツケ、而カモ将来満蒙ニ日露勢力範囲ヲ協定セントスルノ魂胆ニアラスヤト観察セラル。

五、此ノ際日本ハ哈市電第七五号ヲ以テ意見ヲ具申セル対策ヲ採ルト共ニ、更ニ一歩ヲ進メ支那中央政府及張作霖ニ抗議シ、露国ノ援助ニ依ル該鉄道ノ工事ヲ中止セシムルカ、又尠クモ其ノ軌隔ヲ支那式タラシムルコトヲ強要スルト共ニ、一方ニ於テハ賓黒線ノ対抗線トシテ昂々渓斉々哈爾—黒河線及安達・拝泉線ノ布設ニ関シテハ絶体ニ露国ノ援助ヲ受ケルコトナク日本ノ援助ニ依リ速カニ建設ニ着手スル如ク交渉スルヲ急務ナル可シト信ス。

3 極秘3

〈極秘3〉電報写　　大正十四年八月三十日
関東軍参謀部

哈市電〈七八〉

馬家船口（哈市）ヨリ海倫ニ至ル（賓黒鉄道）間ノ布設費予算額ハ七百五十万元ニシテ之ヲ官商合弁ト為シ、奉天、黒竜両省ノ持株五百五十万元（広信公司七割、官業銀行三割）、民間持株二百万元（実は張作霖、呉俊陞等二、三要人ノ権利株ナリト）ト定メラレ、本年ハ馬家船口（哈市）ヨリ呼蘭迄ノ六十支里ヲ速成シ、出来次第直チニ列車運転ノ予定ナリト云フ。又軌間ハ材料供給ノ関係上当鉄道（東支?）ニ同シ。

4 極秘4

〈極秘4〉電報写　　大正十四年八月三十日
関東軍参謀部

哈市電七九
日本ノ洮斉線布設ニ対シ労農側ハ報復ノ目的ヲ以テ昂黒（?）線建設ヲ提議シ、北京政府ニ対シ「カラハン」ヨリ許可申請セルコト張作霖ノ知ル処トナリ、彼レハ之ヲ以テ中国ノ主権侵害ナリトナシ、段執政ニ電請ノ上労農側ニ向テ厳重ナル抗議ヲ提出シ、事ノ如何ヲ問ハス東三省ニ於テハ絶体ニ之ヲ承認スル能ハサル旨ヲ以テセリトノ記事本二十六日当地日支両国新聞ニ掲載セラレタルヲ以テ、其ノ実否ニ付キ張煥相ニ訊シタル処、張ハ事実相違ナシト回答シ、張作霖モ絶体ニ本鉄道ハ許可セサル可シト語レリ。然レトモ賓黒鉄道ノコトモアレハ大ニ注意ヲ要スルモノアルヘシト信ス。

5 哈市電八〇

〈極秘写4〉　関東軍参謀部

哈市電八〇

一、賓黒鉄道ノ軌幅ニ関シ張煥相ハ去ル二十六日小官及古沢満鉄公所長ニ対シ露国ヨリ材料ノ供給ヲ受クルヲ以テ露式ヲ採用スルコト自然ナルヘシト語レルモ、本二十九日更ニ調査ノ結果支那式ナルヘシト回答セリ。

二、然レトモ呉俊陞ト「イワノフ」トノ間ニ如何ナル契約アリシヤハ尚不明ナルヲ以テ、本件ハ大ニ注意ヲ要スヘシ。従テ起工前張作霖ニ露式ヲ採用セサル如ク協調スルヲ必要ト信ス。

6 **極秘5**

〈写秘5〉　奉常報第一九五号　大正十四年八月二十七日

関東軍参謀部

哈爾賓海倫間鉄道敷設ニ関スル件報告

本件ニ関シテハ過般楊宇霆カ松井ニ談レル処アリシカ、先ニ送付セル八月十八日付満鉄公所長通報ノ「賓黒線問題」ニ記セルモノト同様ナリシヲ以テ特ニ報告セサリキ。楊ノ言ニ依レハ本鉄道敷設ハ漸ヲ以テ進行スルモノニシテ、黒督ノ企図ハ哈爾賓ノ対岸ニ之ニ対抗スル一大市街地ヲ発達セシムルニ在リ。目下ノ所「スキデルスキー」トノ関係モナク外資ヲモ仰カサル者ノ如ク張作霖モ之ニ同意シテ許可セルモノニシテ軌隔ハ四呎八五ナリト。

本問題ニ就キ呉俊陞カ馬忠駿ニ一任スル旨ヲ洩ラセシ由ノ情報アリシヲ以テ、本二十七日松井少将カ楊宇霆ニ訊セシ所ニ由レハ、楊ハ之ヲ否認シ且ツ該工事計画ノ細部等未タ定マリアルモノニアラスト。鎌田ノ観察通リ呉俊陞ノ金儲ケカ第一ニシテ呼蘭位ニテ止マル者ナルヤモ知レサルモ、楊宇霆トテ結局罪ヲ呉ニ委スルノ余地アル問題ナレハ哈爾賓ニ於テモ大ニ注視セラレンコトヲ望ム。

7 **極秘6**

〈極秘6写　軍参謀長ヨリ菊池少将へ〉

関東軍参謀部

支外二九

張総司令ハ八月二十七日附黒竜江（一ウベン）ヲ以テ賓黒（先ツ哈爾賓黒爾根間トス）鉄道布設ニ付北京政府ノ認可ヲ申請セリ。奉天ニテ張総司令自カラ本件ヲ是認セルニ付既ニ承知済ナランモ種々ノ点ヨリ考察シ、張総司令及呉督軍カ労農露国ト何等カノ諒解ヲ遂ケアルニアラスヤト疑ハル、節アリ。且哈市張煥相ノ如キハ軌隔モ怖《〔ママ〕》ク露国鉄道ト同様ナルヘシト語レリト。果シテ事実トセハ張総司令ハ両三年来屢々満鉄ニ速ニ賓黒線ニ着手スヘキヲ注文シ、呉督軍ノ如キハ屢々日本側ニ対シ断シテ該権利ヲ露国ニ与フルモノニアラスト誓ヒツ、如何ニモ日本ヲ翻弄セルヤニ思ハシム。彼等奉天ノ為メニ計リテ決シテ不利ナシトノ考慮ヨリ入レタル一松室顧問問題ニサヘ云々シツ、、例ノ護洛用兵器ノ如キモ多大ノ苦心ヲ以テ将ニ解決シ終ラントスル今日ニ、若シ此種日本「ダシヌキ」ノ真相カ内地ニ伝ハランカ面白カラサル結果ヲ見ルヘキヲ怖ル。オソラク張総司令ニ（ルウニラル）ノ思惑アリテノ事ナランモ、兎ニ角松井顧問ヲシテ其真相ヲ確メラル、《〔ママ〕》共ニ、如何ナル場合ニモ同鉄道ノ軌隔丈ケハ支那鉄道同様ノモノトナサシム可ク特ニ閣下ノ御配慮ヲ煩シタシ。

【註】〈 〉括弧で括った箇所は後の印、書き込み。

20　大正14年9月2日　森広蔵葉書

拝啓　益々御隆昌の段奉賀候。陳者今般当行第五十二回定時株主総会に於て株式を併合して資本の四分の一を減少致候事に決議致候に就ては、右に付万一御異議有之候はば、来る十一月十日迄に其旨当行に御申出相成度、商法第二百二十条第二項及第七十八条第二項の規定に依り此段申進候也。

大正十四年九月二日

株式会社台湾銀行頭取　森広蔵

〔註〕葉書表「牛込区市谷薬王子町《〔ママ〕》三〇　児玉秀雄殿」。スタンプ「東京中央切手別納郵便」。貞子、澤子宛同文葉書あり。

21　大正14年9月3日　松井七夫電報（川田明治宛）

大正十四年九月三日

参謀長宛　　発信者　松井少将

鉄道問題ハ菊池公報ノ情報ニテ尽シアル事ト存シ候。当地支那側ハ石頭城子—伯都納線ハ全然否定、安達、拝泉線ハ強硬ニ抗議シアリ。賓黒線一部問題ハ「ゲージ」ヲ支那式鉄道ト同一ニスルコト、外国殊ニ露国ノ資本ヲ入レサルヲ条件トシテ呉俊陞ニ認諾ヲ与ヘシ事ヲ明言シ哈爾賓情報ノ如キハ堅ク否認致シ居候。但シ呉俊陞ノ事故奉天ニテハ満鉄ニ材料ノ事ヲ話シ、哈爾賓ニ行ケハ又「イワノフ」ニ同様ノ話ヲ持掛ケ、要スルニ主義モ方策モナキ男故至ル所ニ調子善ク事ヲ云ヒ散シテ、結局ハ利ノ多キ所ニ赴ク男ナルヲ以テ、満鉄ニ於テモ充分運動ノ要アルヘク、此事ハ鎌田ニモ申置キ候。小官ノ持論トシテハ「ゲージ」サヘ標準軌隔ナラハ材料ハ何所ヨリ入ル、モ可ナル主義ニテ、「ゲージ」ノ事ハ奉天ノ意思ハ間違ナキ様ニ候。本鉄道ニ関シテハ小官ハ呉ニ遠大ノ計無ク到底綏化迄敷設スル資金ヲ得ル公算モナク、要ハ呼蘭迄ヲ布設シ名ヲ賓黒線ト称シテ人気ヲ煽リ哈市対岸ノ地価ノ暴騰ニヨリ一儲ケセント考位ニアラサルヤト観察致居候。

22　大正(14)年10月21日　児玉久子書簡

御手紙ありかたく拝見致候。此頃はま事によき時候に御座候。御地皆様御無事之由安心致候。当地は当年は雨度々ふり誠にこまります。先日はりんご、くりなぞ沢山おくり下され皆々打寄いたゝきます。私もこれ迄しこく無事に居候が、此両三日時かふのせいか少々てふゐわるくねつも七度五分ありふら〱して居候。大した事はなく薬のみ保養して居候。何分からたがふるいから仕方ありません。

又御申越の書物は私もしかと覚えませんか何ても一度かみを切帰つて来た事かあります。源太郎は十四の時七月かとく致其後かと思ひます。其節申事昨ばんはらを切ろふと思ふて居候所皆々様にとめられかみを切た申た〔ママ〕事があつたから其時のかみかもしれません。私も古い事ゆへ思ひ出しません。其後国のたひおこり候時大坂より帰りました時はまけを切たのをもつて帰り、私しはらくしまひ置ましたがいつかなく成ました。まつ此よふな事かとかき置ました。誠にもふろくしたかきよふ御はんじ御覧被下候。貞子も少々ふら〱して居ましたが大方よひかと思ひます。私此間子ともしはらくみなひから参りました。子とも大きくよくふとり丈ふて居ますから御安心被下候。

十月廿一日　　久子

秀雄様

寒さにむかひ時候御用心被成度候。

〔註〕封筒表「旅順関東庁官舎　児玉秀雄様　御直」、封筒裏「東京市牛込区市ケ谷薬王寺町三十八　児玉久子　十月廿一日」。

23　大正(14)年10月22日　張作霖書簡

児玉長官閣下

久疏音敬、馳企為労。辰維勳望日隆、定如所祝。浙孫啓釁、逞兵残民、図乱敝処。対於此事之初起、為顧念民生計、一主和平。此後彼如毫無覚悟、則国家安危所関、不得不為相当処置也。東省与貴国壌地相接、久已尽心提携、蔚成親善之局。今後益当努力、以図永遠之敦睦。茲派阪東顧問前往就教、遇事尚望関照、不勝盼荷。未尽之言、統嘱坂東顧問面達。敬頌台綏

張作霖啓　　十月廿二日

〔別紙〕訳文

拝啓　爾来疎音に打過き候処愈々御佳勝の段奉慶賀候。陳は浙江の孫伝芳釁を啓き兵を逞くし民を残ひ乱を図り候に就ては、当方は事件発生の当初より民生を顧念する為専ら平和を主とし候。然るに今後彼方に於て毫も反省する所無之候は丶国家の安危に関する次第なるを以て、当方も相当の処置をなささるへからすと存候。東三省は貴国と壌地を接し従来極力提携に努め親善の局面を形成しあり候処、今後は益々努力し以て永遠敦睦を図るへきものと存候。就ては阪東顧問を派

遣し御指教を仰かしむる事と致候。万事御高配相煩度候。尚ほ書中尽ささる点は阪東顧問をして面陳致させ候。敬具

十月二十二日　張作霖

児玉長官閣下

〔註〕封筒表「児玉長官閣下　鎮威上将軍公署」。

24　大正(14)年11月3日　松井七夫書簡

拝啓　益御清武奉賀候。小官先般上京各方面へ説明せし要旨帰来一応支那側の承認を得たるもの別紙御笑覧に供申候。

奉天も最不利なる場合に於ける作戦準備には怠りなく候得共、自ら攻勢に出る事は無く、時局は一に馮の出方一つにありと観望致居候。余りに屈辱的要求を提出されては何処迄隠忍し得るか問題と存し、馮より見れは奉天の此作戦準備は自分を敵視するものと考ふべきも、奉天としては此準備無しに再び東南の二の舞を現出する事を考へさるべからす。要は北京にある日本人か先づ奉天の真意を諒解し双方仲介の位置に立つ事肝要かと存居候。近日顧問の誰かを北京へ遣し連絡に任せしむる筈に候。

先つ右迄。敬具

十一月三日　松井少将

児玉長官閣下

〔別紙〕 松井七夫 時局に対する視察

時局に対する視察

一、奉天の対時局策

今次直派の挙兵は徹頭徹尾暴挙なり。今や国際的重要会議の開かんとする国家最大重要時機に臨み理由なく擾乱を惹起し其言ふ所一も首肯し得るものなし。正に堂々其罪を鳴して之を討つへきなり。思ふに奉天の実力は仮ひ直隷派か曾て夢想せる如く、国民軍と合体し得たる時に於ても尚之と対戦するに敢て困難を感せす。況んや直派を討滅する如きは恐く勝算歴々たるものあらん。然るにも拘らす奉天か隠忍自重努めて戦を避けんとしある所以のもの、一に此国家の重要時機たるに鑑み此際戦争か遂に関税会議の中止となるに至らん事を恐れ、専心段政府を支持して重要会議の進行と成立を顧念し、是れか為万事を犠牲としあるものならん。然れ共奉天か全然戦を避け兵を関外に収めんか、何人か能く真に段政府を支持し此会議を進行せしめ得るものあらんや。之れ奉天か兵力を直隷、山東に集結し而かも自重しある所以なるへし。苟も国家を憂ふるものは其党派の何たると従来の関係の如何とを問はす、当に奉天の此精神に共鳴し力を協せて直派をして自滅の已むなきに至らしむへきなり。従来徒らに奉軍を横暴とのみ観察し居たる一般も始めて此に奉天か何等積極的野望を抱きしものにあらすして、其真意は衷心段政府を支持しありし事を反省するの要あるへく特に段氏周囲の者は深く顧みる所なかるへからす。

二、従来奉天に対する観察の誤解

従来奉天の横暴とは何を示すか。人若し張作霖は東三省を固持しあれは足れり、関内に兵を置き中央に干渉するは不可なりと云へは余りに時の勢を知らさるものと云ふへし。思ふに作霖と雖も昨冬段執政就任の当時に於ては其心事恐く之を希望したるならん。彼は一切を当路者に一任し、単に段政府支持の第一実力者として隠然東三省より之を監視するの利なる事を感得しありしならん。段周囲の天下に臨む更に一層公正と決断とを有したらんには時運は或は斯く進行し得たるならん。然るに時勢の推移は作霖の勢力の増大を恐れ、或は之を嫉む幾多の分子の結合せる術策により彼は刻々不安を感し出したるものの如し。即彼の段政府支持者たるの名誉と責任は漸次他の手に移り、驪て彼の実力も亦第二等的地位に失墜し始めんとすと感し出したるものの如し。冷静なる第三者は或は之を口実と云はんも、当人としては真に斯く感し斯く信したる生死に関する真剣の問題なり。是に於てか彼は自衛的の見地より恐く自衛権の発動として、直接北京に何等かの威力を示し得るの地歩を確保し置くの必要を感したるならん。而して此間時に不平も唱へたるへく威嚇も加へたる事あらん。故に他か如何にも積極的横暴と認めたるものも作霖よりすれは万已を得さる自衛手段たりしならん。而して相手か極て巧妙なる宣伝を用ふるに反し、奉天か始終黙々所信を断行し、他日識者の判断を待たんとせるものも亦此誤認の一大原因たるを失はす。如何に段支持と称するとも此の如くんは段は如何ともなし難きにあらすやと。暗に他力を引致するの比較的奉天に好感を有する段派の一部と雖も、亦曰く斯くて作霖は逐次段の手足を殺けり。如何理由となさんとするものあり。一面の真理なり。然れ共作霖をして言はしむれは手足を断つは敵の手足を断つなり、段の手足は予なり、段は予を真の手足として信頼すれは可なり、予は衷心其手足たる事を名誉とし甘心しつつありと云はん。彼の心事確に之に相違なかるへし。是れ亦段氏周囲の者の考慮すへき事ならん。

三、今次擾乱の禍因

今回の禍因は奉天か江蘇、安徽に迄手を出せる故なりと称す。此言は内外敵味方共に揚言する所なり。之れ今次奉天の決心処置か誤られたる従来の予期に反し大に賞讃せらるへくして、而かも割合に言論界を賑ささる所以なるへし。然れ共此処にも亦考慮すへきものあり。奉天は最初江蘇、安徽に手を染むるの意なかりし事は事実なり。然れ共国民軍か陝西を其手中に収め段政府之を認容するを見るに及んて、前項説くか如く力の権衡に焦慮し始めたる如し。然れ共尚直に之を其手中に収むるとは自ら異なる処ありしを見る。由来両省土着軍の関係は常に禍因を包蔵し、支那和平保持の為には一の弱点を成形しあり。故に之を整理し之を堅実化する事は支那和平維持の為め極て緊要と認め、此整理の意味を以て特に穏健理解ある人物を配し、而かも一兵を率ひすして赴任したる如き其意のある所を窺ふを得へし。若し籍すに数ケ月の和平期間を与へんか、或は両省の整理は完成せられ此禍因は一掃せられたるやも知るへからす。之れ一面孫か挙兵を急きし所以とも見るへし。故に今日の結果よりして両省の事は奉天の見込違なりし事は言ひ得るも、直に結果のみを見て濫りに論断すへきにあらさるへし。春秋の筆法を以てすれは此禍因は遠く国民軍の陝西占領にありとも云ひ得さるにあらす。又反対に昨冬段か徹底的に長江直派分子を掃討し置かは今日の禍因は絶滅し得たるへしと悔むものあらん。然れ共是れ亦必しも然らさるへし。当分完全なる統一の所期せられさる以上遅かれ早かれ斯の如き情勢は何時かは現出すへし。要するに禍因の詮議立ては無用の事に属す。徒らに過去に執着するを止め当面の時局に対し善処せさるへからす。

四、北満の形勢に就て

此際同時に考ふへきものは北満の形勢なりとす。馮玉祥か露国と某程度の関係にある事は疑なき事実なり。然れ共馮も恐く露国を利用する位の考にて露を引いて国を売らんとする意にはあらさるへし。然れ共老獪なる露国は之を機会とし口実とし、其伝統的精神たる進出を企図する事は寧ろ必然の形勢と云はさるへからす。之れ苟も国を憂ふるものの大に戒心せさるへからさる処なりとす。

支那の内乱に乗し露国か隠然何等かの形式と手段とを以て北満進出を企図するは必然の事項にして、万一馮張相戦ふ時に於て殊に然り。故に予め之に備ふる所なかるへからさるなり。思ふに奉軍も如何なる場合に於ても、支那自体の内に発生する擾乱に対しては之を鎮定するに足る兵力は之を北満に止め、以て其治安維持に努むへきも、更に之に露国の力の加はりて其擾乱を大にする時は最早支那内部の問題にあらすして、支那対露国の問題となり列国も黙視する能はさる処なるへし。特に日本は其満洲に於ける特種地位の擁護上、南北満洲の擾乱に当りては固より相当の覚悟なかるへからさるへし。

〔註〕封筒表「旅順関東庁　伯爵児玉秀雄閣下　親展」、封筒裏「奉天宇治町六　松井七夫」。

消印14・1□・□

25　大正(14)年11月4日　張作霖書簡

児玉長官閣下

日前由阪東顧問賚上一函、想邀台覧。近来東南不靖、浙孫無故称兵。鄙人以尊重和平、深恐兵連禍結、擾我生民。是以節節退譲、為天下人所共見。惟彼方蓄意禍国、恐非空言所能制止。執事邦交素篤、親善為懐、対於東亜和平、素所注重、此後仍盼随時関照、実所厚幸。茲遣松井顧問趨堦奉候起居。不尽之言、統属松井面陳。耑泐、即頌台綏

張作霖拝啓　十一月四日

〔大意〕

先日、阪東顧問に書簡を託し、お招きをしたいと思いましたが、最近、東南地方の状況が悪く、浙江の孫（伝芳）は理由もなく兵を起こしました。私が平和を守ることを最優先に考え、戦争の災難から人民を守らなければと思い、再三再四譲歩したことはご承知の通りです。しかし、彼らが国家を災難に陥れようとしていることは、もはや言葉では阻止できません。私は友好親善を国家の理念とし、東亜の平和を守るために努力してきました。今後もよろしくお願いいたします。ここに、松井顧問を貴所に派遣し、書中に書けなかったことを直接面談にてお伝えいたします。

26　大正14年11月25日〜12月15日　児玉秀雄電報綴（加藤高明他宛）

1　11月25日　児玉秀雄電報（加藤高明・幣原喜重郎宛）

十四年十一月二十五日発

総理大臣・外務大臣宛　　　長官

張学良ノ配下ニ属スル軍長郭松齢ハ突然独立ヲ宣シ、二十三日夜山海関附近ニ於テ鉄道電線等ヲ破壊シ、為ニ京奉線一部不通ト為レリ。之カ為奉天軍参謀総長楊宇霆ハ郭ガ斯ル挙ニ出テタルハ、自己カ総参謀長ノ地位ニ在ル結果ナリトシ、辞職ノ上本日大連ニ遁避シ来レリ。不取敢報告ス。

2　11月26日　児玉秀雄電報（加藤高明・幣原喜重郎宛）

十四年十一月二十六日発

総理大臣・外務大臣宛　　　長官

諸般ノ情報ヲ綜合スルニ、郭松齢ノ反奉独立ハ単ナル内訌問題ニアラスシテ全ク奉天ニ対スル反逆ナルコト明瞭ト為レリ。其ノ背後ニ馮玉祥アリ。反軍ハ奉天第七師ノ二個団ニシテ山海関附近ニ於テ今尚対峙中ナリ。奉天ハ極度ニ緊張シ官民ノ附属地脱出防止ニ努メ居レリ。張作霖ハ時局拾収ノ為綏中ニ急派シタル張学良ニ打電シ、胡盧島ヨリ軍艦ニテ天津ニ急航シ、郭松齢、李景林ト会見、其ノ真意ヲ確ムルト共ニ時局ノ挽回ニ努ムルコトヲ命シタリト。尚昨電楊宇霆ノ大連落ハ郭松齢ヲ説服セシムル手段ナリトモ伝ヘラレ居レルモ、事態ハ頗ル重大ニシテ今後ノ推移ニハ最慎重ナル注意ヲ要スルモノト認メラル。不取敢報告ス。

③ **11月27日　児玉秀雄電報（加藤高明宛）**

十四年十一月二十七日発

総理大臣宛　　長官

郭松齢今回ノ挙ハ奉天官憲ニ対スル反逆トモ云フヘク、現在東三省ニ於ケル統治ノ権限及責任アル正当ノ地方官憲タル張作霖ヲ覆スモノト認ムヘク、又我方トシテハ満蒙ニ於ケル特殊問題ニ付利害関係ヲ有スルニ顧ミ此ノ地域ニ於テ支那側内部ノ争闘ニ依リ急激ナル変革ヲ見ルコトハ結局得策ニアラス。故ニ此ノ際張作霖ヲシテ時局ノ拾収ニ努メシムルコト最モ望マシキコトト思料ス。支那軍閥間ノ闘争ニ関シ帝国政府カ絶対不干渉ノ態度ニ出ツヘキコトハ勿論ナリト雖モ、郭等反奉軍ニシテ東三省内ニ進撃シ来リ延テ大騒乱ヲ生スル虞アル場合ヲ予想シ、満蒙ニ於ケル我特殊ノ権利ヲ擁護スルノ目的ヲ以テ昨年十月奉天戦争ノ際ニ於ケル同趣旨ノ声明又ハ警告ヲ発シ、且我特殊ノ権利利益ノ尊重保全ニ関シ自衛上実際上採ルヘキ具体的措置ヲ講スルコト。○鉄道沿線ニ於ケル治安ノ維持及居住民ノ権利利益ノ保護ニ関シテ時局ノ推移ニ万全ノ策ヲ講スルコト。○右時局ニ関シ卑見ヲ開陳ス。猶本官ノ心得ヘキ事項ニ付何分ノ御指示ヲ仰グ。

④ **11月28日　児玉秀雄電報（加藤高明・幣原喜重郎・宇垣一成宛）**

十四年十一月二十八日発

総理大臣・外務大臣・陸軍大臣宛　　長官

二十七日拙電ヲ以テ不取敢時局ニ関スル卑見進申シ置キタル処、其後ノ形勢ヲ察スルニ郭軍ハ漸次東進スル模様アリ。又北京ニ於テモ事態急変委員制ニ進マムトスルヤノ情勢モアリ。若シ綏中方面ニ於ケル吉林軍敗走シ、郭軍遼西ニ入リ奉天ニ近クニ於テハ奉天省ヲ挙ケテ騒乱ニ陥ルヲ以テ、前電ノ通速ニ声明ヲ発セラレ、愈郭軍カ東進スル場合ニハ、更ニ郭軍ニ対シ或地点、例セハ錦州以東ニ進入セサルヘキコトヲ求メ、且ツ張作霖ト和解セムコトヲ勧告スルヲ以テ現在ノ時局ニ処スル最善ノ措置ナリト思料スルニ付、右特ト御考量ヲ請フ。

○在支公使、奉天総領事ニ転電セリ。

5 11月29日 児玉秀雄電報（加藤高明宛）

十四年十一月二十九日発

総理大臣宛　　長官

郭松齢説服ノ為関内ニ急行シタル張学良ハ目的ヲ達セス、空シク秦皇島ヨリ軍艦鎮海ニ乗シ昨夜旅順ニ着、本官ヲ訪問セリ。学良ハ其ノ部下タル郭ノ反逆ヲ反省セシムルコト能ハス、責任ノ重大ナルコトヲ思ヒ大連ニ止ル考ナリシモ、上陸後偶楊宇霆トノ会商ニ依リ郭ノ反逆カ自己ニ対スル反感ニ因ルニ非サルコト明トナリタル以上、直ニ帰奉一意奉天軍ノ後方勤務ニ全力ヲ尽ス決心ナル旨ヲ告ケテ学良ヲ勧説シ、共ニ昨夜九時半大連ヲ発シ奉天ニ向ヘリ。尚今後ノ奉天軍ノ情勢ヲ察スルニ、省長王永江ハ張作相、呉俊陞、闞朝霜ノ諸将ト共ニ奉天軍ノ為ニ極力其ノ兵ヲ集中スルコトニ堅キ決心ヲ有シ、近ク（セキカ）ヨリ兵ヲ遼西ニ遷シ、張京昌亦之ニ呼応シテ山東軍ノ一部ヲ同シク之ニ移シ一団ト為リテ反奉天軍ニ対抗スル計画ヲ樹テタルカ如シ。

6 12月4日 児玉秀雄電報（幣原喜重郎・宇垣一成宛）

十四年十二月四日発

外務大臣・陸軍大臣宛　　長官

昨今ノ情勢ヲ綜合スルニ郭軍ハ漸次進出シ、司令部ヲ綏中ニ置キ錦州附近ニ於ケル奉天軍ト相対峙シ攻撃ノ態度ヲ採リツツアリ。郭軍ノ精鋭ナルニ比シ奉天軍ノ兵力之ニ劣ルモノアリ。若シ奉天軍ニシテ寧遠ノ戦線ヲ維持スル能ハサルニ於テハ郭軍ハ勢ニ乗シテ直ニ我勢力圏内ニ進入スヘク、其ノ時ニ及ンテ帝国政府ノ声明ヲ発スルモ既ニ遅ク、故ニ今ノ機ニ於テ特殊ノ利益擁護ニ関スル我態度ヲ明ニシ禍ヲ未然ニ防圧スルノ必要ヲ緊切ニ認ムル次第ナリ。政府ノ声明ト出兵トヲ相伴フヲ要セスト思料セラルルニ付、此ノ際速ニ声明ヲ発セラレムコトヲ切望ス。重テ上申ス。

7 12月6日 児玉秀雄電報（加藤高明宛）

十四年十二月六日発

総理大臣宛　　長官

十一月二十四日付奉天時局急変以来屢々情況ノ推移ヲ具報シ、又我方ヨリ之ニ処スル措置振リニ付卑見ヲ開陳シ、且帝国政府ノ方針ハ訓示相成度旨二十八日拙電ヲ以テ稟申ニ及置キタル処、今日迄何等御回訓ニ接セス。然ルニ今ヤ奉天軍及郭軍ハ連山附近ニ対峙シ一大会戦ヲ見ムトシ、一般人心大ニ動揺セムトスルニ当リ、在留民ノ生命財産ノ保護ハ勿論満蒙ニ於ケル我特殊利益ヲ擁護スル為適宜ノ措置ヲ取ルヲ要スル次第ニ付テハ本官心得迄ニ何分ノ議御電訓ヲ請フ。

[8] 12月6日 児玉秀雄電報（加藤高明・幣原喜重郎・宇垣一成宛）

十四年十二月六日発

総理大臣・外務大臣・陸軍大臣宛　長官

郭軍ノ挙兵、叛軍ノ急進ノ報至ルト共ニ東三省ノ人心大ニ動揺シ、特ニ奉天其ノ極ニ達シ城内ヨリ附属地へ避難スル者日夜絶ヘス。日支ノ旅館空室既ニ満員ニシテ余地ナク、鞍山附属地ニ於ケル空室ニ之ヲ収容スルノ有様ナリ。満鉄沿線ノ在留邦人亦不安ヲ感スルコト一方ナラス。依テ本官ハ附属地内ノ治安ノ維持及在留民保護ノ為一意機宜ノ処置ヲ講シ、州内ノ警察官ヲ附属地ニ臨時派遣スルコトトシ、十一月二十六日以後奉天ニ七五名、営口一〇名、錦州六名、更ニ奉天九二名ヲ増派シ、尚他ノ各省ニ一〇〇名増派ヲ計画シ、朝鮮総督府警察官一〇〇名応援方照会中ナル処、昨日午後連山附近ニ於テ奉天軍大敗以来形勢奉天軍ニ不利ニシテ何時敗戦壊走ヲ見ルヤモ計リ難ク、斯クテ此等敗兵カ各地ニ掠奪ヲ敢テシ（現ニ昨夜錦州ニ於テ盛ニ放火掠奪ヲ為セリ）、又民ノ間ニ馬賊匪徒ノ横行出没ヲ見ルニ至ルヘク、現在沿線各地ニ於ケル在留同胞ノ生命財産ヲ劫ス。差損甚シク、サレハ各自ノ自衛団ヲ組織シテ万一ヲ警戒シ居ルノ状況ニシテ、我警察力ノミヲ以テ付属地ノ治安維持及在留民ノ保護ヲ完フスルコト難キ事態ナリ。尚又関東軍司令部ニ於テハ本日不取敢各駐屯軍ノ一部ヲ奉天ニ移動集中スルコトトナリタルモ過日駐屯軍ハ約半数帰還シ、現在兵数甚タ少キ趣ニモアリ、就テハ右ノ事情ニ依リ此ノ際速ニ軍隊ノ増兵補充方御詮議ヲ切望ス。関東軍司令官ニハ右ノ趣旨ニテ公式ニ照会ヲ発シタリ。

9 12月7日　児玉秀雄電報（加藤高明・幣原喜重郎宛）

十四年十二月七日発

総理大臣・外務大臣宛　　　長官

奉天軍敗戦既ニ遼河ノ東ニ退陣ス。奉天城内戦意ニ乏シク妥協気分漸ク濃厚ナリ。奉天軍カ遼河ノ線ヲ支持スル間ニ於テ、吉田総領事ヲシテ両軍ノ間ニ立チ居中調停ヲ為サシムルハ刻下ノ場合採ルヘキ最善ノ措置ト信ス。曩ニ卑見ヲ開陳シ置キタルカ今ヤ方ニ其ノ時機ナリト存ス。奉天総領事ニ対シ速ニ訓令アラムコトヲ望ム。敢テ卑見ヲ陳ブ。

10 12月11日　児玉秀雄電報（加藤高明・幣原喜重郎・宇垣一成宛）

十四年十二月十一日発

総理大臣・外務大臣・陸軍大臣宛　　　長官

今本日満鉄当局来訪シ、四洮線ノ終点白音太来ニ暴動蜂起シタル報アリ。洮南鎮守使ニ於テ之カ鎮圧ノ為兵ヲ白音太来ニ移シタル為、四洮線及目下満鉄ニ於テ工事請負中ナル洮斉線ノ一部ハ其ノ守備力ヲ失ヒ、土匪馬賊出没危険ニ陥ル虞アリ。随テ洮斉線ニ従事スル多数ノ日本人ハ一時引揚ノ必要生スルヤモ計ラレス。斯クテハ今日迄進行シタル鉄道工事ハ全然破棄セラルヘク、又四洮線ニ就テハ満鉄ヨリ数千万円ノ借款ヲ為シ重大ナル利害関係アル線路ナルニモ係ラス、之亦頗ル危険ニ瀕セムトスル状況アルニ付、然ヘク御配慮ヲ請フト。依テ本官ハ右ノ事情満鉄ヨリモ奉天総領事ニ事情申述ヘ置ク様注意シ置ケリ。惟フニ洮斉、四洮及吉長線ハ差当リ今回我方ノ声明ノ指示区域外ニ属スト雖モ、前記ノ通重大タル利害関係ヲ有スル問題ニシテ、然モ昨今ノ形勢上支那側ニ於テ此ノ方面ノ警備ヲ完クスルコト望ミ難キノ実情ニ顧ミ、事態ノ推移ニ依リテハ我方ニ於テ右ニ関シテモ篤ト考究ヲ要スト思料セラル。不取敢。

11 12月15日 児玉秀雄電報（加藤高明・幣原喜重郎・宇垣一成宛）

十四年十二月十五日発

総理大臣・外務大臣・陸軍大臣宛　　　長官

政府ハ曩ニ軍司令官ヲシテ鉄道沿線及附近ノ治安維持ニ関シ張郭両軍ニ対シ警告ヲ発セシメラレタリ。惟フニ満州ノ守備兵ハ近時休養帰還セル為兵力半減シ守備力ノ不足ヲ感セラルル次第ナリ。而シテ時局ノ急変ト共ニ此等ノ兵員ハ夫々附属地治安維持ノ任ニ膺リ、或ハ警備線看視ノ任ニ服セムトシ、今ヤ余ス処ナキニ似タリ。万一戦局急転シ敗兵及進入軍ノ掠奪、土匪、馬賊ノ横行ヲ見ルカ如キコトアラムカ、現在軍ノ守備力並ニ警察力ノミヲ以テ到底充分ニ目的ヲ成功スルコト能ハサルヲ恐ル。又四洮、洮斉両線ノ如キハ我至大ノ利害関係ヲ有スル鉄道ナルニ拘ラス既ニ支那側ニ警備ノ実力ナキ有様ナレハ、今後万一ノ場合ニ臨ミテハ現在ノ我守備力ヲ以テシテハ之等特殊ノ権利利益ヲ確保スルコト。〔後切れ〕

27 大正(14)年12月1日 郭松齢書簡

児玉伯爵閣下

久別清輝、時切馳系。近維興居、廸吉為頌。茲特派殷君汝耕代表前来接洽、希即延見賜教為荷。敬請勲安

郭松齢　十二月一日

〔註〕封筒表「関東庁　児玉伯爵　台啓　郭緘」。
〔大意〕殷汝耕を差遣す故、ご引見、ご賜教くださるようお願いいいたします。

28　大正14年12月3日　芳沢謙吉書簡

拝啓　時下益々御清安奉賀候。陳は本書携帯の殷汝耕氏は支那少壮政客にして予而本邦人中に多数交友を有する士に有之、今般郭軍の為め山海関方面にも出張相成居候処、本日当地に帰来相成、更に貴地方面に出張閣下に拝光致度に付紹介方依頼有之、就ては御差支なき限り御引見御会談相成候様致度、此段御依頼申述候。敬具

大正十四年十二月三日　芳沢謙吉

関東長官　児玉伯爵閣下侍曹

〔註〕封筒表「関東長官　児玉伯爵閣下」、封筒裏「在北京　芳沢謙吉」。

29　大正14年12月3日　望月小太郎書簡

拝啓　爾後御無音申上候処弥々御清勤奉賀候。陳は小生事過般来関税会議視察の為め目下北京に罷在候折柄、貴方面に於ける戦乱之勃発となる種々之風評相起り、折角当地に於ける日支親善関

係にも至大之影響可相起、茲に小生事数年来熟懇之殷汝耕君は其間両国誤解之一掃に甚大なる努力を竭され、且関税会議以来両国外交之中心斡旋者として奔命せられ居候人に有之、今回右事情疏通旁々貴地に急行致候に付ては茲に此紹介相添候義、何卒御面晤御懇談為邦家祈上候。尚白川司令官には是非共長官より御紹介要領相得候様御尽力願上候。早々敬具

大正十四年十二月三日　　小太郎

児玉長官閣下

〔註〕封筒表「児玉長官殿　殷汝耕氏持参」、封筒裏「大正十四、十二、三、望月小太郎　北京ホテル」。同封名刺「関税特別会議委員会顧問　殷汝耕」。

30　大正14年12月9日　森御蔭書簡

謹啓　益々御清康之段奉大賀候。陳者先般御面会の栄を得たる際其具申致候ゴンダッチ氏の件、今日にては張作霖の没落に依り第一条件は全く無効に帰するのみならず、当地方の赤化状態はゴ氏の身上をして漸次危険ならしむる耳に御座候得ば、第二条件如何か御考察被下間敷哉。為国家将又為社会切望致す次第、茲に奉得貴意次第に御座候。謹言

大正十四年十二月九日　　哈爾賓商品陳列館長　森御蔭

伯爵児玉秀雄閣下

追白　白川司令官閣下にも別紙写の通り懇願致置候間御含み置被下度候。

〔別紙1〕 大正14年12月9日 森御蔭書簡（白川義則宛）

謹啓　益々御清適之段奉賀候。混沌たる時局に際し御多忙の御事と深く奉察、為国家此上とも御尽瘁之程願上候。陳は予て御承知の前極東総督ゴンダッチ氏は当地方赤化の濃厚なるに従ひ其身上の危機切迫可致候処、同氏の親日と邦人に尽したる事、並に政治的手腕の非凡なること、及び極東事情に精通すること等は真に同人を危地に陥らしめずして、利用致すことの如何に国家将た社会の為有益なるかは冗言を要せざること、奉存候。

特に吾邦人として彼に対し謝恩的行為を現はすは此際最も必要の事に御座候得ば、彼を貴地に避難せしめ相当の職務を与へ、生活の補助致す様何とか御工夫相叶間敷哉。

本件に関しては児玉長官閣下にも具申致居る次第、御多忙中誠に恐縮に奉存候へ〔ママ〕得共、是非共御一考被下、長官閣下とも御打合せの上其処分方法等御示し被下度奉懇願候。敬具

大正十四年十二月九日　　哈爾賓商品陳列館長　森御蔭

白川関東軍司令官閣下

〔別紙2〕 ゴンダッチ氏家族

ゴンダッチ氏家族

ゴンダッチ氏（六十三歳?）妻女（五十三歳?）長女（十九歳?）次女（十七歳?）家庭教師英婦人（四十歳?）及び妻女の母（七十歳?）の六名

ゴ氏の財産と収入

財産としては哈市二箇処に土地家屋を有し、一は新市街に時価参万円、一は埠頭区に時価壱万五千円と、貯金約八千円。
収入としては以上二箇処の土地家屋より家賃として年約四千円。

以上

〔註〕封筒表「旅順関東庁長官　伯爵児玉秀雄殿」。消印14・12・12

31　大正14年12月17日　李景林書簡

敬啓者

久違丰範時切馳思。弟以馮交玉祥倡導赤化、危及中外治安。為挽回刼運計、不得已出師声討。仰托福庇、戦況処々順利、並多承關注、感激尤深。現在赤党屢受重大懲創、本不難乗勝追撃、期竟全功。惜餉弾両欠、未能竟乗風破浪之効。茲擬向張上将軍借用現洋一百五十万元、連珠七九、六五槍弾各三百万発、三八野砲弾、六年式山砲弾、克魯伯野砲弾各四千発、滬造山砲弾五千六佰発、以応急需。津奉本唇歯相依、休戚与共、津沽奏捷、奉西問題不難迎刃而解。閣下与張上将軍交深誼重、茲特煩今里代議士転請閣下代為關説、不勝感荷之至。天津方面承小泉司令官竭力援助並深銘感。耑此祇頌台祺

李景林拝啓　　中華民国十四年十二月十七日

〔註〕封筒表「児玉長官閣下台啓　煩賚至奉天」。

〔大意〕弟は馮玉祥と戦いを有利に進めているが、この際勝に乗じて追撃をしたい。張作霖

に洋銀一五〇万元、野砲弾、槍弾などの援助を願いたい。今里代議士を通じてお願い致します。

児玉閣下　19／12
令夫人

堀内文次郎拝

32　大正(14)年(12)月(19)日　堀内文次郎書簡

拝啓　弥々御壮健奉賀候。陳は軍人後援会は不景に拘らず順境に発展し行き、特に満洲の基礎も確立に向ひ、北海道も中川長官も前土岐長官の遺志を継き二〇万円募集の事に相成候。是れ皆閣下始め皆様の御協力に依る次第奉謝候。此上共益々御尽力、特に満洲は此時機に於て閣下の好記念事業として好果を収める候祈上候。

別紙は国民新聞（18／12）所載に候が、是れは決して閣下個人として小生が賛同するにあらず、今日日本人が日本建設の根本大義を忘れ、特に外交官など丸るで欧米魂に成り居る際、此一大警告が現はれたる事は大に思想界の為め意を強ふする次第に付き、小生は感謝の意と故大将閣下の霊を慰め奉る意味に於て之を呈上仕候。草々以上

児玉仁兄
令夫人

向寒之節、特に国家大問題大難関の秋切に御自愛を祈上候。何れ御上京の節万々拝眉。

〔別紙〕「国民新聞」切り抜き　大正14年12月18日

閑話休題

外務政務次官の矢吹省三男が支那関税会議視察を名月の下に出掛けて行き、上々の首尾?で二、三日前帰京したとは、読者諸君とくに御承知の通り。

◇……其往きか返りか、無論返り路であつたらう、矢吹次官は旅順に廻つて児玉関東長官と相見えた。公私を打混じた四方山の話の末、次官は長官に対し、郭松齢の人物を賞揚し、あの塩梅では張作霖は失脚し、郭が台頭するかも知れぬ、兎に角彼は話せる人間だ、と云つた口吻なので、児玉長官突如色を作して怒り出した。

◇……その理由は、長官の曰に「張作霖の失脚は時勢とあれば致し方もあるまい。又た郭松齢も却々の傑物に相違あるまい。只一つお言葉の中、吾々の腑に落ちないのは、郭を話せる人間と言はれたことだ、貴君は郭を何と見られる、彼は張作霖の子飼でその殊恩を蒙つて居る者だ。それが今現に刃を主人に擬して居るのだ。縦ひ郭が成功しても、同時に東洋道徳の真髄を破壊する者だ。貴君はそれでも話せる男と言はるゝか。若し外務省の人達が、そんな気でゝも居たら、間違の骨頂だ」と。平生に似気なく激昂して言つた。

◇……流石の矢吹次官も、二の句が継げず、そこ〳〵に引取つたさうだが之を伝え聞いた人々、「児玉長官は只人の善さゝう許りに見えるが、矢張り親父譲りの血性を持つてゐる哩。」と最近帰客談。

〔註〕封筒表「旅順　児玉伯爵閣下　乞親展」、封筒裏「東京市牛込区余丁町八六　堀内文次

郎」。消印□・12・19

33　大正(14)年12月20日　神田純一書簡

拝啓　其後は御申訳なき御無沙汰致候。先以皆様愈々御清安に被為在大慶に奉存上候。東京御宅の方も御変り無之御模様にて、若奥様も非常に御血色能く拝見致候。皆様御帰京を御待兼の模様に候。時局困難に相成御心痛不一方御事と奉存候。当方事情は屢報の通に有之、政府も民間も全然満州に於ける邦人の特殊利益なるものか頭に判然と不致、漸く外務省でも対策確定の段取とかにてアシア局長辺りの処にて遼河以東ては絶対に戦争をせしめずとの政府の方針案なるものか出来たといふ事に候。郭等未た動かさるに、帝国の声明出てたらんに付、出兵の必要もなし。今日の事態も惹起せさりしなるへきに甚た残念に存候。出兵も一旦閣議に於ては決定致候ものの外務省に於て仲々承知せす。十五日の閣議に於て急遽決定致したる次第に有之、その理由は郭の営口進出といふ事を表面の理由と致居候得共、西園寺公の批難ありし事が有力なる理由らしく、陸軍省方面ても政治上の理由なりしと密に申居候。当日外務省の補助を受け居る国際通信の岩永が二時頃外務省を訪問致候際は、既に閣議決定後なりしに不拘、外務省に於ては未た閣議中の事とて之を承知せす絶対に出兵の事なしと断定したるを以て、岩永は同日六時頃米国方面に絶対非出兵の電報を打ちたる趣に有之、外務省の措置を憤慨致居候由に候も、事実外務省の属僚も同日迄は絶対非出兵の事と確信致し居たる模様に候。声明、出兵総て長官の御意見に引すられたる形と相成、外務大臣、次官、芳沢公使等は自ら癪に障る事もあるへく、外務省方面の長官に対する空気は極々険悪にして、江木氏殊に塚本書記官長等の口吻も何となく釈然たらさるものある様に察せられ候。

一部に於ては本問題を以て政府と長官とを離間し、与党に有利なる者を以て代えんとする者もあるへく、又長官御辞職の波及する処を予想して之を倒閣運動に利用せんとする者もあるへく、中迄もなく御地位の重きを思はれて御自重御大切と存候。二、三日内には後藤子爵にも拝眉出来得る筈に有之、能々周囲の事情可申上候。唯々此の際政府の空気は緩和し置かる丶必要可有之、長官の援張態度を以て単に私情に基くものと解し居るか如く、又外相の如きは張が何等積極的利益を日本に与へ居らさる旨、閣議に於ても公言せられたる由にて、全然張の没落が日本の特殊地域たる東三省の将来の治安、又は露国の北満侵入等に対し重大なる干係ある事を閑却し居らる丶か如き事情に付、篤と其の辺の事情を委曲文書を以て長官の大策を開陳せらる丶事此の際肝要と存候。尚又閣下が張作霖を維持せらる丶も結局国家の利害を打算せられたる結果に外ならすと存せられたに就いては、張の大勢非なるに於ては強ひて之を支持せらる丶の必要無之、又張没郭興の時節とも相成候は丶、対郭の干係上此際何処迄も表面上は厳正中立の態度に出でらる丶事為国家にも肝要と存居候。

外務省は勿論、陸軍に於ても出先官憲に対して重々厳正中立の態度を持して、国民党系の悪宣伝の種となり国家の不利益とならぬ様訓電致候。陸軍にても昨日更に同様の訓電を軍司令官宛に発電したる趣にて、自然閣下のみか援張態度を採られて取残さる丶様な事とも相成候は丶、実効なき焦慮をなさる丶愚とも可相成乎と恐居候。満鉄社長へも政府筋より手を廻したるものの如く、社長より松岡氏に対し援張運動を致さゝる様訓電参りたる由に候。右様一般の空気篤と御考慮被遊、為国家援張排郭の御素志を御支持被遊候は然る事乍ら、目下の大勢より観察するときは張没郭興の時節も無望と申難く、単に個人道徳的見地よりして露骨なる排郭態度を採らるゝは得策にあらすと愚考致居候。伝聞致候殷汝耕の退去を強要するか如きは何人の御意図に基くやを不存候得共、賢策と難申、無益なる世評を惹起したるものと遺憾に存居候。

何れにするも時局小康次第御上京被遊、張の復没何れになるとも之か善後策政府と慎重御協議可相成必要ありと愚考致居候。昨日小野君に面会致し候に、後藤子は可成長官御上京を延期相成様にとの御意嚮なりしとの事に候ひしも、長官の地位を以てして斯様なる消極的態度は御不利益と考居、積極積極と常に周囲を指導遊はさるゝ事御肝要と存居候。

政界も若槻、床次両氏の会見にて一時政憲提携説抬頭し大風一過の観有之候ひしも、政本党内に於ける提携気分最近著しく阻害せられ、例の委員長問題にて政本提携説昨今却て濃厚と相成、或は遂に解散と可相成と観測する者も有之候。一時政府筋より本党に対し百二十万提供したりとの取沙汰も有之、合同派も金の御威光にて憲本提携に引すらるへしとの噂も有之候ひしも事実にあらさるものの如く、研究会も近頃政府との接近を避け居候趣にて、青木子の対政府態度近頃著しき変化ありと申居候。小野君の説によれは後藤子と本党の干係は何時にても結合出来得へき状態にある趣にて、床次氏は勿論後藤子も金力の為に目下立竦の有様なりといふ事に候。床次氏の如きは家計上の困難もある由にて所詮党員の統率も困難なるへく、本党は分裂の外なき運命と考へられ候。尤も憲政会方面に於ては本党の結束漸次強固と相成、異分子十名計り其の内除名処分と相成、茲に憲本の完全なる提携を見るへしと観測致居候。例の国民の記事は旨を含めて安岡君を矢吹氏に会見せしめ候処、矢吹氏も長官必すしも援張を主張せす、問題の記事は談余の片言にして両者の間に何の隔意も無之、若し記事の取消あらは、甚た幸なりと申し候由にして、外務省方面に対してたいした悪宣伝を為したりとも察せられす候。該記事の出所は安岡君より既に御内報致し候やに存せられ候も、佐藤安之助氏といふ事に有之、矢吹氏も既に其の種を調査し居候といふ事に候。不取敢近況如此に有之候。其の内御清安奉祈念候。追々外務省に於ては各領事に対し時局と経済干係等を研究致さしめ居、此種情報も適宜御延達相成は丶、又関東庁の必すしも閑争に没頭し居らさる証左とも可相成、尚又張没後に於ける経済干係等に就ても今に於て充分御研究置相成、機宜の対策に過誤なき様政府とも充分御協議可相成事肝要と愚考致居候。行文前後なく乱筆御無礼の段平に御寛〔ママ〕如奉願上候。頓首

十二月二十日　純一

長官閣下御侍史

〔註〕封筒表「旅順市長官官邸　児玉伯爵閣下　御直披」、封筒裏「東京　神田純一　十二月二十日」。消印14・12・21

34　大正(14)年12月22日　神田純一書簡

拝啓　先以益々御清栄に被為渉大慶に奉存上候。今朝後藤子爵に面会致候処長官御身上に付き色々御心配致居られ、此際の措置としては能く諸方面の情報を政府に報告し刻々政府の訓令を仰

く様御態度を慎み、後日の引懸りを残さぬ様にとの御注意有之、小生よりは事件突発以来長官の御措置は総て機宜に適し御考慮の点とも無漏措置致居られ候得共、外務省筋の嫉視と誤解にて必すしも昨今の政府筋との関係楽観難致旨申上候処、当初は可成此の際上京を差控ゆへしとの御意見なりしも、戦局一段落と相成らは善後措置に就て政府と協議の要もあるへく、其の機に於て充分なる準備と決心を以て上京する事最得策なるへく、其の旨可申上様にとの事に有之候。尚又総理か今次の事件に付如何様なる態度を長官に対し有せらるゝや、穂積老先生より世評に托して聴取して戴く様昨夜重遠氏に御願致置候。政界の問題に就ては父子双方に於て触れさる様致し居れるも、児玉伯の関係は別問題に付老父にも相談致し見るへしとの事に候。不取敢右御報告申上候。頓首

十二月二十二日　　純一

長官閣下侍史

御奥様にも宜敷御致声被下度、尚々時節柄御自愛御専一に奉祈上候。

〔註〕封筒表「旅順市　長官々邸　児玉伯爵閣下　御直披」、封筒裏「東京　神田純一　十二月二十二日」。消印14・12・24

35　大正(14)年12月24日　神田純一書簡

拝啓　只今松井少将に遇ひました。松井君此度の呼戻しは全く松井君か援張だからといふ理由て国民軍に気兼ねをしての呼戻したといふ事です。いかに政府の腰ぬけかがわかります。私はまた

何か政府の援張の代償として大きな利権ても持つて来たのかではないかと思つて警戒して松井少将を訪問しましたわけでしたが、松井君か涙を流して自分の武士道を捨てらした〔ママ〕と憤慨して居るのを見て同情に堪へませんでした。参謀総長も涙を流して慰めたといふ事です。倒張か国策てあるといふ大きな理想から出て居る事でしたら又止むを得ません。単に国民軍の御機嫌取りに斯様なる措置を採つたとしますならば政道の堕落であつて、国民の前途か思ひやられます。松井君は最早奉天に帰らぬと言つたそうです。陸軍ては松井君の令兄を通して大に慰撫に勉めて居るそうです。

松井君召喚の事情は絶対穏密〔ママ〕にして置様にと参謀総長からの懇願たつたそうてすから、特に閣下丈けの御含迄に申上けます。連日御疲労御察申上けます。切に御自愛専一に祈上けます。

十二月二十四日　純一

長官閣下侍史

36　大正(14)年12月24日　神田純一書簡

拝啓仕候。福原男の安岡君に話たる処によれは、貴族院方面に於ては一般に長官の今次動乱に対する方針を是認し居る趣にて、数日前後藤邸に於て井上準之助、藤村義朗、舟越光之丞、水野直、石塚英蔵、松本烝治、中村是公、永田秀次郎氏等の密会有之候趣に付、後藤子の大に支持せられたるものと察せられ候。只今水野君参り、先日小生後藤子訪問後、特に永田氏を呼はれ、児玉に対し内地方面は一切顧慮せす、大に自重して事に当れと注意する様御申付相成候由にて、永田氏より水野子に注意有之候由に候も、水野子は既に手紙も出しあれはその必要なかるへしと申置たる由に候。

尚々、水野君より先日の手紙の御返事を頂き度しと申居候。不取敢。

十二月二十四日　　純一

長官閣下侍史

〔註〕封筒表「旅順市　児玉秀雄閣下　御直披」、封筒裏「東京　神田純一」。消印14・12・24

37　大正(14)年(　)月3日　児玉秀雄電報（加藤高明・幣原喜重郎・芳沢謙吉宛）

内閣総理大臣　暗号　児玉長官

外務大臣　北京公使

洮斉鉄道問題ニ刺激セラレ最近北満一帯ノ地域ハ恰然日露支三国間ノ鉄道戦争ノ状況ヲ呈シ、殊ニ露国ノ活動ニ付各方面ヨリノ情報頻々トシテ来リ、其ノ真偽ヲ捕捉スルニ苦ムノ有様ナリシヲ以テ、昨二日軍司令官、満鉄社長、小官相会同シ各方面ノ情報ヲ綜合シ、其ノ真相ヲ確メタルニ大体左ノ如シ。

一、長春大賚《ペトナ》線（長大線）ニ対抗スル目的ヲ以テ扶余ヨリ東支南部線石頭城ヲ経テ東支本線一面坡ニ至ル露国ノ計画線ハ調査ノ結果単ニ露国側ノ希望ニ止マリ未タ支那側ニ対シ何等表面ノ問題ト為シタル事実ナシ。

二、東支本線安達站ヨリ安達ヲ経テ拝泉ニ至ル線ハ東支線ノ最モ有望ナル培養線ト認メラルルモノニシテ純然タル露国鉄道トシテ敷設シタキ露国ノ希望ナルモ、支那側ニ於テハ強硬反対中ニシテ絶対ニ承認セザル見込ナリ。

三、東支本線昂々渓ヨリ斉々哈ニ至ル広信公司ノ経営セル軽便線ヲ五呎ニ改築シ洮斉線ノ連絡ヲ妨ケントスル露国側ノ計画ハ之レ亦支那側ノ全然拒否スル処ナリ。

四、東支本線穆陵ヨリ炭山ニ至ル線ヲ密山迄延長セムトスル露国ノ計画アルモ、本線ハ主トシテ採炭線ニシテ帝国トノ利害干係薄キノミナラズ、本線ハ単ニ計画ノミニ止マルモノノ如シ。

五、賓黒線ハ哈爾賓ノ対岸馬家船口ヨリ海倫ヲ経テ嫩江ニ於テ斉々哈黒河線ト合シ黒河ニ至ル予定線ニシテ、従来屢々計画セラレ北満ニ於ケル経済的並ニ軍事的ニ最モ重要ナル線ナリトス。今回ノ実施計画ハ馬家船口ヨリ海倫ニ至ルモノニシテ建設費七百五十万元ヲ要シ、之ヲ官商合弁ノ組織ニ依ル支那鉄道ト為シ、本年内ニ馬家船口ヨリ呼蘭迄六十支里ヲ速成セムトスル計画ナリ。本線ニ対シ露国側ハ大体洮斉線ノ例ニ倣ヒ呉督弁ニ対シ軌道及貨車等ヲ東支側ヨリ提供シ極力援助ヲ与ヘント努メ居リ、呉督弁ハ元来哈爾賓ノ対岸及本沿線ニ有之広大ナル所有地ヲ開発スル目的ヲ以テ本鉄道ノ敷設計画ヲ進捗セシメムトシ、最近呉督弁ハ奉天ニ至リ張作霖ト協議シタルノ形跡アリ。其結果奉天側ニ於テハ該鉄道ノ敷設ハ之ヲ認メタルモ、純然タル支那鉄道トシ軌幅ハ露国式ニ依ラズスタンダードゲージヲ採用スルコト及外国資本殊ニ露国資本ヲ入レサルコトヲ条件トシタル趣ナリ。

元来本線路ハ支那領土内ノ鉄道タルノミナラズ将来洮斉線ノ延長タル斉黒線ト聯絡スルコトヲ予

期セラルルモノニシテ、予メ是レト同一ナルスタンダードゲージヲ採用スヘキハ当然ノ理論ナルカ如キモ、シベリヤ本線トノ連絡上又川ヲ隔テ、哈爾賓ニ於テハ五呎ノ鉄道T字形ニ敷設セラレ居ルノミナラズ、北満方面ニ於ケル政治上ノ現状並ニ呉督弁ノ人ト為リニ鑑ミ本鉄道ノ将来殊ニ軌幅問題ノ如キモ果シテ如何ニ成行クヘキヤ今日ヨリ遽ニ逆睹シ得ヘカラサルモノアリ。北満ノ重要案件トシテ深尋〔ママ〕ナル注意ヲ要スヘキモノアリト認メラル。右為御参考報告ス。

38　大正(14)年(　)月26日　李景林書簡

児玉長官
白川将軍閣下

弟李景林此次声討赤化、実欲為社会正紀綱名教、為世界掃悪魔。不料、餉項欠乏、官兵有両日未獲、餐者。子弾将告罄、平均毎兵不及八十粒、以致津北一路稍形退敗、強行撐持三昼夜。彼衆我寡、将校傷亡殆尽。万不得已、令各部向静海、唐官屯節々引退。弟幾遇険、多蒙小泉司令援助、得脱重囲。本日到大連、擬立刻乗船到青島、転津浦路督戦。成敗帰之天命、弟之討赤之志、絲毫不解〔ママ〕。本擬晋謁藉謝一切、惟机勢倉迫、未暇走辞。愧対此次挫折、深失大雅之望、弟不覚愧汗無地。只委託浜本軍事顧問前往候教、代陳一切。張上将軍時亦不暇見面、并請閣下分神代陳下情。此次数万健児為東三省犠牲、無景林則東三省変成赤化巣穴矣。張公以後肯乎援済、請本乎天理良心可也。余容浜本顧問面達。臨書神馳、不尽欲言。此頌万福、并頌公安

弟李景林拜　　廿六日　旅順

〔別紙〕訳文

児玉長官、白川将軍閣下、弟李景林か今回赤伐〔ママ〕討伐に努力せるは実に社会の為紀綱名教を正し世界の為に悪魔を掃はんと欲せしに外ならす候。然るに料らさりき軍費欠乏の為将士は両日に亘り一食をも得さりし者さへあり。弾薬欠乏の為毎兵の携帯弾薬は平均八十個に達せす。之か為天津方面は稍々敗退を招き、強て三昼食〔ママ〕に亘り支持したるも、彼は衆我は寡なりし為将校は殆んと死傷し尽し、已むを得す各部隊をして静海唐官屯方面に向て退却せしむるに至り候。弟自身も殆んと危険に遭遇せしも、幸に小泉司令官の援助を受け重囲より脱出することを得、本日大連着速刻乗船青島に赴き津浦線に転し督戦の筈に有之候。成敗は固より天命に帰すへきも、弟か赤派討伐の素志は糸毫も易ること無之候。実は拝謁の上謝意を表すへき処、機勢急迫の為其の暇なきことを遺憾と存候。今回の挫折は閣下の御期待に副ふこと能はす慚汗の至に不堪候。浜本軍事顧問を差遣し一切を代陳せしめ候。張上将軍にも面会の暇無之候。弟の所存に就ては閣下よりも張上将軍へ御代達相煩度候。此次数万の健児は東三省の為に犠牲となれり。景林なけれは東三省は赤化の巣穴となる筈なりしなり。張公は今後も援助を肯んするや否や。天理良心に本つかんことを請ふ。余は浜本顧問より面達する筈に有之候。書に臨み言はんと欲する所を尽さす候。敬具

二十六日　弟李景林拝

〔註〕封筒表「敬煩呈　児玉長官、白川将軍。閣下台啓　李景林手緘」。

大正15年・昭和1年

1　大正(15)年1月17日　白川義則書簡＊

拝啓　御上京後御多用之事と拝察仕候。

松岡理事先日来訪長時間大に話を聞取り候。

一昨日山崎課長軍司令部へ来り内山領事の新民屯行之際儀峨顧問云々の件に付て御来電を承知致候に付、早速当時の状況を委細取調之上電報差上ける様命置き候に付、最早御入手被下候事と存候。尚本件に付ては其当時陸軍次官より松井顧問へ電報にて問合参り、松井顧問は直に真相調査之上返電出置候に付陸軍次官へ御尋あらは相分る事と存候。

此十六日午後斎藤旅団長、今十七日最後の二個大隊奉天出発帰還に付、小生は一昨夜旅順を立ち昨朝奉天着、夫々見送りを終り候故、今夜出立明朝旅順に帰着致候。

今回の奉天滞留間は張作霖とは面会致さす候へ共、状況を聞く為め楊宇霆を招き二時間計り会合致候。此会談と他より聞取りし事に付て左に概況申上候。
一、張作霖の下野問題は其後東三省各方面の代表者が奉天に参集し、昨日以来寄々相談の上、張作霖推戴の事及今後の遣り方に付て希望を開陳する打合中にて、多分一両日内には解決する様子に候。即張作霖を依然東三省の頭首として其位置を保ち、今後は軍事上を節制し文治に重きを置くに至るへき事と相成るへく候。

二、東三省内の老人組と若手組との衝突及文武官の拮抗は此際大に注意を要する次第なるも、楊宇霆は王永仁を働かし、楊自身は控目にして時局を収拾し度考を有し居り、松井顧問、岩間顧問も其通り骨折居候に付左したる事なくして治まる見込に候。

三、吉田総領事と王永仁とは連絡を密に致し居り、又張作霖は総領事に対し面会する事は少きも好感を持ち居る様子に候故、総領事としては働きがへのある事と存居候。昨晩は小生が吉田総領事及内山、三田両領事を招待し晩餐会を催ふし候処面白く相済み候。

四、山海関方面は魏益三の降服せさる為め不日奉天軍は策動に依り余り戦闘を交へすして山海関占領の目的を果す趣に候。

五、山東省の張宗昌及李景林よりは頻りに弾薬及食料品の請求有之候故、適当に奉天より支給致居る由に候。

六、呉佩孚の参謀長蔣方震は来る二十日大連へ着の筈に付、之と会商する為め楊宇霆は松井顧問と同伴にて一寸大連へ参る筈に候。此会見の結果予想致し難きも当方には早く分る様手筈致置候間、要すれは御通知可致候。

七、時局収拾終れは楊宇霆は奉天代表として東京へ参り度希望を有し居り、且張学良は先つ日本へ留学し、終りに欧米を一巡するを可とする小生等の意見には王永仁及楊宇霆も同感に有之候故、之を実現せしめ度ものと存居候。併し此事を張作霖に話するには不日張作霖が旅順へ挨拶に来りし時閣下幷に小生より直接言聞かすが宜しからんと愚考致候間、閣下に於かれても御考置被下度候。

以上雑件中上度如斯に候。敬具

一月十七日　義則

児玉閣下

〔註〕封筒表「東京市牛込区薬王寺町　児玉秀雄閣下　親展」、封筒裏「奉天瀋陽館　白川義則　一月十七日」。

2　大正15年4月24日　西山茂電報（久保豊四郎宛）

警務局長宛　奉天署長

大正15年4月24日午後1時45分発　4月24日午後5時38分着

松井少将ト楊宇霆ト熟議ノ結果奉天側ノ対時局方針左ノ如ク確定セリ。

一、国民軍ヲ討滅ス―張作霖ノ曾テ声明セル如ク今時ノ出兵ハ決シテ作霖個人ノ野望ヲ充サンカ為ニ非スシテ、赤賊ヲ討滅シ国民ノ安福ヲ図ラントスルニ在リ。現ニ赤賊ハ単ニ北京ヲ抛棄セシニ止マリ、其兵力ハ何等大ナル損害ヲ受ケタルニアラスシテ、難攻不落ノ要害ニ依リ、表面張作霖、呉佩孚ノ両方面ニ妥協的態度ニ出テツヽ、其実益内部ノ結束ヲ確クシ、後方ヨリノ補充ヲ俟チ陣地ヲ堅固ニシツヽ、アリテ、何時北京ニ向ケ反撃ヲ加ヘサルトモ限ラサルノ状態ニテ奉天軍本来ノ目的ハ未タ寸毫モ達成シアラス。纔カニ北京ノ根拠地ヲ奪取シタルニ過キス。故ニ飽迄最初ノ声明ノ如ク赤賊討滅ノ大方針ニ向ケ進マサルヘカラストシテ左ノ如ク作戦計画ヲ成セリ。

1、南口付近ニ集結シタル奉天系軍ニ呉軍ノ優力ナル部隊ヲ加入セシメテ攻撃ヲ援ケシムルコト。

2、山西軍ヲシテ大同ヨリ張家口ヲ衝カシム。

3、南口方面ニ向ヒアル奉軍ノ兵主力ヲ更代シ、之ニ黒竜騎兵ノ一部ヲ加ヘテ呉俊陞ニ指揮セシメ、タロンノル（熱河西北）ヲ経テ張家口北方地区ニ又別ニ三支隊ヲホウネイ（熱河タロンチウカヤ）ヨリセンカニ向ハシム。

4、以上三方面ヨリスル進軍ハ密接ナル連繋ヲ保持シツ、内面ニ於テハ国民軍内部ノ分解作用ニ努ム。

以上ノ処置中呉軍ノ南口攻撃ニ参加セサルニ於テハ呉佩孚ハ北京政権ノミノ野望ヲ有シ、赤賊討滅ハ単ニ之カ為ノ偽（美?）名過キサリシコト、ナリ頗ル名望ヲ失墜スヘシ。又右ノ目的達成ノ為ニハ相当ノ時日ヲ要スヘク慎重ニ立案スルノ要アリ。之カ為右計画ハ張学良ノ許ニ問合中ナルカ、多分今明日中ニ返事アルヘク、夫ニ依リテ確定的計画ヲ策定シ直ニ実行ニ移ル筈ナリ。

（中央政局ニ付テ）

中央政局ハ呉佩孚ニ一任スルモ功労者ニ対スル論功行賞ノ意味ニテ奉天系人材ヲ中央政府ニ入ル、コトハ当然ナリトノ方針ヲ維持ス。故ニ内閣ハ何人ニ依リテ成立スルトモ政治方針カ如何ニ実施セラル、カハ敢テ問フ所ニ非ス。然レトモ京津地方ニ於ケル戦争功労者ハ寧ロ奉天系軍隊ニ多ク、随テ其ノ論功行賞ハ之ヲ其ノ結果ニ依リテ生シタル地位ヲ与フルコトニ依リテ酬ヒラル、ヲ当然トスルモノニシテ、之迄モ抛棄シ全然関外ニ引揚ルカ如キハ実際出来サルノミナラス奉天系ヲ聖人扱ニスルハ無理ナリ。然レトモ赤賊討滅后ハ快ク兵ヲ京津地方ヨリ引揚、保境安民ノ実ヲ図ルコトハ従前ノ声明ノ通リニシテ毫モ変化ナシト云フ。

以上ハ軍機ニ属シ他ニ漏ル、カ如キコトアラハ奉派ノ作戦上多大ノ不利ヲ蒙ルコト、ナルヲ以テ極秘ニ扱ハレ度シ。尚ホ本件大要ハ特務機関ヨリモ関東軍、北京、天津以外ニ発表シアラス。

〔註〕欄外に「暗号」「保安課長、外事課長、警務局長、文書課長、秘書課長、長官」の書き込みあり。

3　大正15年6月4日　工藤璋平書簡

拝復　御下命拝承至急手配可仕候。実は当行内規と致し候ては株主改印の場合は改印届に印鑑証明を必要と致し居り候間、或は当行当該係より右の旨申来り候哉も難計、多分便宜取計ひ可仕事とは被存候へ共、万一印鑑証明を必要とする場合は民政署にて御印鑑の証明御取入れ御回附の事に御願ひ申上度と奉存候。右拝答迄如此に御座候。拝具

追て東京当行支店送附の為め株券預り證一葉（但し株式併合前の株式旧七拾株新四拾株）正に御預り申上候。

大正十五年六月四日　　朝鮮銀行旅順出張所　工藤璋平（印）

児玉秀雄殿御侍史

〔註〕封筒表「児玉秀雄殿　御侍史」、封筒裏「朝鮮銀行旅順出張所　工藤璋平」。

4　大正(15)年7月23日　本庄繁書簡

謹而暑中御見舞申上候。爾来一向不無沙汰仕居候処益々御勇健為邦家御尽粋感謝至極に御座候。東三省は支那北方の動揺不定に反し指導と御忠言宜しきを得て安定を得候段、誠に日華両国の仕合不過之候。只拙生在京年余又過般中支各地の空気を見て支那各地動乱に飽き、何とか英傑の出て丶民意なるものを充分に解しつ丶徹底的統一を遂行し呉れん事を仰望しあるを認め申候。而るに奉魯軍幹部の京津の地に見るもの遊逸気分多く、支那商民常に此態を顰蹙致居候。拙生個人的情義の上に於ても更に国家的見地に於ても張両帥か部下将士を常に訓諭して自制自重せしめ、殊に精兵主義の下に自強を計ると同時に軍費を節し、民力涵養に努力、支那各省有識の士をして東三省治政の見るへき其強力の侮る可らさるものあるを知らしむ事奉派として最も策を得たるものと存候。

奉派目今の意中の如く呉派失敗の時機を俟ち京師に乗り出して政権を急かんとするか如きは愚の愚なるものと存候。如此くんは必す大失敗を招来すへく、其影響は啻に東三省に止まらす必す帝国に及はん。而して欣ふもの独り露労農と存申候。

政権の如き求めすして来る如く指導するにあらすんは必す憂慮すへき結果に到達すへくと存申候。

尚、此夏張帥自ら閣下を往訪を致候由、誠に結構と存候。当初当地支那言論機関に伝はり候文句は張帥避暑乃至休息の意味に見へ、事実は明かなりとするも書方宜しきを得たりと存候処、本日到着の大毎は別紙の通り。我言論機関の愚さにはあきれ申候。

先は暑中御見舞旁切に為邦家御自重御自愛祈上、乍末筆御令政様へ特に宜敷御鳳声願上候。敬具

七月廿三日　於燕京

本庄繁

児玉伯爵閣下

〔別紙〕「大阪毎日」新聞切り抜き　6月26日

日本側の諒解を求めに旅順に来る張作霖氏　けふ……関東長官、軍司令官訪問

〔旅順特電十九日発〕張作霖氏の旅順、大連訪問日程は十九日午前旅順にて関東軍司令官、関東庁長官を訪問、夜は長官の歓迎会に臨み、旅順ヤマト・ホテルに宿泊、二十日は自動車で大連に赴き安広満鉄社長を訪問、歓迎宴に臨み、同日夜九時四十分大連発の臨時列車で奉天にかへることになつてゐる、張氏今回訪問の目的は単に関東長官、軍司令官、満鉄社長等のたび〳〵の訪問に対する答礼といつてゐるが、実は二つの目的を有するものといはれてゐる。即ち一は日本側に信用あり目下錦州隠退中の王永江氏の再起を条件として日本側から或種の財政的援助を得んとするものであり、他の一つは張作霖氏の計画せる鉄道敷設問題について日本側の了解を求むるためだと伝へられてゐる。

〔註〕封筒表「関東州旅順　児玉伯爵閣下　私信」、封筒裏「北京　日本公使館附武官　七月二十三日　本庄繁」。

5　大正(15)年7月24日　北野元峰書簡

恐復　本月十日御発送之御尊書十五日に到来拝見致候処、先以御健勝公務御多端之趣万々御苦身之程御察申上候。次に拙僧義は本年三月二十四日東京発車九州より東北地二日迄九県下巡教、六月三十日に帰京、七月廿日当地裏書之別荘滞在罷在、其訳は眼病ソコヒ及常に眩暈之患に罹り其為御回答も延引仕、此段御仁察被下度候。

右御回答迄に如斯。草々頓首

七月廿四日　　元峰

児玉伯爵閣下

奥方様へ宜敷御伝声願上候。

〔註〕封筒表「旅順白玉山下官邸　伯爵児玉秀雄殿　侍曹下」、封筒裏「神奈川県函根強羅斎藤家別荘にて　北野元峰　七月廿四日」。

6　大正15年7月27日　石黒忠悳書簡

甚暑之節御揃益御清栄当地御新宅御本宅にても無御障大賀仕候。次に蔽屋瓦全御省意希候。○先日貴方法案上議之節貴庁説明員出頭に付思想上に付貴地施設之困難又赤化予防之実際等を摂政御前にて親敷陳述為致度と一寸質問候処、説明員は老生の意のある処を不解得候ものと見へ矩簡なる答にて甚以遺憾に被存候。○暑中御帰省は無之候や、政海もなか〳〵不穏やに被見受申候。○先般張都督之貴地訪問は無前例事にて大なる成功と大に相悦居慶賀仕候。是等に付ての御苦心は中央にて知り得るや否と被疑候。○伊沢転職、上山新任、此伊沢転任等に付ては年若かりしならは大に世上に持論を可顕も年老てはと閉口仕居候。○御部下の警察官に佐藤保と申者有之、此者儀同県出身者にて年来に知る者に候。先般老体にも不拘進級被仰付候とて序を以て老生よりも厚御礼申上呉候様申越候間、此に御礼申上候。先は暑中御見舞旁平素御不沙汰之申訳申上度、時かふ御いとひ専念仕候。　敬具

大正十五年七月二十七日　　　　石黒忠悳

児玉伯爵両閣下

令夫人

不煩貴答。友雄様令息か日置の犬に足を咬まれ候由に候も病犬てなく不及候。心配と之事承る趣申上候。

御案に不及候。大磯夫人も別に暑に不障由に候。

〔註〕封筒表「旅順官邸　児玉伯爵殿閣下　親展」、封筒裏「東京　石黒忠悳」。消印15・7・26

7　大正(15)年8月20日　安達謙蔵書簡

拝啓　爾来御無沙汰申上居候処、弥以御清祥奉賀候。扨御地に検察官奉職之竹田菅雄氏、先日酔余某旗亭の帳場とかに対し、腕力被行為ありしとの事にて、其進退問題を惹起せしやに伝承仕候処、是畢竟するに一時の突発的出来事にて、何等悪意あるに非ざりしをは誰も諒とし呉るゝ所か

と遥想せられ申候。就ては此際何卒御宏量を以て寛大の御処置を得ば幸甚之至に御座候。右要事耳申縮度、匆略如此御座候。粛呈

八月廿日　　安達謙蔵

児玉伯爵閣下

〔註〕封筒表「旅順関東庁長官々舎　伯爵児玉秀雄閣下　御親展」、封筒裏「東京市糀町区四番町　安達謙蔵」。消印15・8・21

8　大正(15)年8月28日　清浦奎吾書簡

時下暑熱未退、南満亦同況ならむ。冠履益御清適慶賀之至候。故山県含雪公遺稿三帙御恵贈を忝し欣佩感謝、展読再三往時を追懐す。老生支那満蒙の遊を思立九月二十日先つ朝鮮を経て奉天に赴き候。何れ御世話に相成可申、書外在拝話。草々敬具

八月二十八日　　奎堂

児玉賢契

〔註〕封筒表「関東庁（旅順）長官児玉伯爵殿」、封筒裏「東京市外大森　清浦奎（花押）」。消印15・8・28

9　大正(15)年8月31日　白川義則書簡

拝啓　益御清穆奉賀候。陳は旅順在勤中は終始御懇誼を辱ふし、御蔭を以て三年間愉快に且大過

なく経過致候段厚く御礼申上候。

又出発前には御鄭重なる御送別に預り且結構なる御贈品を頂戴し、出発之際は態々御見送被下、重々難有感謝に堪へす候。

着京後葉山に伺候、侍従次長に天機奉伺之旨を申上げ、次に皇后陛下に拝謁仕候処、実に畏多き御詞を賜はり感激に堪へす候。

昨日は那須野へ参り摂政殿下に拝謁、在任中之状況を奏上致候処、在任中御苦労であつたとの御詞を賜はり面目を施し候。

其他之挨拶廻りは一両日中に終る積りに付其上にて各方面へ話もし意見も交換する積りに候。今日迄聞得たる処にては、来る議会は解散なるへしという観測と、政友会が此節大に自重し居るは宜しとの評判ある様子に候。

右不取敢御挨拶旁略報申上度、余は後便に譲り候。敬具

八月三十一日　　　　　　　　　　　義則

児玉閣下

御令室へ可然御鶴声被下度候。

〔註〕封筒表「旅順関東長官官邸　児玉秀雄閣下　親展」、封筒裏「東京市四谷区内藤町一番地　白川義則　八月三十一日」。

10　大正15年12月6日　西山茂電報

大正十五年十二月六日

（受信者）児玉長官　　（発信者）奉天西山事務官

一三四（括弧内、内務二号暗号）四日夜天津ヨリ帰来セル町野顧問ノ談大要左ノ如シ。○奉軍ハ当分孫伝芳ヲ江北便宜ノ地点ニ一、二万ノ兵ヲ配置シテ威容ヲ整ヘ、必要ニ応シ活動スルコトトシ、積極的行動ヲ採ラス。暫ク形勢ヲ観望スヘシ。其ノ内ニハ必ス南軍ヨリ久シカラスシテ奉軍ニ対シ妥協ヲ申込ミ来ルヘシ。其ノ申込ニ対シテハ相当条件ノ下ニ之ニ応スルヲ得策ト信セラル。馮玉璋ハ無力ニシテ殆ント現今ニ於テハ顧慮スル必要ナカルヘシ。張作霖ハ近日内ニ晋京スヘシ。晋京ノ上ハ二、三週間位滞在スルモノト思ハル。何レニシテモ当分ハ京津間ヲ時々往復スヘシ。以下暗号○張作霖ノ大総統就任ハ必ス実現スルモノト思ハル。又実現ニ対シテ努力セサルヘカラスト思フ。其ノ時期ハ余リ永クモアラサルヘク、即チ南軍トノ間ニ相当ノ妥協ヲ講セラレタルトキナルヘシ。日本ハ従来張作霖ヲ積極的ニ援助シタルコトナシ。併モ日本カ張作霖ヲ利用シタルコトハ一再ナラス、殊ニ西比利亜出兵ノ際ノ如シ。今回ノ時局ニ対シ日本ハ従来ノ（シギ）ヲ抛棄シテ南方ヲ抑圧シ、積極的ニ張氏ヲ援助シ以テ大総統ニ就任セシメ、之ヲ根幹トシ（ド）テ対支外交ヲ為スヲ最モ得策ナリト信ス。此ノ際ニ於テハ英米両国共ニ張氏ヲ援助セント勉ムルモノノ如シ。故ニ日本ハ之ニ先鞭ヲ付クルノ必要アリ。張大総統ニ就任セハ満洲問題ノ如キハ容易ニ解決スヘキモノト思フ。殊ニ児玉長官ト張氏トノ約束ニ依ル商租問題ノ如キハ其ノ時ニ（ショウモン）ノ提出ヲ為シ実行ヲ迫ルヘキモノト信ス。張氏大総統ト為リタル暁、東三省ニ於ケル其ノ後任者ヲ何人トスヘキカニ付テハ日本トシテ重大ナル問題ナルガ、張作霖ニ対シテ遠慮ナク之ニ対抗シ得ル地位ニ在ル者タルヲ可トス。然ラハ張学良ノ外ナカルヘシ。自分個人トシテハ学良ヲ好マサルモ、種々ノ関係上不止得ルヘシ。呉俊陞ノ如キハ好人物ニシテ日本ノ為ニハ好都合ナレトモ、張作霖ニ対スル関係上学良ヲ可トス。只学良ハ若輩ニシテ軽挙ヲ為ス虞レアルガ故ニ余程有力ナル輔佐人ヲ附スルヲ必要トス。夫ニハ松井顧問ハ（マオモ）中将ニセハ充分ナルヘシ。松井顧問ハ現役ナレハ徹底的ニ大事ヲ勘考スル場合ハ不便ナルニ依リ、主トシテ浜面氏其ノ衡ニ当レハ別ニ心配ノ必要ナシ。浜面氏ヲ始終学良ノ身辺ニ附ケ置クコトヲ要ス。此ノ二人ノ人ヲ輔佐役トシテ附スルコトニ付テハ、張作霖ヨリ学良ニ厳命セサルヘカラス。而シテ張作霖ニハ自分ヨリ説得スル積リナリ。王永江ハ支那人トシテハ最モ（コウメイナルシエンニ）得易カラサル人物ナレトモ、苟モ事支那ノ国権ニ関スル重大ナル事件突発セル場合ニハ、断シテ日本ノ為ニナラサル人ナレハ将来之ヲ東三省ニ起用スルコトハ日本ノ為ニ不得策ナルヘシ。只中央政府ノ職責ナレハサシタル支障モナカルヘシ。将来奉天省長ハ矢張リ若手ノ者ヲ据エルコトトナルヘシ。斯クスレハ瑣事ニ付キテモ事々ニ日本側トノ間ニ常ニ問題ヲ惹起スル虞レアルヘキモ亦不止得ルコトナリ。日本ハ大局ニ於テ事ヲ料理スル覚悟ヲ為サヽルヘカラス。楊宇霆ハ時々必要ニ応シテ京奉間ヲ往復スヘシ。同氏ハ極メテ明敏ナル人ナレバ、東三省モ直隷省モ引受ケサルヘシ。○自分カ張作霖ノ顧問ト為リタルハ同氏ヲ大総統タラシメンガ為ニシテ同氏ガ大総統ニ就任セハ直ニ顧問ヲ辞スル覚悟ナリ。之初メヨリ同氏ニ明言セシ所ナレバ、日本人ノ面目上必ス断行スル筈ナリ。然リト雖モ日本トシテ必要アレハ自分ヨリ何事ニ付テモ張氏ニ方寸ヲ授クルコトハ敢テ差支ナキコトナレハ、別ニ日本トシテ差支ヲ生スルカ如キコトナカルベシ。又今後（エンセウ）政策ヲ採リ大総統トナリタル以後ノ張氏ノ態度ニ付彼此云フ者アルモ、又援助モセスシテ之ヲ求ムル酷ナリ。其ノ時ハ自分ニハ成算アリ。（終）

11　昭和（1）年12月29日　関東庁関係電報綴

①　原田電報

児玉長官宛　　豆信　原田

□年十二月二十九日午前十時二十分発　　午后〇時三十五分著

トウモロコシ先物取引上場ノ件、本日庁報ヲ以テ公布相成、一同満足此ノ上ナク、早速来月四日ノ初立会ヨリ取引開始ノ筈、右難有御礼申上候。

②　神田純一電報（田中直通宛）

田中秘書官宛　　神田秘書官

昭和元年十二月二十九日午后一時十三分発　　午后五時二十分著

（極秘）　五品問題ニ関スル安岡ノ談左ノ通。

一、門田取調ハ来月十五日頃迄カカル見込。

二、二、三ノ取引所規則違反事件ハ犯罪ノ証拠充分ナリ。

三、東京（コウシン）会社ニ対スル預金存在ハ其ノ波及スル影響ヲ顧慮シ未タ取調ヲ躊躇セルモ、事件ノ内容ハ左ノ通。大正十一年頃、小泉十万円、門田三、五万円持出シ預金セルモノニテ、本件ハ告訴事項ノ一ナルニ付、議会終了後小泉ヲ取調ズハ事件ノ結末ヲ付ケ難ク、検事モ其ノ措置ニ困リ居レリ。

四、竜銀預金ヲ見返リトシテ竜銀ヨリ資金ノ供給ヲ受ケタル点モ犯罪ヲ構成スヘシ。平塚モ共犯関係ヲ生スルヤモ難計、之ニ関聯シテノ原田光次郎モ取調ノ要アルヤモ計ラレズ。

五、告訴ノ裏面ニ有力ナル政治的背景（少クトモ地方的ニ）アラズヤト疑ハル。

六、審理ヲ慎重ニスル為、予審ニ廻付スル見込。（終）

3 神田純一電報（田中直通宛）

田中秘書官宛　　神田秘書官

昭和元年十二月二十九日午后十一時〇分発　　三十日午前一時二十分著

（極秘）五品問題ニ関スル警務局長ノ別電ハ今朝ノ拙電、安岡氏談中第五項ニ付本日久保氏ガ水野署長ヲ招致聴取シタル要領ナリ。事件ノ内容稍々相違ノ点アルガ如キモ、右ハ本件ニ関シ検察局ハ門田ノ知己諸方ニ少ナカラストシ、外部ニ一切秘密ヲ厳守シ居ルニ依ル。

4 久保豊四郎電報

児玉長官宛　　久保局長

昭和元年十二月二十九日午后十一時五分発　　三十日午前三時三十四分著

五品問題ニ関シ其後内査スル所ヲ左ニ。○告訴人川本ハ元山田三平ノ株式店員ニシテ嘗テ同店ヲ辞スル際、慰労金問題ニテ物議ヲ醸シ山田ヲ怨ミ爾来多少ノ不満ヲ蔵シ居リタルモノノ如シ。今回告訴ヲ提起スルニ至リタル近因トモ認ムヘキハ、川本ガ曩ニ五品株主総会ニ於テ株主トシテ五品ノ内状ニ関シ質問シタルコトアリ。其ノ際出席株主ノ多数ガ其ノ質問ニ耳ヲ藉サズ一蹴シ、一瀉千里ニ議了シタルヲ以テ之ヲ心好シトセザリシ矢先キ、十二月三日笹井、森本等ガ五品株売買問題ニ付告訴（後ニ説明ス）シタルヲ動機トシ、茲ニ意ヲ決シ弥々十二月七日ニ至リ（ニノオ）弁護士ヲ代理トシテ、此ノ挙ニ出テタルモノニシテ、其ノ目的ハ、（一）嘗テ五品ガ大連某銀行ニ四十五万円ノ預金アリタルヲ故ナク東京ナル（ケウシン）合資会社ニ預ケ替ヘ、其ノ後重役（門田トモ言フ）ガ擅ニ五品株ヲ担保トシテ右預金ヲ引出シ、更ニ日ヲ経テ之ヲ補顚シタルコト、（二）五品ヨリ株信ヘ貸出シタル金員ノ内情調査ノ二点ニアリテ、川本ノ告訴ハ本人単独ノ発意ニ基キタルモノニテ他ヨリ煽動シタル事実認メ難シ。而シテ告訴問題ノ擡頭ト前後シテ五品株ノ動揺ヲ見ルニ至リタルハ、前記笹井、森本ノ告訴直後代理人タル古賀弁護士ノ事務員岩本某ガ芸妓置屋秋山某ニ対シ告訴ノ内容ヲ告ゲ、五品株ヲ売ルハ絶好ノ時期ナリト（シフウコウシ）秋山ハ更ニ笹部（芸妓置屋）ニ相談シ、笹部ハ扇屋ニ之ヲ通シ、扇屋ハ十二月五日午前中ニ最初ニ其ノ手持五十株ヲ売リ、後扇屋ハ千七百株迄売リタリ。次テ鳥彦、淡月、（ヤチク）等ノ花柳界方面ニ伝リ、売方続出シタルニ依ルモノナルガ如シ。○前顕笹井、森本ハ五品重役等ガ臼井株式店員高山（門田ノ股児）ヲシテ五品株ノ買煽リヲ為ス等自ラ市場ヲ攪乱シツヽ、アルヲ憤慨シ、其ノ事実ヲ指適〔ママ〕シテ古賀弁護士ヲ代理トシテ告訴スルニ至リタルナルガ、笹井ハ元東京株式界ニ在リ、又高山ハ大阪株式界ニ在リ、共ニ大連ニ於ケル株式界ノ双璧トモ称セラレタルガ、五品ヲ背景トスル高山ノ為ニ常ニ抑圧セラルル笹井ガ其ノ包蔵スル私怨コソ告訴ノ一因ト認メラル。随テ本件告訴ハ目下ノ所背後ニ政党関係アリトハ認メ難シ。○尚笹井ノ告訴状ハ古賀弁護士ノ執筆セルモノナルモ、森本ノ告訴状ハ代理人タル（ニノオ）弁護士ナルヤ否未タ判明セス（終）

5 広瀬電報

長官宛　　広瀬

二十八日拙電ニ関シ軍司令部ノ情報左ノ如シ。

（一）二十八日天津報（イ）鄭謙（安国総務部長）二十六日夜張作霖ヨリ罷免セラル外間伝フル所ニヨレハ、鄭ハ閣員ノ詮衡、張ノ進京ニ関シ張ト意見ヲ異ニシ、且総司令部内事務渋滞ノ故ナリト云フモ、事実ハ官金費消ノ為メナリト、（ロ）当地ニテハ鄭謙ノ免職ト共ニ楊宇霆ノ停職説ヲ以テ早クモ奉天新旧両派ノ衝突内部ヨリ（ボウ）潰ヲ宣伝セラル。

（二）二十八日奉天報。楊宇霆、鄭謙免職ノ上査弁ニ付セラレタル情報東方通信ニヨリ当地ニ伝ハリシヲ以テ直接楊宇霆ニ就キ確メタル所、鄭謙ハ三、四日前靳雲翔〔ママ〕ノ組閣問題ニ就キ張作霖ト意見衝突辞表ヲ提出シ、今日猶安国司令部ニ出勤セサル趣故、或ハ之カ誤伝ナルヘク、余ニハ全然無関係ナリト言明セリ。

〔註〕広瀬は関東庁内務局長広瀬直幹と思われる。

大正期

1　大正（　）年5月31日　有松英義書簡

拝啓　今朝外務大臣に面会懇談之末少くとも別紙之勅令は之を公布し、其以外に於ける司法警察事務其他に関し昨日之如き訓令を発することに致度、大臣之一考を煩はし置候。大臣は次官局長と相談を遂け回答すへく約され相別れ申候。

別紙は外務大臣席上に於て筆記したるものと字句の相違有之候得共、意味に於ては同様に御坐候。但未た首相之御意見不相伺候故其儀は外務大臣の含を願置候。

猶昨日御筆記之書付は外務大臣一寸貸せよと言はれ候に付相渡候。別紙に付未た外務大臣の回答無之候得共一応御覧願上候。御意見と符合不致候はゝ御垂示可被下候。敬具

五月卅一日　　　　　　　　　有松英義

伯爵児玉翰長閣下

司法警察事務を除きたるは、領事裁判権と関係を有する点に於ても、又犯罪捜査の性質として日支人に対する区別を立て難き場合少からさる点に於ても、到底外務大臣の同意を得難きものと認めたるに因る。

〔註〕封筒表「伯爵児玉書記官長閣下　必親展」、封筒裏「有松英義」。別紙なし。

2　大正（　）年7月26日　寺内正毅書簡

別紙切抜之如き記事政府側筋より出るは甚不都合之次第に存候間可相成差止められ度、且他の仮令はやまとにても政府側之主張に無之旨打消置候事必要と存申候。右差急き得貴意申候。草々敬具

七月廿六日　　正毅

秀雄殿

〔註〕封筒表「児玉翰長殿　必親展」、封筒裏「寺内正毅」。別紙なし。

3　大正（　）年9月4日　児玉秀雄電報（内閣総理大臣・北京公使・外務大臣宛）

九月四日二時半発

内閣総理大臣・北京公使・外務大臣宛　　長官

洮斉鉄道問題ニ刺激セラレ最近北満一帯ノ地域ハ宛然日露支三国ノ鉄道戦争ノ状況ヲ呈シ、殊ニ露国ノ活動ニ付各方面ヨリノ情勢頻々トシテ其ノ真相ヲ捕捉シ難キ有様ナリシヲ以テ、昨二日軍司令官、満鉄社長ト小官相会同シ各方面ノ情報ヲ綜合シ其ノ真相ヲ確メタルニ大体左ノ如シ。

一、長春大賚《タイライ》線（長大線）ニ対抗スル目的ヲ以テ扶余《ペトナ》ヨリ東支南部線石頭城《セキトウゼウ》ヲ経テ東支本線一面《イチメン》坡《ハ》ニ至ル露国ノ計画線ハ、調査ノ結果単ニ露国側ノ希望ニ止マリ、未タ支那側ニ対シ何等具体的

問題ト為シタル事実ナシ。

二、東支本線安達站《アンダテン》ヨリ安達ヲ経テ拝泉《ハイセン》ニ至ル線ハ、東支線ノ最有望ナル培養線ト認メラルルモノニシテ、純然タル露国鉄道トシテ敷設シタキ露国ノ希望ナルモ、支那側ニ於テハ強硬反対中ニシテ絶対ニ承認セサル見込ナリ。

三、東支本線昂々渓《コウコウケイ》ヨリ斉々哈爾《チチハル》ニ至ル広信公司ノ経営セル軽便線ヲ五呎ニ改築シ洮斉線ノ連絡ヲ妨ケムトスル露国側ノ計画ハ之亦支那側ノ全然拒否スル処ナリ。

四、東支本線穆陵《ボクリヨウ》ヨリ炭山ニ至ル線ヲ密山《ミツザン》迄延長セムトスル露国ノ計画アルモ、本線ハ単ニ採炭鉄道ニシテ帝国トノ利害関係薄キノミナラス、目下ノ処単ニ計画ニ止マルモノノ如シ。

五、賓黒線ハ哈爾賓ノ対岸馬家舩口《マカセンコウ》ヨリ海倫《ハイロン》ヲ経テ嫩《ドン》江ニ於テ斉々哈爾黒河線ト会シ黒河ニ至ル予定線ニシテ、従来屢々計画ヲ云為セラレ、北満ニ於ケル経済的並ニ軍事的ニ最モ重要ナル線路トス。黒竜江督弁呉俊陞ノ今回ノ実施計画ハ賓黒線ノ一部トシテ馬家舩口ヨリ海倫ニ至ルモノニテ、建設費七百五十万元経営ハ官商合弁ノ組織ニ依ル支那鉄道ト為シ、本年内ニ馬家舩口ヨリ呼《コ》蘭《ラン》迄六十支里ヲ速成セムトスルモノナリ。本線ニ対シ露国側ハ大体洮斉線ノ例ニ倣ヒ呉督弁ニ対シ軌道及貨車等ヲ東支側ヨリ提供シ極力援助ヲ与ヘムト努メ居リ、呉督弁モ亦哈爾賓ノ対岸及本沿線ニ有スル広大ナル所有地ヲ開発スル目的ヲ以テ本計画ヲ進捗セシメムトシ、最近奉天ニ至リ張作霖ト協議シタル形跡アリ。其ノ結果奉天側ニ於テハ該鉄道ノ敷設ハ之ヲ認メタルモ純然タル支那鉄道トシ、軌幅ハ露国式ニ依ルコトナクスタンダードゲージヲ採用スルコト及外国資本殊ニ露国資本ヲ入レサルコトヲ条件トシタル趣ナリ。

元来本線路ハ支那領土内ノ鉄道タルノミナラス将来洮斉線ノ延長タル斉黒線ト連絡スルコトヲ予期セラルルモノニシテ、予メ之ト同一ナルスタンダードゲージヲ採用スヘキモノナルコトハ当然ノ理論ナルカ如キモ、シベリヤ本線トノ連絡上又対岸哈爾賓ニ於テハゲージ五呎ノ東支線カ本線ト丁字形ニ敷設セラレ居ルノミナラス、北満方面ニ於ケル政治上ノ現状竝ニ呉督弁ノ人ト為リニ鑑ミ本鉄道ノ将来殊ニ軌幅問題ノ如キモ果シテ如何ニ成行クヘキヤ、遽ニ逆睹シ得ヘカラサルモノアリ。北満ノ重要案件トシテ深甚ナル注意ヲ要スヘキモノアリト認メラルルニ付、右不取敢御報告ス。（本電報告先　内閣総理大臣、北京公使）

〔別紙1〕　白川軍司令官と張作霖と会談の要旨

白川軍司令官と張作霖と会談の要旨

一、賓黒鉄道敷設の儀ありと聞く。其軌隔如何。

答　中国鉄道の軌隔、即ち標準軌隔なり。

二、賓黒鉄道の外将来北満に敷設せられんとする鉄道の軌隔如何。

答　賓黒鉄道同様皆標準軌隔たらしめんとす。

賓黒鉄道問題に就ては過日満州の鎌田に信書を託して斉々哈爾呉督軍の許に到らしめんを以て、同鉄道の軌隔問題及満州より料供給問題は之にて解決せるものなり。

三、東支鉄道労農側より材料供給の交渉ありや。

答　如何なる交渉あるとも労農側よりは断して材料の供給を仰くことなし。

過般東支鉄道か昂斉鉄道敷設の為め土地買収計画の報ありしを以て、前述鎌田氏に託し呉俊陞に断して土地の買収に応すへからすとの信書を送付せり。

四、将来労農側は各種の手段を弄し北満に露国式鉄道の敷設に努むへしと考ふ。貴見如何。

答　此の如きことは生することあるへきも断して露国の要求には応せす。

五、各方面の観察より将来奉天側は白音太来より開魯を経て林西及赤峰に至る鉄道敷設の要ありと認む。貴見如何。

答　白音太来より開魯迄は既に満鉄と協調し鉄道を敷設しつつあり。開魯より林西、赤峰迄は敷設せんとするは容易に敷設し得へきも、其れより以西は英国との関係ありて敷設困難なる事情あり。

然れとも先般満鉄の鎌田氏に小庫倫（綏東）迄の鉄道敷設の件を話したるに、経済上不利なりとのことなりしを以て林西、赤峰迄延長することは一考を要すへしと考ふ。

六、鎌田の意見は兎に角大局に着眼すれは開魯より林西、赤峰迄延長するを必要と思惟す。

答　本問題に関し闞朝璽も近く来奉すへきを以て十分研究する所あらんとす。

〔別紙2〕　賓黒鉄道に関する電報

電報写

哈市電　昨七日哈市露亜銀行支店長「ブヤノフスキー」カ賓黒鉄道問題ニ関シ高橋中佐ニ語レル要旨左ノ如シ。

一、賓黒鉄道ノ敷設ハ露亜銀行ノ権利侵害ナルヲ以テ、在北京露亜銀行代表ハ八月二十六支那政府ニ対シ抗議セリ。
二、賓黒鉄道ノ資金及材料ハ東支鉄道ヨリ供給スル筈、同鉄道ハ目下極東銀行ニ約三百円ノ資金ヲ有スルヲ以テ、此内取リ敢ヘス二百万円モ出資セハ可ナラン（本件ニ関シ総領事及満州側ニ対シテハ日本若クハ米国ヨリ出ルモノノ如ク語レリト）。
三、露亜銀行ト東鉄トノ関係ハ既ニ報告シアル如ク、今日尚無関係ナルモ送金ハ取扱ヒ居レリ。
四、張作霖及呉俊陞カ露亜銀行ノ抗議及ビ北京政府ノ制肘アルニモ係ハラス勝手ニ本鉄道ヲ敷設セハ、仏国政府ハ正式ニ抗議スヘシ。又日本政府モ正金銀行トノ関係上当然抗議スヘシト考フ。尚ホ「ブヤノフスキー」カ各方面ヲ歴訪シ、本鉄道ニ関シ支那側ト労農及日本側トノ関係探知ニ努メツツアルハ事実ニシテ、当地ニ於テハ露亜銀行ノ抗議ハ当然ナルモ自カラ敷設スルノ資力ナキヲ以テ、曾テ同銀行カ支払ヒタル五十万円ノ権利金ヲ処置スレハ差支ヘナカルヘシト観察スルモノアルモ、尚ホ注意ヲ要スルモノアルヘシト信ス。
〔註〕「北満鉄道問題」と朱字で書かれた封筒に封入。地図は省略。

4　大正（　）年10月12日　井上馨書簡（寺内正毅宛）

謹啓　御安着後益御健然と奉遥察候。御出立前は態々御来訪を辱ふし奉多謝候。此度三井鉱山会社金、銅、石炭等之採取等専業候に付、此度朝鮮鉄鉱山之権利を取得仕居候者より譲受之契約を取結候処、其全部之内御許可之義六ケ敷哉に候。右同会社専務取締役専任仕居候山田直矢なる人渡鮮候而事情又は製錬所等之計画も有之故、仰願くは全部御許可を蒙り度出立仕候次第に御坐候。然る処未た閣下え拝謁仕候事無之故、一書を小生より呈し呉候様との事にて、当人は不及申三井同族よりも依頼を受候次第に御坐候。可相成丈御尽力被下候而全部御許可被下候は丶其設備も充分力を立さしめ可申候間、御配慮被成下様御依頼仕候。子細之点には直に御面会被仰付御聞取被下候は丶事情も御諒察之義と奉存候。御多忙之中御手煩を申出恐縮至極に候得とも、将来鉄之事業は為邦家に尤必要品有之、現今には多額之正貨を以輸入候事故、為将来に可相成候故、殊更御配慮を煩し候次第に有之候。又拓殖資金日仏銀行より供給之義もパリー重役えも直接電報を大体は応し候事に相成申候故、児玉え電報差出し候都合に候間速に壱人御返し被成下度、其内時下御自愛専一奉存候。匆々敬白

十月十二日　馨

寺内伯閣下

〔註〕封筒表「朝鮮総督府　寺内伯爵閣下　親展　託山田氏」、封筒裏「井上馨」。

5　大正（　）年（　）月9日　田中義一書簡＊

拝啓　過日は遠方態々御参駕を辱し難有御礼申上候。其節御心配相成候原田の一条は尚一年間継続せしむる外無之と被存候。就ては月額は二百円として一年間は小生に於て御引受可申、其間に彼の身上振り方に付き御配慮相願度候。尚ほ原田方へは其旨小生より直接申遣はし置候間右様御承知被下度候。而て彼への送金は半年或は一年分取り纏めて送るべきものに候哉、或は毎月に送

る可きものに候哉。従来如何になされし哉。若し出来れば其手続は従前の方法に因りたきものと存候。何れ其内拝顔之砌万可申上候。又老兄の彼の件は其内消息相分候哉。先は要件之御返答迄不取敢申進候。草々敬具

九日　義一

児玉様

〔註〕封筒表「東京牛込薬王寺前町　児玉秀雄様　親剪」、封筒裏「大磯　田中義一」。

6　大正（　）年（　）月11日　三浦梧楼書簡（寺内正毅宛）

拝啓　昨宵霞関之会同にて大体根本問題も決定致候事と遥察仕候。然る上は隗より始むる実行大切と存候。左に無之而は支那は動き不申、我実行に依而彼を取り逸さぬ様大綱に引き入度、其此大綱に入り候へは他事は順路に車は降り可申、林公使帰任如何も気に懸り候為、此一方之人心に影響し大目的迄は殺せしめすは幸に御坐候。無御疎も精々此辺之御厳命無抜同様万千杞憂致候。児玉へも暇に大意御知らせ倹上候。

十一日　梧楼敬具

寺伯閣下虎皮下

〔註〕封筒表「総理大臣寺内伯爵閣下　親剪」、封筒裏「十一日　三浦梧楼」。

7　大正（　）年（　）月11日・22日・25日　田中義一書簡綴＊

1　11日　田中義一書簡

拝啓　過般御打ち合せ致候防長新聞の原田に対する金員四百円と半年分千二百円合計千六百円御送り申上候間、可然御取り計被下度候。敬具

十一日　義一

児玉様

追而、明晩は御出向被下度候。

2　22日　田中義一書簡

拝啓　先日の御芳書至極御尤の儀と存候。小生は廿四日出発仕候。議会中は何等事柄は出来仕間敷と存候得共何卒万端御配意奉願候。原田の分千円御送附申上候間可然御取計ひ被下度候。尚ほ出来れは出発前一寸御目に掛り度と存候。敬具

廿二日　義一

児玉閣下

3　25日　田中義一書簡

拝啓　昨今気候不順之折柄益御勇健之奉賀候。山口の原田より其後何等返答は無之候得共、小生

よりは嘗て毎月二百円とか申遣はし置候。之れは過般原田の口吻を少し増しても可ならずや的に解釈致したる結果に御座候。然らは不取敢五ケ月分丈け御送り申上候間、御直収の上老兄より原田へ適当の御手続き被下度御願申上候。
陸軍省より藤田、久原、山下等の勲章一条提案相成居り候筈に御座候間、可然御配慮奉願候。

廿五日　　義一

児玉伯閣下

【註】封筒表「児玉秀雄様　金子在中　托山本氏」、封筒裏「田中義一」と書かれた封筒に一括して封入。

8　大正（　）年（　）月26日　田中義一書簡＊

拝復　過日は尊書を辱ふし難有奉存候。
御来示之通り六百円御手許に御届仕候間可然御取計被下度候。
小生も本月壱日に検閲終了候間其後緩々御左右可申上候。敬具

廿六日　　義一

児玉閣下

〔註〕封筒表「伯爵児玉秀雄様　必親剪」、封筒裏「田中義一」。

9 大正（　）年（　）月28日　白川義則書簡

拝復　殿下御安泰洵に慶賀に堪へす候。

外相の電報御内示被下拝誦大に参考と相成に附御礼申上候。

天津に参りし寺西大佐より手簡参り候処、内容は外相の来電と概ね同一にして、段は蹶起の時機に付ては深大の考慮をすると申せし由に候。乍序御参考迄申上候。敬具

廿八日　　義則

児玉閣下

〔註〕封筒表「児玉関東長官閣下　極秘親展」、封筒裏「白川軍司令官」。

10 大正（　）年（　）月31日　田中義一書簡

拝啓　過日は電報頂戴致候処其後御返答も延引に相成仕候得共、先般小笠原伯と会見致し充分申談候処、大低大丈夫ならんと被存候。就ては今後彼小笠原等とは行動を共にせられ、延いて小生方面と提携すると言ふことは承知致して可然哉と念を押し候故、勿論の儀にして入念には及ばずと申置候間、右様御承知被成度候。尤も直様閣下の方へ何らか申し参ること丶被存何等不得心の次第も御座候得ば更に御報被下度候。小生は随分多端に御座候得共乍去興味も有之何となく面白く感じ居候間御安心被下度候。其内時下御自愛専一に奉存候。先は不取敢要件のみ申進候。敬具

三十一日　　義一

児玉閣下

〔註〕封筒表「旅順　伯爵児玉秀雄殿　必親展」、封筒裏「田中義一」。

11　大正（　）年（　）月（　）日　張作霖書簡

児玉長官恵鑑
敬啓者。小児学良日前赴旅、快晤光儀、荷蒙款接。優隆、礼儀美備。高情盛誼、紉感之下、慚歉益増。瀕行承嘱小児伝語各節、関切之深、至深佩仰。惟此中曲折情形現已變動、與在前不同。茲特派阪東顧問趨前詳述一切。夙叨摯愛、必蒙表充分之同情也。専此、敬頌時祉

張作霖啓

〔註〕封筒表「児玉長官台啓」。

〔大意〕
息子の学良が先日出かけた折に、丁重に暖かく迎えて頂き心からお礼申し上げます。ご親切に深く感動を覚える一方、ますます申し訳なく思うようになりました。出発前、息子に託された伝言を承りご好意に深く感謝しています。ところが事情が変わり、前と違う様相を見せています。ここに阪東顧問を特派し、詳細を通報したいと思います。ご理解とご協力を心からお願い申し上げます。

12　大正（　）年（　）月（　）日　張作霖書簡

児玉長官恵鑑

前次小児赴旅、重承優遇、紉感無已。復由阪東、町野顧問等述知尊意。対於敝処之事、努力照仏、私衷尤為銘刻。敝処希望果能達其目的、均為台端所玉成。将来彼此之間、益臻親善、遇有事宜、必当為誠意之協商也。聞台従亦将前往東京、敝処現派総参議楊宇霆専赴貴国覲賀、特属其奉訪、祈予延晤接洽為幸。専布、祇頌時祉

張作霖啓

〔別紙〕訳文

児玉長官閣下前に小児旅順に趣き優遇を給はり感激に堪へす。復た阪東、町野顧問等帰奉、尊意を報告し、閣下か弊処之事に対し衷心努力を忝ふ致し居候旨を詳かにし感銘の次第に候。弊処希望之件にして果して能く其目的を達し得は、是れ全く閣下之努力之致す所にして、将来彼此の間親善を深ふし、問題あるに当りては必す当に誠意之御相談を遂け得可申候。聞く所にては閣下亦近く東京に赴かるゝ由、弊処現に総参議楊宇霆を派し貴国御盛典を奉賀せしめ候に付、上京後往彷の節には特に引見を給はり万事御聴取被下候はゝ幸甚至極。終に縷々御左右相伺申候。敬具

張作霖

〔註〕封筒表「児玉長官台啓」。

13　大正（　）年（　）月（　）日　張学良書簡

拝啓者

前良率拙荊等趨謁崇階、辱承令夫人、女公子青睞招待、殷々私衷、良用感謝。謹定製上等衣料些許、除将已織成者送呈査収外、其余容陸続奉上。不腆之儀、聊以将意望哂納之為荷。此上

児玉長官閣下

張学良謹啓

〔大意〕

先日、小生は愚妻とともにお宅を訪問させて頂き、奥様とお嬢様に大変お世話になり、心からお礼申し上げます。感謝の気持ちを表すために、上等の衣料を注文いたしました。まずは織りあがったものをお送りしますが、残りの分は出来上がり次第お送りします。僅かなもので十分に気持ちを伝えることが出来ませんが、どうかご笑納ください。

児《こ》玉《だま》秀《ひで》雄《お》関《かん》係《けい》文《もん》書《じょ》 I

2010年5月30日発行

編　者　尚友倶楽部児玉秀雄関係文書編集委員会
発行者　山　脇　洋　亮
印　刷　藤　原　印　刷　㈱
製　本　協　栄　製　本　㈱

発行所　東京都千代田区飯田橋4-4-8
(〒102-0072) 東京中央ビル　㈱同成社
TEL 03-3239-1467　振替 00140-0-20618

ISBN978-4-88621-529-1 C3021